L'APRÈS-DE GAULLE

Œuvres de Jean Mauriac

Mort du général de Gaulle, Grasset, 1972. Prix Aujourd'hui 1972. (réédition Les Cahiers rouges, 1999).

Malagar, entretien avec Éric des Garets, Sables, 1999.

Jean Mauriac

L'APRÈS-DE GAULLE

Notes confidentielles
1969-1989

présenté et annoté par
Jean-Luc Barré

Fayard

Jean Mauriac assume la pleine responsabilité de la transcription qu'il a effectuée, aussitôt après les avoir recueillis, des propos de ses différents interlocuteurs.

© Librairie Arthème Fayard, 2006.
ISBN : 978 - 2 - 213 - 62765 - 6

« *Ce qui arrivera quand de Gaulle aura disparu ? Eh bien, je vous dis ceci, qui peut-être vous expliquera dans quelle direction à cet égard nous allons marcher : ce qui est à redouter, à mon sens, après l'événement dont je parle, ce n'est pas le vide politique, c'est plutôt le trop-plein.* »

Charles de Gaulle,
conférence de presse, 15 mai 1962.

Le devoir de témoigner

par Jean-Luc Barré

Jean Mauriac occupe une place à part dans l'univers des journalistes politiques.

Quarante-quatre années de carrière à l'Agence France Presse, de 1944 à 1988, dont vingt-six passées presque sans discontinuer auprès du général de Gaulle, ont fait de lui un témoin de premier plan de l'histoire contemporaine et l'observateur sans doute le mieux informé de la République gaullienne. Seul reporter à avoir accompagné l'homme du 18 Juin dans tous ses déplacements officiels – de ses premières visites aux villes libérées en septembre 1944 à la « tournée des popotes » en pleine crise algérienne, de ses périples africains au temps de la décolonisation à son voyage mouvementé à Montréal, et jusqu'à ses séjours privés en Irlande et en Espagne à la fin de sa vie –, Jean Mauriac a été aussi l'un des rares, sinon le seul là encore, à qui de Gaulle ait régulièrement dévoilé le fond de sa pensée et confié ses intentions les plus secrètes. Une position privilégiée qui lui a imposé, dans le même temps, un devoir de réserve parfois si contraignant qu'un autre confident du Général, Alain Peyrefitte, se demandait si ses meilleures dépêches n'étaient pas celles, en définitive, qu'il s'était interdit d'écrire : « les dépêches impossibles, les dépêches rentrées ».

« À chaque voyage, dans l'avion de retour, se souvient Jean Mauriac, le Général me faisait appeler, débarrassait le siège voisin des journaux qui l'encombraient, me priait de m'asseoir à ses côtés et me parlait longuement. J'étais toujours stupéfait de son ton direct, de sa franchise un peu brutale, de ses jugements à l'emporte-pièce, des secrets qu'il me livrait... » C'est ainsi que le chef de l'État lui révélera en juin 1959, plusieurs semaines avant de l'annoncer publiquement, sa décision de proposer l'autodétermination aux peuples d'Algérie – en lui demandant, pour la première et seule fois, de « ne pas déflorer » ce qu'il s'apprêtait à dire à la nation. Un an auparavant, il lui avait déjà livré sa véritable opinion sur la communauté qu'il se proposait de créer entre la France et les nouveaux États africains : « La Communauté, c'est de la foutaise ! Ces gens-là vont à l'indépendance. À peine rentrés dans la Communauté, ils voudront en sortir... Mais que voulez-vous, il fallait la faire... » Déclaration si provocante que Jean Mauriac, sans que le chef de l'État le lui ait instamment demandé, a pris sur lui de ne pas la divulguer dans l'immédiat...

Mais bon nombre d'informations tout aussi explosives ont eu pour origine directe cette connivence singulière entre le correspondant de l'AFP et le fondateur de la Ve République, pourtant naturellement méfiant à l'égard des gens de presse. En décembre 1960, lors du dernier voyage de De Gaulle en Algérie, Jean Mauriac n'hésite pas à reproduire dans une de ses dépêches l'exclamation proférée par le Général, à Aït Temouchen, à sa descente de la tribune où il vient d'être hué par les partisans de l'Algérie française : « Tous des braillards ! » La dépêche fait aussitôt scandale à Alger et vaut à son auteur d'être menacé d'expulsion par le représentant du gouvernement, Jean Morin – avant de recevoir les excuses du secrétaire général de l'Élysée... Le 28 mai 1968, encore, Jean Mauriac diffuse, dès qu'il en a connaissance, la réflexion du Général confiée à l'un de ses collaborateurs à l'issue de la manifestation organisée ce jour-là sur les Champs Élysées en faveur du pouvoir : « Ah ! Si c'était pour moi ! »... Scoop qui coûte son poste – provisoirement – au collaborateur en question, mais qui traduit trop bien l'état d'esprit du vieux président pour que ce dernier en fasse grief au journaliste. « C'était le côté dramatique, difficile de l'affaire, commente Jean Mauriac. J'avais une passion pour le Général et j'avais aussi une passion pour mon métier... »

Après la démission de De Gaulle, en avril 1969, et sa disparition brutale, un an et demi plus tard, Jean Mauriac, seul homme de presse, là encore, autorisé à se recueillir devant son cercueil à la Boisserie, ne s'est pas précipité, comme beaucoup, pour raconter ses souvenirs. Tout l'y destinait pourtant, à commencer par ses liens personnels avec Philippe de Gaulle, Jacques Vendroux, le général de Boissieu et même Yvonne de Gaulle, comme en témoigne la lettre exceptionnelle que celle-ci lui adressa en 1973, après la publication du livre qu'il s'autorisa finalement à écrire : *Mort du général de Gaulle*. Non des mémoires, ni même un journal, mais un livre conçu pour l'essentiel d'après ses dépêches et ses articles de l'époque, tout de sobriété, de rigueur, d'émotion maîtrisée, dans lequel, fidèle à la règle des reporters de l'Agence, le journaliste s'efface derrière les faits, les documents et les témoignages qu'il rapporte. Et jamais, à ce jour, malgré les sollicitations, il n'a consenti à relater de manière plus intime la longue aventure politique vécue aux côtés de l'homme du 18 Juin...

De même, Jean Mauriac s'est longtemps refusé à livrer au grand jour le contenu des entretiens, minutieusement consignés dans ses carnets, que lui ont accordés, durant les deux décennies qui ont suivi la démission du Général, les principaux acteurs de la vie politique. Tout au plus avait-il prévu de faire déposer à la Fondation Charles-de-Gaulle, après sa mort, ces « notes confidentielles » où ses familiers de toujours dans la famille gaulliste et quelques interlocuteurs plus récents lui parlaient sans réserve, avec une franchise souvent stupéfiante, comme on s'adresse à un ami sûr.

C'était précisément le sentiment de trahir la relation de confiance établie de longue date avec Olivier Guichard, Jacques Chaban-Delmas ou Michel Debré, qui constituait pour Jean Mauriac la principale objection à l'idée de divulguer leurs propos. À juste titre, il s'estimait moralement redevable à leur égard. Mais le devoir du journaliste n'est-il pas, dans le même temps, de témoigner quand, passé un certain délai, les informations qu'il a obtenues *off the record*, selon la formule consacrée, appartiennent désormais à l'Histoire ? Tel est bien le cas de ces « notes confidentielles » restées dans l'ombre durant plusieurs décennies et dont l'intérêt dépasse aujourd'hui, à l'évidence, la seule actualité immédiate, même si elles permettent sur bien des points de mieux la comprendre. Plus fiables que des mémoires, qui ne reflètent jamais qu'une réalité recomposée après coup, elles ont, entre autres mérites, celui de brosser un tableau instantané, saisi sur le vif, de l'époque qu'elles traversent.

Ces documents n'étaient connus que de quelques initiés quand Jean Mauriac me permit, à mon tour, d'en prendre connaissance en juin 2005. Avec son épouse Caroline, il m'avait réservé l'accueil le plus chaleureux et attentif, quelques mois auparavant, quand j'étais venu lui faire part du travail que j'avais entrepris sur François Mauriac, mettant aussitôt à ma disposition l'ensemble de ses archives. Au cours de nos conversations, un autre grand sujet ne pouvait manquer de surgir : de Gaulle, bien sûr, dont le souvenir n'a jamais cessé d'accompagner Jean Mauriac. En l'écoutant évoquer le Général mais aussi son entourage et les péripéties de l'« après-de Gaulle », je mesurais toute la richesse du témoignage qu'il lui restait à livrer. C'est alors qu'il me révéla l'existence de ces notes demeurées inédites depuis son départ de l'AFP en 1988.

Il me suffit d'en lire quelques extraits pour être convaincu – et en convaincre bientôt l'auteur lui-même – de la nécessité de publier cette chronique passionnante de vingt années d'histoire nationale. Vingt années durant lesquelles le « trop-plein » annoncé par le Général pour sa succession s'est confirmé au-delà même de ses prévisions. Vingt années qui ont vu ses héritiers présomptifs s'entredéchirer et parfois se renier au point de concourir, en 1974 et en 1981, à l'accession au pouvoir de deux présidents qu'ils ne portaient guère dans leur cœur – Valéry Giscard d'Estaing et François Mitterrand – et sacrifier, à travers l'expérience de la première cohabitation et le retour en force des partis politiques dans le fonctionnement de l'État, aux dérives que de Gaulle avait toujours dénoncées... Dans cette période marquée, comme jamais depuis 1958, par le jeu effréné des ambitions et des trahisons, Jean Mauriac, qui a dû quitter dès l'arrivée de Georges Pompidou son poste de correspondant de l'AFP à l'Élysée, demeure un des meilleurs observateurs de la vie politique. Outre les notes et les dépêches qu'il rédige pour l'Agence, il collabore, entre autres, à *Paris-Match* auquel il fournit interviews et reportages. Nous avons repris quasi *in extenso*, parce qu'ils illustrent à leur manière le climat nostalgique de cet « après-de Gaulle », les textes magnifiques qu'il a consacrés, en 1976, à la mort d'André Malraux, et trois ans plus tard à celle d'Yvonne de Gaulle, ainsi que la majeure partie de son reportage sur le voyage en Chine de Jacques Chaban-Delmas au mois de juin 1973 – voyage au cours duquel il fut beaucoup question du Général... Mais ce sont ses écrits confidentiels qui constituent, à ce moment-là, la part la plus riche et originale de son travail journalistique – écrits où le ton volontairement neutre, mesuré, presque impersonnel de ses dépêches d'agence laisse place à un style plus libre, aigu et incisif – plus mauriacien, en quelque sorte.

Proche des gaullistes de stricte obédience, Jean Mauriac ne fait mystère ici ni de ses sympathies ni de ses allergies. Comme beaucoup d'entre eux, il a tenu ouvertement Georges Pompidou, en 1969, pour un « usurpateur » et ne voit en Jacques Chirac qu'un « agité » sans scrupules et sans consistance. Seuls, en dehors des milieux proprement gaullistes, des hommes en marge de la classe politique comme Michel Jobert et Raymond Barre trouvent grâce à ses yeux, parce qu'ils incarnent à leur manière une certaine fidélité à la pensée et à l'action du Général. Mais l'opinion qu'il peut avoir de ses interlocuteurs interfère peu, en réalité, avec son travail de journaliste soucieux avant tout d'établir avec chacun d'eux le rapport le plus direct possible, le plus propice à un échange brut, immédiat, sans « langue de bois » – quitte à voir ses confidents les plus proches se révéler parfois sous leurs aspects les moins favorables. Ainsi de Jacques Chaban-Delmas qui se découvre au fil de leurs conversations tel que ses détracteurs l'ont souvent dépeint : en manœuvrier brouillon, frivole et inconstant. Ou de Michel Debré, spectateur inconsolable de son propre déclin politique... Ou encore de Valéry Giscard d'Estaing, chez lui, à Authon, parmi ses tableaux de chasse...

On sait les hommes politiques naturellement prompts à dire, en privé, beaucoup de mal les uns des autres. Cette tradition ne date pas d'aujourd'hui, comme le démontrent la virulence et la férocité dont font preuve, lors de leurs tête-à-tête avec Jean Mauriac, des personnages en apparence aussi policés, contenus, si ce n'est convenus, que Maurice Couve de Murville, Louis Joxe et Yves Guéna. Tous les genres, restitués ici avec une exactitude implacable par Jean Mauriac, se côtoient dans ce jeu de massacre permanent, où l'impétuosité vengeresse de Michel Debré, la causticité nonchalante d'Olivier Guichard, le désabusement acerbe de Michel Jobert, l'ironie provocante de Raymond Barre rivalisent de formules meurtrières au sujet de Georges Pompidou, Valéry Giscard d'Estaing ou Jacques Chirac – les trois cibles favorites des nostalgiques du Général.

Ce livre aurait pu s'intituler *Le Drame des gaullistes*, tant l'histoire qu'il raconte est d'abord celle d'une famille politique minée depuis 1968 par l'affrontement entre le fondateur et son dauphin potentiel, et en proie, après le départ du Général, à une guerre des clans sans merci. Un drame que Jean Mauriac a vécu de l'intérieur, au plus près de ses protagonistes, comme aucun autre journaliste.

Les lecteurs de *Mort du général de Gaulle* reconnaîtront dans les *Notes confidentielles* d'avril 1969 à novembre 1970, à propos du voyage en Irlande et des visites à Colombey des rares « gaullistes historiques » qui y furent accueillis, quelques-unes des meilleures séquences du livre. Ils y découvriront surtout cet autre volet que le journaliste de l'AFP n'a pas pu ou cru devoir publier sur le moment, et qui révèle l'extrême sévérité des jugements portés par de Gaulle sur la personnalité et l'action de son successeur ou, à l'égard du même, par André Malraux, Maurice Couve de Murville et Pierre Messmer. La violence inouïe du réquisitoire d'un Louis Joxe contre Georges Pompidou et son épouse, au sujet de l'affaire Markovic, est pour le moins significative de la haine – le mot n'est pas trop fort – qui s'est installée à partir de 1968 entre gaullistes et pompidoliens. L'ampleur du différend apparaît ici d'autant plus saisissante qu'on y entend – pour la première fois – s'exprimer sur le Général, avec la même dureté, certains proches du nouveau président, comme Pierre Juillet, pourtant réputé d'un gaullisme sourcilleux. S'agissant de Georges Pompidou lui-même, c'est tout à la fois son ambiguïté et sa rancœur envers de Gaulle – poussées jusqu'à se féliciter, lors d'un entretien avec Christian Fouchet, de l'échec du référendum d'avril 1969 – que l'ouvrage de Jean Mauriac achève de mettre en lumière...

Témoin de la rivalité immédiate qui a opposé le chef de l'État et son Premier ministre Jacques Chaban-Delmas, le journaliste note ceci, avec sa sobriété habituelle, en juin 1972 : « Dans mes conversations politiques avec les entourages – comme on dit –, je recueille l'impression d'un pourrissement qui ne cesse de s'aggraver. Tout le monde trahit tout le monde au sein de la majorité, tout le monde joue un jeu compliqué. » À partir de là – et jusqu'au terme de cette chronique, en octobre 1989 – ce sont tous les combats fratricides de l'« après-de Gaulle » que relate Jean Mauriac en rapportant tout ou presque de ce qui se dit et se trame dans les coulisses du pouvoir, au prix, là encore, de mises au point parfois cruelles pour ses propres amis politiques.

C'est ainsi qu'il nous permet aujourd'hui de mieux comprendre les véritables raisons de la défaite de Jacques Chaban-Delmas à l'élection présidentielle de 1974. Victime de beaucoup de cabales et de rumeurs orchestrées par l'Élysée et la rue de Rivoli, le maire de Bordeaux se révèle dans ce livre avant tout victime de lui-même, de ses carences, de sa confusion, de ses atermoiements, de son incroyable naïveté face à des adversaires – dans son propre camp – dont il ne laisse pas de sous-estimer les arrière-pensées. L'histoire de son voyage manqué en Chine populaire, en juin 1973, témoigne déjà de l'improvisation avec laquelle Chaban, comme désorienté par les attaques dont il fait l'objet, organise alors son « destin national ». Mais le plus édifiant à cet égard est l'aveu paniqué qu'il fait à Jean Mauriac, durant ce même voyage, en apprenant par une dépêche en provenance de Paris la subite aggravation de l'état de santé du président Pompidou : « Jean, je ne suis pas prêt... Il me faut au moins un an ! » Dix mois après, cette impréparation coûtera cher au candidat apparemment le mieux placé pour l'emporter – et, à travers lui, à l'ensemble des « barons »...

La défaite de Chaban marque pour eux la fin d'une longue suprématie politique – la fin de « seize ans de bonheur », selon la formule d'Olivier Guichard. Intime de celui-ci, qu'il tutoie, et ami de tous les autres, Jean Mauriac est bien placé pour recueillir les états d'âme des « barons », mesurer aussi leur impuissance – ou leur incapacité – à contrer l'ascension d'un Premier ministre, Jacques Chirac, qui n'aura guère de mal à s'emparer à leurs dépens de la direction du mouvement gaulliste. Un nouveau chef que les fidèles du Général s'accordent à juger sans foi ni loi – Jean Mauriac le premier, qu'une violente controverse a opposé à Jacques Chirac en avril 1974, à propos de son récit du dernier Conseil des ministres de Georges Pompidou. Les deux hommes manqueront d'en venir aux mains quelques mois plus tard, en se traitant mutuellement de « menteur ». C'est le seul « échange » entre eux qu'on trouvera relaté dans ces *Notes confidentielles* où le nom du fondateur du RPR est rarement évoqué, il va sans dire, avec sympathie. On constatera, en écoutant les « barons » parler de Jacques Chirac à cette époque, stigmatiser sans relâche son absence de conviction, ses foucades, ses contradictions, son opportunisme à tout va, que le procès de l'actuel président de la République fut d'abord instruit, voici trente ans, et en des termes à peu près similaires à ceux employés par ses détracteurs d'aujourd'hui, par de grandes figures du gaullisme comme Michel Debré, Maurice Couve de Murville, Olivier Guichard, Roger Frey et même Yves Guéna.

Mais le mérite d'un livre comme celui-ci est aussi de nous offrir le recul et la distance nécessaires à une appréciation plus juste et équitable des hommes et des événements qui ont déterminé l'histoire politique de ces dernières décennies.

Pour décrié qu'il soit dès ce moment-là, Jacques Chirac n'en apparaît pas moins ici comme le seul garant, en 1974, de la survie politique de la famille gaulliste – « le seul qui pouvait faire quelque chose », selon le mot d'Yvonne de Gaulle. C'est à sa présence à Matignon que les parlementaires de l'UDR doivent alors d'éviter, au lendemain de l'élection de Giscard, une dissolution de l'Assemblée nationale qui leur aurait été sans doute fatale, et de pouvoir faire barrage à la volonté, à peine dissimulée, de l'Élysée d'en finir avec les héritiers du Général. On mesure, à la lumière des multiples entretiens rapportés par Jean Mauriac dans cette période, combien les maladresses et les provocations du pouvoir giscardien envers ses alliés gaullistes – qu'il s'agisse de l'absence délibérée du chef de l'État au Mont-Valérien le 18 juin 1975 ou de la candidature pour le moins malencontreuse de Michel d'Ornano à la mairie de Paris l'année suivante – ont pesé lourd dans la rupture progressive entre le président de la République et le principal parti de la majorité. Des détracteurs de Jacques Chirac aussi virulents, chacun à sa manière, qu'Alain

Peyrefitte, Robert Boulin, Olivier Guichard ou Jacques Chaban-Delmas, se montrent tout aussi sévères, en privé, pour Valéry Giscard d'Estaing et son nouveau Premier ministre, Raymond Barre. Les « petites phrases » assassines des uns et des autres à leur sujet sont là pour en témoigner.

La responsabilité directe de Jacques Chirac dans la véritable guerre d'usure qui s'est engagée entre le RPR et l'Élysée à partir de la fin des années 1970 n'en reste pas moins évidente. En transformant le « parti gaulliste » en machine de combat au service exclusif de ses propres ambitions présidentielles, le maire de Paris s'inscrit dans une logique politique qui ne vise, par tous les moyens, qu'à entraver et discréditer l'action du président de la République et du gouvernement – au risque de porter atteinte au fonctionnement même des institutions de la Ve République, comme lui en font alors grief, au sein de son propre mouvement, les gardiens les plus intransigeants de l'orthodoxie gaullienne. Les notes de Jean Mauriac montrent on ne peut plus clairement comment cette entreprise permanente de déstabilisation conduisit, en mai 1981, à ce qui n'a jamais cessé d'être l'objectif de Jacques Chirac et de son entourage : la défaite du Président sortant. D'autant que le journaliste y produit des témoignages – celui de Michel Debré, notamment – qui confirment l'existence, jamais totalement prouvée jusqu'ici, d'un accord Chirac-Mitterrand en ce sens. Accord, précise alors Michel Debré à ses proches, que le chef du RPR lui a révélé lors d'un déjeuner en tête à tête en octobre 1980...

Moins familier des dirigeants socialistes que de leurs prédécesseurs – quoique le fait d'être le fils de François Mauriac, indique-t-il, lui ouvre « à gauche bien des portes » –, Jean Mauriac ne dispose plus, après mai 1981, des mêmes relais au sein du pouvoir pour tenir une chronique aussi dense de la période mitterrandienne que des époques antérieures. Hormis quelques contacts ponctuels – mais riches d'enseignements – avec Hubert Védrine, Gaston Defferre ou Jean-Pierre Chevènement, ce sont surtout ses entretiens avec Michel Jobert, le très singulier ministre du Commerce extérieur du premier gouvernement Mauroy, qui lui permettent d'obtenir les informations les plus éclairantes – et les plus savoureuses – sur les péripéties politiques du moment et le comportement de plus en plus opaque et énigmatique du nouveau chef de l'État. Les portraits de François Mitterrand ciselés par Michel Jobert compteront désormais parmi les modèles du genre.

Mais l'interlocuteur favori de Jean Mauriac dans les dernières années de sa carrière, celui auquel il consacre la majeure partie de ses *Notes confidentielles* avec d'autant plus de sympathie et d'attention qu'il y a pour lui « du de Gaulle chez cet homme-là », est Raymond Barre. Alors que, de Chirac à Chaban, les disciples présumés du Général, renouant avec « les délices et les poisons » du régime des partis, n'aspirent plus qu'à partager le pouvoir avec François Mitterrand, le président en place, Raymond Barre, seul à dénoncer la cohabitation comme une « trahison » des institutions de la Ve République, incarne aux yeux du journaliste l'ultime garant de l'héritage gaulliste. Et c'est à l'homme qui ne cesse alors de fustiger la déliquescence, la « corruption généralisée » d'une classe politique gangrenée par « l'argent et l'ambition », que Jean Mauriac laisse, en octobre 1989, le dernier mot sur les vingt ans écoulés.

J.-L. B.
Juin 2006

L'OMBRE DU GÉNÉRAL

(1969-1970)

Jacques Vendroux : « Le Général considère Pompidou comme un renégat » – De Gaulle : « Pompidou gouvernera médiocrement » – Guichard à Pompidou : « Georges, voilà les bêtises qui commencent » – Pierre Messmer : « ... Pompidou n'a pas la conscience tranquille » – Pierre Juillet : « C'est de Gaulle le responsable » – Couve de Murville au sujet de Pompidou : « Il est vulgaire » – Massu à propos de De Gaulle sur son lit de mort : « Un visage terrible. »

1969

Début mai 1969 – Rencontre avec Jacques Vendroux après sa visite à Colombey dans les jours qui ont suivi le référendum du 27 avril. Comme toujours le beau-frère du Général me parle très librement alors que la plupart des membres de la famille se refusent à livrer la moindre confidence, à l'exception du général de Boissieu. Mme de Gaulle – est-il besoin de le dire ? – n'a de toute sa vie adressé la parole à aucun journaliste. Nous ne connaissons même pas le son de sa voix. Aucun enregistrement d'elle n'existe. Sa fille Élisabeth, elle aussi, a résolu de se taire.

« J'ai vu le Général pendant une heure, me dit Vendroux. Chaque fois qu'il s'est produit un événement de cet ordre, je me suis précipité à Colombey. Le Général considère les choses de très haut. Il se sent délié de son engagement avec le peuple. En 1965, lors de sa réélection, il avait contracté un engagement pour sept ans. Ne pas aller jusqu'au bout aurait été de son côté un manquement au devoir, une trahison. Le peuple l'a libéré et dans des conditions telles que celui-ci en conservera du remords. Peut-être y a-t-il, dans cette vision des choses, du masochisme, le plaisir de l'amertume, l'amer plaisir de l'ingratitude. Il sait que l'Histoire le jugera d'autant plus grand qu'il aura été doré par les rayons de l'ingratitude. Il voit les choses très calmement. Il a très bien supporté le choc. Il s'en doutait d'ailleurs depuis quinze jours... L'évolution était sensible. Il se voyait déjà parti. »

Je lui demande si le Général tient Georges Pompidou pour l'un des principaux responsables de son échec.

« Bien sûr, c'est évident. Le Général en est profondément convaincu. Dix pour cent des électeurs, peut-être plus, pensaient : "Pompidou va être là, mettons de Gaulle dehors. On aura Pompidou ensuite. Dans trois ans, qui sait ce qui pourrait arriver ?" Et ce sont ces 10 % qui auraient pu lui permettre de l'emporter largement et qui lui ont fait cruellement défaut. Le Général en veut beaucoup à Pompidou depuis Rome[1]. Les rapports se sont beaucoup aigris, d'autant plus qu'il y a eu récidive à Genève[2].

« Pompidou aurait pu s'en tirer il y a deux ou trois semaines, en déclarant : "Je ne me présenterai pas si le 'non' l'emporte au référendum." On le lui a fait dire. Il s'est dérobé. S'il avait accepté, on pouvait éviter la dégringolade, car cela aurait aussitôt permis de reconstituer le dilemme qui a toujours réussi : de Gaulle ou le chaos. Et alors de Gaulle aurait pu, si malgré tout le référendum avait été repoussé, délier Pompidou de son engagement : "Vous aviez annoncé que vous ne briguiez pas la présidence de la République étant donné les circonstances dramatiques dans lesquelles se trouvait le pays. Mais, aujourd'hui, ces mêmes circonstances vous font obligation de vous présenter." Pompidou aurait eu la caution du Général et se serait imposé encore plus facilement, les antigaullistes soucieux de stabilité n'ayant alors rien de plus pressé que de se rallier à lui pour combler le vide.

« Mais Pompidou a refusé par orgueil, car il ne voulait pas devoir sa place au général de Gaulle, mais seulement à lui-même. Il a fait tomber le Général en refusant tout risque de tomber avec lui.

« Pompidou sera peut-être élu difficilement, ajoute Vendroux. S'il l'était au premier tour, ce serait une insulte pour le général de Gaulle, car celui-ci ne l'a été qu'au second en 1965. C'est au lendemain de son élection que les difficultés vont commencer. Pompidou

---

1. Le 17 janvier 1969, lors d'un voyage privé à Rome, Georges Pompidou a déclaré son intention d'être candidat « à une élection à la présidence de la République dès qu'il y en aura une ».
2. Le 13 février suivant, Georges Pompidou a déclaré à la télévision suisse : « J'aurai peut-être, si Dieu le veut, un destin national. »

a un tempérament qui le poussera aux concessions. Il y aura un nouveau Grenelle tous les ans. Pompidou va tout céder... Il faut que nous pesions sur lui comme un remords, une conscience. Il y aura naturellement l'ombre du général de Gaulle qui s'étendra sur toute la France. Et je me chargerai de répéter à quelques-uns les jugements qu'il aura portés en ma présence.

« Il est certain que le Général considère Pompidou comme un Judas, un traître, un renégat. Pompidou n'aura qu'à bien se tenir. »

10 MAI 1969

Si j'en crois son mari, Élisabeth de Boissieu, la fille du Général, serait soulagée, enchantée par certains côtés. « Maman, n'en parlons pas, confie-t-elle en riant. Nous nous demandons dans la famille si elle n'a pas voté "non" afin de pouvoir rentrer une fois pour toutes à Colombey. »

« Le Général est serein, sauvé par le monceau de lettres auxquelles il doit répondre, me dit Boissieu. Nous nous attendions à ce "non" : lors de son dernier discours à la télévision, il m'a paru ne plus y croire. Récemment, à Colombey, en famille, il a dit en s'adressant à nous tous : "Vous êtes las" (sous-entendu : las de me voir encore au pouvoir). Depuis mai, le Général se savait en sursis. Il vaut mieux pour lui qu'il soit parti ainsi plutôt que s'il y avait eu un petit "oui" : dans ce cas, il y aurait sans doute eu des troubles. Il est au fond très content de sa sortie. »

Élisabeth pense que c'est Poher[1] qui l'emportera. « La France, a-t-elle dit à son mari, a la nostalgie de la IVe République, et puis il est normal que le pendule parte dans le sens opposé. »

Si le Général a pris le risque d'un référendum aussi dangereux, c'est, selon elle, « parce qu'il ne voulait pas être pris de court pour la réforme régionale comme il l'a été durant onze ans à propos de

---

1. Président du Sénat et président de la République par intérim depuis la démission du général de Gaulle, Alain Poher, qui a été l'un des principaux animateurs de la campagne du « non » au référendum, est l'adversaire le plus sérieux de Georges Pompidou à l'élection présidentielle.

l'Université, malgré ses questions réitérées lors de chaque Conseil des ministres : où en est la réforme de l'Université ? La réforme régionale était pour lui d'une importance capitale et il a jugé qu'il devait tenter de la réaliser tout de suite, qu'elle devait aboutir et qu'il lui fallait mettre tout son poids dans la bataille. Ce sont les "notables" en province qui l'ont fait échouer par une propagande de porte à porte. Ils ne voulaient pas perdre leurs places, leurs pouvoirs.

« Donc, ajoute Élisabeth de Boissieu, nous n'avons pas été surpris lorsque dimanche, à huit heures, comme tous les Français, nous avons appris la victoire du "non". Sauf notre fille Anne qui a neuf ans. Nous ne l'avions pas préparée, car nous évitions de la mêler aux problèmes politiques, étant donné son âge. Elle est partie dans sa chambre et, lorsque je suis venue la trouver, elle pleurait : "Les Français sont méchants. Moi, quand grand-père me demande quelque chose, je le fais. Pourquoi ne lui ont-ils pas obéi ?" J'ai répété ce mot au Général qui en a été très touché et il m'a dit : "Voilà une Française !" »

Élisabeth de Boissieu n'a pas été à Colombey depuis le référendum, malgré son envie de s'y rendre. Aux yeux de son père comme de sa mère, ce « non » n'était pas une raison suffisante pour qu'elle quitte Mulhouse[1], son mari, sa fille. Le devoir d'État avant tout.

« Moi, me raconte Alain de Boissieu, j'ai vu le Général, mais j'ai dû monter une mission bidon pour donner le change : je me trouvais à quelques kilomètres de Colombey... Il a cependant eu l'air étonné et légèrement mécontent : "Et votre division ?" Puis, une de ses premières paroles a été : "M. Mauriac va-t-il mieux[2] ?" Ma belle-mère et lui étaient calmes et sereins. Ils allaient partir sous peu en Irlande afin de fuir les journalistes qui assiégeaient Colombey, et aussi pour rechercher les origines de la famille de Gaulle. Ce voyage, ils souhaitaient le faire depuis longtemps. Ils voteraient dans ce cas par correspondance. Le Général a ajouté : "Et puis, vous comprenez, pour Pompidou, il vaut mieux que, quand il fera sa campagne à la

---

1. Où le général de Boissieu avait son commandement.
2. François Mauriac s'était fracturé l'épaule, le matin du 27 avril, en s'apprêtant à aller voter.

télévision, il ne se dise pas : 'Il est là dans son salon. Il me regarde.' Cela risquerait de le gêner ! Pour Pompidou, c'est le meilleur moment pour me succéder. Si j'avais été jusqu'au bout de mon mandat, qui se souviendrait encore de lui, de ce qu'il avait fait en mai 68 ?" »

Élisabeth de Boissieu, qui a dû subir avant le référendum une opération au Val-de-Grâce, a préféré rester hospitalisée trois jours supplémentaires plutôt que de passer son temps de convalescence à l'Élysée où elle ne s'est jamais sentie à l'aise. Elle a tout de même fini par y aller. « Nous étions souvent invités à l'Élysée, mais savions très bien que nous ne devions accepter que rarement, précise le général de Boissieu. Notre devoir était de rester à Mulhouse, là où j'avais mon commandement !

« Pour les petits-fils du Général, il est heureux que ce soit fini, ajoute-t-il. Ils avaient une vie impossible, depuis mai 68. Notre fille, elle, trouvait tout naturel de se sentir comme chez elle à l'Élysée. À Colombey, il lui arrive parfois de disparaître et ma belle-mère me dit : "Allez donc voir dans le bureau du Général !" Et souvent, en effet, elle s'y trouve, assise sagement, lisant ou écoutant son grand-père lui raconter l'histoire de France. Il l'estime très intelligente. Nous avons, avec Anne, beaucoup de chance... »

À la fin de notre entretien, Boissieu revient sur les événements récents : « Au mois de mai 1968, me dit-il, le Général m'a demandé si, au cas où l'État serait en danger, il pouvait compter sur ma division. Je lui ai répondu : "Non seulement sur la mienne, mais sur toute l'Armée." Fort de cette réponse, il a décidé d'aller voir Massu à Mulhouse, mais ces garces de téléphonistes, qui étaient en grève, n'ont pas voulu me donner la communication avec Baden. Alors les choses se sont passées autrement. »

16 juin 1969

Vu Michel Debré au lendemain de l'élection de Pompidou et avant mon départ pour l'Irlande. Il est profondément déçu par la future composition du nouveau gouvernement[1] et la tendance politique de Georges Pompidou. D'après lui, il faut, maintenant que la campagne électorale est passée, que le Président redresse les choses. Mais quelle amertume ! « Georges Pompidou m'a écrit pour me demander de demeurer au gouvernement. En réalité, je préfère me faire réélire à la Réunion et siéger au Parlement plutôt que d'accepter le poste de ministre d'État. Comment voulez-vous que je reste si tous les ministres gaullistes s'en vont ? Comment voulez-vous que je sois auprès de ceux qui ont fait voter "non" au référendum[2] ? »

Comme je lui fais remarquer qu'Edmond Michelet va entrer au gouvernement, il s'emporte aussitôt : « Michelet, c'est un incapable, tout juste apte à donner un ordre à un huissier ! »

Homme triste, amer, finissant, ce Debré. Il dit cependant : « Heureusement que Pompidou a été élu. Parmi nous, lui seul pouvait l'être. » Mais quelle aversion à son égard ! « Quand j'étais ministre des Finances[3], il était d'une jalousie terrible. Chaque fois que je voyais le Général, il en était malade et me téléphonait pour savoir ce qu'il m'avait dit. » Et Debré d'ajouter, comme pour se consoler : « Oui, cela vaut mieux que le Général soit parti ainsi, car sans doute n'aurait-il pas pu imposer la politique qu'il fallait mettre en œuvre après le référendum, s'il l'avait remporté. »

17 JUIN 1969 – DUBLIN

Longue séance de photos de Gaulle-Valera au palais présidentiel... C'est la première fois que le Général rencontre le fondateur de la république d'Irlande, dernier grand héros vivant de la guerre d'indépendance. Âgé de quatre-vingt-cinq ans, aveugle, Eamon de Valera a un moment d'émotion en accueillant le Général. Il s'appuie à son bras, se laisse guider et tous deux – de même taille et de même

---

1. Celui de Jacques Chaban-Delmas.
2. Le nouveau gouvernement comptera en son sein plusieurs ministres centristes qui ont combattu les réformes proposées par le Général lors du référendum, dont Valéry Giscard d'Estaing, René Pleven et Jacques Duhamel.
3. Dans le gouvernement Pompidou, entre 1966 et mai 1968.

stature – cheminent dans l'allée qui mène au château. Soudain, s'adressant aux journalistes et photographes présents, le Général leur demande : « Mauriac est-il là ? » C'est pour me féliciter de la naissance de mon fils et aussi pour me demander des nouvelles de mon père après son accident. Il poursuit son chemin avec Valera, s'arrête brusquement, revient sur ses pas vers moi et lâche de sa voix caverneuse : « Laurent ! » C'est le prénom de mon fils, qu'il avait oublié, recherché et dont brusquement, comme soulagé, il s'est souvenu. Mémoire infaillible du Général !

À son arrivée en Irlande, ceux qui l'approchaient étaient unanimes : le Général demeurait triste, en proie à un chagrin profond, à une peine qu'il ne songeait pas à dissimuler. Tous avaient l'impression qu'il traversait une terrible épreuve, peut-être la plus douloureuse de sa vie. L'échec du référendum l'obsédait toujours. Il écoutait à la radio les nouvelles de Paris, ne parlait que de l'actualité, murmurait parfois : « Nous sommes déjà en IVe ! »

Après les deux premières semaines de séjour, il a paru retrouver sa sérénité. « C'est un autre homme, dit l'un des membres de son entourage, l'Irlande l'a réconforté. » Il relit les *Mémoires d'outre-tombe* qu'il a emportés avec lui et, le soir, comme à Colombey, fait des réussites...

18 JUIN 1969 – DUBLIN

Le Général, qui, en ce 18 juin, déjeune à l'ambassade de France à Dublin, cite ce mot de Charles Quint : « L'italien sert à parler aux femmes, le français aux hommes, l'allemand aux chevaux, l'espagnol à Dieu », et ajoute : « Il n'est pas question de l'anglais là-dedans ! »

À la fin du repas, l'ambassadeur de France, Emmanuel d'Harcourt, lève son verre et, assis à sa place, déclare : « Mon général, voulez-vous me permettre, en ce vingt-neuvième anniversaire, de vous dire simplement que notre pensée se tourne avec émotion vers la journée de juin 1940 où vous avez convié tous les Français à s'unir à vous dans l'action, dans le sacrifice et dans l'espérance. »

Plusieurs secondes s'écoulent. Sur le ton de la conversation, le général de Gaulle répond : « Je vous remercie des paroles que vous venez de prononcer. Il est évident que cet anniversaire est celui d'un grand moment par ce qu'il a représenté. Il est bien que ce soit vous qui l'évoquiez aujourd'hui. Vous êtes honoré en ce jour, car vous êtes d'Harcourt et que vous vous adressez à de Gaulle. Et je suis honoré, car je suis de Gaulle et vous êtes d'Harcourt. Je vous remercie de toutes vos attentions et de celles de vos collaborateurs pendant mon séjour en Irlande. Je lève mon verre en votre honneur et en celui de Mme d'Harcourt. »

De Gaulle ajoute dans un silence profond : « Évidemment, nous pensons à la France. »

20 juin 1969

À mon retour d'Irlande où j'ai laissé le Général au fond d'un abîme de chagrin, je raconte mon séjour à Olivier Guichard, l'invitation à déjeuner du Général, ses promenades sur des grèves désolées. Olivier m'écoute, silencieux. Sur sa cheminée, une photo de Georges et Claude Pompidou en vacances. Je sens chez Olivier comme un soulagement. Il estime que les choses sont bien ainsi pour le pays : le départ du Général et l'arrivée de Pompidou. C'est un choc pour moi qui appelle Pompidou « l'usurpateur ». Mais, grâce au sens politique inné d'Olivier, à son intelligence, grâce à son cœur aussi, sans doute reviendrai-je à une appréciation plus saine de la situation et nos rapports reprendront-ils vite leur cours tranquille. Un cours amical, confiant, affectueux.

C'est le Général qui nous a fait nous rencontrer, peu après la guerre, et nous lier à jamais. Nos relations ont toujours été joyeuses pour la simple raison que nous avons toujours été heureux de nous voir. Pour moi, Olivier, c'est d'abord un sourire.

Je ne connais personne aimant autant la vie qu'Olivier. Il jouit du simple plaisir d'exister. Je lui ai toujours appliqué ces vers de La Fontaine : « J'aime le jeu, l'amour, les livres, la musique, la ville et la campagne, enfin tout... » Tout, jusqu'à la vie mondaine : il s'ébat avec délice dans le Tout-Paris. Et au-dessus de ce tout compte d'abord la politique. C'est sa seule vraie passion.

Olivier est sûrement l'un des hommes les plus intelligents que je connaisse : il arrive à rendre intelligents, ou à faire croire qu'ils le sont, ceux qu'il rencontre. Tout me touche en lui. Peut-être, d'abord, son goût pour la littérature. Il est lui-même un merveilleux écrivain. Ses goûts ne le portent pas vers les écrivains les plus faciles : Valéry, Paul-Jean Toulet, Louis-René des Forêts, Julien Gracq.

Il aime en mon père le journaliste, le polémiste, l'admirateur du général de Gaulle plus que le romancier. Ses *Blocs-Notes* et les remous qu'ils suscitent l'enchantent. Je me souviens avec étonnement de sa joie, le jour où il m'annonça que le Général allait attribuer à François Mauriac la grand-croix de la Légion d'honneur. C'était à la fin de 1958. Il m'avait donné rendez-vous au Bar des Théâtres, avenue Montaigne, car il ne voulait pas me communiquer par téléphone cette grande nouvelle qui devait, bien entendu, rester secrète. Pour la première et la seule fois, je vis Olivier comme ému, presque excité. Et si je m'en souviens aujourd'hui, c'est parce que la joie d'Olivier m'avait alors rempli d'émotion.

Olivier Guichard, en fin de compte, reste Olivier Guichard en toutes circonstances, un peu comme le Général restait le Général. À la ville comme aux champs. Dans ses ministères comme en vacances. Curieusement, il met toujours une certaine distance entre vous et lui. Il n'aime pas la familiarité du téléphone. Ses appels sont rares et jamais longs.

Il m'a demandé de temps à autre de l'accompagner dans certaines de ses expéditions, simplement pour ne pas être seul. Que de longues attentes ! Plus de trois heures, une fois. C'était en juin 1958. Olivier était allé voir Guy Mollet, alors ministre dans le cabinet Pflimlin. Il était un négociateur exceptionnel. Je crois me souvenir qu'il revint avec, dans sa poche, l'accord des socialistes aux conditions du retour au pouvoir du Général et à leur participation à son premier gouvernement. Je l'ai sagement attendu, endormi sur le siège arrière de sa voiture. Dans ce genre d'aventure, il ne fallait pas le questionner. Il y avait alors, chez Olivier, une qualité étonnante de silence, comme une certaine épaisseur. Et, s'il parlait, il fallait souvent prêter l'oreille.

Je n'ai jamais entendu Olivier hausser la voix. Il la baisse plutôt. Il est vrai que je n'ai jamais été l'un de ses collaborateurs. Il est vrai aussi qu'il a pour moi une certaine indulgence, de l'amitié, de l'affection. Je dirais peut-être une sorte de tendresse.

MÊME JOUR :

Michel Debré à la veille de la formation du gouvernement Chaban-Delmas : « Eh bien, c'est fait, mon cher Jean, leur émissaire vient de sortir. Je suis sacrifié à M. Pleven, Duhamel, Fontanet et Poudevigne. Je suis mis dehors. M. Pleven va à la Justice, M. Fontanet aux Affaires sociales, M. Duhamel, je ne sais où. Au début de la semaine, Georges Pompidou m'avait dit : "Dormez sur vos deux oreilles, je ne leur céderai pas." Eh bien, voilà ! Je suis déçu par Chaban, un ami auquel j'aurai rendu tant de services personnels ! Ce qu'il fallait, c'était mettre les centristes devant le fait accompli.

« J'ai demandé à Georges Pompidou à être reçu depuis ce matin. Aucun signe de vie de lui. C'est fini.

« Maurice Schumann ne mécontentera personne. Il est transparent ! C'est le début de la dégringolade. C'est le début de la fin de la politique étrangère du Général. Ah ! M. Luns[1] sera content. M. Jean Monnet, aussi. »

21 JUIN 1969

Debré, après avoir rencontré conjointement Georges Pompidou et Jacques Chaban-Delmas à l'Élysée, m'informe qu'on lui a proposé ce matin les Affaires culturelles, puis les Armées. « J'ai refusé, quel déshonneur ! D'ailleurs, ma famille me conseille de m'en aller.

---

1. Ministre des Affaires étrangères des Pays-Bas.

Georges Pompidou m'a dit : "Je n'accepte pas votre refus !" Je vais réfléchir et donner une réponse cet après-midi. »

Debré acceptera finalement le ministère des Armées. Ses collaborateurs, il est vrai – mais comment douter du contraire ? –, ont insisté pour qu'il fasse partie du gouvernement.

22 juin 1969

De Gaulle, en Irlande, a reçu une lettre de Georges Pompidou en réponse à son télégramme de félicitations. Il a suivi à la télévision l'installation de Pompidou. Pas de commentaire, pas d'acrimonie. Un sourire seulement, comme s'il pensait : « Il manque quelque chose ! »

Il lit les journaux. Il regarde le journal télévisé, mais l'interrompt rapidement.

24 juin 1969

Debré, en quittant l'Élysée après la présentation du gouvernement et la « photo de famille » sur laquelle il figure : « Je me demande ce que pense le Général ! » À propos de Michelet qui vient de succéder à Malraux au ministère des Affaires culturelles : « C'est François Coppée succédant à Pindare ! »

9 juillet 1969

Confidences du dernier aide de camp du Général à l'Élysée, le commandant Flohic, encore présent à ses côtés lors du voyage en Irlande, avant de réintégrer son arme, la Marine : « De Gaulle, maintenant, se prépare à la mort. Telle est mon impression. Plus jamais il ne se montrera en public. Je ne pense pas qu'il se rende de nouveau à l'étranger. Pour aller où ? Pour rencontrer qui ? Quel sens pourrait avoir, par exemple, une visite aux États-Unis, maintenant qu'il n'est plus aux affaires (il a d'ailleurs fait une réponse dilatoire au message de Nixon réitérant son invitation). Je pense même qu'il n'ira plus jamais le 18 juin au Mont-Valérien.

« Non, maintenant, ses seuls déplacements seront d'ordre familial et personnel : à Calais, pour voir sa belle-famille ; à Brest, où vient d'être nommé Philippe de Gaulle ; à Paris, à partir d'octobre, quand l'avenue de Breteuil sera prête[1] pour recevoir quelques personnes.

« Après son départ, le Général a traversé deux phases, poursuit Flohic : une phase de tristesse et d'amertume d'abord, et puis, après le premier tour de l'élection présidentielle, une phase d'optimisme. Son télégramme à Pompidou montre bien qu'il l'approuvait : "Pour toutes raisons nationales et personnelles..." Il ne pouvait pas en dire plus pour ne pas gêner sa politique d'ouverture... Cela étant, il demeure clairvoyant. On est passé d'une monarchie appuyée sur le peuple à un régime qui risque de se déliter et dans lequel les partis ont déjà fait leur réapparition.

« Je ne pense pas que le Général interviendra publiquement, sauf dans les cas extrêmes : si la Défense nationale telle qu'il l'a conçue était remise en cause ou si on donnait l'arme atomique à l'Allemagne.

« Le Général pense que, pour lui, ce fut un bon départ. Je crois aussi que ce départ s'est effectué avec grandeur, qu'il correspond au personnage, à son histoire. Dans quelles conditions se serait-il effectué s'il avait attendu la fin de son septennat ?

« Mme de Gaulle est heureuse, confirme Flohic pour finir. C'est une femme extraordinaire de dévouement, d'abnégation auprès du Général. D'effacement. De courage. »

11 juillet 1969

Pierre-Louis Blanc[2], de retour d'un déjeuner à Colombey : « Ce que je crains, c'est que la majorité se désunisse, se divise, lui a déclaré le Général. Les Français sont enclins à la division. Ils le sont surtout

---

1. Il n'ira jamais avenue de Breteuil, siège de son secrétariat particulier.
2. Ancien chef du service de presse du Général à l'Élysée.

quand ils ne sont pas conduits par de grandes idées, une grande politique. C'est ce qui va nous manquer... On reçoit M. Willy Brandt, on veut être gentil avec les Anglais, mais il n'y a pas, derrière cela, une grande affaire. Voyez-vous, pendant la guerre, sans de Gaulle, il y aurait eu toutes sortes de résistances. Les uns auraient été chez les Anglais, d'autres en Amérique, d'autres à la Légion étrangère. Mais il n'y aurait pas eu une Résistance. »

« Beaulaincourt[1] et moi sommes arrivés à Colombey à midi moins trois, me raconte Pierre-Louis Blanc. Accueil par Mme de Gaulle qui était à la cuisine. Nous apportions un sabre, don des Irakiens. "Encore un sabre !", déclare-t-elle. À midi précis, le Général sort de son bureau. Teint lisse, sans ride. Mine excellente. Les cheveux tout blancs. "Bonjour, cher ami. Bonjour, Blanc." Une demi-heure de travail sur le courrier avec Beaulaincourt. Puis c'est mon tour. »

Le Général travaille à ses Mémoires. Les feuillets sont posés sur le bureau. Il les montre, satisfait, à Blanc : « Voyez ce que j'ai écrit ! » Blanc lui apporte les documents et les renseignements que le Général lui avait demandés concernant la période algérienne, ce qui indique bien que le Général commence ses Mémoires par la première année de son retour au pouvoir : 1958. Il prépare aussi une édition complète de tous ses discours, du 18 juin 1940 à l'avant-veille du référendum. Tous ses discours écrits. Donc, pas ceux improvisés, prononcés en province. Il écrit, écrit, écrit. Il dit : « Le temps presse. »

Juste avant le déjeuner, Mme de Gaulle s'impatiente, entrouvrant à plusieurs reprises la porte du bureau du Général pour voir si la conversation avec Blanc se termine. À table, le général de Gaulle sert le vin, passe le sel et parle des Gaulois. Tableau saisissant de Vercingétorix. Il s'étend sur la division des Gaulois, déjà celle des Français. Le déjeuner fini, il sert le cognac, propose des cigares. Et puis c'est le tour rituel dans le parc avec ses invités et la sœur du Général, Marie-Agnès. Plus de quatre-vingts ans, bon pied, bon œil, elle converse longuement avec le Général...

---

1. Dernier chef du secrétariat particulier du Général à l'Élysée.

16 juillet 1969

De Gaulle à Pierre Messmer, qu'il vient de recevoir à Colombey : « Pompidou a été élu médiocrement[1]. Je ne parle pas des suffrages qu'il a obtenus et dont le chiffre est voisin du maximum qu'on peut raisonnablement espérer, mais de la campagne qu'il a faite. En France, aujourd'hui, il y a un paquet de 40 % de voix gaullistes. Dans une élection, c'est suffisant pour l'emporter au second tour, car les adversaires n'arrivent pas à s'unir comme ils savent le faire pour répondre non à un référendum.

« Pompidou aurait pu faire, sans rien perdre, une campagne claire, disant qu'il se présentait parce que de Gaulle était parti. Au lieu de cela... Pompidou gouvernera médiocrement jusqu'au jour où un événement grave surviendra.

« Les difficultés du gouvernement seront financières et monétaires, a ajouté le Général. Pour éviter les histoires, le gouvernement cédera à tout le monde, donnant plus aux uns, donnant moins aux autres. Finalement, il fera de l'inflation comme sous la IVe République, et demandera l'aide de l'étranger qui ne se laissera pas faire facilement. Dans un an, les difficultés sérieuses apparaîtront. »

25 juillet 1969

Philippe de Gaulle m'apprend que son père a fait parvenir à Michel Debré un message d'approbation, de fidélité et d'affection. C'est le seul de ses anciens ministres auquel il écrit.

Selon son fils, le Général viendra probablement à Paris, pour la première fois dans le courant d'octobre. Il ira avenue de Breteuil et descendra pour la nuit à l'hôtel Lapérouse (comme autrefois). Ses audiences auront lieu dans les deux endroits.

Mme de Gaulle pense qu'il voyagera. Voyages du type Irlande : séjour privé puis, avant le retour à Colombey, visite au chef d'État

---

[1]. Avec 57,5 % des voix au second tour, le 15 juin 1969. Un score supérieur à celui du général de Gaulle quatre ans plus tôt.

du pays hôte. Prochain voyage : pourquoi pas l'Espagne et Franco, qu'il n'a pu aller voir pendant qu'il était à l'Élysée ?

Le Général écrit. Il lui faut trois mois pour un chapitre, deux ans pour un tome. Les deux tomes envisagés ne seront donc terminés que dans quatre ans. C'est pourquoi il répète à son entourage que « le temps presse ».

8 AOÛT 1969

Nouvelles confidences de Philippe de Gaulle. Il me rapporte ce que son père a déclaré récemment au colonel Desgrées du Loû, son aide de camp, à propos de Pompidou : « Il n'a pas été correct. » Le Général ne veut voir aucun des ministres actuellement en poste. C'est une attitude adoptée délibérément pour bien montrer qu'il se tient en dehors de tout, qu'il ne « tire pas les ficelles », comme il dit. Il a envoyé Desgrées du Loû auprès de plusieurs d'entre eux pour qu'ils connaissent ses raisons. L'amitié, le sentiment demeurent intacts, mais il ne faut pas qu'il les voie.

Vie familiale à Colombey. Onze à table. Les petits-enfants jouent à cache-cache dans le salon après le déjeuner, jusque sous le fauteuil du Général. Le Général, très heureux, presque gêné de céder à son soulagement. Mais il y a des hauts et des bas.

17 SEPTEMBRE 1969

Pompidou a invité, au début de septembre, au cours de deux dîners, les membres du bureau politique de l'UDR parce qu'il juge Chaban incapable de reprendre en main le mouvement. Selon Arlette de La Loyère, collaboratrice d'Alain Peyrefitte, le Président aurait reproché aux députés UDR de semer le doute par leur vigilance, leur méfiance, leur surveillance soupçonneuse à son égard[1].

---

1. Les députés gaullistes les plus orthodoxes dénoncent la volonté d'« ouverture » politique du gouvernement.

« Vous faites du mal, je vous le dis avec gravité. Nous n'avons triomphé que grâce à notre unité... Eh bien, si ça continue, je ne m'obstinerai pas dans ma tâche. »

On pense à l'Élysée que Chaban fera long feu. Pompidou, le lendemain de sa nomination, regrettait déjà d'avoir fait appel à lui.

18 SEPTEMBRE 1969

Pierre Viansson-Ponté[1], rencontré dans la cour de l'Élysée : « Depuis deux ans, c'était effrayant. Les catastrophes s'accumulaient : ce référendum idiot dont le Général n'a même pas prévu qu'il pourrait être refusé, la folie du Québec libre, la folie du Moyen-Orient, l'affaire monétaire, le mois de mai 68 auquel il n'a rien compris ! Il était temps qu'il s'en aille. Il était gâteux. Et ce que je te dis là, je pense qu'à l'Élysée on n'est pas loin de le penser aussi. »

19 SEPTEMBRE 1969

Gaulliste de toujours, Pierre Juillet se défend auprès de moi d'avoir trahi le Général en restant le très proche conseiller de son successeur : « Quand j'ai décidé de demeurer auprès de Pompidou, président de la République, je lui ai dit : je suis gaulliste d'abord et pompidolien ensuite. Pompidou a réfléchi, puis m'a répondu : "Moi aussi." »

« Dans ce cabinet, en fait je suis le seul gaulliste, m'affirme-t-il. Les autres, ce sont des technocrates.

« La situation est difficile. Pompidou tiendra ou il sera submergé et il lâchera. S'il lâche, je m'en irai. Le jour où vous me verrez partir, alors vous saurez que Pompidou aura lâché, c'est-à-dire qu'il n'aura pas tenu les principes essentiels du gaullisme. Mais il est très fort, très tenace. C'est un Auvergnat. Il triomphera ! Chaban ? Oui, c'est un problème, mais le Président n'avait pas le choix. Il faut

---

1. Rédacteur en chef adjoint du *Monde*.

comprendre la situation : Pompidou est obligé de manœuvrer. Il lui est impossible d'adopter l'attitude du Général : un roc immobile, silencieux, battu par la tempête ! »

24 SEPTEMBRE 1969

« J'apprends par votre lettre que vous quittez l'Élysée, m'écrit Georges Pompidou. J'espère que cela ne veut pas dire que vous me quittez... Ajouterai-je que je souhaite que votre remplaçant, que l'on va accréditer à l'Élysée[1], accomplisse sa tâche avec la même passion nationale que vous y avez toujours mise... »

Comment aurais-je pu demeurer à l'Élysée ? À mon retour d'Irlande, ce fut comme un choc. Choc, le mot est faible. J'étais bouleversé, étreint par le chagrin. L'équipe de Pompidou était là, triomphante. « Ils » occupaient la place comme un adversaire vainqueur, ne cachant pas leur joie. Ils parlaient haut et fort. Ils riaient. Ils ricanaient. Les membres du personnel élyséen, qui, jadis, servaient le Général, se courbaient devant les nouveaux arrivants. Je ne les reconnaissais plus. Ils me traitaient avec méfiance, avec hostilité même. Simone Servais, le chef du service de presse, fit comprendre à Jean Marin[2] que, le Général parti, ma place n'était plus à l'Élysée. Nous étions tous d'accord sur ce point, moi le premier. J'entendais toutefois demeurer quelques jours auprès de mon successeur déjà nommé et démissionner de mon propre chef. Quelle épreuve !

Devant moi, Guichard téléphona à Pompidou au sujet de mon départ, demandé par Mme Servais. Il dit au Président : « Georges, voilà les bêtises qui commencent ! »

Il est vrai que je n'avais pas des rapports excellents avec l'entourage de Pompidou. Un jour, peu de temps avant l'élection, Michel Jobert[3] m'a fait venir avenue de Latour-Maubourg, siège de la campagne de Pompidou, pour me jeter littéralement à la tête un dossier,

---
1. En tant que représentant de l'Agence France Presse.
2. P-DG de l'AFP.
3. Alors secrétaire général de la présidence de la République.

celui des dépêches AFP de notre correspondant à Belgrade sur l'affaire Markovic.

7 OCTOBRE 1969

Lors d'un déjeuner récent à l'Élysée, Georges Pompidou, disert, mordant, passe en revue quelques-uns de ses sujets de préoccupation. Un de ses collaborateurs me rapporte les propos du Président : « J'ai décidé une réforme totale des chasses présidentielles[1]. J'ai commencé par mettre à la porte leur directeur parce qu'il s'occupait, en plus des chasses, d'organismes privés (Péchiney) et parce que ses faisans ne volaient pas. Les oiseaux volent mieux l'après-midi. Alors on chassera sans discontinuer de 10 heures (après un sérieux breakfast) à 16 heures (avant un bon goûter). On ne se déplacera plus en DS, mais en minicar, et j'inviterai quelques grands chasseurs réputés pour avoir leurs observations. Ce qu'il faut, c'est que les oiseaux volent ! C'était épouvantable et dangereux, ces oiseaux qui, à Marly, volaient à ras de terre et, à Rambouillet, ne s'envolaient pas du tout. Mais il ne faut pas parler de cette réorganisation, parce qu'on dira que je change tout ce qui existait du temps du général de Gaulle.

« J'ai dit à Guichard[2], a poursuivi Pompidou : Il n'y a qu'une chose qui compte : les programmes ! les programmes ! Nos élèves n'apprennent plus rien. Il faut qu'ils sachent qui a cassé le vase de Soissons. Il faut qu'ils sachent qui sont Brassens et Prévert, mais aussi Corneille, Racine et La Fontaine. Ah ! la littérature ! Ils ne l'apprennent plus qu'à partir de 1945. Je vais vous raconter une histoire. Un professeur de philo déclare à ses élèves : "Débarrassez-vous de tous vos livres. Ce sont des conneries ! Je vais vous parler du suicide. C'est extraordinaire. Je l'ai expérimenté..." Un jour, une fille s'est suicidée à l'issue d'un de ses cours... »

---

1. Il faudra attendre l'élection de Jacques Chirac pour voir leur suppression définitive.
2. Le ministre de l'Éducation nationale.

Puis il a répété le mot qu'il avait prononcé devant le stand de la Triumph, au Salon de l'auto : « C'est une voiture que l'on a beaucoup vue au mois de mai 1968. » Avec un mot méprisant pour les manifestants de Mai : « Ils ne voulaient pas risquer la mort. Leur action est demeurée dans un cadre qui ne comportait pas de risque véritable. Là où existait un risque réel, ils n'y allaient pas. »

15 OCTOBRE 1969

Louis Joxe[1] me rapporte que de Gaulle a été plus dur encore que je le croyais à l'égard de Pompidou lors de la conversation qu'il a eue avec Messmer en juillet dernier à Colombey. Il pense que Debré ne pourra pas rester bien longtemps au gouvernement. Pour lui, la vérité est claire : « Pompidou voulait l'Élysée. C'est un parvenu. »

« Messmer va prendre la direction d'un grand mouvement gaulliste auquel le Général a donné son accord, poursuit Joxe. Debré et moi-même serons à la direction de ce mouvement de caractère national qui rassemblera tous les Français désireux de soutenir la pensée politique du Général. Et Couve aussi, bien sûr, s'il veut y venir. Il nous faut la caution de votre père. Dans la situation actuelle, ce mouvement est indispensable. »

20 OCTOBRE 1969

Pierre Messmer me confirme son intention de lancer avec Joxe une association nationale. « Nous sommes en train actuellement de mettre au point le manifeste que nous rendrons sans doute public au cours d'une conférence de presse. J'en ai informé le général de Gaulle lorsque je l'ai vu à Colombey. Il appuie notre projet : "Vous serez, m'a-t-il écrit, le ferment dans la pâte." Depuis, je lui ai exposé les détails de notre action.

---

1. Ancien ministre du général de Gaulle, membre du Conseil constitutionnel.

« Je pense que dans une majorité aussi étendue que la nôtre, il est naturel – et je dirais aussi souhaitable – qu'il y ait différentes tendances. L'UDR ne peut pas être un bloc monolithique. Certains peuvent le déplorer. Mais c'est un fait, notre association a pour but de faire vivre la pensée du Général, sa philosophie, sa métaphysique.

« Je rencontre Chaban demain et lui exposerai mon affaire. J'ai déjà vu Pompidou dernièrement à l'Élysée. Nous en avons parlé pendant trois heures. Il a tout fait pour me dissuader de notre entreprise qu'il estime être une machine dirigée contre lui. Mais ce n'est pas ce que nous voulons être. Nous serons tout au plus une épée de Damoclès au-dessus de la tête du gouvernement, mais une épée qui ne tombera pas. Pompidou est mécontent et inquiet. "À chaque accroc, m'a-t-il dit, les journalistes se précipiteront chez vous..." C'est justement ce que nous voulons, lui ai-je répondu : rappeler les grands principes du gaullisme chaque fois que nous estimerons qu'ils sont menacés. Ainsi, par exemple, l'autorité gouvernementale a été mise en danger avec l'affaire Chalandon[1]. Jamais les choses ne se seraient passées ainsi avec le Général. Chalandon aurait dû donner sa démission.

« Pompidou, par ailleurs, a tenté sans cesse de se justifier, ce qui prouve qu'il n'a pas la conscience tranquille, me confie encore Messmer. À Rome, il dit avoir été surpris par les journalistes, et à Genève, après la sévère riposte du Général[2], s'être senti obligé de faire ce qu'il a fait. À plusieurs reprises il a essayé de savoir ce que le Général pense de lui, de me faire dire ce qu'il dit à son sujet. Mais je n'ai pas répondu. Il est revenu à la charge en me quittant : "Le Général ne doit pas être tendre pour moi. – Monsieur le président de la République, lui ai-je répondu, je pense que c'est le contraire qui vous étonnerait."

« Je suis donc le président de cette association. Joxe sera au comité directeur. Debré nous a promis d'y adhérer. Ce sera sans doute le

---

1. L'affaire Aranda, un scandale immobilier auquel le nom de ce ministre influent se trouve mêlé.
2. Le Général a rappelé dans un communiqué qu'il était de son « devoir » et dans son « intention » de remplir son mandat « jusqu'à son terme ».

seul membre du gouvernement. Peut-être Galley[1]. Le pauvre Michelet ne compte plus. Quant à Couve, il préférera rester au-dehors. C'est un faible. C'est un homme sans décision. Je pense qu'il songe à rentrer un jour ou l'autre au gouvernement. »

28 OCTOBRE 1969

Christian Fouchet : « En mars 1969, je fais valoir au Général qu'il perdra son référendum parce que les maires et les notables de province feront voter "non". Le Général est alors décidé : il renonce au référendum. Il voit Debré et lui fait part de sa décision. Debré l'approuve. Et quelques jours plus tard, sous l'influence de Couve de Murville et de Tricot[2], il revient sur sa décision et nous apprenons que le référendum aura lieu.

« J'en ai voulu au Général de m'avoir limogé au lendemain de mai 1968, poursuit Fouchet. C'était une faute politique. Il m'a reproché de ne pas avoir maintenu l'ordre : "Vous n'avez pas osé faire tirer. – J'aurais osé s'il l'avait fallu, lui ai-je répondu. Souvenez-vous de l'Algérie, de la rue d'Isly[3]. Là, j'ai osé et je ne le regrette pas, parce qu'il fallait montrer que l'armée n'était pas complice de la population algéroise." »

19 NOVEMBRE 1969

De Gaulle à Messmer (lors de leur déjeuner à Colombey, le 16 juillet dernier) : « Pompidou, c'est sur mon lit de mort qu'il me reverra. »

---

1. Robert Galley, ministre des Postes et Télécommunications.
2. Bernard Tricot, secrétaire général de l'Élysée.
3. Haut-commissaire en Algérie en mars 1962, Christian Fouchet semble reconnaître ici sa responsabilité directe dans la répression sanglante de la manifestation organisée à Alger le 26 mars par l'OAS pour protester contre les accords d'Évian.

5 DÉCEMBRE 1969

Philippe de Gaulle me fait part des réactions de son père après la conférence – la première depuis le départ du Général – qui vient de réunir à La Haye les chefs d'État ou de gouvernement de l'Europe des Six[1] : « La Haye ? Il suffit de voir la satisfaction de nos partenaires ! Le premier jour, M. Pompidou a fait un bon discours, mais quand il s'est aperçu que ce discours était mal accueilli, il a changé. Il veut toujours faire plaisir à tout le monde... Pompidou, c'est un arrangeur. Je ne veux rien dire. Je ne dirai rien. Je ne veux pas tirer les ficelles. Je ne veux pas avoir l'air de tirer les ficelles. Je reste totalement en dehors de tout cela. »

Philippe de Gaulle me confie avoir quitté Colombey, hier, le cœur serré, au moment où la nuit tombait. « Il y avait dix centimètres de neige dans le jardin. Le Général était seul dans son cabinet de travail où flambait un bon feu de bois. Il avait l'air heureux. Il redouble de travail parce que ses enfants doivent venir pour les fêtes. Il sait qu'il consacrera alors moins de temps à ses Mémoires. »

15 DÉCEMBRE 1969

Une heure de conversation très dense avec le général de Boissieu :
1 – Le départ du Général : « À Pâques, j'ai dit au Général : "Le référendum va être perdu. Votre réforme recueillera 45 % des voix. Dans ces conditions, liez-vous toujours votre départ aux résultats du référendum ?"

« La réponse du Général a tenu dans les trois points suivants :

« a) "45 % des voix en faveur d'une réforme, cela veut dire que tôt ou tard elle se réalisera" ;

« b) " Jamais de meilleures conditions ne seront réunies pour assurer l'élection de Georges Pompidou" ;

---

1. Cette conférence marque un tournant de la politique européenne de la France, laquelle vient d'accepter de lever le veto imposé par de Gaulle à l'adhésion au Marché commun de l'Angleterre, de l'Irlande, du Danemark et de la Norvège.

« c) "Jamais, moi, je ne trouverai de meilleures conditions pour partir. La catastrophe pour moi serait un référendum gagné à 50 % : un tel résultat me forcerait à rester, mais je serais perdu car ils m'auraient à l'usure."

« La vérité, commente Boissieu, est que le Général a été heureux de partir parce qu'il savait que, de toute façon, il ne pourrait terminer son mandat. Il l'a dit à Pompidou. Depuis mai 1968, il en avait assez. Il ne pouvait plus continuer. Il voulait s'en aller. Aujourd'hui, il est heureux d'avoir réussi sa sortie. Mais, sur l'instant, il a très mal pris le résultat du référendum : "Ces cochons de Français, ces porcs de bourgeois, seule la classe ouvrière se tient !" »

2 – Les relations avec Pompidou : « Le Général a toujours pensé faire de Pompidou son successeur. Ceci, je vous l'affirme. Il savait que seul, il pouvait être élu. Il le lui avait écrit après son départ de Matignon. Il y a aussi ce qu'il lui a dit à ce moment-là : "Je n'irai pas jusqu'au bout de mon mandat. Faites-vous connaître. Voyagez. Écrivez un livre." Jamais il n'a pensé à Couve comme successeur. Il nous l'a redit au moment de son échec dans les Yvelines[1] : "Vous voyez, il ne passe pas à la télévision, il n'aurait pas pu faire un président de la République." »

Boissieu me dit encore : « Je lutte contre les gaullistes qui tentent d'opposer le Général à Pompidou. Évidemment, certaines apparences sont en faveur de leurs thèses. Mais, contrairement à ce que vous me dites, je pense que le Général, un jour, reverra M. Pompidou. Pour l'instant, c'est vrai, il ne le veut pas... M. Pompidou est très triste de cet état de choses. Il aime le Général. Le Général, de son côté, a parfaitement conscience de tout cela : il sait le trouble que crée chez les gaullistes le fait qu'il a refusé de revoir M. Pompidou. »

À la fin de l'entretien, Boissieu me parle avec une grande commisération des deux Vendroux. Il laisse entendre que le rôle du fils Vendroux n'est guère apprécié à Colombey et que le père, qui a séjourné quatre jours à Colombey après le référendum, a dû avoir une influence anti-Pompidou auprès du Général.

---

1. Lors d'élections législatives partielles face à Michel Rocard.

Au sujet du projet de Messmer d'une association gaulliste, Boissieu se montre d'une grande prudence.

30 DÉCEMBRE 1969

Philippe de Gaulle : « Hassan II a écrit à mon père pour son anniversaire et lui a envoyé des fleurs. "Je lui réponds, a dit le Général, mais je ne lui envoie pas de fleurs." »
« De son côté, Pompidou lui a adressé une lettre pour le 1er janvier. Le Général lui a répondu "sur un ton simplement amical", sans aucune allusion politique. Seul un paragraphe évoque ses Mémoires : "Je suis plongé dans ma tâche : ce qui est difficile, c'est de faire tenir tant et tant d'événements dans si peu de chapitres." Dans sa lettre, Pompidou a hasardé la phrase suivante : "J'espère que ce qui se fait actuellement ne vous décevra pas..." En lisant cela, le Général s'est exclamé : "C'est bien le moment !" »

1970

12 janvier 1970

Christian Fouchet a été récemment invité par Pompidou à déjeuner à l'Élysée en même temps qu'une quinzaine de parlementaires. Frey[1] était à droite du Président, Fouchet à sa gauche.

« Vous ne me croirez peut-être pas, eh bien, pendant tout le repas, nous n'avons pratiquement pas échangé une parole, me raconte-t-il. La conversation a été de caractère général. En fait, je pense que Pompidou nous a invités pour nous parler du projet de Messmer de créer un mouvement gaulliste. Le chef de l'État n'a d'ailleurs pas caché son irritation : "Ou on m'accuse d'être trop gaulliste, a-t-il déclaré, ou on m'accuse de ne l'être pas assez." Il n'a eu qu'un bref aparté avec Fouchet, après le déjeuner, sur l'Europe : "Que me reprochez-vous à propos de La Haye ?, lui demanda-t-il. L'Europe supranationale des technocrates est morte, vous le savez bien. Brandt est d'accord avec moi à ce sujet. Il me l'a bien dit à La Haye." »

« J'ai déjeuné avec Malraux aujourd'hui, ajoute Fouchet. Il n'est pas pompidolien. »

À propos de l'attitude du Président à son égard, Fouchet paraît enchanté quand je lui raconte une autre « amabilité » de Pompidou, lors du dîner officiel organisé par les Éditions Grasset, au Ritz, en

---

[1]. Ancien ministre de l'Intérieur du général de Gaulle, il occupe alors les fonctions de ministre chargé des Relations avec le Parlement.

1965, pour le quatre-vingtième anniversaire de François Mauriac. Pompidou, alors Premier ministre, présidait l'une des tables. Ma mère, qui se trouvait à sa droite, m'a raconté que, de tout le repas, il ne s'était occupé que d'une autre voisine, une jeune femme ravissante et blonde qui devait être l'épouse de l'ambassadeur de Suède. « Je n'ai vu que le dos de M. Pompidou, m'a dit ma mère, et je n'ai pas entendu le son de sa voix. » Pompidou, grossier ? Pis : mal élevé !

13 janvier 1970

Messmer me relate d'abord son déjeuner récent à Matignon. C'est après le repas qu'il a été question de son projet de mouvement gaulliste. « Ils m'ont d'abord jeté à la figure que j'étais un diviseur de l'UDR. Debré m'a plutôt soutenu. Deux seuls convives sont restés silencieux : Guichard et Frey. Mais je sais ce que Frey dit dans mon dos. Je lui en ai fait le reproche et l'ai mis dans l'embarras. Bref, les choses ont pris une très mauvaise tournure. J'ai été à la lettre agressé dans les conditions les plus désobligeantes. À tel point que j'ai voulu m'en aller. Chaban m'a rattrapé. Le problème de fond n'ayant en fait pas été abordé, et l'heure étant avancée, le Premier ministre a proposé que Poujade et moi nous nous rencontrions, avec sa participation, si nous le désirons. Poujade et moi avons accepté.

« La rencontre a eu lieu chez Debré. Nous sommes arrivés à un arrangement. Le pouvoir accepte mon association et prend l'engagement de ne pas nous critiquer. De mon côté, je leur donne l'assurance provisoirement – c'est-à-dire pour un ou deux ans – que je n'organiserai pas de section locale dans les départements, pour éviter les conflits avec les sections UDR. Je ne vous cache pas que cette transaction m'arrange, d'abord parce qu'elle me laisse le temps de voir venir les choses, ensuite parce que je craignais le côté un peu activiste de certains de nos militants... »

Messmer me montre la lettre qu'il a reçue du Général en réponse à la sienne pour les vœux. Et surtout la dernière phrase : « Je peux vous dire – et je vous prie de garder ceci strictement entre nous –, au sujet de l'avenir tel que vous l'imaginez, vous avez ma confiance toute particulière ». « Alors, vous comprenez, commente Messmer, je détiens la force de frappe. J'ai avec cette lettre la bombe atomique et je ne serais pas mécontent si certains le savaient. Peut-être en ferai-je photocopier certains exemplaires pour les faire circuler. »

19 FÉVRIER 1970

À travers Pierre Juillet, l'Élysée semble brutalement jeter le masque. Pour la première fois, à l'Élysée, on me parle mal du Général. Pour la première fois, on l'attaque franchement. Pas d'insinuations ni de sous-entendus : c'est de Gaulle le responsable. C'est lui qui a voulu se débarrasser de « M. Pompidou ». Et pourquoi ? « Les déclarations de Rome et de Genève n'ont rien à voir à l'affaire, m'explique Juillet. La rupture date de mai 1968. La vérité, la voici : de Gaulle ne pardonne pas à M. Pompidou, de Gaulle ne pardonnera jamais à M. Pompidou d'avoir tenu en mai 1968, alors que lui avait lâché. Il le lui a dit, il l'a reconnu : il a lâché. Il a cru que tout était foutu, que le couvercle de la marmite sautait. C'est la raison de son brusque départ pour Baden (il est parti sans même avoir prévenu son Premier ministre). Comme il croyait que tout était perdu, il est parti se mettre à l'abri, il est parti pour mettre la légitimité française, l'État à l'abri. Dans cette optique, certes, il avait raison, mais, vis-à-vis de l'opinion, ce départ pour Baden-Baden a été une faute. C'est là la cause de la rupture entre le général de Gaulle et M. Pompidou. Croyez-moi, je suis au courant. Pendant toutes les journées de mai et de juin 1968, je n'ai pas quitté le Premier ministre. Je m'étais installé dans son bureau. C'est pourquoi il vient de me demander de l'accompagner dans son voyage aux États-Unis. En cas de coup dur, en cas de grave décision à prendre, il veut m'avoir à ses côtés. Voilà ce que je reproche à de Gaulle : après mai, il s'est débarrassé de Pompidou parce qu'il lui en voulait. Bien sûr, tout est rompu entre eux deux. Bien sûr, ils ne se reverront jamais. Mais avec quelqu'un comme de Gaulle, pouvait-il en être autrement ? La succession aurait-elle pu être différente ? »

Suivent de longues considérations sur l'homme de Gaulle,

machiavélique, retors, mesquin, petit. Juillet a plus particulièrement reproché au Général son choix des hommes : « Il nommait à des postes importants les personnalités contre lesquelles on le mettait en garde, les gens les plus antigaullistes. Il n'agissait ainsi que par défi... »

27 février 1970

Je ne suis pas encore assis que j'entends Couve de Murville me dire : « Il est vulgaire. » C'est de Pompidou, bien sûr, qu'il s'agit. Tout ce qu'il dit ensuite est une condamnation sans appel de ce qui se passe aujourd'hui, des hommes et de leur action. Mais c'est le voyage actuel du chef de l'État aux États-Unis qui a fait déborder le vase, tant Couve le juge peu « convenable ».

Il revient longuement sur le passé : « J'avais parié avec Peyrefitte qu'en décembre 1965, le Général ne se représenterait pas. J'ai perdu. En fait, il aurait dû ne pas se représenter. Ses passages à la télévision ne portaient plus, et c'est, je crois, depuis cette date qu'il était perdu. »

Couve pense comme moi que, tôt ou tard, les masques tomberont, c'est-à-dire que de Gaulle ne sera plus défendu par les siens. Il cherche les ministres vraiment gaullistes dans le gouvernement : Robert Galley, pour qui le Général avait une prédilection particulière, et Guichard, que Couve paraît aimer bien. C'est tout. Et puis Debré, bien sûr, qui est hors soupçons !

Il tient à souligner que les dimensions de notre pays ont changé depuis le départ du Général, que notre politique étrangère ne peut plus avoir la même crédibilité, qu'il est donc normal qu'elle soit différente. Mais, de là à vouloir faire plaisir à tout le monde ! « On est heureux d'avoir retrouvé le protecteur américain. Ce goût d'être sous la dépendance de quelqu'un... Pendant la guerre, avec Vichy, c'était les Allemands. Après la guerre, les Américains. Nous les retrouvons maintenant... » Couve évoque, sans le nommer, le parti de l'étranger, ce parti formé par les notables, les bourgeois, anciens vichystes, nostalgiques de la IVe, centristes atlantistes et pro-européens, qui a provoqué le départ du Général.

3 MARS 1970

Pierre-Louis Blanc, toujours à propos du voyage de Pompidou aux États-Unis :

« Ce voyage a été mal préparé. Il ne fallait pas emmener le chef de l'État à Chicago. Le Général me l'avait dit bien avant le départ de M. Pompidou pour les États-Unis : on ne va pas dans les villes où on n'est pas invité, cela ne se fait pas. Or, ni le maire de Chicago, ni celui de New York n'avaient invité le président français. Quand les gens ne veulent pas vous recevoir, eh bien ! vous n'allez pas chez eux... surtout quand on connaît l'importance, l'autorité des maires des grandes villes américaines.

« Qu'aurait fait le Général face aux manifestations de Chicago[1] ? Étrange question, parce qu'il est bien évident que le Général ne se serait jamais mis dans ce mauvais pas. Jamais il n'aurait été à Chicago dans les circonstances actuelles. Mais enfin, dans l'hypothèse où il y aurait été et où il aurait eu à faire face aux mêmes manifestations, il est bien probable que sa réaction aurait été à l'opposé de celle de M. Pompidou : le Général aurait fait comme s'il n'avait rien vu, comme s'il ne s'était aperçu de rien. Ce n'est que bien longtemps après qu'il aurait fait part de ses réactions.

« Mais, je vous le répète, insiste Blanc, il ne se serait pas mis dans le guêpier de Chicago. Voyez-vous, le Général préparait ses voyages un ou deux ans avant. Jamais il n'aurait vendu des avions à la Libye avant de se rendre aux États-Unis. Cette vente n'aurait été rendue publique qu'après. Vous savez, le Général était comme une diva. Il aimait être applaudi. Il allait dans les endroits où il était sûr de se faire applaudir, c'est-à-dire de faire applaudir la France. Souvenez-vous du Québec, quand les choses ont mal tourné avec le gouvernement

---

1. Le président français a été conspué par des manifestants pro-israéliens lors de son voyage officiel aux États-Unis en février 1970.

fédéral canadien, eh bien, il n'a pas été à Ottawa. Quand le Général se rendait dans un pays, il déterrait toutes les mines avant son départ. Les voyages du Général s'inscrivaient dans une stratégie planétaire. Leur signification profonde apparaissait peu à peu. Il faisait appel à l'opinion. Ce qui l'intéressait, c'était ses discours devant les populations rassemblées. Ce qui l'intéressait, c'était le nombre de gens dans la rue. Souvenez-vous comment le Général calculait ses coups, combien il préparait soigneusement son affaire ! Son capital était prodigieux, il ne pouvait le risquer que dans des opérations assurées. »

16 AVRIL 1970

Marcel Jullian a déjeuné à Colombey au début du mois de décembre 1969. Le général de Gaulle a alors signé le contrat pour l'édition chez Plon des cinq volumes de ses *Discours et Messages*. Il a tenu à corriger un seul point : juste avant la signature, il a fait remplacer : « Paris le »... par « Colombey le »....

À son arrivée, le Général s'est exclamé : « Alors vous voulez publier mes discours ! Vous en avez de l'estomac... » Cela étant, il lui a confirmé son souci de voir tous ses discours rassemblés, estimant que ces textes seront utiles pour l'histoire de ces dernières années. Après s'être enquis du titre exact de Jullian à la Librairie Plon, le Général ne l'a plus appelé que Monsieur le Président. Il a demandé quels étaient les tirages des auteurs de Plon : Churchill (« Je crois que cela n'a pas été fameux... »), Genevoix, Kessel, Bernanos (« Celui-là, je n'ai pas réussi à l'atteler[1] ! »). Jullian a été frappé par sa connaissance très professionnelle des milieux de l'édition. Il en avait, me dit-il, à la fois les notions d'un notaire du XIXe siècle, rigoureux, précis, et celles d'un écrivain du XXe siècle, au courant des méthodes de diffusion modernes, très à l'avant-garde.

---

1. Tout en s'étant rallié à de Gaulle pendant la guerre, Bernanos a très vite pris ses distances avec lui après la Libération.

« Si Dieu me prête vie, a-t-il encore déclaré à Jullian, si j'ai la force et le temps, j'écrirai mes trois tomes. »

29 AVRIL 1970

Le Général a envoyé le premier tome de ses *Discours et Messages* à diverses personnalités :
- 17 exemplaires « Hollande » adressés entre autres au Pape, à la reine mère Elizabeth, à Lady Churchill, Eden, Debré, Pompidou, Couve, Philippe de Gaulle, Elisabeth de Boissieu, Jullian...
- 35 exemplaires « Lafuma » à François Mauriac, Jean Marin, notamment.

En tout, cent exemplaires dédicacés. Parmi les ordinaires : Mme Eisenhower, Harold Macmillan, ses anciens collaborateurs (Claude Guy, Guichard, etc.), ses anciens compagnons de la France libre, de nombreux académiciens (Genevoix, Druon, V. d'Ormesson, Thierry Maulnier...), des journalistes (Pierre Charpy, Jacqueline Baudrier, Harold King, Claude Bellanger, Pierre Lazareff...).

11 MAI 1970

Couve de Murville a été reçu récemment à Colombey et cette visite doit être tenue secrète. Le Général l'a prié de venir pour lui faire lire les chapitres de ses Mémoires consacrés à la politique extérieure. « Ça n'a pas été facile, me dit Couve. Pendant plusieurs heures d'affilée, j'ai lu ces deux chapitres et signalé au Général des erreurs et des inexactitudes. Il y en avait, bien sûr, et sur plusieurs points. J'ai dû faire les vérifications en revenant à Paris. »

Couve me parle du Général qu'il trouve foncièrement hostile à la politique du pouvoir actuel, mais bien déterminé à ne jamais intervenir auprès de qui que ce soit. C'est d'ailleurs l'une des raisons pour lesquelles il a pris la décision de ne recevoir aucun des membres de l'actuelle équipe au pouvoir. Il ne veut en aucune façon leur faire part de son sentiment.

La principale obsession de Couve est Pompidou. Il insiste sans cesse sur sa vulgarité, et ce mot revient constamment dans sa bouche : « Il est vulgaire. » Il me dit encore : « C'est un petit bourgeois ridicule », ou bien : « C'est Quadrille[1] à l'Élysée. » Il ironise sur Mme Pompidou arrivée de sa province et imitant ce qu'elle croit être le « Tout-Paris ». « Mais, ajoute-t-il, sa naïveté est égale à son honnêteté. Elle est brave. » En réponse à une question, Couve me dit que le Général aimait bien Pompidou parce qu'il lui rendait des services, parce qu'il lui était utile, mais qu'il ne s'encombrait pas, ensuite, de bons sentiments et de reconnaissance. Pour le reste, il me confirme leur rupture actuelle.

Couve aborde ensuite la politique étrangère et porte un jugement sévère sur elle et le ministre qui en a la charge, Maurice Schumann... Il regrette notre attitude sur le Cambodge[2]. Il déplore que nous n'ayons rien fait à ce sujet : « Le Général aurait dit ce qu'il pensait. Dans un cas pareil, la France se devait de dire nettement sa position. Mais M. Schumann ne veut déplaire à personne, et, ce faisant, mécontente tout le monde. À ceci, les gens répondent : "Mais M. Pompidou n'est pas le Général et ce qu'il aurait dit n'aurait eu ni poids ni conséquence." Ce n'est pas mon avis. Il reste la position morale de notre pays... Mais M. Pompidou, dont la situation, il faut le reconnaître, est très difficile, a choisi de n'imiter en rien le Général ; c'est un président en chandail à col roulé, jouant aux boules. Il y a chez lui cette recherche du vulgaire. Il croit que cela plaît, mais il se trompe. C'est un retour à la médiocrité. Au fond, les Français n'en sont pas fâchés. Combien de temps cela durera-t-il ? »

Enfin, comme je lui rappelais l'article de L.G. Robinet dans *Le Figaro*, affirmant que Chaban devait être le Premier ministre de Poher si ce dernier avait emporté l'élection présidentielle, Couve me répond : « Rien d'étonnant, Chaban est un homme de la IVe. »

---

1. Allusion probable à la pièce de Sacha Guitry dont le thème est le chassé-croisé amoureux.
2. Après l'entrée au Cambodge des troupes américaines encore engagées dans la guerre du Vietnam.

13 mai 1970

À Jean d'Escrienne, l'un de ses anciens aides de camp, qui lui demandait : « Mon général, que doit-on répondre à ceux qui nous affirment que vous êtes tout à fait d'accord avec ce qui se passe actuellement en France ? », le Général a répondu : « Il n'y a qu'à ne rien dire. » Et comme d'Escrienne insistait, le Général a ajouté : « Eh bien, dites que le général de Gaulle considère que ce qui se passe aujourd'hui ne le concerne pas. » Mais, après, il a ajouté combien il ne saurait approuver le développement des choses dans l'un des domaines auxquels il était le plus attaché, celui de la politique étrangère.

15 mai 1970

Le Général, très critique à l'égard de la politique étrangère actuelle, ne cache pas ses sentiments à Pierre-Louis Blanc.
 À propos du Québec, il a suivi avec attention le déroulement des élections récentes et pense que les événements lui donnent raison. Selon lui, le Québec va à l'indépendance. Aux prochaines élections, avec le système électoral actuel, les indépendantistes auront la majorité.
 Concernant l'entrée de la Grande-Bretagne dans le Marché commun, il estime que les Anglais sont les maîtres du jeu. S'ils veulent y entrer, ils y entreront ; s'ils ne veulent pas, ils n'y entreront pas. S'ils mettent des conditions, nous les accepterons.
 Il déplore que nous n'ayons même pas eu le courage de dénoncer l'invasion du Cambodge par les Américains. Comment le gouvernement français ose-t-il se référer, après cela, à son discours de Phnom Penh ?
 Sur la politique intérieure, les choses sont telles que le Général préfère passer.

20 mai 1970

Le gouvernement a prié le chancelier de l'ordre de la Libération, Hettier de Boislambert, de demander au Général ce qu'il souhaitait pour le 18 juin prochain, trentième anniversaire de l'Appel. De Gaulle fait répondre : « Que Boislambert fasse ce qu'il veut. »

« J'ai vu, à ce sujet, M. Pompidou la semaine dernière, me rapporte Hettier de Boislambert. Il a été décidé ce qui suit : M. Pompidou, M. Chaban-Delmas et tout le gouvernement seront présents le 18 juin au Mont-Valérien à l'habituelle cérémonie organisée par l'ordre de la Libération. J'accueillerai M. Pompidou à sa descente de voiture. On lui rendra les honneurs et je le conduirai à sa place. Lui-même a décidé de ne pas entrer dans la crypte. Seul le Général le faisait. "Il n'y a pas de raison à ce que j'entre dans la crypte. Le Général est le seul grand maître de l'ordre. Moi, je ne suis que Monsieur Pompidou." C'est très bien qu'il en ait décidé ainsi, sans quoi il aurait créé un précédent redoutable. Désormais, aucun des chefs de l'État à venir ne pourra entrer dans la crypte. Moi, j'ai décidé d'y entrer – alors que je ne l'avais pas fait l'année dernière. J'y entrerai donc seul, comme le faisait le général de Gaulle, et je ranimerai la flamme. Ensuite, j'irai chercher M. Pompidou pour qu'il salue les drapeaux et les représentants des villes et des unités qui ont été faites "compagnons de la Libération". Puis je le reconduirai à sa voiture. Il ne doit serrer aucune main. La cérémonie durera en tout quinze minutes.

« L'année dernière, poursuit Boislambert, l'avis du Général – qui était alors en Irlande – avait été demandé : "M. Pompidou, c'est bien, avait-il dit. Mais je m'oppose à la venue de M. Poher." Vous vous souvenez que M. Alain Poher avait manifesté l'intention de se rendre à la cérémonie du Mont-Valérien. Jusqu'au dernier moment, nous avons craint qu'il vienne. C'est pourquoi les policiers placés au carrefour de la route menant au Mémorial avaient reçu pour mission de ne pas laisser passer la voiture de celui qui était alors chef de l'État par intérim et de lui indiquer un autre chemin ne menant pas, bien entendu, au Mémorial. Les motards de l'escorte présidentielle étaient également prévenus. Le plus drôle est que, lorsque je suis arrivé avec mon escorte, le service d'ordre a cru que c'était M. Poher. Il nous a interdit de tourner et a fait signe à ma voiture de continuer tout droit. J'ai dû me faire reconnaître ! ...

« Je vous ai dit que l'année dernière, je n'avais pas pénétré dans le caveau. En fait, j'avais décidé d'y entrer. Puis, au dernier moment, l'émotion a été trop forte. J'ai résolu de n'y pas entrer. Non, pas cette fois, ai-je dit. Et j'ai fait marche arrière devant les Compagnons médusés qui avaient les larmes aux yeux. Mais il y a toujours quelque chose de drôle dans les moments les plus dramatiques : cet imbécile de colonel Jonard, gardien de la crypte et conservateur du Mémorial, interloqué devant ma soudaine décision de ne pas pénétrer dans le caveau, y est entré, lui, brusquement. Un soldat a alors fermé et verrouillé la porte. Je n'ai pas revu Jonard depuis, et je me demande s'il n'est pas resté enfermé ! »

Boislambert me paraît fidèle et même indulgent à l'égard de Pompidou. Pompidolien, en fait. Il condamne cependant avec force les déclarations de Rome et de Genève qu'il qualifie d'imprudence inexcusable chez un homme d'État. Il me parle du passé, de notre voyage à Washington pour les obsèques d'Eisenhower. Dans l'avion du retour, le Général avait vu successivement Fourquet[1], Alphand[2] et Boislambert. À Boislambert il avait demandé ce qu'il pensait du référendum. Celui-ci expliqua pourquoi, selon lui, ce référendum serait perdu. Et le Général, en tapant la table de sa main, de s'écrier à plusieurs reprises : « Eh bien, je partirai, Boislambert, vous entendez, je m'en irai et je vous autorise à le dire ! »

À propos du départ du Général, Boislambert me parle de cette conjuration autour de lui pour qu'il s'en aille, pour qu'il parte, et cela chez les plus fidèles. « Trois Compagnons de la Libération – l'un représentant l'esprit, l'autre les affaires, le troisième l'armée – parmi les plus importants, les plus influents, mais aussi les plus gaullistes, les plus fidèles, sont venus me dire : allez à l'Élysée pour expliquer que le moment est venu pour le Général de s'en aller. Il le faut

---
1. Le général Fourquet, chef d'État-Major général des armées.
2. Hervé Alphand, ambassadeur de France aux États-Unis.

d'abord pour lui-même. Inutile de vous dire que tel n'était pas mon avis, et je n'y suis pas allé. »

21 MAI 1970

L'évocation par Boislambert de l'adieu à Eisenhower me fait revivre cet aller-retour à Washington. Ce voyage du Général aux États-Unis fut exceptionnel par l'émotion qu'il suscita. L'Amérique venait de perdre l'un de ses trois plus grands hommes du siècle avec Roosevelt et MacArthur et elle pressentait qu'elle voyait pour la dernière fois dans le général de Gaulle le seul héros survivant de la Seconde Guerre mondiale. Et nous, dans le petit groupe qui accompagnait le Général, ne savions pas que ce voyage historique était le dernier que de Gaulle, président de la République, effectuait dans un pays étranger.

De l'aéroport Foster Dulles, on conduisit le Général et sa petite suite directement au Capitole où avait été déposé le catafalque. Nous y sommes entrés par les « coulisses » pour nous retrouver juste derrière le cercueil.

Le Général – képi kaki aux deux étoiles, grande capote kaki – s'est mis au garde-à-vous devant la dépouille d'Eisenhower, son frère d'armes qui avait accepté que Paris fût libéré par l'armée française et Strasbourg gardé à la France malgré l'offensive allemande de l'hiver 1944.

La foule des Américains qui avaient attendu des heures avant de pouvoir pénétrer dans le Capitole s'est brusquement figée. Ils avaient reconnu de Gaulle et étaient comme pétrifiés. Leurs yeux, par-delà la dépouille, étaient fixés sur le Général : « C'est de Gaulle ! », au point que les gardes, devant cette file subitement immobile, durent intervenir pour la remettre en marche.

Le lendemain, grande réception à la Maison-Blanche. J'y pénétrais sur les talons du Général. Le président Nixon, resté sur le seuil de la porte d'entrée donnant sur les jardins, accueillait ses invités. Dans les salons, chefs d'État, de gouvernement, ministres, militaires en grand uniforme, représentants de tous les pays du monde et de tous les corps constitués américains, tous voulaient approcher le général de Gaulle, le voir, lui parler, lui serrer la main, comme s'ils pressentaient qu'ils ne le reverraient plus. La bousculade était telle autour de lui que les agents du protocole durent mettre un peu d'ordre. Une file fut organisée. Ainsi chacun put saluer le Général, au point de faire dire à un invité américain qui se pencha vers moi : « Dites-moi, c'est votre président qui reçoit ce soir ? »

Dans l'une des voitures qui nous ramenaient directement à Dulles Airport, j'écrivis ma dépêche pour l'AFP en lui donnant comme titre : « De Gaulle reçoit à la Maison-Blanche. » Le ton était un peu lyrique, peut-être, mais juste. À l'aéroport, je confiai mon texte à notre correspondant à Washington, venu assister au départ du Général, pour qu'il l'envoie au plus vite à Paris. Mais cette dépêche ne fut jamais transmise. J'aurais dû me méfier de mon confrère : un imbécile antigaulliste.

11 JUIN 1970 – Jaen (Andalousie)[1]

L'ambassadeur de France en Espagne, Robert Gillet, est venu à deux reprises à Colombey préparer le voyage privé du Général et de Mme de Gaulle en Espagne. Le Général lui a personnellement indiqué sur la carte les endroits où il souhaitait se rendre. Il a choisi les paradors, et Desgrées du Loû est allé les visiter au préalable. De Gaulle ne souhaitait pas que Pompidou fût prévenu : moins on lui en disait, mieux on se portait. Mais Robert Gillet lui a objecté qu'en tant que représentant de la France, il ne pouvait pas ne pas informer le président de la République. « Faites comme vous voulez », lui a alors répondu le Général, qui n'entendait pas s'encombrer de questions subalternes.

En Espagne, il n'a pas aimé les visites prolongées dans les musées ou les sites historiques. À Madrid, en pénétrant dans le Prado, il a

---

1. Le général de Gaulle et sa femme y font étape durant leur voyage privé en Espagne, depuis le 9 juin, après s'être rendus à Madrid.

soufflé au jeune attaché d'ambassade qui l'accompagnait : « Une demi-heure, pas plus... » Mais à l'Alhambra il est resté une heure.

6 JUILLET 1970

Blanc me rapporte que, lors de son dernier séjour à Colombey, la conversation est venue sur moi. Mme de Gaulle se plaignait de ma présence en Espagne et du fait que l'on m'y avait vu tout le temps. « Mais c'est Jean Marin qui l'y a envoyé ! a répondu le Général. Et puis, on ne l'a pas vu une seule fois. Il a été au contraire très discret[1]... »

À propos des dates choisies pour ce voyage, Blanc me confirme que de Gaulle ne veut plus être en France pour le 18 juin. Ceci pour bien marquer qu'il considère que, le 27 avril 1969, c'est le peuple français qui a rejeté l'homme du 18 Juin.

« Il tenait vraiment à voir Franco, ajoute Blanc. Il a trouvé ce dernier fatigué, très diminué physiquement, mais parfaitement au courant des affaires. Il a offert au Caudillo une boîte à cigares en argent portant son propre paraphe.

« Le Général a relu plusieurs fois, durant son voyage, le premier tome de ses *Mémoires d'espoir*. Au retour, Elisabeth de Boissieu a tout retapé de nouveau et le Général a relu l'ensemble une nouvelle fois en apportant d'autres corrections. »

29 JUILLET 1970

De Gaulle a remis son texte à Marcel Jullian en lui disant : « Voilà mon manuscrit. Je ne sais pas ce qu'il vaut. » Il a écrit sur le volume dactylographié : « Exemplaire faisant foi. Charles de Gaulle. » Il

---

1. Dans une lettre que le Général a envoyée à Jean Mauriac à son retour d'Espagne, il écrit : « ... Si je ne vous ai pas appelé à causer pendant le voyage en Espagne, c'est, vous le savez bien, parce que je veux, vis-à-vis de chacun et de moi-même, être détaché entièrement de l'actualité. Mais je ne le suis pas de l'amitié. Soyez bien certain que la mienne vous est fidèle. »

s'est ensuite refusé à signer le contrat que Jullian lui avait apporté tant que ce dernier n'aurait pas lu son livre. Il semble qu'en agissant de la sorte, il ait voulu être traité comme un auteur ordinaire. Il en a fait une question de principe, de conscience. Il a également tenu à ce que Jullian établisse une fiche de lecture formulant l'appréciation de l'éditeur.

Pendant tout le déjeuner, le Général l'a interrogé sur les questions d'édition, de cinéma – « Comment fait-on un film ? Comment trouve-t-on un gag ? Comment *Le Corniaud* a-t-il été tourné ? Avez-vous gagné plus d'argent avec *La Bataille d'Angleterre* ou avec *Le Corniaud* ?... ».

2 AOÛT 1970

Commentaire du Général après la « conquête » du Parti radical par Jean-Jacques Servan-Schreiber : « C'est une opération radicalement radicale en ce sens qu'elle est bâtie sur le mensonge. »

1ᵉʳ SEPTEMBRE 1970

Mon père est mort cette nuit à l'hôpital Pasteur. Le 3 août, je quittais Vémars, dans les environs de Paris, où, très affaibli, il passait l'été, pour mes vacances familiales dans le Sud-Ouest. Au moment des adieux, j'étais en larmes, pressentant que je ne le reverrais pas vivant. Le 23 août, il était hospitalisé à Pasteur, non parce que son état s'était particulièrement aggravé, mais pour de simples examens. C'est peu de temps après son arrivée à l'hôpital qu'il a commencé à décliner. Le 28, j'arrivais à Paris. Il venait d'entrer dans le coma et je ne pense pas qu'il m'ait reconnu. Le général de Gaulle a fait parvenir à ma mère, ce jour-là, un message : « Ma pensée est auprès de vous. » À 19 heures, mon père recevait le sacrement des malades que l'on appelait autrefois si poétiquement l'extrême-onction. Le 31 août, j'étais de garde auprès de lui pour la nuit, pourchassant les photographes qui avaient réussi à s'introduire dans l'hôpital par les sous-sols. Il est entré en agonie au début de la soirée, et j'ai appelé aussitôt mon frère Claude. À 1 h 40, ce 1er septembre, c'était la fin. Des sœurs, au pied du lit, priaient. Une heure après, sa dépouille a été déposée sur un divan dans le salon de notre appartement familial de l'avenue Théophile-Gautier. Et, dès les premières heures de la matinée, un interminable défilé a commencé...

Le Général a voulu que sa lettre de condoléances nous arrive le jour même de la mort de mon père. Il l'a écrite à Colombey, assis à son bureau, d'un seul jet, sans brouillon, comme toujours lorsqu'il s'agit de sa correspondance. Sans doute l'avait-il déjà en tête et ne lui restait-il qu'à l'écrire de mémoire. Il a appelé son aide de camp, le colonel Emmanuel Desgrées du Loû, et lui a remis l'enveloppe ouverte : « Voulez-vous, lui a-t-il dit, partir immédiatement pour Paris et remettre cette lettre dès ce soir à Mme Mauriac, après l'avoir photocopiée avenue de Breteuil. »

Il était près de 21 heures quand Emmanuel est arrivé. J'étais seul avec ma mère dans la demi-obscurité du salon déserté et silencieux. Nous avons lu la lettre en tremblant, sous l'abat-jour d'une lampe :

« ... Son souffle s'est arrêté. C'est un grand froid qui nous saisit. Qu'il s'agisse de Dieu ou de l'Homme, ou de la France, ou de leur œuvre commune que sont la pensée, l'action et l'art, son magnifique talent savait, grâce à l'écrit, atteindre et remuer le fond des âmes, et cela d'une telle manière que nul ne reviendra jamais sur l'admiration ressentie.

« Quant à moi, je lui voue une reconnaissance extrême pour m'avoir si souvent enchanté, pour être un des plus beaux fleurons de la couronne de notre pays, pour m'avoir honoré et aidé, dans mon effort national, de son ardente adhésion, de sa généreuse amitié, de son immuable fidélité. Ce concours m'aura été sans prix... »

Que le général de Gaulle n'a-t-il dit cela à François Mauriac vivant !

21 SEPTEMBRE 1970

Le Général travaille au second volume de ses Mémoires. Selon Desgrées du Loû, il a résolu de dire ce qu'il pense de Pompidou. Bien entendu, Pompidou étant chef de l'État, ce sera édulcoré et il faudra lire entre les lignes. Le Général y confirmera, par exemple, qu'après les élections législatives de 1967, il comptait se séparer de Pompidou et qu'il ne l'avait pas fait parce que les élections étaient mauvaises. Il dira aussi que, si les réformes envisagées n'ont pas été réalisées, c'est parce que Pompidou n'a cessé de mettre des bâtons dans les roues.

10 OCTOBRE 1970

C'est Jullian qui a pris sur lui de faire remettre un exemplaire du *Renouveau*[1] à Pompidou avant son départ pour l'URSS. Blanc l'a approuvé sans en référer au Général. Jullian a donné rendez-vous à Mme Dupuy[2] dans un restaurant de l'avenue Matignon, pour lui confier le livre. Il ne voulait pas se rendre en personne à l'Élysée par peur d'alerter les journalistes.

19 OCTOBRE 1970

Pompidou et Chaban ont été au bord de la rupture. Le Président n'a pas supporté le discours du Premier ministre, le 18 septembre, sur la « Nouvelle Société ». Chaban avait fait porter le discours à l'Élysée seulement la veille au soir. Pompidou, ayant un dîner, l'a donné à lire à Balladur[3]. Chaban était paisible. Balladur lui a demandé de changer trois mots. Le lendemain, Pompidou était furieux : « C'est un discours de président de la République ! »

---

1. Le premier tome de ses *Mémoires d'espoir*, Plon, 1970.
2. Chef de cabinet de Georges Pompidou.
3. Alors secrétaire général adjoint de la présidence de la République.

5 NOVEMBRE 1970

Olivier Guichard : « J'ai eu *Le Renouveau* par des voies non officielles un mois et demi avant la parution. L'affront à Pompidou réside dans son silence au sujet de la période où il était, en 1958, son directeur de cabinet à Matignon. Le Général sait cependant ce qu'il lui doit. En fait, il ne pouvait se passer de lui. Après avoir lu *Le Renouveau*, j'ai prévenu Pompidou du silence du Général...

« Moi aussi, je trouve Pompidou aujourd'hui moins sympathique, ajoute Olivier. Il est raide dans son rôle de chef de l'État. Il n'est pas dans sa peau. Son entourage est mauvais. Juillet est un hypocrite. C'est Juillet qui a fait entrer Denis Baudouin au service de presse de l'Élysée. Baudouin, c'est ce qu'il y a de pire pour nous gaullistes : l'homme de Salan, de Lecanuet, de Poher ! L'anti-de Gaulle ! »

24 NOVEMBRE 1970

Pompidou a été furieux que Michel Debré soit le seul membre du gouvernement à voir le Général sur son lit de mort[1]. Pour lui comme pour Chaban, ce fut très cruel de trouver le cercueil clos quand ils arrivèrent à Colombey. Tous deux espéraient encore voir la dépouille du Général lorsqu'ils quittèrent Paris. De toute évidence, la famille a tenu à ce qu'il en soit ainsi. C'est Philippe de Gaulle qui aurait été le plus formel à ce sujet.

Selon Massu, le Général présentait sur son lit de mort « un visage terrible, changé, tout rapetissé ». Desgrées du Loû me confirme cette observation : « Son visage n'était plus le même, comme amenuisé. » Il réfute la version selon laquelle le cercueil aurait été fermé sciemment la veille de la visite de Pompidou. « Le cercueil est arrivé le 10 novembre au soir à Colombey parce qu'il était prêt. Le Général y a été déposé aussitôt. Philippe avait pu voir son père, il n'y avait plus aucune raison d'attendre. Il est à noter qu'aucun service de pompes funèbres n'est venu. Mme de Gaulle a agi exactement

---

1. Charles de Gaulles est mort le 9 novembre 1970.

comme l'on fait dans les campagnes. Le cercueil de chêne a été fait par le menuisier du village, la mise en bière simplement par les voisins. »

26 NOVEMBRE 1970

Après avoir enregistré, le 10 novembre, son allocution télévisée en hommage au général de Gaulle, Georges Pompidou a interrogé le directeur de l'ORTF, Jean-Jacques de Bresson, sur l'ampleur des réactions. « C'est une avalanche de déclarations », a répondu Bresson. Et Pompidou de soupirer en levant les bras : « Quelle salade ça va être ! »

DÉCEMBRE 1970

Selon Pierre-Louis Blanc, le Général savait qu'il mourrait brusquement, deux de ses frères ayant été foudroyés par une rupture d'anévrisme. Il était fataliste mais convaincu, toutefois, de disparaître un peu plus tard.

LES ALÉAS DE LA SUCCESSION

(1971-1972)

Malraux à Alain Peyrefitte : « Pompidou est un usurpateur » – Pierre Billotte : « Pompidou est jaloux de la popularité de Chaban » – Albert Beuret à propos de Malraux : « Sa vie est un enfer » – Couve de Murville : « La veulerie de notre politique étrangère » – Jacques Vendroux : « Pompidou détruit l'œuvre de De Gaulle » – Philippe de Gaulle : « Mon père n'avait pas d'amis » – Pompidou sur Mitterrand : « Il a contre lui sa bouche. »

1971

6 janvier 1971

« Mme de Gaulle a toujours eu une grande influence sur son mari, me confie Desgrées du Loû. Que de fois elle lui a fait changer d'avis ! Sur les grâces présidentielles, notamment, le Général lui demandait toujours conseil. Elle donnait son point de vue sur de nombreuses personnes, et il l'écoutait souvent. Il la questionnait sur ce qu'elle pensait de tel chef d'État en visite officielle, de son épouse, etc. Et toujours il tenait compte de son jugement. »

8 janvier 1971

Marcel Jullian : « Il y a eu conseil de famille chez les de Gaulle. Élisabeth et Philippe m'ont donné procuration pour m'occuper personnellement de tous les intérêts littéraires du Général. C'est vous dire qu'ils ont pris la décision de ne plus garder Pierre-Louis Blanc. Mais je reprendrai Blanc comme conseiller technique.

« Le 15 janvier, Philippe de Gaulle me remettra le manuscrit tapé à la machine par Élisabeth des deux premiers chapitres du tome II des *Mémoires d'espoir*, avec en sous-titre : "Fragments". Il paraîtra le 15 avril. Dans le premier chapitre, il y a un portrait de Pompidou : portrait gentil, mais restituant les choses à leurs dimensions exactes.

« Philippe ne veut pas pour l'instant publier la correspondance de son père avec Pétain. En revanche, il veut faire éditer la correspondance et les entretiens du Général avec les autres chefs d'État, peut-être dans les annexes du premier volume des *Mémoires d'espoir*. En ce qui concerne le second tome, je ferai en sorte que Pompidou n'ait pas connaissance des pages qui lui sont consacrées avant la publication... »

19 janvier 1971

André Malraux réside à Verrières-le-Buisson, dans la demeure des Vilmorin – qu'enserre chaque année davantage la banlieue parisienne – depuis la mort de Louise, le vendredi 26 décembre 1969. Il travaille dans une pièce appelée le « fumoir » qui, de l'autre côté de l'antichambre, fait face au grand salon bleu qui fut celui de Louise. C'est dans ces deux pièces, au retour des déjeuners chez Lasserre, son restaurant préféré, que Malraux reçoit ceux dont il accepte la visite. Sur sa table de travail recouverte d'un tapis de feutre vert, beaucoup de petits chats en ivoire, en argent, en verre.

Devant la cheminée, un pouf où l'on pose le plateau à whisky. Dans le salon bleu sont demeurés les fauteuils et les rideaux bleus à fleurs blanches, le piano et les deux glaces qui se font face, les guéridons encombrés d'objets précieux, la causeuse à trois places, les hautes tables gigognes en laqué noir, un petit tableau de Jean Hugo et un autre peint par Louise elle-même. Mais toutes les toiles des Vilmorin ont été remplacées par celles de Malraux : un Rouault, un Braque, un Picasso, un Poliakoff, un Fautrier. Les deux chats de Malraux sont toujours là : Fourrure et Lustrée ; mais il a fait cadeau d'Essuie-plumes au frère de Sophie de Vilmorin, la nièce et filleule de Louise.

La fenêtre à petits carreaux donne sur le parc romantique planté d'essences rares et exotiques où jouent de nombreux enfants. Louise de Vilmorin repose au fond de ce parc dans un cercueil qu'elle voulut très mince pour que son corps, très vite, retrouve la terre et s'y confonde. Aucune tombe. Sur le gazon, seulement un banc de pierre incurvé et un cerisier marquent l'endroit où Malraux jamais ne va se recueillir. La mort l'habite. Elle fut sa compagne tout au long de sa vie d'aventures et aussi de sa vie familiale : Josette Clotis, morte sous les roues d'un train ; ses deux fils, Gauthier et Vincent, tués dans un accident de voiture ; Louise de Vilmorin, enfin, emportée par une crise cardiaque. Cette mort, qui a pris ceux qu'il aimait, ne voulait pas de lui qui fut toujours le plus exposé. Depuis la disparition de Louise, plus rien ne retient André Malraux à la vie.

Au lendemain de la mort de Louise, le général de Gaulle lui a écrit. Cette lettre, la plus brève qu'il ait reçue du Général, reste pour lui la plus émouvante : « Dans votre peine, je pense à vous. Fidèlement. Charles de Gaulle. »

Moins d'un an après, le Général mourut. Comme tous les Compagnons de la Libération, Malraux assista aux simples obsèques dans la petite église de Colombey. Qui oubliera son arrivée précédant de quelques instants seulement le char portant le cercueil dont le sourd grondement se faisait déjà entendre ? La famille du Général avait pris place aux premiers rangs. Derrière, seulement ceux que le général de Gaulle avait désignés dans son testament : les Compagnons de la Libération et les habitants du village. Dehors, emplissant Colombey, dans le silence, les hommes et les femmes de France. Brusquement, le portail s'ouvrit et le soleil inonda l'église : Malraux, cheveux défaits, buste incliné, manteau ouvert, la démarche saccadée, l'air égaré – suivi de Romain Gary qui avait revêtu l'uniforme d'aviateur qu'il portait au temps de la France libre – traversa la nef. Le général Fourquet se leva et lui céda sa place. Les portes avaient à peine eu le temps de se refermer qu'elles se rouvrirent. Le grondement du char s'était tu. Les cloches du glas aussi. Dans le soleil, le long et mince cercueil du général de Gaulle porté sur les épaules de douze jeunes gens de Colombey – dont les profils de médaille se dessinaient sur les couleurs du drapeau – pénétra lentement. Dans l'assistance figée, personne n'osa tourner la tête.

Aujourd'hui, à Verrières, dans le fumoir, Malraux me raconte la scène telle qu'elle se déroula, telle qu'il l'imagina, ponctuant ses phrases de ses mains tourbillonnantes, les interrompant de ses habituels « bon », « vu », ou bien encore : « montons d'un cran ».

« C'étaient les obsèques d'un chevalier. Il y avait seulement la famille, l'ordre, la paroisse. Mais il aurait fallu que la dépouille du Général ne soit pas dans un cercueil, mais déposée, comme celle d'un chevalier, sur des rondins de bois... »

Et il ajoute : « Aux côtés du cercueil se trouvait le général de Gaulle du temps de Londres ! Vous l'avez vu, vous l'avez reconnu, nous l'avons tous vu, nous l'avons tous reconnu ! C'était son fils, c'était Philippe de Gaulle, exacte réplique du De Gaulle de 1940 ! » Un silence, puis Malraux précise : « De face, pas de profil. »

Depuis près de trente ans, Malraux a lié son destin à celui du général de Gaulle, c'est-à-dire à celui de la France – dans ses drames et dans ses malheurs. Les deux noms sont désormais inséparables. Le vrai est que les deux hommes – hantés par la mort – se ressemblaient étrangement.

« De Gaulle m'a dit : "Je mourrai assassiné ou foudroyé." Sentait-il la mort venir ? Sans doute. Quand il m'a reçu – pour la dernière fois – à Colombey, il m'a longuement parlé de la mort, donc de sa mort. Et puis, comme vous venez de le dire, dans ses lettres récentes, celles écrites après la Saint-Charles, il répétait en conclusion : faites des vœux et des prières pour que je puisse terminer mon œuvre. Peut-être a-t-il eu une alerte qu'il a tenue secrète ? Peut-être... Et puis pourquoi a-t-il voulu si vite réunir ses *Discours et Messages* ?

« Je me pose la question : a-t-il laissé quelque chose d'essentiel ? J'inclinerai à penser que oui. La famille a tort de publier la suite inachevée des *Mémoires d'espoir*. Il eût fallu les confier à la Bibliothèque nationale et ne pouvoir les lire que dans cinquante ans.

« Il subsiste énormément de feuillets manuscrits venant du Général. Philippe me l'a dit. Les documents sont à Colombey. Ce sont entre autres des commentaires sur les Conseils des ministres, en marge des comptes rendus officiels. Mme de Gaulle et Élisabeth s'occupent de dépouiller tout cela. Même si c'est dur à l'égard de Pompidou, Mme de Gaulle entend les publier. »

À propos de Pompidou, Malraux insiste sur le mot « *usurpateur* ». « Pompidou sait, me dit-il, qu'il n'est pas le successeur de De Gaulle. Et croyez-moi, les gaullistes savent aussi à quoi s'en tenir. Le fait que le Général ait laissé un exemplaire de son testament à Pompidou ne signifie absolument rien sur le plan politique : de Gaulle ne reprenait jamais rien de ce qu'il avait donné. »

Au début de l'entretien, Malraux a évoqué les « temps tristes » où il m'a connu – très jeune journaliste à l'AFP –, faisant allusion au RPF et à la traversée du désert. Il me parle ensuite des extraordinaires accueils populaires réservés au Général en province et à l'étranger. L'un des accueils les plus délirants – celui de Chiraz[1] – reste pour lui tout à fait inexplicable. En Amérique latine, de Gaulle était un libertador, mais à Chiraz ! ...

20 JANVIER 1971

Une heure de conversation avec Maurice Couve de Murville. De Gaulle, Pompidou, c'est son thème permanent. Couve avait téléphoné à La Boisserie, après la mort du Général, pour savoir quand il pouvait venir. On lui avait fixé rendez-vous dans le courant de l'après-midi du 11 novembre, veille des obsèques. Bien sûr, il critique avec vivacité la visite, la veille, de Michel Debré, qui s'est « imposé ». « Il est comme cela, déclare Couve, il faut le prendre comme il est. Je comprends ce qui l'a poussé à se rendre aussitôt à Colombey. Mais à sa place, je ne l'aurais pas fait, et je ne l'ai pas fait. »

Couve critique l'utilisation par Pompidou de la mort du Général. Utilisation qu'il qualifie de politique. Il s'énerve d'abord contre la cérémonie de Notre-Dame, qui a eu lieu non seulement le même jour, mais avant les obsèques de Colombey. « Pour tenir compte du désir de tant de chefs d'État étrangers de venir, dit Couve, le service à Notre-Dame devait à tout le moins avoir lieu le lendemain. » Bien sûr, il n'ignore pas que ces questions ont été réglées avec l'accord de la famille de Gaulle, mais il n'en conteste pas moins ce détournement manifeste des dernières volontés du Général.

Couve porte un jugement sévère sur le premier tome des *Mémoires d'espoir*, qu'il juge trop « superficiel ». Poussé par l'idée de la mort, le Général a écrit trop vite. Il juge ce livre moins bon que les

---

[1]. Au cours du voyage officiel du Général en Iran en octobre 1963.

Mémoires de guerre, en dépit de passages étonnants, tels que celui de la conférence manquée à Paris des quatre Grands[1]. Il condamne en outre la décision de la famille de Gaulle de faire publier les deux premiers chapitres du second volume des *Mémoires d'espoir*. Pourquoi s'être hâté à ce point ?

Sur Pompidou : « L'Histoire le jugera vite et mal. Il glisse dans la médiocrité. Il ne fait rien. Il ne fera rien. Tout ce qu'il dit est plat, médiocre. Notre politique étrangère est chaque jour plus mauvaise. La vérité, c'est qu'elle est faite par des gens qui n'y connaissent rien. En disant cela, je pense surtout à M. Pompidou. Il n'y connaît rien, vraiment rien. Il ne sait pas ce que c'est. Il y a certes, chez lui, une volonté de continuation, de tenir. Mais, en fait, tout se dégrade. Maurice Schumann, notre ministre des Affaires étrangères, est un brave type, mais il n'est pas à sa place. Pompidou le sait, mais il n'a personne pour le remplacer. Schumann parle trop, à tort et à travers. La presse applaudit à tout cela. Que voulez-vous : elle n'en est pas encore revenue de sa joie du départ du Général. »

25 janvier 1971

Pierre Billotte[2] est furieux contre Chaban. « Il vient de se coucher deux fois devant Pompidou, fulmine-t-il. Il s'est d'abord couché récemment lors du remaniement ministériel en acceptant la mise en place de Chirac – homme de Pompidou – à la place de Frey, à un

---

1. Il s'agit de la Conférence Est-Ouest qui a réuni à Paris, les 16 et 17 mai 1960, autour du général de Gaulle, Nikita Khrouchtchev, le chancelier Adenauer, le général Eisenhower et Harold Macmillan et qui s'est soldée par un échec retentissant.
2. Ancien chef d'état-major de De Gaulle à Londres, le général Billotte a été député RPF de 1951 à 1956 et ministre de la Défense nationale dans le gouvernement Edgar Faure d'octobre 1955 à février 1956. Gaulliste de gauche, il est député UNR-UDT du Val-de-Marne depuis 1962 et le restera jusqu'en 1978. Maire de Créteil (1965-1977), il a fondé en 1971 le « Mouvement pour le socialisme par la participation ».

poste clé, le ministère des Relations avec le Parlement, et l'entrée dans le gouvernement de Robert Poujade, ennemi juré de Chaban...

« Il s'est couché de nouveau la semaine dernière, poursuit Billotte, à propos de l'affaire du SDECE., sombre histoire où on s'est aperçu que tous les directeurs de cet organisme étaient plus ou moins aux mains de l'étranger : les grands directeurs, pour la plupart, aux mains des Russes, les autres aux mains des Américains, des Yougoslaves, etc. Un changement complet s'imposait. Chaban n'a pas osé en parler à Pompidou. C'est moi qui, preuves en main, suis venu trouver le Président. Il était atterré. Il n'a voulu prendre aucune décision parce qu'il se serait senti menacé s'il procédait à un remaniement. Les gens du SDECE lui ont fait savoir qu'ils mettraient en circulation "certaines photos très compromettantes de M. et Mme Pompidou". Ces photos, je les ai. Elles sont truquées et c'est vraiment incroyable que Pompidou ait pu céder à un pareil chantage.

« C'est depuis 1965, date de la décision du Général de se présenter à un second septennat, que Pompidou déteste de Gaulle. Celui-ci ne lui avait rien dit de ses projets. Pompidou s'imaginait que le Général ne se représenterait pas. Il m'avait questionné sur ses intentions. "Vous me comprenez, m'avait-il dit alors, il faut que je sache, pour me préparer." Si vous aviez vu sa mine quand je lui ai annoncé que j'étais certain que de Gaulle se représenterait !

« Pompidou est jaloux de la popularité de Chaban, conclut Billotte. Il sent le péril. Je ne pense pas qu'il le gardera jusqu'aux législatives. Mais il ne veut pas commettre vis-à-vis de Chaban la faute que de Gaulle a commise à son égard. C'est-à-dire se débarrasser de son Premier ministre au sommet de sa gloire ! »

28 JANVIER 1971

Arlette de La Loyère me rapporte en détail le contenu de l'entretien récent entre André Malraux et Alain Peyrefitte : « Ma dernière visite à Colombey, lui a déclaré Malraux, a été la première rencontre d'un écrivain et d'un héros. Bien sûr, il y a eu Aristote et Alexandre, Goethe et Napoléon, Vinci et le pape Jules II. Mais, cette fois, il s'est agi de la rencontre d'un grand héros de l'Histoire avec un grand artiste. Et c'est la seule fois, la seule fois qu'un grand artiste la racontera. Il n'y a pas d'autre exemple dans l'Histoire.

« Mon livre[1] aura 200 pages environ. Il relatera cette dernière visite à Colombey en décembre 1969. "Prenez le train à cause de la neige, m'avait dit le Général. Ma voiture ira vous chercher à Bar-sur-Aube." Tante Yvonne nageait alors dans le bonheur. Elle avait pour elle toute seule le Général. Elle pouvait lui préparer ses petits plats. Le Général m'a parlé de trois sujets : l'Histoire, son œuvre, la mort. Dès mon retour, j'ai écrit ce que le Général m'avait dit pour ne pas l'oublier. C'était la première fois que je le faisais.

« Le Général m'est apparu désabusé, détaché, comme s'il voyait la mort venir, a poursuivi Malraux. Il était critique sur tout, pas sur le ton d'un règlement de comptes, plutôt sur celui du "Qu'importe ! De toute façon, le peuple m'a lâché. Alors c'est raté... Je n'ai personne à ménager". Je rapporterai tels quels les propos du Général. Je ne dissimulerai pas la partie critique de ses confidences, sous peine de le trahir. Ce sera tout ou rien. Si le Général s'était exprimé lui-même sur ce sujet, cela aurait signifié qu'il reniait Pompidou. Mais, dit par moi, cela revient à dire : Pompidou n'était pas d'accord avec le Général sur telle question.

« Pompidou a réussi à être élu en faisant croire à son gaullisme et à la continuité. Pompidou s'est servi de De Gaulle pour remplacer de Gaulle. Sans de Gaulle, Pompidou ne serait rien. C'est là qu'il y a eu usurpation et trahison.

« Pompidou, c'est Jacques Duhamel. De Gaulle ne pouvait pas considérer que cet homme-là était son successeur. Il n'y a pas eu transmission de légitimité. Il y a eu brisure. Ce n'est pas le successeur, c'est l'usurpateur. Se faire élire sur le nom de De Gaulle et en tournant le dos, en pratique, à ce qu'a fait de Gaulle, cela s'appelle de l'usurpation. De Gaulle faisait l'histoire de France. Pompidou l'administre !

« De Gaulle m'a dit : "Les Français, j'ai essayé de leur inculquer l'amour de la France. Je n'y ai pas réussi." Avec de Gaulle, il ne

---

1. *Les chênes qu'on abat*, Gallimard, 1971.

fallait pas forcer la confidence. Il fallait être prêt à l'accueillir. Jamais la solliciter. Il ne faisait aucune confidence quant à sa vie privée. Il ne m'a jamais parlé de tante Yvonne. De Gaulle a été chargé par l'Histoire d'assumer l'irrationnel. Il captait les forces de la nuit. J'ai demandé à de Gaulle : "La France, c'est quoi pour vous ?" De Gaulle m'a répondu : "C'est le peuple." Ce qui veut dire Jules Michelet + Saint Louis.

« De Gaulle n'est pas mort d'un anévrisme, a ajouté Malraux. Il y a un mystère dans cette mort. Le professeur Mathé[1] m'a dit : "Aucun médecin sérieux n'a pu prendre cette mort pour une rupture d'anévrisme. Jamais de Gaulle ne s'était si bien porté. Cette douleur à l'abdomen, c'est vraiment bizarre, vous l'avouerez. Il s'est dressé, il est tombé sur le genou en s'appuyant à la chaise. Mme de Gaulle a cru à une syncope. Il a râlé. C'est une mort mystérieuse. On ne sait pas tout." »

5 FÉVRIER 1971

Le fac-similé du portrait de Pompidou (chapitre 2 du second tome des *Mémoires d'espoir*) sera reproduit. On y verra ainsi les « repentirs » du Général : des corrections lourdes de sens. « Il (Pompidou) avait mon appui confiant... » Le mot « confiant » a été barré et remplacé par « cordial ». Philippe de Gaulle m'affirme que les portraits retouchés ne se comptent plus ! Et toujours dans le sens de la sévérité. « Si mon père avait vécu, ce qui serait resté eût été terrible ! »

20 AVRIL 1971

Ce que le Général craignait par-dessus tout, c'était la vieillesse. Quand il récitait par cœur ses discours, il s'agissait d'un test vis-à-vis de lui-même. Il pensait à Pétain, à Churchill. « Je ne pardonnerai

---
1. Célèbre cancérologue.

jamais à Pétain, a-t-il déclaré un soir, de s'être laissé gagner par l'âge... »

L'état de santé de Malraux donne actuellement les plus grandes inquiétudes à son entourage. Voici ce que m'a confié à ce sujet son collaborateur le plus proche, Albert Beuret : « C'est un homme biologiquement et psychologiquement atteint. Biologiquement : il va avoir 70 ans. Il a une carcasse d'acier, qu'il maltraite. Toute sa vie est contraire aux règles d'hygiène les plus élémentaires. Il est sous surveillance médicale constante. Mais il ne suit en rien les prescriptions des médecins. Psychologiquement, c'est la même décrépitude. Malraux estime que, pour lui, il n'y a plus de raison de vivre, que tout est détruit de ce à quoi il croyait. Il le dira dans ses prochains *Antimémoires*. Il vient de l'écrire dans un chapitre publié ce mois-ci par la NRF. Il y fait défiler devant lui tout ce à quoi il a cru et auquel il ne croit plus. C'est son testament.

« Quand on prend l'absurde comme système de vie, il est normal que la vie devienne absurde. Il y a, bien sûr, du masochisme dans son humanisme tragique. Il s'en nourrit. Il est lucide sur la fausse situation dans laquelle il se trouve. C'est un défi. C'est une destruction volontaire. Simplement, il utilise autre chose que le revolver ou le cyanure. Pour lui, c'en est assez, il faut que la vie s'arrête ! Elle n'a plus aucun sens. Tout cela ne l'intéresse plus. Il se fout de tout. »

8 JUIN 1971

Le colonel Jean d'Escrienne, ancien aide de camp du Général, à propos de l'entretien de Gaulle-Malraux du 11 décembre 1969 : « Ce jour-là, le Général a cédé à Malraux la place de vedette. C'est lui qui interrogeait et qui écoutait. »

À son arrivée à Colombey, Malraux a demandé un verre d'eau dans l'antichambre et pris deux cachets. Le Général lui a accordé trois quarts d'heure d'entretien en tête à tête. Mme de Gaulle, Geoffroy de Courcel et Jean d'Escrienne bavardaient entre eux pendant ce temps. Courcel parlait de l'attitude des Anglais lors du départ du

Général en avril 1969. « Les Anglais ont été bien. » Mme de Gaulle a confié en passant : « Il y a eu quelques jours pénibles ! »

Conversation du déjeuner : l'instinct des chats. De Gaulle écoutait Malraux en souriant. Malraux a bien bu. Au menu : truites et rôti. Vin d'Alsace pour le poisson. On a parlé également de Napoléon et du voyage en Irlande : « Le pays est beau, mais les gens sont feignants, a déclaré le Général. Quand on leur demande : pourquoi ne faites-vous rien ?, ils répondent : quand on était sous la domination des Anglais, chaque fois que l'on travaillait, c'était eux qui en bénéficiaient... Alors, maintenant... »

Après le déjeuner : conversation dans la bibliothèque jusque vers quinze heures. « Il ne serait rien sans moi », a seulement déclaré le Général à propos de Pompidou.

29 SEPTEMBRE 1971

Malraux a déclaré, il y a quelques jours à peine, à Pierre Galante[1] qu'il espérait pouvoir partir pour le Bengale. « J'y resterai deux mois. C'est bien assez pour se faire tuer. Si je reviens, c'est à ce moment-là seulement que je parlerai en public... »

Malraux est actuellement en vacances. Il reviendra à Verrières aux alentours du 21 octobre. Il ne quittera pas la France avant novembre, car il doit voir Mme Gandhi lors de sa visite officielle à Paris dans le courant de ce mois. Il l'entretiendra de son projet de voyage au Bangladesh.

Pour l'instant, Malraux regarde les cartes du Bengale et reçoit des lettres de nombreux volontaires prêts à l'y accompagner. Pour lui, l'aventure, c'est le dernier refuge.

---

1. Écrivain, auteur de *Malraux, quel roman que sa vie*, Plon, 1971.

8 OCTOBRE 1971

Jean-Marcel Jeanneney[1] me parle avec le plus grand enthousiasme des *Chênes qu'on abat*, le livre que Malraux vient de publier à propos de son ultime rencontre avec de Gaulle. « Grâce à Malraux, on a conservé quelque chose de ce qu'était l'état d'esprit du Général, me dit-il. Je suis reconnaissant à Malraux pour ce qu'il a fait. C'est le seul livre qui nous restitue la personnalité de De Gaulle.

« À deux reprises (la première fois en 1962), j'ai refusé d'entrer dans le gouvernement parce qu'il était trop à droite, me raconte Jeanneney. En 1962, j'ai dit au Général que je lui serais plus utile en demeurant à l'extérieur, pour préserver certains contacts avec les socialistes et tenter de les lui ramener. Mais le Général m'a nommé ambassadeur à Alger... »

Jeanneney me rapporte encore ce mot du Général : « Viansson, ce virtuose du dérisoire... »

10 NOVEMBRE 1971

Albert Beuret, après le passage de Malraux à la télévision[2] : « C'est du délire. De la déchéance. Pour les ennemis de Malraux, c'est de la tragi-comédie. C'est une caricature dérisoire, un pantin désarticulé qui n'est plus qu'un songe et qui se veut glorieux. Sa vie est un enfer. Pour mettre fin à ses jours, il a choisi le chemin de la déchéance morale et intellectuelle. Mais il ne faut pas que tout cela se passe en public ! »

---

1. Ancien ministre d'État chargé de la Réforme constitutionnelle et de la Régionalisation dans le gouvernement Couve de Murville, de juillet 1968 à juin 1969, il a été l'un des principaux inspirateurs du référendum d'avril 1969.
2. Lors de la série d'entretiens télévisés « La Légende du siècle », de Claude Santelli et Françoise Verny.

11 décembre 1971

Il y a exactement deux ans, André Malraux déjeunait à Colombey avec de Gaulle. Aujourd'hui, il se trouve auprès de nous, chez Raymond Offroy[1].

« Je devais partir le 15 décembre pour le Bangladesh, dit-il. Mais pourquoi y aller, maintenant qu'ils n'ont plus intérêt à me tuer ? » Malraux évoque les cent cinquante officiers qui devaient le suivre, revient sans cesse sur ce voyage ajourné en raison, dit-il en laissant planer le mystère, de la tournure des événements[2]. « Il faut donc attendre. Il ne faut rien faire d'autre que ce que Bengalis et Indiens souhaitent. »

Il parle du jeu des grandes puissances, de la Chine, de l'URSS et des États-Unis. « Pendant les quatre mois qui viennent, tous les cols de l'Himalaya seront enneigés. Il n'y a rien à craindre de la part de la Chine. Elle ne pourra pas intervenir. D'ailleurs, y songe-t-elle ? Est-elle intervenue au Vietnam ? Non. Elle fera sans doute de même au Bengale. »

Et la France ? « Elle n'existe plus, répond Malraux. Si de Gaulle avait été vivant, il aurait été à Calcutta, il aurait parlé, il se serait manifesté, il aurait exprimé la pensée de la France. Cela, c'est sûr. Ce qu'il aurait dit ? Nous n'en savons rien. Nous ne pouvons pas parler au nom du Général. Aurait-il soutenu le Pakistan ? Je ne le crois pas. Mais il est vrai qu'il y avait sa politique musulmane, qu'il aurait donc su tenir compte des musulmans. Aujourd'hui, la France s'est rangée derrière les Américains. Il n'y a plus de politique française. »

Malraux a pris la parole au début du dîner et ne l'a plus quittée. Personne n'a osé l'interrompre. Peu le comprennent vraiment et tous se pâment. Quand il juge que son monologue est terminé, il se lève et s'en va brusquement, parfois au milieu du repas.

---

1. Ancien ambassadeur de France à Mexico au début des années 1960, ce Français libre est alors député UDR de Seine-Maritime.
2. Le gouvernement indien ayant plutôt découragé l'initiative, jugée peu crédible, lancée par André Malraux en faveur du Bangladesh.

18 décembre 1971

Pierre Billotte : « En 1964, de Gaulle m'appelle et m'annonce : "Je m'en vais." Je l'ai retenu de quitter le pouvoir. Pompidou l'a su et ne me l'a jamais pardonné.

« En 1969, je dis au Général : "Le référendum sera perdu. Il faut dissocier les régions du Sénat." Et de Gaulle de me répondre : "Votre affaire est habile. Mais je n'ai que faire d'habiletés !" »

1972

14 JANVIER 1972

Philippe de Gaulle évoque l'attitude de son père lors de l'affaire Markovic[1] : « Pompidou, me dites-vous, reprochait au Général de ne pas l'avoir prévenu des rumeurs circulant à ce sujet... Mais à aucun moment mon père n'a attaché la moindre importance à ces histoires. Jamais il ne s'en est occupé. Ces affaires ne venaient même pas jusqu'à lui. Comme c'est mal le connaître ! Comme les gens connaissent peu mon père ! Je me souviens de son ahurissement quand on lui a dit que Pompidou avait été heureux de venir dîner à l'Élysée à ce moment-là, parce que cette invitation montrait bien que le Général tenait à lui témoigner sa confiance et son estime. En fait, mon père n'avait jamais pris en considération aucune de ces rumeurs... »

24 JANVIER 1972

Louis Joxe juge mauvaise la situation politique intérieure. Pour lui, Chaban est là depuis trop longtemps. Il est usé. On laisse les

---

1. Affaire déclenchée en octobre 1969 par l'assassinat d'un ancien garde du corps d'Alain Delon et dans laquelle on chercha à impliquer Georges Pompidou et sa femme. L'ancien Premier ministre suspecta l'entourage du général de Gaulle d'avoir trempé dans cette machination visant à ruiner sa réputation et en vint à douter de l'attitude du Général lui-même.

choses aller, on expédie les affaires courantes au jour le jour. De cela, les Français ne sont pas dupes.

« J'ai vu dernièrement Michel Jobert, me raconte-t-il. Je lui ai conseillé de mettre en garde le chef de l'État contre la lassitude des Français à l'égard de l'immobilisme actuel. Il faut se secouer, annoncer de façon solennelle cinq ou six grandes réformes à mettre en place sans tarder. »

Mais Joxe ne se fait guère d'illusions...

27 JANVIER 1972

Christian Fouchet est sur la même longueur d'onde que Louis Joxe : « On en est, me dit-il, à la fin du règne de Louis-Philippe. Le couvercle sautera de nouveau comme il a sauté en mai 1968, mais de manière très différente. Il s'agira d'une autre révolte provoquée cette fois par une série de micromalentendus. Rien n'est fait, par exemple, sur le plan universitaire... »

Sur la politique étrangère, Fouchet est d'une hostilité sans nuances. Il réprouve farouchement la constitution de l'Europe des Dix où « la France disparaîtra », estime-t-il. Pour lui, le bloc anglais – Grande-Bretagne, Irlande, Norvège, Danemark, Hollande – ne jouera jamais le jeu. La France se retrouvera seule.

Il me relate son dernier entretien avec Pompidou. Les deux hommes ont beaucoup parlé du Général et de son départ. « Il était de toute manière fichu, lui a déclaré le Président, et il est heureux que le référendum ait été perdu. Il allait, avec Couve, droit à sa perte. Donc, tout s'est passé au moindre mal. » Quant à la réforme régionale, Pompidou s'est félicité qu'elle ait échoué.

4 FÉVRIER 1972

Couve de Murville : « Ce que je reproche le plus à notre politique extérieure, c'est sa veulerie, son alignement sur les Anglo-Saxons qui sont de nouveau maîtres chez nous... Les critiques de Georges

Marchais sont fondées. C'est un retour progressif à l'atlantisme... Avant la guerre, on disait "l'Ambassade" quand il s'agissait de l'ambassade d'Angleterre. Pendant la guerre, "l'Ambassade" désignait celle d'Abetz[1]. Après la guerre, c'était celle des États-Unis. Aujourd'hui, "l'Ambassade" est de nouveau celle de Grande-Bretagne et Mr Soames[2] peut régner sur Paris. »

29 FÉVRIER 1972

André Malraux me reçoit à son retour des États-Unis où il s'est rendu à la demande du président Nixon, pour un échange de vues à propos de la Chine[3].

« Lorsque Nixon m'a reconduit à ma voiture, me raconte-t-il, il m'a demandé, sans interprète : "Qu'aurait pensé le général de Gaulle de ce que je suis en train de tenter ?"

« — Qu'avez-vous répondu ?

« — N'importe comment, le général de Gaulle penserait que lorsqu'un homme politique chargé d'histoire tente le destin, c'est bien. À l'époque où Nixon faisait, lui aussi, sa traversée du désert, de Gaulle l'avait reçu à l'Élysée et ils avaient parlé de la Chine. Lors de leur dernière entrevue, de Gaulle lui avait dit : "Vous ne pourrez pas ne pas poser le problème de la Chine. Il faut vous lancer dans cette histoire de fous..."

« — Si de Gaulle avait vécu, s'il avait réalisé cette rencontre avec Mao Tsé-toung...

« — La sténographie eût été shakespearienne. La réalité eût été sans objet, puisque de Gaulle n'était plus au pouvoir. Mais on peut imaginer le dialogue superbe : "Eh bien, quand vous étiez la Chine, il n'y avait pas de Chine...", et Mao de répondre : "Quand vous étiez la France, il n'y avait pas de France..." Mao ne m'a jamais parlé de

---
1. Le représentant de Hitler à Paris sous l'Occupation.
2. L'ambassadeur de Grande-Bretagne en France, gendre de Winston Churchill.
3. Avant la visite officielle du président américain à Pékin.

la France, il m'a parlé du général de Gaulle. Il pensait qu'il avait en lui un égal, plutôt un semblable.

« Il l'aurait interrogé : "J'ai fait la Longue Marche, et vous, qu'avez-vous fait ?" "J'ai fait la Résistance", aurait répondu le Général. Mao, cet empereur de bronze, pensait que de Gaulle était une sorte de réalité de *L'Illiade*. »

Comme je l'interroge sur la succession de Mao, André Malraux me précise : « Mao nous avait dit : "Nous n'avons pas de successeurs. Mais s'il y en a un, il sera maoïste." Il n'y a pas en Chine de succession qui ne soit pas maoïste. Quel qu'il soit, celui qui viendra après Mao sera au service du maoïsme et en respectera les principes : hausse du niveau de vie, refus de céder quoi que ce soit au sujet de la propriété collective des moyens de production. Car pour les Chinois, le maoïsme, ce n'est plus la Longue Marche, c'est la sauvegarde de la Chine chinoise. Pour Mao, ce qui est sérieux, c'est la Chine.

« — La Chine révolutionnaire ou la Chine du niveau de vie ?

« — L'erreur des Américains, c'est de croire que la Longue Marche, c'est tous les matins. Aller voir Mao en pensant à la Longue Marche, c'est comme si l'on avait été voir Staline en pensant aux attaques de banques. Mao pense que la révolution asiatique sera sauvée par les pommes chinoises et les champs de riz. Le destin est là : il faut que les Chinois aient à manger. Après, ils feront une industrie légère qui ne pourra être garantie que par une industrie lourde. Alors ils s'arrangeront avec les Américains pour les crédits. Mais ils ne sont pas pressés.

« — Avez-vous été surpris par les concessions du président Nixon sur Taïwan ?

« — Je ne l'ai pas été, puisque Nixon ne l'a pas été… Je pense que Nixon n'a rien abandonné sur Taïwan, car il y a entre Pékin et Taïpeh un accord depuis au moins cinq ans, lié à la mort de Tchang Kaï-chek. Mais ils n'ont pas cru que Tchang Kaï-chek vivrait si vieux […].

« — Quelles sont les conséquences de ce voyage pour le Vietnam ?

« — Nixon m'a dit : "Et le Vietnam ?" Je lui ai répondu : le Vietnam représentait pour les Chinois la politique de Foster Dulles[1] : nous arrêterons le communisme asiatique au col des Nuages. Mais personne ne croit plus au communisme asiatique. Personne ne croit plus que Mao veuille conquérir le Pakistan (où étaient les chars de Mao ?). Personne ne croit plus que le destin de l'Asie se joue en Cochinchine. Alors, que vous restiez ou que vous partiez, quelle importance ? Les types sérieux ont tous compris que l'objectif chinois c'est la Chine, comme l'objectif russe était la Russie.

« — Nixon, maintenant, va aller en Union soviétique...

« — Oui, il va aller à Moscou. Les choses sérieusement sérieuses vont alors entrer en jeu... »

6 MARS 1972

François Mitterrand commente sur un ton sarcastique, dans *L'Unité*, « l'interview accordée par André Malraux à Jean Mauriac et diffusée à grandes guides par l'AFP ». Il ironise, en parlant de Malraux, sur ce « devin » qui « se mue en sténographe », met en exergue pour les tourner en ridicule certaines de ses « sentences recueillies par le pieux Jean Mauriac et tombées de la bouche inspirée », en laissant à ses lecteurs le soin de les « traduire dans la langue de leur choix ». Mitterrand est assez injuste avec l'auteur de *La Condition humaine* pour le soupçonner d'appartenir à « cette lignée d'écrivains dont le génie s'exprime tout entier dans la conversation et se dissipe dans l'écriture[2] ».

16 MARS 1972

Georges Pompidou vient d'annoncer son projet de référendum sur l'élargissement de l'Europe à la Grande-Bretagne. « Il y pensait

---

1. Le secrétaire d'État en charge de la diplomatie américaine sous la présidence d'Eisenhower, dans les années 1950.
2. Cet article a été repris par son auteur dans *La Paille et le grain*, Flammarion, 1975.

depuis longtemps, m'assure Olivier Guichard. Il en parlait souvent à ses amis. » C'est au Conseil d'hier qu'il en a informé officiellement ses ministres. Comme le Général dans les grandes occasions, il a ensuite fait un tour de table. Ce fut, selon Guichard, « une approbation totale, enthousiaste ».

12 avril 1972

Jacques Vendroux est stupéfait de voir « tant de gens » affirmer que de Gaulle approuverait ce référendum. Il pense entre autres à Michel Debré. « Je ne veux pas parler à mon tour au nom du Général... Mais mon impression profonde est que jamais, jamais il n'aurait approuvé l'Europe qui est en train de se faire. Ceci est pour moi une certitude et c'est aussi l'avis de Philippe de Gaulle. Croyez-vous que l'Angleterre s'est vraiment détachée de l'Amérique ? Elle ne le pourra jamais. Dans ces conditions, on peut craindre qu'un bloc majoritaire ne se forme contre la France dans notre future Europe...

« Mais il y a plus grave, ajoute Vendroux. On ne trouve rien, dans ce référendum, au sujet de l'unité politique de l'Europe, rien non plus sur les futures structures institutionnelles. C'est l'élargissement pour l'élargissement ! »

16 mai 1972

Vendroux me laisse entendre qu'il a voté blanc, et sa sœur, Yvonne de Gaulle, aussi au référendum sur l'entrée de la Grande-Bretagne dans le Marché commun. « Le décrochage des "oui" est beaucoup plus important que je ne le pensais. Il y a un nombre considérable de gaullistes qui n'ont pas voté ou qui se sont abstenus... La propagande communiste a porté ses fruits. Les communistes ont fait campagne sur le thème : Pompidou détruit l'œuvre de De Gaulle... Beaucoup de gaullistes y ont été sensibles. »

26 mai 1972

Pierre Billotte s'apprête à publier le premier tome de ses *Mémoires*. « Au temps de la France libre, me dit-il, j'ai été le collaborateur du Général. À Londres, en tant que chef d'état-major. À Alger, en tant que secrétaire général de la Défense nationale. Je le voyais alors chaque jour de 18 heures à 19 heures. Nous déjeunions très souvent ensemble. Je montrerai qui était réellement le Général : hésitant, sensible, discutant avec de très nombreuses personnes, prêchant le faux pour savoir le vrai... Je parlerai de ses fous rires, de sa façon d'imiter Pétain, de son humour noir... »

29 mai 1972

Mon livre *Mort du général de Gaulle*, qui vient de paraître chez Grasset, me vaut une lettre assez sèche de Georges Pompidou. « Vous avouerai-je, m'écrit-il, que le Général me paraît bien au-delà et bien au-dessus d'anecdotes même exactes (ce qui n'est pas toujours le cas) et même rapportées avec piété. » Puis, dans un P-S, il nuance son jugement : « Ma réserve sur l'inexactitude ne porte pas sur ce que vous dites, mais sur ce que d'autres vous ont rapporté. »

9 juin 1972

« Ah ! Il est déjà temps de mourir ! » Selon Desgrées du Loû, c'est ce que de Gaulle aurait dit avant de perdre connaissance. Et non pas « J'ai mal là dans le dos », comme me l'a rapporté Alain de Boissieu.
Ce dernier, il est vrai, a souvent arrangé les choses à sa guise. Ainsi, le 10 novembre 1970 au matin, alors que, depuis Colombey, il me confirmait au téléphone la mort du Général pendant qu'il faisait une réussite, le général de Boissieu insistait pour que je donne une autre version des faits, selon laquelle son beau-père se trouvait à ce moment-là à son bureau « en train d'écrire ses *Mémoires* »...

12 juin 1972

La cérémonie d'inauguration du Mémorial de Colombey, le 18 juin, sera très pénible pour Mme de Gaulle, me confient Jacques Vendroux et Geneviève Anthonioz[1]. D'abord parce que son caractère officiel rend cette cérémonie contraire au vœu du Général. Ensuite, parce que Mme de Gaulle supporte mal de se trouver sous les feux de l'actualité après avoir décidé de ne plus jamais prendre part à une manifestation publique. Initialement, elle ne voulait pas de cette croix de Lorraine à Colombey. Elle souhaitait qu'on maintînt le site tel que le Général l'avait toujours vu. Et puis, elle a fini par céder sous la pression des « événements »... Pour le reste, elle entend vivre complètement retirée.

Je pense, quant à moi, que le Général n'aurait jamais approuvé cette croix de Lorraine à Colombey. Mais les vœux des pauvres morts ne sont jamais respectés. Le Général avait pourtant fait savoir qu'après sa mort il ne souhaitait aucune statue ni monument à sa gloire.

27 juin 1972

Il y a deux camps dans l'entourage de Pompidou, selon cet entourage même : un camp pro-Chaban avec Jobert, un camp anti-Chaban avec Juillet. Ce dernier insiste auprès de Pompidou pour qu'il renvoie Chaban au plus vite, le jugeant suspect sur le plan matériel et politiquement léger. Il me semble qu'Olivier Guichard n'est pas loin de partager cet avis. Ceux qui jugent Chaban sévèrement estiment d'autre part qu'il est impensable de mener la majorité aux élections sous sa conduite. C'est pourquoi le véritable dilemme est, selon eux, de trouver le moment opportun pour s'en débarrasser.

Dans mes conversations politiques avec les « entourages » – comme on dit –, je recueille l'impression d'un pourrissement qui

---

1. La nièce du général de Gaulle.

ne cesse de s'aggraver. Tout le monde trahit tout le monde au sein de la majorité, tout le monde joue un jeu compliqué.

Fin JUIN 1972

L'entretien que Chaban aura dans les tout prochains jours avec Pompidou doit être décisif. Si l'on en croit l'entourage du Premier ministre, le fossé s'est brusquement agrandi ces derniers jours entre l'Élysée et Matignon. Chaban a réagi très vigoureusement à un propos de Juillet lors d'un dîner en ville – propos qui lui a été rapporté sur-le-champ : « Si Chaban est encore en place le mois prochain, ce sera moi ou lui ! » Ce mot a indigné Chaban. Que le premier collaborateur de Georges Pompidou se permette de pareils écarts – connus bien entendu du Président – apparaît au Premier ministre très grave, comme lui apparaissent graves certains propos tenus par le chef du service de presse de l'Élysée, Denis Baudouin, qui lui ont été aussi rapportés[1].

De l'avis personnel d'un membre du cabinet élyséen – et à titre d'hypothèse –, on se dirigerait actuellement davantage vers un remaniement que vers un changement de gouvernement. Le remaniement ? On envisagerait la création d'un grand ministère de l'Audiovisuel après le départ de Jacques Duhamel pour raison de santé, Giscard quitterait les Finances pour les Affaires étrangères, Edgar Faure ferait son entrée au gouvernement.

La conduite de Pompidou – ses mystères, ses hésitations, ses atermoiements – indigne Matignon. En laissant courir ces rumeurs, il laisse tout pourrir, il porte directement atteinte aux institutions. « C'est incroyable que Pompidou se conduise comme cela à l'égard de Chaban, confient les proches du Premier ministre. C'est indigne. C'est scandaleux. Pompidou fait avec Chaban ce que de Gaulle a fait avec lui (mais de Gaulle était de Gaulle). Et il le fait d'une manière encore plus odieuse. En fait, c'est toujours le même complexe vis-à-

---

[1]. La cabale organisée par les proches conseillers du chef de l'État contre le Premier ministre est alors à son comble.

vis du Général qui l'étouffe ! Ce qu'il fait n'est pas convenable. Ses hésitations sont graves de conséquences. »

Chaban ? Selon ses amis, il continue à jouer le jeu. Ses nerfs sont d'acier. Il a certes envie de partir, « étant donné l'attitude de Pompidou ». S'il ne tenait qu'à lui, il se serait retiré depuis longtemps. Mais il ne veut pas mettre la majorité, le gouvernement en difficulté. Ce serait trop grave, notamment en regard des élections législatives à venir. Il estime toujours, quel que soit son ressentiment, que c'est au chef de l'État de décider de son avenir.

10 AOÛT 1972

Dîner avec Chaban-Delmas à Ascain[1]. Un peu plus d'un mois après son départ forcé de Matignon, il me donne l'impression de s'apprêter pour l'Élysée : « Matignon, c'était pour moi un entracte, me dit-il. Je vais réunir 200 à 300 personnes pour travailler, approfondir le thème de la Nouvelle Société. Nous allons constituer des groupes d'étude. J'attends ici Jacques Delors. Je me donne deux ans pour mener à bien cette tâche. À quoi ça servira ? Qu'importe, nous verrons bien. Mais je veux être prêt à toute éventualité. » Il m'affirme qu'on lui écrit de toutes parts.

1er SEPTEMBRE 1972

Lettre de Dominique de Roux[2] m'informant qu'il vient d'avoir accès à la correspondance que le Général adressait à Pierre Jean Jouve. « Quatre-vingt-seize lettres, toutes d'une grande importance, m'écrit-il, et qui montrent qu'il lui était proche. Sa dernière lettre, huit jours avant sa mort, commence ainsi : "... loin de tout, moins que jamais de vous." »

---

1. Résidence privée de Jacques Chaban-Delmas sur la côte basque.
2. Le fondateur des *Cahiers de l'Herne*, dont la dernière parution est alors consacrée à Pierre Jean Jouve.

6 OCTOBRE 1972

Je ne reconnais pas Messmer[1] tant il semble sûr de lui, heureux, triomphant. Je dirais même qu'il paraît grisé par son succès et que cette griserie le prend tout entier. Il ne se contient plus. Notre déjeuner à l'Hôtel Matignon est vite expédié, parce qu'il doit repartir pour la Chambre. Il y part comme à la bataille, prêt à provoquer des adversaires, à les pourfendre, les poches pleines de munitions.

Ce qui me frappe le plus dans ses propos, c'est sa volonté d'engager la bataille avec les communistes, de ne plus les ménager, c'est la violence de son anticommunisme, c'est sa détermination à dénoncer un jour les scandales qui les concernent. Messmer souligne notamment leur duplicité en donnant cet exemple : « Les communistes font aujourd'hui semblant de regretter la politique étrangère du général de Gaulle. Mais l'ont-ils soutenue lorsqu'il était au pouvoir ? Vous me dites que, dans le fond, ils approuvaient cette politique. Alors je vous rappelle ce mot du Général : "Il faut être en accord avec ses arrière-pensées." »

Messmer s'élève contre un régime présidentiel à l'américaine. Il énumère tous les arguments contre l'instauration d'un tel régime en France, et conclut : « Ce serait le blocage des institutions, je vous le dis solennellement. » Il ajoute : « Tant que notre régime marche, tant qu'une poignée de sable n'aura pas grippé nos institutions, conservons-les... »

Pendant ce temps-là, Georges Pompidou recevait plusieurs journalistes à déjeuner à l'Élysée. « Croyez-moi, leur a-t-il déclaré, je n'ai pas eu un désaccord, pas un seul désaccord, pas une seule fois, avec M. Chaban-Delmas. Il y a deux types de Premier ministre : le Premier ministre directeur de cabinet et celui qui joue le rôle de chef de l'État. Croyez-moi, M. Chaban-Delmas entre dans la première catégorie, et M. Messmer dans la seconde. »

---

1. Pierre Messmer a été nommé Premier ministre en juillet 1972, en remplacement de Jacques Chaban-Delmas.

13 octobre 1972

Entretien avec Philippe de Gaulle : « Je ne ferai jamais de politique, m'affirme-t-il. Et si par hasard j'étais un jour tenté d'en faire, je ne pourrai pas, parce que je suis le fils du général de Gaulle. »

Ce thème-là, il le développe longuement, indéfiniment. « Si je n'ai aucune envie de faire de la politique, c'est que je n'en ai ni les moyens ni les capacités, ajoute-t-il. À quoi bon être un sous-de Gaulle ? Pour ne recevoir que des coups ? Croyez-moi, avec mon père, je sais de quoi il s'agit. Ce que je veux, c'est, comme pour tous les citoyens, me réserver la possibilité de m'expliquer si nécessaire. Je ne veux pas faire de mise au point au sujet des gens qui se réclament de moi, du moins pour le moment. Peut-être en ferai-je une un jour, avant les élections par exemple. Mais y ai-je intérêt ? J'ai déjà dit dans une interview à France Inter que je ne reconnaissais à personne le droit de se réclamer de moi. Cela n'a servi à rien. Ces gens qui se réclament de moi, je ne les ai jamais vus. Je ne sais pas qui ils sont. Mais il y a sûrement de braves types parmi eux, de vrais gaullistes qu'un démenti en deux lignes risquerait de blesser. Cela, il faut que j'en tienne compte.

« Et puis, vous savez, il y a des gens qui ont intérêt – au pouvoir – à me nuire par le biais de ces groupes qui se réclament de moi. J'avais demandé que la préfecture de police refuse l'inscription de toute organisation portant mon nom. Là-dessus, un jour, on me téléphone pour déplorer les agissements de l'organisation le "Mouvement national pour la candidature de Philippe de Gaulle à la présidence de la République", et pour me conseiller de démentir. Ce n'est pas à moi de démentir, ai-je répondu. »

Philippe ajoute : « La vérité, c'est que la préfecture de police, le ministère de l'Intérieur sont derrière ce mouvement national pour ma candidature à la présidence de la République, et s'en servent. »

Au cours de notre conversation qui a duré deux heures, il m'interroge, me demande conseil et hésite sur l'attitude à adopter, pèse le pour et le contre. Il me déclare brusquement : « Si je dis quelque chose, ce sera une ligne. À qui la donnerai-je ? » Je lui réponds que ce ne peut être qu'à l'AFP, qu'il n'a pas d'autre moyen... Il me répond : « Mais l'AFP, dans l'un de ses papiers à mon sujet, a affirmé que je ferai un jour de la politique... »

Conclusion : Philippe, au fond de lui-même, n'est peut-être pas fâché de ces remous autour de son nom, n'est pas insensible à ces flatteries, n'est pas mécontent d'en embêter certains...

En réponse à une question, il me parle des rapports entre Malraux et le Général : « Mon père aimait beaucoup Malraux, parce qu'il avait la flamme, l'étincelle, parce qu'il était habité par une passion. L'un et l'autre voyaient les choses de la même hauteur, mais, bien sûr, ils étaient trop différents pour être toujours du même avis, pour avoir la même conception des choses. Si de Gaulle avait été écrivain, il aurait pu écrire *La Condition humaine*. Malraux et mon père étaient tous deux habités par la passion de la condition humaine. Ils avaient aussi en commun de n'appartenir à personne. Malraux ne s'apparente à aucun parti, à aucun groupe littéraire. Il est contre l'Académie, contre les clubs, contre les notables. Comme le Général. Malraux et de Gaulle n'étaient pas des politiques ; c'est là où ils se reconnaissaient.

« Mais la religion les séparait. Du moins jusqu'à un certain point. Mon père croyait en Dieu. Et Malraux se demandait si le Général n'avait pas raison. "Si le Général croit en Dieu, pensait-il, c'est qu'il doit y avoir quelque chose..."

« Ils n'ont jamais été intimes, il n'y a jamais eu entre eux de relations étroites. Mon père n'avait d'ailleurs pas d'amis... »

1ᵉʳ DÉCEMBRE 1972

Déjeuner de presse à l'Élysée. Pompidou apparaît sûr de lui, autoritaire, parlant sur le ton de : « Il n'y a qu'un seul homme valable, il n'y a qu'un seul homme qui tienne, c'est moi. » Il se montre très dur, agressif à l'égard de tout le monde.

« Les prochaines élections législatives[1] seront banales et classiques, affirme-t-il. Elles ramèneront la même majorité évidemment

---
1. Prévues en mars 1973.

réduite, ce qui sera un bien car cela lui donnera moins d'assurance et plus de cohésion. Mon analyse des pronostics est la suivante : malgré le courant unitaire de la gauche, les candidats de la majorité récupéreront au second tour une fraction importante de l'électorat effrayé par le parti communiste. Les électeurs centristes notamment, qui, en 1967, souvent par haine de De Gaulle, s'étaient portés vers la gauche, reviendront à la majorité, quel que soit le mot d'ordre de leurs leaders. Il n'y a pas d'électorat Lecanuet ! »

Pour aborder cette bataille électorale, Pompidou pense que la majorité doit resserrer ses rangs. Cette bataille devra être menée par un petit état-major : Messmer, Giscard. Critiques voilées à l'égard de l'effacement actuel du Premier ministre : selon lui, Messmer se laisse trop déborder par les dossiers alors qu'il faudrait se montrer, parler. Ce que l'on dit est parfois plus important que ce que l'on fait.

« Quant à moi, précise-t-il, comment penser que je ne serai pas engagé ? » Il n'a donné aucune précision sur la forme de son intervention, ni sur ses intentions. Mais il a souligné à plusieurs reprises l'importance qu'il accorde au discours qu'il prononcera le 8 décembre prochain à l'occasion du centenaire de Sciences-Po : il y traitera du problème des institutions, et ceci à fond. Au déjeuner, il nous en a offert un avant-goût : « Pour moi, être l'arbitre, c'est commander, non compter les coups. Le système actuel est un système mixte, mais comment le modifier, dans un sens présidentiel par exemple, comme aux États-Unis, dans notre pays où l'organisation syndicale est politique et ne peut être un corps intermédiaire ? Le Parlement en France ne paraît pas adapté à la structure moderne de l'État, mais il reste irremplaçable faute de solution de rechange. L'ennui, c'est que les députés font un métier de chien, pris entre leurs obligations à l'échelle nationale et les servitudes locales qui les absorbent. »

Au fil de ce déjeuner qui a duré de 13 h 30 à 15 h 45, quelques opinions à l'emporte-pièce du chef de l'État :

• Michel Debré : « Il a la nostalgie de l'opposition et du *Courrier de la colère*[1]. Après son dernier discours, je lui ai conseillé de garder

---

1. Le journal politique que publiait Michel Debré sous la IVe République.

ses attaques pour l'opposition actuelle plutôt que de les réserver à nos alliés. »

- Edgar Faure : « Il change d'avis selon ses interlocuteurs. »
- Jean-Marcel Jeanneney : « Quel gâchis ! Il me rappelle, avec toutes ses qualités, ce vers de Racine : "Ô Seigneur, que de vertus vous me faites haïr !" Mais, politiquement, il ne représente rien. »
- Christian Fouchet, la cible du jour : « C'est un peu le *miles gloriosus* : il collectionne les mots historiques depuis Jeanne d'Arc et commence à se les attribuer. Il est toujours un peu chancelant dans ses attitudes, comme en mai 1968... »
- Georges Marchais : « Pas de chance. Sa tête vraiment ne passe pas. »
- François Mitterrand : « Il a contre lui sa bouche. Révélateur, non ? Il n'est évidemment pas un vrai socialiste. D'ailleurs les vrais, ceux qui croient à la bonté, au progrès de la société, ce sont les anciens socialistes. Mitterrand ne croit à rien de tout cela. Il se sert du parti socialiste. »
- Sur l'avortement : « La loi de 1920 est dépassée. Mais quoi faire sur un problème qui a un fondement religieux ? On peut prendre des dispositions en ce qui concerne l'avortement thérapeutique, mais pour les autres cas, les cas sociaux ? Une solution serait de voter un texte large, général, que la jurisprudence préciserait peu à peu selon les circonstances, l'évolution des mœurs. Mais, en France, on est tenté d'élaborer des textes précis, détaillés, minutieux, qui entendent tout prévoir. La magistrature est favorable à cet état de choses, car il la dispense de toute responsabilité. »
- Sur la peine de mort : « Je suis personnellement contre l'abolition de la peine de mort, car elle garde encore une force de dissuasion : peut-on croire qu'un criminel professionnel, auteur d'un enlèvement et traqué, se comportera de la même façon s'il sait qu'il risque sa tête ou s'il croit qu'il s'en tirera avec dix ans de prison ? Mon opinion ne vaut que pour ceux que je considère comme les "professionnels", et non les criminels passionnels : drogués, jaloux ou fous. »

• Sur le film d'André Cayatte à propos de l'affaire Markovic[1] : « C'est dégueulasse de vouloir utiliser un cadavre encore tiède à des fins commerciales. Ne me parlez pas ici de la liberté de penser. On sait très bien qui l'on vise, alors que j'ai déjà dit et je le répète : ni moi ni ma femme n'avons jamais connu ou rencontré cet homme. »

---

1. *Il n'y a pas de fumée sans feu* (1972).

CHABAN EN RÉSERVE DE LA RÉPUBLIQUE
(1973)

Yvonne de Gaulle : « Je suis seule à savoir ce qu'a dit le Général avant de mourir » – Guichard à propos de Chaban : « Il n'est pas sérieux » – Chaban : « Je ne suis pas prêt » – Mao : « Le calcul des révisionnistes était de me déifier pour me rendre impuissant. »

1973

5 janvier 1973

Carte d'Yvonne de Gaulle en réponse à la lettre de vœux que je lui ai adressée : « Pour vous et tous les vôtres, m'écrit-elle, je forme les souhaits les plus sincères, surtout pour l'avenir de vos enfants. Transmettez mes souvenirs très sympathiques à votre mère. » Elle ajoute : « Dans les prochaines éditions [de *Mort du général de Gaulle*], n'oubliez pas de changer Paul VI au lieu de Jean XXIII. »

Cette recommandation fait suite à la lettre qu'elle m'a envoyée au printemps dernier, aussitôt après la parution de mon livre, et dans laquelle elle me confiait l'avoir lu « avec l'émotion que vous pouvez comprendre », et me faisait part de ses commentaires relatifs à certains passages :

Page 53[1], où je rapporte les réflexions de sa famille évoquant son soulagement d'avoir quitté l'Élysée au point de se demander si elle n'avait pas voté « non » : « Il m'a été pénible que des proches parents aient pu faire courir le bruit de votes négatifs », me précisait-elle.

Page 79, à propos du « vœu » que je prête au Général d'accomplir un pèlerinage à Saint-Jacques-de-Compostelle, et du fait qu'il aurait recouru au Guide bleu pour organiser son voyage : « Non, j'avais suggéré St J. de C., pensant que ce très ancien pèlerinage l'intéresse-

---

1. De la première édition, parue chez Grasset en 1972.

rait – tout comme j'ai demandé le retour par Roncevaux pour une raison similaire. Il n'avait pas consulté le Guide bleu, simplement fixé Madrid, l'Escorial et un "petit pays tranquille". J'avais obtenu d'autres étapes et, finalement, il n'était pas fâché de les faire, regrettant seulement que "ces journalistes me gâchent le voyage et m'empêchent de marcher et de visiter... comme je le voudrais". En effet, dès qu'il les apercevait, il écourtait promenade ou visite. J'avais suggéré les paradors pour éviter les grands hôtels où il se serait senti confiné et encore plus épié. Les organisateurs du voyage proposaient des propriétés privées, mais il a écarté délibérément cette solution. »

Page 87, où je raconte qu'à l'issue de leur déjeuner dans un petit parador de la Sierra Blanca, le 18 juin 1970, Mme de Gaulle a regagné sa chambre et le Général son bureau : « Mais assez vite il revint près de moi, il "ne voulait pas rester seul". Exact pour la courte promenade en fin d'après-midi. »

Page 95, où j'écris que Mme de Gaulle s'était montrée réticente à l'égard du projet de voyage en Chine : « Pas du tout, j'aime voyager, et la Chine me tentait beaucoup. Au passage, je me demande combien de "présidentes" battront mes records : 26 et 28 jours de voyages officiels ininterrompus – en pays lointains, climats variés, le moins qu'on en puisse dire ! ... et sur le rythme des voyages du Général ! Et cela entre 58 et 69 ans ! Ce n'est pas mal pour une vieille dame !

« Les "rares déjeuners à Colombey..." – Le Général était content de recevoir "le temps du déjeuner", mais, dès 14 h 30, il proposait le "tour du jardin", ce qui voulait dire...

« Les parents proches – que j'invitais parce que nous avions eu si peu de temps à leur consacrer à Paris –, il était heureux de les revoir, mais me disait aussi : "Cela me fait perdre du temps pour mes Mémoires." En réalité, à part enfants et petits-enfants, auxquels il ne comptait pas son temps, il ne tenait plus à recevoir que ceux qui l'aidaient – aides de camp, Beaulaincourt, M. Blanc – pour les Mémoires. »

Page 140, où je me demande si le Général n'aurait pas eu une alerte tenue secrète pour ne pas inquiéter les siens : « Il n'aurait pu avoir "une alerte" sans que je m'en aperçoive. Jour et nuit. »

Page 159, où je raconte que, le 9 novembre en fin d'après-midi, le Général « tenait deux lettres à la main » lorsqu'il alla trouver sa femme pour lui demander les adresses : « Non, pas deux lettres, mais *des* ; comme cela l'ennuyait de mettre les adresses (sauf celles des enfants), il me chargeait de le faire pour les lettres familiales. C'est ce que je faisais quand... »

Page 160, à propos des derniers mots qu'aurait murmurés le Général avant de mourir : « J'ai mal dans le dos » : « Ce n'est pas ce qu'il a dit. Je suis la seule à le savoir. »

Page 161, où je rapporte les déclarations du curé de Colombey affirmant avoir entendu « des gémissements qui étaient des râles » : « Il n'y a eu ni gémissement ni râle. »

Page 162 : « Le Général a encore vécu plusieurs minutes après l'extrême-onction. »

Page 163, où j'évoque l'attitude impassible de Mme de Gaulle : « Non, j'étais choquée, atrocement choquée, tout s'était passé si vite et si brutalement. Je ne me sentais plus vivre. »

Page 166, où j'écris que, sur son lit de mort, le général de Gaulle avait entre les mains un chapelet offert à Mme de Gaulle par Jean XXIII : « svp, rectifier dans les éditions suivantes : Paul VI et non pas Jean XXIII. Le Général ne parlait pas de Jean XXIII. Par contre, dès sa première rencontre avec Paul VI – alors cardinal de Milan –, il avait éprouvé pour lui une grande sympathie, il avait été heureux de son élection à la Papauté et parlait de lui assez souvent. Je trouve dans le livre de Maurice Druon, *Une Église qui se trompe de siècle*, une phrase qui correspond tout à fait à ce que pensait le Général : "On peut plaindre profondément l'actuel Saint-Père (Paul VI), homme vraiment d'exception, et dont l'élection, *un tour plus tôt*, eût sans doute évité bien des remous et des drames." »

Page 180, où j'évoque le désir profond de Mme de Gaulle que le moins de personnes possible voie le Général mort : « Non. Nous avions pris, entre nous deux, les dispositions pour que le dernier survivant accomplisse ce qu'il fallait, et nous étions bien d'accord pour qu'il n'y ait pas de photos, mèches, etc. C'est le Général qui avait spécifié : "alliance à remettre au survivant de nous deux" et indiqué qu'il ne voulait aucun moulage, trouvant cela irrespectueux pour un pauvre mort. Par contre, c'est moi qui ai tout à coup décidé uniforme et drapeau. En voyant tous les bustes, tableaux, objets divers horribles qui se vendent à Colombey, je constate que le Général avait bien raison de ne pas vouloir de moulage. »

26 JANVIER 1973

Michel Debré, dans l'avion de retour de la Réunion où je viens de l'accompagner depuis le 18 janvier : « Si Pompidou avait choisi Guichard comme Premier ministre, je ne serais pas resté au gouvernement, me dit-il. D'ailleurs, j'ai appris ensuite que Pompidou avait dit à Guichard : "Je n'ai pas pu vous prendre parce que Debré serait parti..."

« Je crains, ajoute Debré, que Pompidou ne cherche à s'allier avec les réformateurs type Lecanuet. S'il le fait après de mauvaises élections, par nécessité absolue, alors peut-être, d'accord ! Mais s'il le fait par goût, alors je quitterai [1] le gouvernement.

« On a tenu sur les grands principes du gaullisme. Mais, depuis dix mois, on glisse. Il y a une collusion Giscard-Schumann en faveur de l'atlantisme. »

Il me raconte son déjeuner à l'Élysée, en octobre 1965, peu avant l'élection présidentielle : « Le Général avait invité Pompidou, Malraux, Palewski et moi-même. Après le dîner, on laisse les dames avec Mme de Gaulle et le Général nous pose la question : "Dois-je me présenter ?" Il y a alors deux camps : Pompidou qui lui conseille de ne pas se représenter, appuyé par Malraux – qu'il avait dû auparavant rallier à sa thèse –, et Palewski et moi-même qui lui disons : il faut continuer. »

Ainsi, pour Michel Debré, il est clairement établi que Pompidou s'apprêtait déjà à prendre sa place. Je lui rappelle le fameux dîner du 12 mars 1968[2]. Debré me fait alors le récit suivant : « À l'issue du

---

1. Ce qu'il fera deux mois plus tard, au lendemain des élections législatives, faute surtout d'avoir pu obtenir dans le nouveau gouvernement Messmer le ministère des Finances.
2. En pleine affaire Markovic...

Conseil des ministres, le Général se penche vers moi : "Pourriez-vous passer maintenant dans mon bureau ?" J'attends que le ministre de l'Information en ait fini. C'est vite expédié. Je suis introduit. Le Général me dit : "Ma femme et moi avons invité les Pompidou à dîner. Mais, après ce qui vient d'arriver – ses déclarations de Rome –, je préfère ne pas être seul. Pouvez-vous, avec Mme Debré, vous joindre à nous ? Je vous le demande instamment. Même si vous êtes pris, auriez-vous l'extrême obligeance de vous désengager ?" J'acquiesce bien entendu et assiste à ce dîner malgré une grippe et une très forte fièvre. Cela fut lugubre. Après dîner, le Général me dit : "Je vais lui parler..." Étant donné ma fièvre, je m'excuse de ne pouvoir rester, et ma femme et moi nous retirons. Le Général, quand je l'ai revu, m'a parlé de cette conversation avec Pompidou. Je peux vous dire que Pompidou n'a rien retiré, n'a pas fait amende honorable. »

Pour Michel Debré, le plus affreux ne fut pas Rome, mais Genève où Pompidou, au lieu de faire marche arrière, n'a fait que confirmer solennellement sa candidature. À l'époque, Marcellin, Couve, Capitant[1] s'étaient réunis dans le bureau du Général pour lui expliquer les prolongements pompidoliens de l'affaire Markovic. Pompidou n'a jamais pardonné au Général d'avoir tenu une telle séance. Il n'a jamais pardonné à Couve de ne pas l'avoir prévenu. Aujourd'hui, Pompidou accepte difficilement qu'on lui parle du Général. Selon Debré, de Gaulle, c'est un peu son domaine réservé. Il considère (il l'a d'ailleurs dit lors de sa conférence de presse) que, la famille du Général à part, c'est lui qui l'a le mieux connu, qui a été le plus longtemps à ses côtés. C'est un sujet sur lequel il est à vif. Mais Debré pense que Pompidou, maintenant qu'il s'est débarrassé de De Gaulle, ne l'aime plus, n'y pense plus.

---

1. Respectivement ministre de l'Intérieur, Premier ministre et garde des Sceaux.

31 janvier 1973

Couve critique la façon dont beaucoup de choses ont été menées récemment. Pour lui, le départ de Chaban s'est effectué dans les pires conditions. C'est huit mois plus tôt qu'il fallait le débarquer ! Il ne se montre évidemment pas enthousiaste à l'égard de Messmer, « qu'il aime bien » mais ne trouve pas à sa place. « Mais il n'y a personne, ajoute-t-il. Qui auriez-vous mis à son poste ? Qui ? »

16 mars 1973

« Je peux quitter maintenant le gouvernement sans grande crainte, me confie Michel Debré. Jusqu'à aujourd'hui, j'ai veillé à ce que le budget de la Défense nationale soit conservé. Alors que M. Pompidou aurait très bien pu céder... En politique étrangère, j'ai aussi veillé à ce que nous maintenions notre alliance à l'Est et à ce que nous ne sombrions pas dans la supranationalité et l'atlantisme. Mais les choses aujourd'hui, avec la majorité gagnante, paraissent à peu près irréversibles[1]. Ma présence au gouvernement n'est au fond plus très utile. Que je sois là ou non, les choses suivront leur cours. S'ils désirent que je parte, je partirai bien volontiers. Je n'ai aucune peur à être en dehors du pouvoir. Je l'ai été pendant trois ans déjà.

« D'après ce que je sais, ajoute Debré, je pense que M. Pompidou va reconduire Pierre Messmer pendant environ un an. Il changera de Premier ministre vers le début de l'été 1974, de manière à en avoir un nouveau pendant les deux années qui précéderont l'élection présidentielle. On peut croire que M. Pompidou tentera de prendre les réformateurs avec lui seulement à ce moment-là, pour éviter d'être confronté à un candidat de leur bord. D'ailleurs, les réformateurs ont-ils intérêt à entrer au gouvernement, puisque cette entrée aura pour conséquence l'éclatement de leur groupe ? Je pense donc

---

1. La victoire de la majorité sortante n'a été obtenue que sur la base d'une alliance de l'UDR avec les réformateurs, mal ressentie par Michel Debré.

qu'actuellement les réformateurs demeureront en dehors de tout parce que c'est leur intérêt[1].

« Un remaniement s'impose de toute façon, puisqu'il faudra au moins pourvoir le poste des Affaires étrangères, celui de la Justice et celui des Affaires culturelles[2]. Maurice Schumann ? Il n'a que des défauts... Mais nous l'aimons bien, aujourd'hui du moins. Ce qui lui est arrivé, c'est dur, très dur, vous savez. Ma femme et moi l'avons invité aujourd'hui à dîner pour qu'il ne se sente pas délaissé, la première soirée où il n'est plus ministre. »

Dans notre conversation, Michel Debré se montre piquant à l'égard de Georges Pompidou. Il évoque à un moment – et avec lassitude – le « chabanisme » parlementaire et le « pompidolisme » politique, loue les grands desseins de politique extérieure de Pompidou, mais pour préciser aussitôt qu'ils ne sont pas exécutés dans le détail.

22 MARS 1973

Robert Boulin[3] pense que Messmer sera reconduit, que Bettencourt sera aux Affaires étrangères[4] et que Debré pourra rester au gouvernement puisque Lecanuet n'y entre pas. Mais, bien sûr, ce ne sont que des suppositions, car, comme tout le monde, « il ne sait rien » et déplore l'isolement dans lequel se retranchent actuellement le Premier ministre et ses collaborateurs.

En ce qui le concerne, Boulin n'acceptera pas la présidence du groupe UDR à l'Assemblée si on devait la lui proposer. Il ne veut pas

---

1. Les négociations avec les réformateurs pour la formation du gouvernement déboucheront sur une impasse, laissant place à une équipe dirigeante plus conservatrice que la précédente.
2. Leurs titulaires respectifs, Maurice Schumann, René Pleven et Jacques Duhamel, ayant dû quitter leurs fonctions : les deux premiers pour cause de défaite électorale, le dernier pour raison de santé.
3. Il vient d'être réélu député de Libourne.
4. C'est Michel Jobert et non André Bettencourt qui sera nommé.

davantage garder le ministère qu'il occupait jusqu'ici[1], parce qu'il ne présente plus d'intérêt maintenant que les élections sont terminées et qu'il ne correspond pas à ses goûts (Boulin aime les postes techniques).

S'interrogeant sur l'avenir, il estime que « ce serait une erreur très grande de garder Messmer, car vouloir transformer le gouvernement sans changer de Premier ministre, ce n'est pas changer les choses, me dit-il. D'ailleurs, en a-t-on vraiment l'intention ? Je crains que l'on ne se contente, comme toujours, d'un replâtrage, et ce n'est pas parce que l'on fera rentrer les jeunes trois "S" – Stirn, Stasi et Soisson[2] – que les choses seront pour autant transformées... Alors, vraiment, pourquoi, dans ces conditions, demeurerais-je au gouvernement ? Nous disposons d'un sursis. Ce sera le dernier. Il faut, dans la foulée des élections, frapper un grand coup, constituer un gouvernement neuf et – sur le plan social – renverser du tout au tout la vapeur. Et, pour cela, il faudrait d'abord changer le ministre des Finances et, j'ajouterais, le ministère lui-même. Mais Giscard, avec la crise monétaire internationale, veut garder son poste. D'ailleurs, mon opinion profonde est que rien ne pourra être transformé véritablement. Alors, c'est très simple : c'est la gauche qui remportera la future élection présidentielle ». Mais pour Robert Boulin, François Mitterrand a commis une erreur fondamentale en s'alliant avec les communistes. Sans cette alliance, affirme-t-il, il pourrait être aujourd'hui au pouvoir.

25 MARS 1973

Pendant exactement une heure, Chaban s'efforce de me convaincre que ce n'est pas la candidature d'Edgar Faure qui l'a fait renoncer à se présenter à la présidence de l'Assemblée nationale au lendemain des élections législatives[3]. Il s'est retiré après avoir acquis la conviction que, pour être président de la République, il valait mieux, d'ici à 1976[4],

---

1. Celui des Relations avec le Parlement.
2. Respectivement députés du Calvados, de la Marne et de l'Yonne.
3. Remportées nettement le 11 mars 1973 par l'UDR alliée aux réformateurs.
4. La date prévue de la future élection présidentielle.

ne siéger à aucun poste officiel. Il a tenu à plusieurs reprises à me dire que, s'il s'était porté candidat, il aurait battu Edgar (je n'en crois rien). Il m'a fait part, enfin, de son entente avec Pompidou sur cette question.

Chaban avait donc le choix entre redevenir président de l'Assemblée ou demeurer en réserve de la République. « C'est après avoir réfléchi, insiste-t-il, que j'ai pensé qu'il valait mieux me préparer en dehors de toute responsabilité nationale. Ceci, afin de sauvegarder mon image auprès des Français. Pendant des années et des années, j'ai profité de l'indemnité non imposable accordée au président de l'Assemblée nationale – que voulez-vous, c'est la loi, je n'y puis rien – et de tous les avantages du pouvoir. Il faut, pour moi, que cela finisse. C'est mon intérêt. »

Il déclare qu'il se situe maintenant au-dessus de ces contingences, que son destin est autre, que son image est, dans la France, excellente. Il voit toutefois « deux ombres » à sa candidature à la présidence de la République : « La première, c'est que je ne suis pas assez connu sur le plan international. Je n'existe pas assez dans le domaine des Affaires étrangères. À cela je vais remédier en entreprenant toute une série de voyages à l'étranger. La seconde est l'infâme campagne de calomnies menée contre moi dans *Minute*, *Le Canard* – qui m'a bien déçu – et même dans *L'Express*, qui emboîte le pas[1]. Je cherche à savoir, je cherche à découvrir quelles sont les puissances occultes, quelles sont les puissances d'argent qui se déclarent contre moi parce qu'elles me craignent. Je n'y arrive pas.

« J'ai vu M. Pompidou deux fois la semaine dernière : un entretien d'une heure et quart, puis un autre – secret, celui-ci – de trois quarts d'heure. Je lui ai demandé conseil : "Croyez-vous que je doive ou non me présenter à la présidence de l'Assemblée nationale ? Que pensez-vous, vous qui vous êtes trouvé dans une situation similaire ?" Il m'a répondu qu'il s'était trouvé, en effet, dans un cas semblable et que, peut-être par orgueil, il avait préféré devenir simple député du

---

1. Une campagne de presse dénonce à cette époque l'avoir fiscal dont bénéficie l'ancien Premier ministre.

Cantal[1]. Il a ajouté qu'il me laissait libre de choisir et que, de toute façon, ce que je ferais serait bien et aurait son assentiment. Mais j'ai compris qu'il m'approuvait quand je suis venu lui dire que j'avais décidé finalement de ne pas me présenter. »

Chaban me confirme ce que l'on savait plus ou moins : « Edgar Faure, me dit-il, n'a pas tenu sa parole. Dans un premier temps, il m'avait envoyé un émissaire – un membre éminent du Conseil économique et social – pour me féliciter de mon projet et m'assurer de son appui. Il m'a ensuite téléphoné pour me dire qu'il n'entreprendrait rien lui-même avant de connaître ma décision définitive. C'est le surlendemain, en arrivant à Saint-Jean-de-Luz et en lisant les journaux dans le kiosque de la gare, que j'ai appris qu'Edgar se portait candidat à la présidence de l'Assemblée. Mais, naïf, je n'ai pas cru un instant qu'il n'avait pas tenu sa parole. J'ai cru à une mesure conservatoire et ne m'en suis pas inquiété. »

Chaban s'élève avec vigueur contre trois assertions. La première est celle de son désaccord prétendu avec M. Pompidou (il me dit en passant, et en commentant une remarque de ma part, qu'il a trouvé ce dernier en pleine santé). La seconde est celle qui voudrait qu'Edgar Faure ait été candidat à l'instigation de l'Élysée. « Jamais, m'affirme-t-il, M. Pompidou ne lui a donné le moindre encouragement à ce sujet. Jamais. Ce qui est vrai, c'est que devant Marie-France Garaud[2], qui venait de lui dire que M. Pompidou s'opposait catégoriquement à son idée de former un groupe centriste autonome à l'Assemblée, Edgar a alors évoqué son éventuelle candidature à la présidence de l'Assemblée nationale. Si bien que Marie-France Garaud, tout heureuse de le voir céder aussi rapidement sur la première question, aurait seulement répondu en écho : "Pourquoi pas ?" à propos de la seconde. »

La troisième assertion, que Chaban réfute également, est celle de son échec inéluctable contre Edgar Faure. Il parle presque avec colère d'un pointage du *Monde* qui donnait un scrutin serré, et m'expose très longuement, chiffres à l'appui, les raisons pour lesquelles

---

1. En 1968, après son départ de Matignon.
2. Conseillère du chef de l'État, ouvertement antichabaniste.

il aurait été certainement élu. En me raccompagnant ensuite jusqu'à l'ascenseur, il me dit qu'Edgar a désormais toutes les chances de l'emporter, mais que, d'ici là, « on » fera tout pour qu'il n'en soit pas ainsi. Il me parle enfin de Giscard, convaincu de sa loyauté dans cette affaire et m'affirmant qu'il n'a rien à lui reprocher à ce propos.

De cet entretien j'ai acquis la conviction que Chaban – contrairement à ce qu'il prétend – voulait bel et bien la présidence de l'Assemblée nationale, parce qu'il la considérait comme le meilleur tremplin pour l'Élysée, et qu'il a dû y renoncer par crainte d'être purement et simplement battu par Edgar Faure. Et qu'il ne raconte le contraire que pour sauver la face.

Cela étant, j'ai trouvé un homme parlant de lui comme s'il était déjà président de la République. Tout, désormais, avec lui, doit se passer à un niveau « autre » comme il dit. Chaban a changé de peau. Le personnage est grave, solennel. Il entend apparaître, devant les Français et face au monde, comme le prochain chef de l'État.

9 AVRIL 1973

Olivier Guichard juge avec beaucoup de sévérité l'attitude de Chaban au sujet de la présidence de l'Assemblée nationale. « Il est léger, il n'est pas sérieux. Il ne travaille pas. Il ne fera maintenant que demeurer à Ascain. »

Guichard pense que si Chaban avait maintenu sa candidature, il aurait été élu et que c'est en réalité l'affaire Dega[1] qui l'a contraint à renoncer (mais il estime que dans cette « affaire », il n'y a rien) : « Chaban a passé quelques jours à Ascain, me dit-il, laissant faire les choses, laissant tout se dénouer à Paris sans lui. Il a revu Pompidou sans nous le dire. Il a agi sans nous tenir au courant. Je n'ai pas pu m'empêcher de le lui reprocher ! Dans le pays, sa cote est encore bonne, mais dans les milieux politiques il est maintenant fichu. »

« Quant à moi, ajoute Guichard, je suis à la croisée des chemins.

---

1. Chaban est accusé d'avoir bénéficié d'allègements fiscaux par l'intermédiaire d'un inspecteur des impôts nommé Dega.

Il me faudra tôt ou tard prendre une décision. M. Pompidou, lui, a choisi depuis le mois de juin ». Il veut dire : Giscard.

MAI 1973

Nouveau président de l'Assemblée nationale, Edgar Faure aimerait maintenant se réconcilier avec Chaban. « Oui, bien sûr, je lui ai joué un tour, reconnaît-il. Mais j'étais obligé moi-même de me décider très vite. Lui, continuait à hésiter. Il a eu tort d'hésiter. Et puis, je ne pouvais pas le joindre. Il avait quitté Paris... Et puis il avait vraiment l'air de n'y pas tenir, à cette présidence. S'il y avait tenu, il aurait dit tout de suite oui. À Chaban je ne devais rien. D'ailleurs, vous savez, lui non plus n'a pas toujours été bien avec moi. À deux reprises au moins. Quand il a formé son gouvernement, il m'avait d'abord promis les Affaires culturelles, puis l'Environnement, et il m'a téléphoné pour me dire que je n'aurais ni l'un ni l'autre. Mais Chaban, je l'aime bien et je voudrais renouer avec lui. Des amis m'ont proposé de s'entremettre pour que nous déjeunions ensemble, car beaucoup de mes amis du Contrat social[1] sont tristes de cette brouille. Je vous le répète, je me sens débiteur à son égard. Je lui dois réparation... Ceci dit, il a eu raison de se retirer (bien qu'il eût été élu sans doute au troisième tour). Un duel entre nous était impensable et, pour lui, revenir à la présidence de l'Assemblée aurait été mauvais, très mauvais. C'est l'avis de Pompidou – qui lui a déconseillé de prendre ce poste – et c'est aussi le mien. Pour ce que veut Chaban, il est meilleur d'être tout à fait libre. »

Au terme d'une conversation d'une heure et demie, Edgar Faure me précise en fait qu'une candidature de sa part à la présidence de la République n'est, bien sûr, pas à exclure...

---

1. Club de réflexion créé par Edgar Faure.

8 juin 1973

Giscard[1] sera-t-il le dauphin de Georges Pompidou pour la présidence de la République ? Beaucoup le pensent aujourd'hui, peut-être parce qu'ils se fient trop aux apparences, déclare-t-on dans l'entourage de certains anciens ministres. Ce qui est sûr, c'est que M. Pompidou – s'il ne se représente pas – choisira celui qui aura le plus de chances de battre le candidat de l'opposition. Sera-ce encore, dans trois ans, Giscard ? Toute la question est là.

Les sondages sont bons pour Giscard aujourd'hui. Mais ces sondages ne portent pas sur le candidat à l'élection présidentielle. Ils portent seulement sur le ministre des Finances, un ministre extrêmement habile, qui excelle à mettre à son actif toutes les batailles remportées, et sur le dos des autres toutes celles qu'il a perdues. Les sondages seront notablement différents dans le cas de l'élection présidentielle, car l'opposition ne manquera pas alors de rappeler que M. Giscard d'Estaing est le représentant de la droite classique, du conservatisme, des patrons, etc. M. Pompidou ne sera-t-il pas alors obligé de se tourner vers un candidat de la majorité plus « à gauche », plus « social » ?

Il est d'autre part intéressant de se reporter aux dernières paroles du Président lors du déjeuner offert aux députés UDR, le 28 mars dernier à l'Élysée. Ce fut une véritable profession de foi gaulliste : « Je suis avant tout gaulliste, a rappelé Georges Pompidou. Toute mon action tend vers les idées du général de Gaulle. Demeurons, nous les gaullistes, unis. Restons les plus nombreux, les plus influents... » À ce propos, il s'est même défendu de trop écouter ses conseillers, réputés, pour certains d'entre eux, d'un gaullisme plus modéré : « Ce n'est pas vrai. Ayant été le collaborateur du Général, je peux vous dire que les conseillers d'un chef d'État ne sont guère écoutés. Loin s'en faut. » Pompidou serait-il donc machiavélique au point de vouloir faire de Giscard son successeur alors qu'il vient de rappeler, avec tant d'insistance, sa fidélité au gaullisme ? Si, en habile tacticien et stratège qu'il est, il feint de jouer la carte Giscard parce

---

1. Alors ministre des Finances dans le gouvernement de Pierre Messmer.

qu'il est de son intérêt de s'en servir actuellement, qui peut dire ce qu'il en fera dans trois ans ?

Chaban est-il désormais dans l'impasse ? Tout laisse penser qu'il interviendra à l'Assemblée, se préparera, fera parler de lui. Dans son entourage, on ne minimise certes pas le coup – très dur – porté par Edgar Faure. Mais on demeure optimiste. Il y a trois ans encore avant l'élection présidentielle. Trois années à l'issue desquelles Chaban aura sans doute les moyens de s'imposer.

30 JUIN 1973 (à l'issue de mon voyage en Chine avec Jacques Chaban-Delmas)

Mao Tsé-toung, c'est l'absent omniprésent. Jacques Chaban-Delmas ne l'aura pas rencontré, malgré tous les efforts déployés par Étienne Manac'h, notre merveilleux ambassadeur à Pékin. Or, tout officiel occidental qui n'a pas été reçu par Mao a raté son voyage. Pour tenter d'expliquer les choses, Chaban a fait dire que, n'occupant plus, pour l'instant, de situation officielle, il était logique que Mao, âgé et malade qui plus est, et vivant dans une retraite quasi totale, ne lui ait pas accordé d'entretien. Mais le leader chinois avait reçu Edgar Faure en 1963, bien qu'il fût simple parlementaire[1]. Cela dit, le « Grand Timonier » devant rencontrer Pompidou lors de sa visite en Chine en septembre prochain, les Chinois ont dû penser qu'une entrevue Chaban-Mao aurait pu dévaluer celle prévue avec le président français et qui sera, bien sûr, un événement d'une tout autre importance.

Nous n'avons donc pas vu Mao pendant ce voyage à travers la Chine. Mais nous n'aurons rencontré que lui. Il est partout, chez ce peuple soumis aveuglément à sa pensée : immenses statues blanches à l'entrée des usines, des universités, des hôpitaux, des gares ; immenses portraits dans tous les lieux publics, dans les rues, sur les places ; insignes à son effigie aux boutonnières ; citations de ses pen-

---

1. Edgar Faure était alors chargé par le général de Gaulle de préparer l'établissement de relations diplomatiques entre la France et la Chine communiste.

sées, presque toujours d'une affligeante platitude, et de ses mots d'ordre, du même acabit, sur de gigantesques panneaux rouges. Et, dans les conversations, les directives du leader chinois reviennent sans cesse. De façon continue, les Chinois se réfèrent à la pensée de Mao. Dans l'armée, par exemple, les soldats nous ont dit : « Nous obéissons au président Mao et à son mot d'ordre : "Soyez infatigables dans la lutte contre le fascisme et pour la sauvegarde des libertés." » Dans les « brigades » agricoles, les paysans nous ont déclaré : "Nous étudions les œuvres de Mao – *De la pratique*, *De la contradiction* – et nous suivons sa directive : "Comptez sur vos propres efforts. Travaillez dur et avec opiniâtreté." Nous appliquons le principe du président Mao : "Développez d'une façon complète l'agriculture, axée sur la production des céréales..." » Enfin, un couple de retraités : « Nous n'avons qu'une préoccupation : bien étudier la pensée de Mao. Notre vie est heureuse grâce à Mao. »

En fait, ce culte effréné de la personnalité – qui irait, paraît-il, en s'estompant – inquiète aujourd'hui les Chinois, à commencer par Mao Tsé-toung lui-même qui, sentant venir sa fin, pense à sa succession et veut désacraliser le pouvoir. Il a dit récemment à l'un de ses interlocuteurs, en faisant allusion au « révisionnisme » : « Leur calcul était de me déifier pour me rendre impuissant. »

Pour Mao, les dirigeants du peuple sortent du peuple, et pas du ciel. Son souci de préparer humainement sa succession serait grand. Les diplomates en poste à Pékin pensent que, dans un premier temps, la disparition du grand leader chinois n'entraînera pas de désordres, tant la réaction de s'unir, après ce drame national, sera grande. Ils estiment qu'une direction collégiale pourrait être mise en place, comme en Union soviétique après la mort de Staline.

La direction en Chine appartient à Chou En-lai. Mais l'inspiration ne peut être que celle de Mao. Il est le philosophe de l'Histoire. En fait, il continue à tout dominer en un moment décisif pour la Chine. La première phase de l'histoire de ces dernières années a été la Révolution culturelle. La seconde, la répression des violences et l'instauration de l'ordre grâce à l'armée. La troisième phase, aujourd'hui, doit être celle du rétablissement complet de l'ordre, du développement des capacités de production et de la reconstruction des cadres du parti, dont la première conséquence sera de restreindre l'influence de l'armée. Les dirigeants chinois veulent maintenir l'armée en état de défense, mais seulement pour lui faire assumer son rôle traditionnel de défense du territoire. Il faut donc l'enlever à sa mission provisoire de politique intérieure. L'armée doit obéir au parti. « Le parti commande aux fusils », a dit Mao. Le fusil doit donc reprendre son rôle de défense du pays.

Mais les Chinois ne devront-ils pas d'abord commencer par remettre en place les structures de l'État désorganisées depuis la Révolution culturelle et l'affaire Lin Piao[1] ? Il y a des « vides » partout : au Comité permanent (deux membres sur cinq), au Bureau politique (dix sur vingt et un) et enfin au Comité central.

Jacques Chaban-Delmas n'aura donc pas vu Mao. Mais il aura été reçu en Chine avec tous les honneurs possibles. Il habitait, à Pékin, dans un petit palais réservé aux hôtes de marque. À plusieurs reprises, des avions spéciaux ont été mis à sa disposition et un confortable wagon lui était réservé pour tous ses déplacements en train. Et surtout, il aura eu deux entretiens avec Chou En-lai, cet aristocrate d'Asie, au charme profond, que Malraux a décrit un jour tel « un chat studieux avec des sourcils épais, pointés vers les tempes, comme ceux des personnages du théâtre chinois ».

Comme avec Jean Marin il y a quelques semaines, le Premier ministre chinois a ouvert la conversation sur le souvenir du général de Gaulle. « Beaucoup d'occasions se présentent et se perdent, a-t-il dit. Ainsi, lorsque le général de Gaulle s'est rendu en 1966 à Phnom Penh, on ne savait pas alors que, déjà, il voulait venir en Chine. Nous avons pensé ensuite que, si on l'avait invité, il serait venu... » Les Chinois demeurent fascinés par le général de Gaulle. À tout moment ils évoquent son souvenir, l'épopée de la France libre (que Mao a comparée un jour à la Longue Marche). C'est, à leurs yeux, le plus grand titre de gloire du Général. Mais ils évoquent toujours aussi la reconnaissance de leur pays par de Gaulle, le règlement de l'affaire algérienne, l'indépendance des États africains, l'amitié avec les Arabes, l'aide au tiers-monde et surtout l'instauration d'une poli-

---

1. Le dauphin officiel de Mao, disparu dans un « accident » d'avion.

tique d'indépendance totale. Il est sûr que tous ceux qui furent, selon les mots de Chaban-Delmas, « les hommes de la grande aventure gaulliste », jouissent en Chine de faveurs particulières.

Mao, il y a quelques années, avait dit à l'un de ses interlocuteurs français : « Je suis un militaire. J'ai participé à la guerre pendant quatorze ans. Le général de Gaulle a été aussi un militaire. Tous deux nous sommes faits pour nous comprendre. Lorsque nous, les militaires, nous disons quelque chose, ce n'est pas sinueux, comme les diplomates... » – et, lors de l'élection présidentielle de 1965, Mao s'était exclamé en souriant : « Je vote pour de Gaulle ! » (la victoire de la gauche en France n'a en effet jamais été souhaitée, semble-t-il, par la Chine populaire. Un ministre chinois a récemment déclaré à propos des dernières élections législatives : « La France serait comme la Mongolie extérieure si le parti communiste arrivait au pouvoir »). Chou En-lai, de son côté, avait un jour déclaré à l'un de ses amis français : « Nous souhaitons que vous puissiez réellement vous tenir à la politique du général de Gaulle. C'est à cette condition seulement que nous pourrons développer nos relations de façon heureuse. » Chaban a eu deux très longs entretiens avec Chou En-lai. Le premier, à Pékin, en pleine nuit et aux premières heures de l'aube. L'attente fut longue car, avec les Chinois, il n'y a jamais d'heure fixée à l'avance. Le second, à Sian, ville historique, cité antique aux extraordinaires sites archéologiques. Chaque fois, Chaban a eu la faiblesse de me présenter à Chou comme un proche, un familier du Général. Que n'avait-il pas dit ? À Pékin comme à Sian, je subis un véritable interrogatoire de Chou sur les aspects les plus intimes, les plus secrets de la vie du Général. Il m'a semblé fasciné par de Gaulle.

2 JUILLET 1973

Le 6 juin dernier, je me trouvais avec Jacques Chaban-Delmas dans l'un des plus célèbres restaurants de Pékin, Le Canard laqué, quand, peu après notre arrivée, un coursier du bureau de l'AFP m'apporta une dépêche qui venait de tomber sur les fils de l'agence :

« Aggravation de la santé de M. Pompidou[1]. » Je la montrai aussitôt à Chaban. Un voile noir sembla passer sur son visage. Il ne dit mot. Puis, dans les toilettes du restaurant où nous nous sommes trouvés tous deux avant de passer à table, il murmura entre ses dents : « Je ne suis pas prêt. Je ne suis pas prêt », ajoutant : « Jean, il me faut au moins un an[2]... »

Tout au long de ce si long voyage, Micheline[3] était là, jolie, joyeuse, optimiste, infatigable, mitraillée à tout moment par un photographe professionnel qu'elle avait emmené de Paris et qu'il m'arriva parfois de remplacer. Directeur de la rédaction de *Sud-Ouest*, Henri Amouroux faisait aussi partie du voyage, ainsi qu'un conseiller des Affaires étrangères, jeune, détendu, souriant, blagueur, qui avait pour prénom Ernest-Antoine – Ernekind pour les amis – et comme nom Seillière. Je jouais avec lui au rami. Chaban, au mikado. Il lui était indispensable dans la mesure où il l'aidait à dissimuler l'ennui que lui inspirait ce voyage. Chaban n'aime pas ce genre de déplacement. Il déteste tous les voyages à l'étranger. Au fond, je ne l'ai connu heureux que partant pour Ascain, arrivant à Ascain et repartant pour Ascain.

13 SEPTEMBRE 1973

Jean Marin m'a demandé de faire un saut en Iran pour « couvrir » l'escale de Pompidou sur la route de son retour de Chine. Inoubliable et terrible vision que celle du Président à son arrivée à Téhéran. Nous connaissions tous son embonpoint dû sans doute à un traitement à la cortisone. Mais le plus saisissant ici était la couleur de son visage : un visage comme de porcelaine, rose vif à l'image des poupées d'autrefois. Quant à ses yeux, sous ses épais sourcils toujours noirs, je ne saurais les décrire tant ils brillaient étrangement. Son regard paraissait jeter des flammes, brûler littéralement.

---

1. Le chef de l'État était apparu très souffrant à Reykjavik les 31 mai et 1er juin 1973, lors de sa rencontre avec le président Nixon.
2. Il disposera d'à peine dix mois...
3. Épouse de Chaban.

17 SEPTEMBRE 1973

Jean de Lipkowski, secrétaire d'État aux Affaires étrangères, m'a raconté en détail l'entrevue Pompidou-Mao à Pékin, à laquelle il venait d'assister.

« Je ne suis pas un marxiste, je suis un homme de centre gauche... », a lancé le leader chinois au président français sur le ton d'une boutade. Mao venait de critiquer un certain dogmatisme marxiste : « En Chine, par exemple, les paysans sont portés à garder pour eux une partie de leur récolte plutôt que de la livrer à l'État. » Et comme Mao paraissait comprendre et excuser ce genre de réflexe, Georges Pompidou est sorti de son silence pour s'exclamer : « Mais vous êtes pourtant un marxiste, vous avez été formé à cette école ! » C'est alors que, souriant, Mao a assuré à son interlocuteur qu'il appartenait plutôt à une mouvance de « centre gauche »...

Trois personnages ont dominé la première partie de leur entretien : Robespierre, Bonaparte et de Gaulle. Curieux, voulant toujours tirer le maximum de son interlocuteur, Mao soumet Pompidou à un feu roulant de questions. Il paraît passionné par les personnalités qui, au cours de l'histoire de la France, ont brisé le féodalisme. Bonaparte semble, d'autre part, l'intéresser plus que Napoléon. Il questionne Pompidou sur le siège de Toulon. Puis l'interroge à nouveau : « Napoléon est-il mort d'un cancer ou d'un ulcère ? »

Était-ce de la prudence de la part de Georges Pompidou, ou bien les conséquences d'une extrême fatigue due à sa maladie dont le traitement a déjà transformé ses traits ? Les témoins rapportent qu'il parlait peu, répondait brièvement aux questions de Mao, et que leur rencontre s'est résumée, en fait, à un extraordinaire monologue du Grand Timonier. Celui-ci, bien que miné lui aussi par la maladie, a gardé toute sa force intellectuelle.

À plusieurs reprises Mao manifesta son chagrin de ne pas avoir rencontré le général de Gaulle, insistant sur ce qu'il attendait d'une telle rencontre et répétant : « Mais pourquoi ne l'ai-je pas invité après son discours de Phnom Penh ? » Cette invitation de Mao, le général de Gaulle savait qu'il allait la recevoir. Mais il ne l'a pas reçue : il est mort juste avant que les intermédiaires du gouvernement de Pékin la lui fassent parvenir. Tout au long de la première partie de son entretien avec Georges Pompidou, Mao s'est montré fasciné par le « non-conformisme » du Général et son « évaluation du rapport des forces ».

« Ce que Mao aimait en de Gaulle, me confie Lipkowski, c'était son affirmation permanente que chaque pays ne doit compter que sur ses propres forces pour se défendre ; c'est le fait qu'en 1940 il avait relevé le défi – et combien d'autres par la suite – et sans cesse lutté contre toutes les hégémonies. Oui, la France de De Gaulle fascinait Mao dans la mesure où elle brisait les conformismes mondiaux. »

Georges Pompidou, s'enfonçant dans un profond fauteuil, a déclaré au début de l'entretien : « Il est émouvant de se trouver en face de quelqu'un qui a écrit une grande page de l'Histoire. » Le président français et ses compagnons ont été frappés par la simplicité, l'apparente modestie, l'extraordinaire curiosité intellectuelle, le sens de l'humour, le romantisme de cet homme qui a tant contribué à changer l'histoire du monde.

Au moment des adieux, Mao s'est tourné vers Lipkowski :

« Vous qui avez connu la Chine d'avant, quels sont les changements qui vous ont le plus frappé ?

« — Le pays ne connaît plus de famine, les rues sont d'une propreté extrême, la foule n'est plus une foule de miséreux, lui répondit Lipkowski.

« — Votre nom est d'origine polonaise ? reprit Mao.

« — Ma famille est installée en France depuis l'Empereur...

« — Encore, toujours l'Empereur ! », s'est exclamé Mao.

2 NOVEMBRE 1973

Pierre Lefranc[1], à n'en pas douter, entend jouer un rôle dans la vie politique. Il estime essentiel que demeure dans le pays une force

---

1. Le secrétaire général de l'Institut Charles-de-Gaulle dont il est un des membres fondateurs.

gaulliste orthodoxe, c'est-à-dire pure, dure, strictement fidèle à l'héritage du général de Gaulle, donc à sa doctrine (car, contrairement à Pompidou, Lefranc estime qu'il y a bien une doctrine du Général, laissée dans ses actes et dans ses écrits).

Pierre Lefranc pense que lui-même et quelques compagnons du Général demeurés à l'écart du pouvoir (Fouchet, Vendroux, Léon Noël et tant de militants de l'UDR) sont comme investis d'une mission : protéger l'héritage du Général, faire en sorte que la doctrine gaulliste soit la charte de la politique du pays. Pour lui, Georges Pompidou et tous ses ministres sans exception ont failli à leur devoir. Pierre Lefranc explique sur ce point que, dans tous les domaines, la politique suivie aujourd'hui tourne le dos à celle du Général et mène le pays à l'abandon. C'est la raison pour laquelle il s'oppose au pouvoir actuel, et aussi « pour préserver l'avenir ». Qui peut dire en effet que les Français, le jour où ils auront compris que le gaullisme a été abandonné, ne se tourneront pas vers les vrais gaullistes, les purs, les durs, les fidèles, ceux qui, comme le Général, auront eu « une grande idée » et proposeront « un grand dessein » ?

Lefranc m'explique alors qu'il a rompu avec tous ses anciens amis – les « barons » notamment – pour ne pas se laisser influencer, pour que son intransigeance ne risque pas d'être entamée. Il ne voit donc plus aucun de ses vieux compagnons, ni Guichard ni Foccart. Et s'il a revu Michel Debré dernièrement, c'est parce que celui-ci n'est plus aux affaires. En revanche, Lefranc n'est pas hostile à l'UDR et il pense qu'une grande partie de cette force politique demeure fidèle au général de Gaulle et que c'est à partir d'elle que tout pourra repartir.

À l'argument : en n'appuyant pas Pompidou, vous divisez les gaullistes et c'est cette division qui fera élire François Mitterrand, il répond : « Ce n'est pas comme cela qu'il faut poser le problème. Il faut se demander : qu'aurait fait le général de Gaulle dans une telle situation ? Et il ne faut pas penser à l'avenir immédiat, mais à celui, plus lointain, où nous serons la seule véritable force gaulliste, à la condition d'avoir été dur et pur et de n'avoir eu aucune compromission avec le pouvoir actuel. »

« Cette analyse, conclut-il, est en fait celle du Général. Avant de mourir, de Gaulle avait dit : "Après moi tout ira mal. Ce sera le retour aux vomissements de la IVe, au régime des partis. C'est bien ce vers quoi nous allons aujourd'hui. Mais, après une période plus ou moins longue, alors nous remonterons vers les cimes, alors on se souviendra de De Gaulle." » Lefranc ajoute : « C'est en pensant à cette période, c'est pour cette période que nous travaillons, que nous nous préparons. À Couve le Général avait dit : "Demeurez intact." Nous le demeurons. »

« LA SANTÉ DE M. POMPIDOU »

(janvier-avril 1974)

Jean de Lipkowski : « Le chef de l'État ne peut être gravement malade » – Maurice Couve de Murville : « Le seul vrai drame, c'est l'état de santé de M. Pompidou » – Michel Debré : « Chaban n'est pas le candidat de Pompidou pour l'élection présidentielle » – Georges Pompidou, six jours avant sa mort : « Dans trois mois, ça devrait aller mieux et cela en embêtera plus d'un. »

1974

9 janvier 1974

Jean de Lipkowski rentre d'une tournée dans les pays arabes. Au Caire il s'est entretenu avec le président Sadate, « homme fin et intelligent », qu'il a senti prêt « à se jeter complètement dans les bras des Américains », mais s'y refusant dans l'immédiat « pour éviter un choc en retour des Soviétiques ». Lip, comme ses amis l'appellent, plaide pour un soutien accru à la Syrie, « pays qui nous est fidèle », assure-t-il, notamment par l'octroi d'un prêt. « C'est le désir du Quai, mais les Finances y sont hostiles. Giscard est antiarabe et proisraélien parce qu'il est l'intime de Michel Poniatowski, défenseur de l'Algérie française ! »

Puis Lipkowski évoque les relations franco-algériennes : « Tout est difficile avec les Algériens, me dit-il. Toutes les conversations sont compliquées et pénibles. Après dix ans d'indépendance, ils n'ont pu encore se débarrasser de leur complexe de colonisés, pire, de "départementalisés". Les Français, ils les haïssent et les adorent en même temps. Nous devons donc nous efforcer de les comprendre plus que n'importe quelle autre nation. Bouteflika[1] va voir Pompidou. Il a fait dire à Jobert qu'il ne lui parlera pas des problèmes des Algériens en France, parce qu'il a vidé son sac à ce sujet avec lui lors de leur dernière entrevue. Ce que veut M. Bouteflika, c'est avoir

---

1. Alors ministre des Affaires étrangères du président Boumediene.

avec Pompidou une conversation "planétaire". Évidemment, cela ne fait pas très plaisir à Pompidou de se prêter à une conférence planétaire avec le ministre algérien des Affaires étrangères. Mais que voulez-vous qu'il fasse ? Il pianotera... Ce Bouteflika est verbeux, il n'en finit pas de se prendre au sérieux, de s'écouter. Il parle, parle indéfiniment, jusqu'au moment où il disparaît en Suisse pendant huit jours avec des filles !

« Cela dit, les Algériens en France, c'est l'un des problèmes du moment. Marcellin[1] nous en a parlé très longuement au Conseil des ministres, ce matin. Une demi-heure de chiffres, de statistiques, qui prouvent le contraire de ce que disent les autorités algériennes : il n'y a pas de racisme dans la police, il n'y a chez les Algériens pas plus de meurtres qu'ailleurs, etc. Marcellin était véhément. Pompidou écoutait mais donnait l'impression de penser : ce Marcellin est sûrement sincère, mais il se laisse avoir par ses services !

« Ah, les Algériens, ils ne sont pas commodes ! s'exclame Lipkowski. L'autre jour, Bouteflika était fou furieux parce que nous avions diminué le nombre de nos coopérants. Or, nous l'avions fait uniquement dans l'intention de leur plaire, pour ne pas trop encourir le reproche de néocolonialisme. Quant à leur ministre du Pétrole, il nous a demandé, lors de sa dernière tournée, d'intervenir militairement contre les Israéliens, ajoutant : "Je vais aussi le demander à M. Heath et à M. Brandt. – Je ne pense pas que ce dernier, dont le pays a massacré huit millions de juifs pendant la guerre, soit prêt à partir en guerre contre Israël !", lui ai-je répondu. »

M. Pompidou, d'excellente humeur à ce Conseil, a ensuite plaisanté : « Dites-moi, monsieur le ministre de l'Intérieur, qui donc en France veut me tuer : les Bretons, les Basques, les Occitans ? » Ce qui lui a valu un long développement de M. Marcellin sur ces « mafias » bretonne, basque, occitane, et, a ajouté le ministre de l'Intérieur, « corse aussi », en s'excusant auprès de M. Comiti[2]. Marcellin a affirmé que tous ces gens étaient aidés de l'extérieur et, de façon sibylline, il a ajouté : « Il ne s'agit pas de puissances de l'Est. »

---

1. Le ministre de l'Intérieur du gouvernement Messmer.
2. Le ministre de la Jeunesse et des Sports.

Lipkowski est ressorti du dernier Conseil des ministres confiant quant à l'état de santé de Georges Pompidou. « Cette bonne humeur de M. Pompidou, cet enjouement, cette ironie font que le chef de l'État ne peut pas être gravement malade, assure-t-il. S'il l'était, alors il serait un héros. À moins qu'il ne soit malade sans le savoir. Cela dit, c'est vrai que pendant son voyage en Chine, tout effort physique lui était mesuré, tous les pas lui étaient comptés. C'est vrai aussi qu'il n'a pas été en province depuis plus d'un an, qu'il donne l'impression de ne plus jamais pouvoir y aller (la prochaine journée de Poitiers ne compte pas), que tout son emploi du temps est organisé de façon qu'il se ménage. Mais nous, ministres, nous ne le voyons qu'assis à la table du Conseil. Et là, sa forme est éblouissante. »

21 JANVIER 1974

Entretien avec Maurice Couve de Murville. « Ce n'est pas maintenant qu'il fallait faire flotter le franc[1], mais en 1971, au moment de la crise du dollar, quand le dollar s'est complètement séparé de l'or, me dit-il. C'est alors qu'il fallait quitter le serpent communautaire. Et pour notre malheur, nous ne l'avons pas fait. Alors, fallait-il le faire aujourd'hui ? Sans doute, oui. Mais l'avenir dira si ce n'était pas trop tard.

« Cette crise du pétrole[2], quelle merveilleuse affaire pour le gouvernement ! Celui-ci a beau jeu de dire que nos difficultés viennent de là. Or, comment oublier que tous nos problèmes financiers datent d'avant cette crise ? Comment oublier que l'inflation régnait, et de la façon la plus grave, auparavant ?

---

1. Pour faire face à la conjoncture économique internationale détériorée par la crise du pétrole, le gouvernement a pris la décision de laisser flotter le franc, contraignant la devise française à quitter le « serpent monétaire européen » institué en 1972.
2. Depuis l'automne 1973, les pays arabes producteurs de pétrole ont restreint leur production pour faire pression sur les pays occidentaux qui soutiennent Israël, provoquant le quadruplement du prix du pétrole.

« Giscard s'est trompé, insiste Couve. Il a choisi une mauvaise politique. Il le reconnaît aujourd'hui, puisqu'il se décide à faire ce qu'il aurait dû faire il y a exactement deux ans, et qu'il fait aujourd'hui ce qu'il condamnait alors. Son habileté est étonnante. Il arrive à faire croire aux Français qu'il ne s'est pas trompé, et dès qu'il apparaît devant eux à la télévision, il réussit à les séduire : "Deux avantages et un inconvénient..." Mais il ne dit pas ce qu'est cet inconvénient, c'est-à-dire l'effarante baisse du franc. Quant aux mesures annoncées, qui doivent accompagner le flottement du franc, je n'y crois guère, à part bien entendu celles de restrictions au marché des changes.

« Il est curieux de voir Messmer, ce brave type, se taire. Car c'est lui et non le ministre des Finances qui aurait dû expliquer aux Français les mesures monétaires. Or, que voit-on ? On voit M. Giscard d'Estaing qui arrive – habileté suprême – à profiter de ses erreurs et à entamer une véritable campagne présidentielle. Le gouvernement et les instances de l'UDR avaient décidé que Giscard devrait s'expliquer tous les deux mois à la télévision. De lui-même il a décidé que ce serait tous les mois.

« Le drame, le seul drame, c'est l'état de santé de M. Pompidou, ajoute Couve. C'est ce drame qui est au centre de tout et qui fait que la situation ne pourra pas durer bien longtemps. Cet état de santé est grave, cela ne fait plus l'ombre d'un doute. M. Pompidou ne peut même plus marcher. Je pense donc qu'il n'ira pas au bout de son septennat. Cela semble exclu. À l'élection présidentielle, je crains que Chaban et Giscard soient tous deux candidats. Dans ce cas, M. Mitterrand a toutes les chances d'être élu, à moins qu'au dernier moment les Français se ressaisissent, comme lors de la dernière élection présidentielle.

« Je vois un changement de Premier ministre en juillet, après la session de la Chambre. Il n'y a pas d'autre moment. Avec Messmer, le temps des gaullistes historiques est terminé. C'est pourquoi je ne crois plus à la nomination de M. Guichard (qui en a assez d'être à l'Équipement). C'est le passé. Je pense que M. Pompidou choisira un homme à lui, dans son entourage : Chirac[1] ou Jobert.

---

1. Alors ministre de l'Agriculture. Il deviendra ministre de l'Intérieur en mars 1974.

« Ce M. Jobert, quel homme étrange, soupire Couve. Il n'explique pas sa politique et, s'il tente de le faire, c'est en termes si nuancés, si allusifs, compliqués, que personne ne le comprend ! Oui, s'agissant du Moyen-Orient, il a raison d'aller y faire des voyages et de traiter directement avec les gouvernements arabes pour les livraisons de pétrole, mais ce sont les apparences et qu'y a-t-il derrière ces apparences ? Je ne le sais pas, mais, d'instinct, je suis inquiet. Nous couchons avec l'Angleterre. Nous revenons vers les Américains. Mais le plus grave, c'est le relâchement de nos liens avec les Allemands et les Russes. La détérioration de notre politique avec Bonn et Moscou, voilà sans doute ce qui m'inquiète le plus. »

Au cours de cette conversation, mon interlocuteur n'a pas caché sa stupéfaction de voir l'ancienne directrice de cabinet de Pompidou, Anne-Marie Dupuy, nommée conseiller d'État : « Cela passe les bornes... Déjà la nomination au Quai d'Orsay de Simone Servais était à la limite. Et ne dit-on pas que Mme Garaud va entrer maintenant à la Cour des comptes ? M. Pompidou case tout son monde : n'est-ce pas là le signe de son prochain départ ? »

22 JANVIER 1974

Pierre Billecocq[1] tient pour peu probable un changement de Premier ministre dans l'immédiat, du fait, entre autres, de la crise pétrolière : « Les mesures financières auront eu pour premiers résultats de rassembler la majorité et de conforter le gouvernement, me déclare-t-il. Tout au plus aurons-nous un petit remaniement. Il faudra donc attendre juillet pour que soit nommé un nouveau Premier ministre, mauvaise date car, à ce moment-là, le budget sera bouclé, les arbitrages rendus. Olivier Guichard – s'il est nommé à Matignon – héritera donc du budget préparé par Messmer, ce qui compliquera lourdement sa tâche. Olivier reste certes celui qui a le plus de chances aujourd'hui, mais j'ai l'impression que le temps ne joue pas en sa faveur et que le clan Chirac-Jobert-Galley (dévoré d'ambition),

---

1. Secrétaire d'État auprès du ministre des Transports.

a aussi beaucoup de chances. S'il en était ainsi, si le pouvoir devait pencher vers la force et vers la droite, des ministres comme Guichard et moi n'aurions plus rien à faire au gouvernement.

« Les relations d'Olivier avec Pompidou n'ont jamais été aussi bonnes, estime Billecocq. Il y a eu entre eux un mauvais moment, en 1970, quand Guichard venait d'arriver à l'Éducation nationale. Pompidou lui reprochait alors la manière dont il tentait de remettre de l'ordre dans cette maison. Ses idées de vieux professeur ne correspondaient pas à celles de son ministre, jusqu'au jour où Olivier lui a dit : "Georges, avez-vous jamais été rue de Grenelle ?" Et il lui a expliqué l'extraordinaire situation qui y régnait.

« Guichard rencontre le chef de l'État régulièrement, environ tous les dix jours, et très longuement chaque fois. Guichard lui dit alors sa façon de voir sur tous les problèmes. Il est très écouté. Au Conseil des ministres, il intervient sur nombre de questions – qui ne sont pas de son ressort – avec un bon sens, une acuité, un sens politique, une "vue de l'avenir" étonnants. Et Pompidou, quand il tire les conclusions de ce qui a été dit, ne manque jamais de déclarer : "Comme le faisait remarquer M. Guichard..., comme vient de nous le dire M. Guichard..." Olivier nous apparaît comme le meilleur Premier ministre possible. Son sens politique est aigu. Il voit loin, très loin. Il passe très bien à la télévision et très vite sa cote de popularité pourra être bonne.

« Mais la situation n'est pas brillante, poursuit Billecocq. Messmer est partout jugé insuffisant et le travail gouvernemental se fait mal à Matignon. Tous les ministres qui reviennent de province recueillent les doléances de leurs électeurs au sujet de Messmer : il ne fait plus le poids, il ne passe plus la rampe... Chaque fois qu'il part pour Sarrebourg, nous avons peur de ses petites phrases : "Le bac a vécu", "Lip, c'est fini", "Les limites de vitesse seront maintenues" (il a dit cela sans même en parler auparavant à Guichard qui a été stupéfait, ahuri d'être ainsi mis devant le fait accompli). Comme un sous-officier, il répète ce que dit son patron, il prend au pied de la lettre certaines boutades de M. Pompidou. »

Billecocq ne me cache pas la préoccupation que lui cause l'état de santé du Président. Il y fait allusion avec tristesse, avec gravité. Il pense néanmoins qu'il pourra peut-être terminer son septennat, tenir encore jusqu'en 1976, mais qu'il ne se représentera pas. « Il y aura alors contre Mitterrand, me dit-il, un seul candidat gaulliste : Chaban, qui aura des chances d'être élu quoique le résultat des élections dépendra, comme toujours, de la situation du moment. J'ai des raisons de penser que Giscard ne se présentera pas. Il y a renoncé. On n'en est pas vraiment sûr dans son entourage, mais, vraiment, je crois qu'il a renoncé. Il l'a laissé entendre à mots couverts à certains, notamment à Olivier. Après avoir été le ministre des Finances de l'abondance, il va désormais faire figure de ministre des Finances de la pénurie. » Billecocq approuve alors mon analyse du désastre de la politique financière de Giscard : il s'est trompé et vient de retourner sa veste avec une grande, mais combien habile désinvolture. « Les élections, nous pourrons les gagner avec Chaban qui jouit d'une très grande popularité. Chaban à l'Élysée, Olivier à Matignon : voilà l'avenir... »

Il me dit enfin que l'une des conséquences les plus graves de nos décisions quant au flottement du franc, c'est la complète perte de prestige personnel de Georges Pompidou auprès de ses interlocuteurs européens : « Songez à ce qu'il a pu promettre, dire, faire lors de la conférence de Copenhague, qui avait été réunie à sa demande pour avancer sur la voie de l'unification économique et politique de l'Europe ! »

31 JANVIER 1974

Intime de Pierre Messmer, Hubert Germain[1] parle avec sévérité de Chaban-Delmas qui, à son avis, ne pourra pas être candidat à la présidence, ne serait-ce qu'en raison de « toutes les histoires et de toutes les rumeurs qu'il traîne avec lui ». Cette position est intéressante, parce qu'elle montre bien le « clivage » au sein du gouvernement entre ceux qui appuient la candidature de Chaban et ceux qui y sont opposés, au premier rang desquels, semble-t-il, Pierre Messmer.

---

1. Ministre des Relations avec le Parlement.

Nous abordons la lancinante question de la santé de Georges Pompidou : « Oui, son aspect peut être considéré comme inquiétant, me concède-t-il. M. Pompidou, à ce sujet, a demandé que l'on s'arrange pour ne pas prendre de photos de lui de face et "de bas en haut". Oui, bien des choses jouent contre lui. Mais il y a des faits qui montrent bien qu'il ne peut pas être vraiment malade : son aspect au Conseil des ministres : joyeux, rieur, ironique, plaisantin, etc., son appétit à table. Il ne se surveille en rien. Il ne se prive de rien. Pas de précautions. Pas un début de régime. Il se ressert du premier plat, il se ressert du second. Il boit. Il fume un gros cigare, l'air épanoui. Alors ? Un homme vraiment malade présenterait-il ce visage ? Agirait-il de la sorte ? Je ne le pense pas. »

1ᵉʳ FÉVRIER 1974

Après deux mois de silence, Christian Fouchet[1] prendra la parole d'abord à Versailles, vers la mi-février, puis à Lille deux à trois semaines plus tard. Il compte d'autre part publier une sorte de « manifeste » soulignant ses réserves acérées à l'égard du régime et rappelant sa candidature à l'élection présidentielle.

Fouchet est convaincu que l'on se dirige vers une très grave crise qui, selon lui, éclatera au plus tard dans six mois. Les difficultés économiques terribles que le pays va affronter donneront naissance à une crise sociale et, par là, à une crise politique. Il est sûr que le niveau de vie en France diminuera. Il diminuera en Angleterre et aussi en Allemagne, mais les Anglais et les Allemands sauront affronter et supporter l'épreuve. Qu'en sera-t-il avec les Français ? Le choc sera très dur (cette crise intérieure se doublera très probablement d'une crise internationale).

Fouchet pense que l'état de santé de Georges Pompidou ne lui permettra plus de demeurer longtemps au pouvoir (Pierre Abelin[2] a

---

1. L'ancien ministre, ayant rompu avec l'UDR, s'efforce alors de lancer sa propre formation politique.
2. Ministre de la Coopération.

confirmé qu'à Poitiers on a dû aider le chef de l'État à grimper les marches). « Le dilemme est, pour lui, affreux, assure Christian Fouchet, car il doit se demander quand il sera contraint de passer le pouvoir. Et il est possible qu'en dépit de son état – qui manifestement l'empêche de remplir sa fonction – il se sente obligé de demeurer à l'Élysée jusqu'à l'échéance de 1976. »

Fouchet me dit qu'à la place de Pompidou, il « prendrait les Français aux tripes » en s'adressant brusquement un jour à eux et en leur disant : « Eh bien oui, je suis malade, mais ma maladie ne m'empêche pas de gouverner. Eh bien oui, je suis malade, mais j'aurai la force de demeurer jusqu'au bout du mandat que vous m'avez confié pour sept ans. Vous pouvez compter sur moi tant que j'en aurai les forces. Je ne démissionnerai pas, etc. »

« L'abcès serait ainsi crevé, poursuit Fouchet. L'impensable, c'est qu'il ne l'ait toujours pas été depuis un an que le pays assiste à la décrépitude de M. Pompidou. Et, qui plus est, l'opération serait bonne, rentable, beaucoup de Français admirant alors la franchise, le courage, l'abnégation du président de la République. » Ce qui est grave aux yeux de Christian Fouchet, c'est de laisser pourrir la situation actuelle, de ne rien faire, de ne rien dire.

5 FÉVRIER 1974

Chaban-Delmas s'interroge sur les sentiments du Président à son égard. Le chef de l'État l'avait reçu à son retour de Pékin, mais en le faisant attendre plusieurs semaines, pour bien marquer une certaine mauvaise humeur causée par les déclarations qu'il avait faites en Chine et certains propos maladroits de son entourage. Depuis cette audience, M. Pompidou n'a vu qu'une seule fois Chaban au cours d'un déjeuner en tête à tête (avec leurs épouses), suivi d'une conversation qui s'était poursuivie jusqu'à 16 heures. Chaban en était sorti enchanté, assurant que tout allait bien.

Hélas ! depuis, il y a eu les assises de l'UDR à Nantes[1]. Chaban a eu alors la preuve que Pierre Juillet et Marie-France Garaud avaient

---

1. Les 17 et 18 novembre 1973, qui ont intronisé Jacques Chaban-Delmas comme candidat de l'UDR à la succession éventuelle de Georges Pompidou.

« monté la tête » du Président contre lui en lui assurant que ce congrès avait été transformé par son ancien Premier ministre en machine de guerre contre l'Élysée. Devant une pareille situation, Chaban-Delmas a demandé audience à Pompidou. Réponse lui a été donnée qu'il allait être reçu... et il attend toujours. Son entourage pense désormais que les relations entre les deux hommes « peuvent avoir été, depuis Nantes, quelque peu détériorées ».

Chaban devait aller en URSS à la fin de cet hiver. En fin de compte, il n'ira pas, de manière à éviter toute interférence avec le voyage que Pompidou doit y faire ce mois-ci (il y avait déjà eu interférence lors du voyage en Chine). Il faudra, de l'avis de Chaban, laisser passer plusieurs mois. Mais il ne veut pas s'absenter pendant la session parlementaire. Alors on reparlera de ce voyage à la rentrée d'octobre.

Chaban est optimiste quant à son avenir : succès à Nantes auprès des troupes UDR, excellente image de marque dans le pays (prouvée par des sondages en dépit de son silence, de son effacement et de sa totale absence à la télévision), quasi-unanimité des ministres et des leaders gaullistes en sa faveur (à ce sujet, le groupe des « barons » – Chaban, Guichard, Debré, Frey – s'est complètement ressoudé). Il ne prendra, bien sûr, aucun poste jusqu'à l'élection présidentielle et se félicite de ne pas être à la présidence de l'Assemblée nationale (Chaban me répète d'ailleurs qu'il n'avait pas voulu ce poste. Ce qu'il voulait, c'était déclarer publiquement qu'il n'en voulait pas. Et il ne pardonnera pas à Edgar Faure d'avoir fait croire, en se présentant, que Chaban renonçait en raison de sa propre candidature).

Chaban se pose des questions sur la « durée » de Pompidou et n'est pas sûr que son état de santé lui permette d'assumer ses fonctions jusqu'au bout. Mais il ne paraît pas souhaiter une élection anticipée, dans la mesure où elle pourrait compromettre ses chances. Il pense que Pompidou usera Messmer – et Giscard – jusqu'à la corde. Il pense qu'un nouveau Premier ministre succédera à Messmer pour préparer l'élection présidentielle, et qu'il y a de fortes chances pour que ce soit Olivier Guichard. Il ne croit pas aux chances de Jobert parce qu'aux yeux du Président, il est « irremplaçable » aux Affaires étrangères.

Une ombre plane sur les intentions de Giscard. Les deux hommes se voyaient régulièrement (Giscard a dîné récemment chez Chaban, rue du Docteur-Blanche) et voici que, depuis plusieurs mois, Giscard paraît se dérober à toute entrevue. Chaban s'en inquiète. Les intentions avouées ou inavouées de Giscard pèsent lourd aujourd'hui sur ses projets.

15 FÉVRIER 1974

« Pompidou est optimiste et agressif, me confie Michel Debré. Je viens de dîner avec lui il y a une quinzaine de jours. Il dit sans arrêt du mal de tout le monde. Il ne paraît en aucune façon croire qu'il est vraiment malade. Et la question ne se pose même pas pour lui de ne pouvoir aller au bout de son septennat (il pourrait même sembler envisager l'éventualité de se représenter). Son traitement à la cortisone est la raison de cet optimisme et de cette agressivité. Je suis bien placé pour le savoir [allusion à son père, le professeur Robert Debré]. Cette assurance, causée par ce traitement, va jusqu'à lui faire dire tranquillement (au cours de sa dernière conférence de presse) : "Je ne me suis trompé que deux fois[1]." Une telle attitude est, paraît-il, typique de ce traitement. »

Debré m'affirme que si le chef de l'État est malade, et que c'est sans doute grave, ce n'est pas forcément de caractère mortel. Puis il enchaîne : « Pompidou m'avait fait demander si je voulais être président du Conseil constitutionnel. J'ai refusé. Il m'a invité à déjeuner pour insister à nouveau. C'est pour moi inimaginable. Ils veulent se débarrasser de moi. Je les gêne. Je considère cela comme une injure. Et le plus triste, c'est qu'Olivier, de son côté, a insisté pour que je prenne ce poste. Je n'ai pas hésité un instant avant de refuser. C'est hors de question. »

Debré poursuit : « Pompidou ne fera sans doute pas de remaniement. À quoi cela servirait-il ? Il changera de Premier ministre, probablement en juillet (juillet et décembre sont les deux seules dates

---

1. Sans préciser toutefois à quels moments.

possibles, en raison des sessions de l'Assemblée nationale, pour un tel changement). Guichard était le mieux placé, il y a quelques semaines, pour avoir ce poste. Mais à quoi servirait de changer de Premier ministre si les grands ministères restent entre les mains des mêmes titulaires ? À quoi cela servirait-il si Giscard demeure à son poste ? Il faut que Giscard quitte les Finances. C'est la première condition du changement. »

Puis Debré en vient à Chaban : « Pompidou n'aime pas Chaban. C'est moi qu'il aurait aimé prendre comme Premier ministre en 1969. Il n'a pas pu. Alors il ne lui restait que Chaban. Mais tout de suite les choses importantes n'ont pas marché entre eux. Là-dessus sont venues se greffer la guerre des deux entourages, la nomination de Desgraupes[1] et cette "Nouvelle Société" dont Pompidou se moquait... Où en sont les relations des deux hommes aujourd'hui ? Je n'en sais rien. Mais Chaban n'est pas le candidat de M. Pompidou. Il est en revanche celui des gaullistes. Il n'y a pas le choix. Nous devons l'appuyer et être derrière lui. Chaban est inquiet. Il ne sait pas trop quoi penser de ses relations avec Pompidou et ne se rend pas compte du degré d'hostilité de l'Élysée à son égard. Il se pose des questions. Mais le vrai problème pour lui, c'est Giscard. Je vous affirme que Giscard se présentera. Contre Chaban s'il le faut. Il y est décidé. Je le sais car il l'a dit à ses amis indépendants. »

Debré pense que la partie pourrait se jouer, à l'élection présidentielle, entre Giscard et Mitterrand. Il considère cette alternative avec la tristesse la plus grande, avec une sorte de désespoir. Il pense que beaucoup d'électeurs gaullistes se réfugieront dans l'abstention. Quant à lui, il affirme qu'il n'a plus, pour l'instant et pour longtemps, d'avenir politique (mais il paraît heureux d'écrire dans les journaux, attache bien naturellement de l'importance à ses articles et évoque les nombreuses lettres qu'il reçoit à leur sujet). Résumant le tout, Michel Debré estime que nous offrons au monde un triste spectacle. La vie politique française se résume à « des luttes dans le sérail, des intrigues dans la cour ». Il n'est plus question de problèmes, mais de personnes.

---

1. Directeur de l'information sur la première chaîne.

8 avril 1974

Le mercredi 27 mars dernier, dans l'après-midi, Georges Pompidou présidait le Conseil des ministres hebdomadaire. Ce devait être la dernière fois. « Bonjour, Messieurs », dit le chef de l'État en pénétrant, à 15 h 30, dans le salon Murat de l'Élysée, aux seize ministres qui se trouvaient debout, derrière leur chaise, autour de la table du Conseil. Mais, contrairement à son habitude, le président de la République ne fit pas le tour de cette table pour serrer la main de chaque ministre. Jetant ses deux bras en avant, souriant, il ajouta (faisant allusion aux derniers événements : son absence au dîner du corps diplomatique, communiqué médical, audiences remises) : « Vous comprendrez pourquoi... » Les membres du gouvernement se sont rappelé alors que, depuis cinq années, deux fois déjà, le chef de l'État avait dû renoncer, tant il était sans forces, à saluer chacun de ses ministres. La première avait été le 30 mai 1973, le jour même de son départ pour Reykjavik où il devait rencontrer le président Nixon : il gagna ce jour-là directement son fauteuil où il s'effondra. Selon les dires de certains membres du gouvernement d'alors, M. Pompidou resta prostré pendant toutes les délibérations du Conseil, ayant à peine la force de soulever ses paupières et de parler.

« Ce fut un moment affreux, a confié l'un de ses ministres, le plus affreux avec le Conseil du 27 mars dernier. Il nous est apparu vraiment, ce jour de son départ pour l'Islande, au plus mal. »

« En ce dernier Conseil du 27 mars, la voix de M. Pompidou, nota un ministre, était grave, basse, comme voilée. Tous, nous le regardions à la dérobée, nous nous interrogions. » Ce ministre ajouta : « Je me souviens que ce mercredi fut un jour sinistre. Le temps était lourd, brumeux, gris. Il n'y avait pas de vent, pas même un souffle. Tout était pesant. Le printemps était comme arrêté. Dans le salon Murat, les lustres de cristal projetaient une lumière qui me sembla moins forte, moins crue que d'habitude. Les huissiers et les gardes avaient calfeutré les portes, sans doute pour prévenir les courants d'air. Des rideaux avaient été tirés devant les glaces des portes qui faisaient face au chef de l'État. »

Dès les premiers instants, les ministres remarquèrent l'extrême lassitude de Georges Pompidou ; ils notèrent qu'il venait d'avoir eu des soins au nez et que quelques traces de coton hydrophile étaient encore visibles sur sa veste.

Le chef de l'État fut désireux d'examiner très rapidement la première partie du Conseil, consacrée traditionnellement aux « mesures individuelles » et à l'approbation des projets de loi. Il souhaita que l'on allât vite, que l'on évitât les habituels panégyriques au sujet des diverses nominations. Aussi le véritable travail – les communications des ministres inscrites à l'ordre du jour – commença-t-il rapidement. Il y eut notamment des communications de Jean de Lipkowski (Affaires étrangères), Yves Guéna (Industrie), Jean-François Deniau (Agriculture), Hubert Germain (Relations avec le Parlement). Alors que d'habitude M. Pompidou commençait par la dernière communication, pour terminer par celle du ministre des Affaires étrangères, il respecta cette fois l'ordre du jour et commença par M. de Lipkowski, secrétaire d'État, qui remplaçait M. Jobert. La première réunion des ministres de l'Agriculture des Neuf venait juste de se tenir, depuis que les travaillistes britanniques ont manifesté leur volonté de renégocier la participation anglaise au Marché commun. Faisant la synthèse de ce qui avait été dit, tirant les conclusions, Georges Pompidou le fit avec son autorité habituelle. Un ministre remarqua : « Il fut lucide, clair, comme toujours. Il parla avec une détermination remarquable. Le chef de l'État déclara notamment : "Soyons patients. Mais il ne faudra en aucune façon se laisser faire par les Anglais. Ni par les Américains. Nous devrons agir avec sérénité, mais aussi avec fermeté. Il ne s'agit pas de faire de l'antiaméricanisme, mais de montrer amicalement aux Américains que nous ne sommes pas résignés à devenir dépendants." »

Hubert Germain fut le dernier membre du gouvernement à prendre la parole. Il parla de la prochaine rentrée parlementaire et brossa, selon certains de ses auditeurs, un tableau pessimiste de l'état d'esprit au Palais-Bourbon. C'est alors que, résumant ce qui venait d'être dit, M. Pompidou adressa à nouveau un avertissement à ses ministres sur le thème suivant : Ne vous abandonnez pas aux compromis. Ne vous abandonnez pas à la médiocrité. Prenez de la hauteur. Ne commettez pas l'erreur que je fis quand, jeune Premier ministre, je voulus gagner deux voix pour éviter une motion de censure.

Puis ce fut l'intervention du Premier ministre, Pierre Messmer, qui, essentiellement, relata son récent voyage en Corse. Sa communication achevée, il se fit un grand silence. Les ministres crurent le Conseil terminé. « M. Pompidou, dit l'un d'eux, nous a paru comme tassé en coin, dans son fauteuil, en proie à la douleur. Il était l'image même d'un homme physiquement brisé, mais d'où l'esprit jaillissait ferme, clair, lucide, intact. »

C'est alors que le président de la République se redressa. Il déclara : « Il faut que j'aborde maintenant devant vous un sujet que je n'ai jamais abordé : je passe par des moments bien difficiles. Tout cela n'est pas agréable. Mais tout cela n'aura qu'un temps. J'ai besoin de repos. J'irai à Cajarc. Ensuite, cela devrait aller mieux. »

« Le ton du Président, dira un ministre, était à la fois de courage et de lassitude, d'optimisme et de tristesse. C'était poignant. Nous tous, nous le regardions, nous l'écoutions. Il était visible que l'effort qu'il faisait pour parler l'épuisait. Il avait du mal à s'exprimer. Il hésitait. Il avait de grosses gouttes de sueur. Il était à bout de forces. Sa volonté et son courage nous bouleversaient. »

Georges Pompidou continua néanmoins : « Il faut démystifier les choses. Je vais quai de Béthune parce que l'Élysée est affreusement mal commode. On ne peut pas s'y faire soigner tranquillement. Les appartements, figurez-vous, sont ridicules : on y entre par la salle à manger. On en sort par la chambre à coucher. Au contraire, quai de Béthune, c'est très commode. Et puis, à l'Élysée, je ne peux tout de même pas demander un autre médecin que celui qu'on appelle l'interne de garde, c'est-à-dire l'externe de garde – et qui n'a aucune expérience – tandis que, quai de Béthune, j'ai mon fils sous la main. Et, d'ailleurs, j'y travaille tout autant et, croyez-moi bien, dans de bien meilleures conditions qu'à l'Élysée. »

Le chef de l'État se fit alors critique à l'égard de la presse : « Je ne lis plus la presse et je m'en trouve très bien. Et je vous recommande d'en faire autant. Je ne dirai pas, comme M. Fontanet, la *grande* presse. Je dirai, n'est-ce pas, la *petite* presse. On peut tout savoir sans lire les journaux, sans écouter la radio, sans voir la télévision.

Faites donc comme moi... J'ai vu cependant dans un hebdomadaire que j'aurais supplié les Russes de m'accueillir dans un endroit où je n'aurais pas risqué de prendre froid. Je peux vous dire qu'à Rambouillet, quand j'ai reçu M. Brejnev, au printemps dernier, après l'avoir remercié de sa visite en France, j'ai simplement ajouté : je vous la rendrai. Brejnev m'a alors déclaré : "Nous serons heureux de vous recevoir en Union soviétique. Choisissez vous-même le lieu de notre rencontre." J'aimerais aller, lui dis-je, dans un endroit que je ne connais pas. Or, je ne connais ni l'Ukraine ni le Caucase. Brejnev m'a répondu en grommelant qu'en Ukraine il n'y avait rien à voir et que l'on n'y était pas équipé pour me recevoir. Il a ajouté qu'il connaissait, en revanche, un endroit merveilleux sur les bords de la mer Noire, avec plein de datchas confortables pour m'y accueillir, moi et les membres de ma délégation. C'est ainsi, figurez-vous, que cela a été décidé. Il n'y a eu aucune "supplication" de notre part. Et tous les journalistes feraient mieux de se renseigner avant d'écrire des âneries. Ils n'avaient qu'à demander aux Soviétiques. »

Georges Pompidou ajouta : « De même, on a dit que je retardais mon voyage à Bonn pour des raisons de santé. En fait, je ne voulais pas aller à Bonn tant que les choses n'étaient pas précisées. C'est aussi pour des raisons diplomatiques que je remets mon voyage au Japon. Cela dit, cela m'ennuie, en ce moment, d'accepter des visites que je risque de décommander au dernier moment à cause de mon état. »

M. Pompidou s'arrêta. Il y eut un moment de silence. Il enchaîna, et ce furent ses dernières paroles en Conseil des ministres : « Dans trois mois, ça devrait aller mieux et cela en embêtera plus d'un. Tout ça finira bien. Enfin, on verra bien... »

Quelques instants après, un ministre a murmuré : « Il veut respecter le mystère de la mort. Il ne veut pas de clarté... »

Contrairement à son habitude, Georges Pompidou ne passa pas dans un salon voisin pour examiner le communiqué du Conseil des ministres avec Jean-Philippe Lecat. Le ministre de l'Information et Pierre Messmer vinrent s'asseoir aux côtés du chef de l'État, à la table même du Conseil, pour lui présenter le texte du communiqué, pendant que les ministres quittaient le salon Murat sans avoir pris congé de Georges Pompidou. Ce fut la dernière vision qu'eurent de lui la plupart des membres du gouvernement. Cinq jours plus tard – exactement à 3 heures du matin, le 2 avril –, Pierre Messmer était réveillé par un coup de téléphone : « Le Président est au plus mal. Il va mourir. » Le même jour, dans la soirée, le monde apprenait que M. Pompidou venait de disparaître.

9 AVRIL 1974

Le compte rendu du dernier Conseil des ministres que j'ai fait diffuser par l'AFP a provoqué beaucoup de remous au cours des derniers jours. J'avais rédigé ce papier sur un coin de table, dans un café à l'angle du boulevard Saint-Germain et de la rue du Bac. J'étais rentré chez moi la conscience professionnelle en paix, après l'avoir dicté à l'Agence, quand j'entendis le téléphone depuis le palier. C'était Marie-France Garaud : « Jean, Jean, prenez Europe 1. » Ce que je fis. Je m'étais heureusement assis. M. Chirac parlait, la voix haletante, le ton saccadé, très rapide. Sa colère était mal contenue. C'était comme un sifflement entre ses dents.

Pendant près de trois quarts d'heure (la dactylographie de son improvisation remplit onze pages bien tassées), le ministre de l'Intérieur me faisait dire exactement le contraire de ce que j'avais écrit. C'était la voix du mensonge. « J'ai été peiné, affirmait M. Chirac, parce que l'impression qui se dégageait de ce récit était que la France avait été gouvernée par un homme qui n'aurait pas eu toutes ses facultés intactes. Ceci est en réalité une monstruosité (*sic*) dont peuvent témoigner notamment tous les ministres[1] et en particulier ceux qui ont assisté à ce dernier Conseil des ministres dont parle Jean Mauriac qui, lui, bien entendu n'y était pas. »

Je sursautais, n'ayant rien écrit de semblable et m'étant efforcé, tout au long de mon récit, de rapporter les dires des ministres que j'avais interrogés. D'une part, je décrivais un homme physiquement

---

1. Un seul, M. Taittinger, soutint M. Chirac. D'autres, comme Jean-François Deniau, ont témoigné publiquement dans le sens de Jean Mauriac.

brisé, à la voix voilée, tassé dans son fauteuil, à l'extrême limite de ses forces physiques, tel que ses ministres et la France entière l'avaient vu à quelques jours de sa mort. Et de l'autre, un personnage à l'intelligence tout à fait intacte. J'insistais même sur ce qu'il gardait d'« autorité habituelle », de « détermination remarquable... », en citant un ministre.

Hélas, M. Chirac s'enferrait dans le mensonge. Réaffirmant que j'avais décrit un Pompidou hors d'état de diriger le pays, il insistait et répétait : « Ceci est, en réalité, une monstruosité (*sic*) qui peut être facilement démentie par tous ceux, quels qu'ils soient, qui ont assisté au dernier Conseil des ministres. Je voudrais simplement dire que ce texte est assez scandaleux dans la mesure non pas où il déforme la vérité – je dirais que c'est un détail : le récit n'a pas d'importance, en réalité –, mais où il laisse entendre que le Président avait été dans un état physique et *a fortiori* dans un état intellectuel qui n'était pas un état normal. » Et, ne se maîtrisant manifestement plus, notre ministre d'ajouter : « Mais il est surtout scandaleux parce qu'il appelle naturellement un commentaire, celui d'ailleurs qu'Europe a fait, qui tend à faire peser une sorte de suspicion sur la façon dont le Président conduisait les affaires. Et ça, c'est tout simplement monstrueux. C'est tout simplement monstrueux parce que c'est monstrueusement faux... »

M. Chirac était alors tout jeune ministre de l'Intérieur. Il conduisait lui-même sa voiture quand il entendit sur Europe mon récit du dernier Conseil des ministres. Il dit avoir eu en effet un coup de sang, puisqu'il décida de me répondre sur-le-champ sur la même radio. Comme en tant de circonstances – hélas plus importantes –, bref, comme toujours, sans réfléchir. Il annonça par téléphone sa venue et son désir de me répondre immédiatement. Mes amis d'Europe 1 me dirent qu'il « était comme fou », n'hésitant pas à prendre la rue François Ier en sens interdit. « Nous le guettions depuis le balcon de la station. Il ne sortit pas de sa voiture. Il s'éjecta. Il exigea d'avoir accès à l'antenne et s'empara du micro sans prendre la peine de jeter au moins un œil sur ton papier. » Et, sans une hésitation, il se lança dans l'improvisation que l'on sait : une cascade d'erreurs et de mensonges.

Ce qui devait arriver arriva. Les journalistes firent mon siège. Face à la fébrilité du ministre menteur, je n'eus aucun mal à afficher un calme détachement. Jean Marin, le P-DG de l'AFP, et moi-même, nous publiâmes un communiqué très sec affirmant que, nonobstant les dires du ministre, nous maintenions intégralement mon récit.

Le lendemain, dès l'aube, le téléphone n'arrêta pas de sonner. Je m'« enveloppai de glace ». Je fis à mes camarades journalistes des mises au point brèves, cinglantes et méprisantes, comme il se devait, sur le thème : « Tout ce que j'ai dit est vrai. Je n'ai fait que mon métier de journaliste. »

Bien sûr, les choses se retournèrent contre Chirac. Raymond Barillon, dans *Le Monde*, se moqua ouvertement de lui. Tous mes collègues journalistes me soutinrent, à part un ou deux, habituels cireurs de bottes de tous les ministres en place. Et ces ministres eux-mêmes, à l'exception d'un seul, se gardèrent tous de me contredire[1].

---

1. Depuis lors, les langues se sont déliées, certains ministres présents lors du dernier Conseil allant jusqu'à affirmer que l'article de Jean Mauriac était même « en dessous de la vérité ». Dans son livre *Ce que je crois*, paru chez Grasset en 1972, Jean-François Deniau évoque cette ultime réunion avec le président Pompidou comme « un moment dramatique », vécu dans « une atmosphère de chevet de lit de mort ».

LES BARONS SOUS GISCARD

(mai 1974-août 1975)

Lipkowski : « Les giscardiens veulent notre peau » – Guichard : « Nous avons eu seize ans de bonheur, maintenant c'est fini » – Couve : « Le plus triste à l'UDR, c'est le manque de moralité et d'honnêteté de certains » – Pompidou : « Chirac a perdu la tête en 1968 » – Debré sur Giscard : « C'est un démagogue, un égocentrique, il ne pense qu'à lui » – Chaban : « Chirac est un SS ! »

29 mai 1974

Entretien avec Olivier Guichard peu après la nomination de Jacques Chirac comme Premier ministre du nouveau président de la République, Valéry Giscard d'Estaing[1].

Guichard se montre d'abord très critique à l'égard de Chaban[2] : « Il nous avait raconté des blagues, me confie-t-il. Voilà des mois et des mois qu'il nous disait : "Je me prépare, je mets mes gens en place, je suis prêt", etc. En fait, on l'a cru. Son impréparation était grande. Cela étant, il n'y avait parmi nous personne d'autre. C'est facile maintenant de dire que c'était une erreur. Il était le meilleur dans tous les sondages. Son entourage, ses entourages multiples et divers ont été lamentables. Chaban le savait, mais il n'a rien fait pour y remédier. Il a laissé faire. Même Giscard, que j'avais été voir au lendemain de l'annonce de la candidature de Chaban, n'excluait pas son succès. Ceci dit, Chaban a été courageux jusqu'au bout. Il reste plein de foi en ce qui le concerne. Il demeure remonté à bloc. Il a raison : en politique, un homme n'est jamais perdu. Dans tous les cas, il ne fera rien en dehors de l'UDR.

---

1. Il a été élu président de la République le 12 mai 1974 contre François Mitterrand.
2. Il a été éliminé dès le premier tour de l'élection présidentielle, le 5 mai 1974, par Valéry Giscard d'Estaing, avec 15 % des voix contre 32,6 %.

« Si Chaban s'était retiré, et Giscard à son tour (ce qui reste à prouver) pour laisser place à Messmer, Mitterrand aurait pu passer au premier tour. Il est idiot de dire maintenant : Messmer aurait pu être élu. Car s'il n'y avait eu ni Chaban ni Giscard, Lecanuet se serait présenté et Giscard l'aurait sans doute soutenu. Ainsi Messmer serait-il arrivé en troisième position. »

De notre conversation il ressort que les ponts sont quasiment coupés entre Guichard, Messmer et Chirac. Olivier a été prévenu du fait qu'il n'appartenait pas à la nouvelle équipe, juste une heure avant la publication officielle du gouvernement, par un coup de téléphone du nouveau Premier ministre lui donnant la liste des nominations, sans un mot de commentaire à son sujet.

L'arrivée de Chirac à Matignon et l'entrée de JJSS[1] au gouvernement constituent pour Guichard une déception supplémentaire après l'échec de Chaban. Il se montre sévère pour « l'esprit mesquin et revanchard » de Giscard. À son avis, Giscard en a déjà trop fait. Un véritable homme d'État ne serait pas allé aussi loin dans son attitude antigaulliste. Il m'assure que Françoise Giroud[2] a pris part à la formation du gouvernement directement avec le président de la République. Il rigole de la nomination de Michel Guy aux Affaires culturelles – et, en même temps, de celle de Valérie-Anne Giscard d'Estaing[3] à son cabinet. Il me raconte enfin l'arrivée de Chirac à la dernière réunion du Conseil national de l'UDR. « Accueil glacé. Joseph Comiti était à la tribune. Il s'est interrompu un instant pour prier Jacques Chirac de prendre place parmi l'assistance. Le Premier ministre s'est assis dans un silence profond. Comiti a repris son discours. Mais, de tout cela, Chirac se fout. »

---

1. Jean-Jacques Servan-Schreiber, en tant que ministre des Réformes.
2. Directrice de *L'Express*, elle sera nommée le 16 juillet 1974 secrétaire d'État à la Condition féminine.
3. L'une des filles du chef de l'État.

4 juin 1974

Guichard se demande ce qu'il va faire : rentrer dans la vie privée ou bien continuer dans la politique. S'il choisit la seconde voie (ce qu'il fera), il ne veut ni être député avec quelques activités privées annexes, ni faire la carrière d'un vieux notable : sénateur-maire de Nantes, etc. Cela ne l'intéresse pas. Ce qui le tente, c'est la politique active, c'est d'être le président de l'UDR. À condition, bien sûr, que tout le monde soit d'accord. Chaban, Debré, Foccart, Sanguinetti[1] le sont. Peyrefitte, qui mène un jeu personnel, semble briguer le poste. Et puis il y a Michel Jobert – que Guichard aime bien et avec qui il vient de s'entretenir cette semaine : « Vous savez, si vous voulez être président de l'UDR, lui a-t-il dit, je m'effacerai bien volontiers »... Les choses en sont là, dans le vague et l'imprécision. Pour l'instant, Guichard se prépare d'abord aux vacances, puis à sa campagne électorale afin de retrouver son siège en Loire-Atlantique, fin septembre.

Il pense que les choses iront de mal en pis pour l'UDR. Il est pessimiste au-delà de tout. Selon lui, Giscard va accentuer son présidentialisme, gouverner seulement avec Poniatowski, Chirac, d'Ornano[2]. Ce présidentialisme ira en s'aggravant de plus en plus.

Puis Guichard me parle de Chirac : « Ne crois pas qu'il soit suivi par les gaullistes, en province, aussi unanimement que tout le monde veut bien le dire aujourd'hui. Il y a certes un courant majoritaire en sa faveur. Mais il y a aussi une partie des militants de base qui se posent des questions et qui n'oublient pas son attitude au moment de l'élection présidentielle[3]. Ils pensent que Chirac, ce n'est pas le gaullisme, que c'est même le contraire du gaullisme : le contraire parce qu'il mélange les genres, l'exécutif et le législatif, parce qu'il est en même temps le Premier ministre et le chef d'un parti politique. Que l'on ne me dise pas que Georges Pompidou et le général

---

1. Le secrétaire général de l'UDR.
2. Respectivement ministre de l'Intérieur, Premier ministre et ministre de l'Industrie.
3. Durant laquelle il a fortement contribué à déstabiliser Jacques Chaban-Delmas au profit de Valéry Giscard d'Estaing.

de Gaulle étaient les chefs de l'UDR. Ils l'étaient, certes, mais pas sur le plan des principes. Le Premier ministre ne peut pas être le chef d'un parti politique. C'est un principe absolu du gaullisme qui ne doit pas être enfreint.

« Chirac tient une partie de son prestige auprès des militants du fait que ces derniers pensent qu'il s'opposera à Giscard. Les plus virulents des antigiscardiens de l'UDR sont les prochiraquiens les plus engagés. Je le vérifie chez moi, en Loire-Atlantique : ils s'amusent de voir la puissance de ce jeune Chirac croître et faire front contre la toute-puissance du chef de l'État. Le problème est d'ailleurs là. Ce qui est intéressant aujourd'hui, c'est, bien plus que les histoires internes de l'UDR, ce qui se passe, ce qui va se passer entre Giscard et Chirac. »

7 JUIN 1974

Maurice Couve de Murville est contre un président de l'UDR dans la mesure où la création d'une telle présidence conduirait inévitablement à des dissensions entre les candidats : Chaban, Debré et autres barons, qui ne rêvent encore que de pouvoir. À moins qu'un accord puisse être trouvé d'ici là... Quoi qu'il en soit, il entend exclure Chaban (qui affiche toujours des prétentions alors qu'il est « un vaincu »). Il souhaite en réalité que les barons ne jouent plus un rôle de premier plan et rentrent dans le rang. « Ils ont fait leur temps, place aux jeunes ! » Je lui dis : « Et vous ? » Il ne répond pas, mais il semble ne rien exclure pour ce qui le concerne.

Couve est pessimiste sur l'avenir de l'UDR : rivalité entre les dirigeants et désarroi chez les militants. Il pense que des élections auront lieu l'année prochaine et qu'elles pourraient sonner le glas du mouvement. Pour lui, l'UDR était un rassemblement de gens de gauche et de droite. La gauche est allée vers Mitterrand, la droite vers Giscard. Il ne reste plus grand-chose pour les gaullistes. Il croit qu'aux prochaines élections législatives, la coalition giscardo-centriste battra le candidat UDR dans de nombreuses circonscriptions. L'avenir est donc très sombre.

Couve estime que Giscard a bien fait de se séparer de Foccart[1] dont la présence ne correspondait plus aux réalités africaines. Depuis le début de la Ve République, beaucoup de choses ont changé, à commencer par les chefs d'État africains eux-mêmes et les régimes en place. « Exit Foccart, bravo ! »

Couve juge « ridicule » l'ambition de Jobert de jouer un rôle dans la vie politique française, et pas croyable son projet de créer un rassemblement politique. Il critique violemment sa politique étrangère[2] : « Après avoir été atlantiste, dit-il, il s'est montré brusquement, quatre mois avant la mort de Pompidou, d'une extrême intransigeance à l'égard des Américains, sans que l'on ait compris pour quel motif. Quant à sa politique arabe, elle a été aberrante. Jobert a confondu puissances arabes et puissances pétrolières. Il y a deux puissances arabes : l'Égypte, avec laquelle il nous a brouillés, et l'Algérie. Sa tournée des capitales arabes a été un échec. Il a été à peine reçu à Djedda et à Riyad et il a oublié, semble-t-il, que l'Arabie saoudite, c'était l'Amérique. »

Couve dit préférer la situation politique actuelle, depuis l'arrivée de Giscard, à l'équivoque et l'imposture des cinq années précédentes. « Au moins, maintenant, on voit clair, dit-il, je me sens soulagé. Je respire enfin mieux. » Il loue l'habileté de Giscard pendant sa campagne, l'excellence de ses prestations télévisées, mais se pose la question : « Est-il un homme d'État ? Nous allons le voir. » Il pense que, jusqu'à maintenant, « Giscard n'a pas été grand-chose », et que « ... Ponia, c'est tout. Pendant que Giscard remontait les Champs-Élysées, ajoute-t-il, Ponia constituait le gouvernement. Ponia, c'est un truand, mais de classe. Il est tout-puissant. Chirac, en revanche, n'est rien. Le Premier ministre, c'est à la fois Ponia et Giscard. Chirac le sait. Il n'existe que parce qu'il est UDR. Il a donc besoin de nous et il s'appuiera sur nous. C'est la raison pour laquelle il tiendra largement compte de l'UDR ».

Couve pense enfin qu'il est une chose sur laquelle Giscard ne pourra revenir, ce sont les grandes options de politique étrangère :

---

1. En charge des « affaires africaines » à l'Élysée depuis 1958.
2. Michel Jobert a été ministre des Affaires étrangères de 1973 à avril 1974.

indépendance de la France, indépendance de l'Europe, relations avec l'Est, force nucléaire, etc. Parce que ces données apparaissent maintenant aux Français comme intangibles. Ils y tiennent et ne toléreront pas qu'on y touche. Ceci est une constatation très importante. « Bien sûr, ajoute-t-il, Giscard et Ponia pourront être tentés de détruire ces choses en prétendant qu'ils les maintiennent, c'est-à-dire en sauvant les apparences et en mentant à l'opinion. Mais alors nous serions là pour rétablir la vérité. »

11 juin 1974

Selon Lipkowski, il est sûr que Michel Jobert a pensé se présenter à l'élection présidentielle. « J'aurais fait plus de voix que Chaban », affirme-t-il aujourd'hui.

« Jobert entend maintenant aller vite et loin, poursuit Lipkowski. Il se donne six mois, craignant d'être oublié, passé ce délai. C'est pourquoi il a le projet, dès cet été, de faire un tour de France et publier prochainement un livre chez Grasset. Le parti qu'il va créer s'appellera "Les Démocrates". Il entend lui fixer une double mission. D'abord être une structure d'accueil pour tous les socialistes qui veulent quitter leur parti, pour tous les hommes de gauche désireux d'aller quelque part. Ensuite, avoir une action, une "démarche" parallèle à celle des gaullistes, c'est-à-dire non confondue avec l'UDR (quoique, dans l'esprit de Michel Jobert, la double investiture pourrait être accordée aux députés se réclamant de l'UDR et des Démocrates). Selon un ancien ministre auquel il se serait confié, le dessein profond de Jobert serait en fait de mettre la main sur l'UDR et d'en prendre la présidence. Il considère que le gaullisme historique a fait son temps. "Le gaullisme, dit-il, doit se régénérer. Mais il lui faut des hommes nouveaux. Je m'offre à être l'un d'eux." »

« Si Giscard réussit – dans six mois, dans un an – il organisera des élections législatives anticipées, ajoute Lipkowski. C'est le but de Ponia qui est sûr de la réussite de Giscard dans les domaines économique et financier, tant à propos de la maîtrise de l'inflation que du maintien de l'emploi. Il mise beaucoup sur une conjoncture internationale rendue plus favorable par une baisse généralisée du cours des matières premières... En fait, les giscardiens nous haïssent. Ils veulent notre peau. Cela est sûr. Nous savons que leur but est de se débarrasser des 180 députés UDR et de les réduire à 60, voire 30. Pour cela, ils présenteront aux prochaines législatives un candidat devant chaque gaulliste. Résultat : pris en étau entre le centre et la gauche, nous serons laminés. »

Lipkowski est tout aussi pessimiste quant à l'évolution de notre politique étrangère : « Il y a dans le gouvernement cinq ministres appartenant à l'association parlementaire "France-Israël". Pas un n'appartient à une association franco-arabe. Des gens comme Ponia sont de véritables sionistes. Notre politique au Moyen-Orient risque de changer du tout au tout.

« Comme mes collègues de l'ancienne équipe, je n'ai pas été prévenu, lors de la formation du gouvernement[1]. C'est sans précédent. La vérité, c'est qu'ils ne perdent pas une occasion de nous humilier. C'est par la télévision que j'ai appris que je n'étais plus secrétaire d'État. »

Lipkowski se montre enfin très sévère pour Chirac, qu'il juge irréfléchi et brutal. « Pompidou m'a dit un jour : "Pierre Juillet et Marie-France Garaud me cassent les pieds avec l'idée de mettre Chirac à l'Intérieur, lui qui a perdu la tête en mai 1968..." »

12 JUIN 1974

Giscard ne voulait pas exclure JJSS du gouvernement[2], m'affirme Alexandre Sanguinetti. Il se serait contenté de lui administrer une sévère admonestation. C'est Chirac qui, au cours d'un entretien nocturne avec le Président, a mis son poste en balance : « Je démissionnerai, a-t-il dit, si JJSS demeure au gouvernement. » Giscard a cédé. Pour Sanguinetti, cet incident est significatif. Il démontre que Chi-

---

1. Celui de Jacques Chirac.
2. JJSS ayant condamné, le 9 juin, la reprise des essais nucléaires dans le Pacifique, le Premier ministre a exigé aussitôt son éviction du gouvernement.

rac est convaincu de n'être rien sans l'UDR, et de devoir tenir compte d'elle avant toute chose. Il sait bien que le temps d'un Premier ministre n'est jamais long, et il pense à son avenir. Appartenant à l'UDR et n'ayant pas l'intention de la quitter, il fera tout pour renforcer sa position personnelle au sein de cette formation.

S'agissant des barons, Sanguinetti ajoute : « C'est navrant, aucun n'a renoncé. Tous veulent prendre la direction de l'UDR : Debré, Chaban, Guichard, sans parler de Peyrefitte. Or, il faut qu'ils comprennent que c'est terminé pour eux, mais il est difficile pour moi de le leur dire. Seul Guichard pourrait avoir un rôle à jouer. Mais Debré et Chaban, il faut en finir avec eux. »

Il estime que Poniatowski est « le véritable ennemi des gaullistes ». Il veut la mort de l'UDR et fera tout pour cela. Sa haine des gaullistes remonte, selon Sanguinetti, à la guerre, à l'affaire Giraud – l'un des membres de sa famille ayant eu à pâtir de l'affrontement de Gaulle-Giraud. Et aussi à l'OAS. « Quand j'étais au cabinet de Roger Frey, ministre de l'Intérieur, j'ai failli faire arrêter Ponia parce qu'il livrait tous les comptes rendus des Conseils des ministres à l'OAS. Il hait de Gaulle. Cela dit, je pense que Giscard se débarrassera peu à peu de son emprise. Leurs relations ne peuvent plus être désormais celles du temps où Giscard était simple ministre.

« Le drame de l'élection présidentielle pour l'UDR, conclut Alexandre Sanguinetti, est que nous n'avions personne à opposer à Giscard et à Mitterrand. Dès le 3 avril[1], Chaban s'est précipité chez Messmer : "Je me présenterai, lui a-t-il dit. Rien ne me fera reculer." Si Messmer s'était présenté aussitôt après, il n'y a aucun doute : Giscard aurait renoncé et Chaban aurait été contraint d'en faire autant. Mais Messmer – jusqu'à sa présentation de candidature – s'est dérobé et a paru appuyer Chaban. C'est lui le grand responsable de l'élection de Giscard, par ses atermoiements, son indécision. »

---

1. Lendemain de la mort de Georges Pompidou.

1er JUILLET 1974

Christian Fouchet a rendu visite à Guichard, la semaine dernière, dans son petit rez-de-chaussée de la rue de Lille, pour lui demander : « Que faites-vous ? Où en êtes-vous ? » Guichard lui a répondu qu'il ne ferait rien avant d'être réélu député de La Baule, c'est-à-dire avant la rentrée. Trois possibilités s'ouvrent à lui : entreprendre quelque chose soit au sein de l'UDR (mais où en sera l'UDR à la rentrée ?), soit en dehors, si rien ne peut être vraiment tenté au sein du mouvement, soit encore avec Michel Jobert.

Guichard paraît suivre avec grand intérêt l'expérience de Jobert[1] et se solidariser avec lui. « Jobert, Fontanet[2] et moi, nous nous voyons », a-t-il confié à Fouchet, sans lui en dire davantage.

Fouchet l'a trouvé très sévère à l'égard de Chaban, triste et découragé : « Nous avons eu seize années de bonheur, maintenant c'est fini. » D'où le nom du club qu'il vient de créer : le « Club 16 » qui réunira ses anciens collaborateurs.

Fouchet ne se manifestera pas, quant à lui, avant la rentrée. Il compte demeurer solitaire. Pour cela, il a repoussé les offres qui lui étaient faites de revenir à l'UDR. Il a aussi refusé de rejoindre les gaullistes de gauche qui voudraient se rapprocher de François Mitterrand. Il ne voit de possibilité de renaissance du gaullisme qu'en dehors de l'UDR, et à partir d'un tout petit noyau dont il exclut tous les barons et autres (Couve notamment), qu'il considère lui aussi comme finis.

11 JUILLET 1974

Maurice Couve de Murville se livre devant moi à une critique acerbe de la politique extérieure menée, hier, par Georges Pompidou et Michel Jobert, et aujourd'hui par Giscard et Sauvagnargues[3].

S'agissant de Pompidou, il estime que l'immobilisme de sa

---

1. Il vient de créer le « Mouvement des démocrates ».
2. Ancien ministre centriste.
3. Jean Sauvagnargues, ministre des Affaires étrangères du gouvernement Chirac.

politique a été causé par sa maladie. Concernant Jobert, il s'est agi, selon lui, de profondes erreurs de jugement. Un exemple : au Proche-Orient, il a fait une politique pétrolière alors qu'il fallait faire une politique arabe. Quant à Giscard et Sauvagnargues, il est encore trop tôt, me dit Couve, pour les juger après deux mois de pouvoir. Couve, cependant, dénonce une certaine « phraséologie » chez Giscard, dans ses déclarations, ainsi qu'un certain immobilisme – en dépit du changement annoncé.

Au sujet du Proche-Orient, Couve pense que l'Égypte pourrait laisser tomber ses alliés et faire une paix avec Israël[1] qui conserverait alors Charm-el-Cheikh et les rives du golfe d'Akaba. Quant à la Cisjordanie, jamais selon lui Israël ne la cédera, jamais Israël n'acceptera la création en Cisjordanie d'un État palestinien. La situation au Proche-Orient n'est donc pas mûre pour un règlement, et c'est sans doute la raison pour laquelle les Russes laissent volontiers les Américains jouer là-bas les premiers rôles. Brejnev sait en effet que Nixon ne pourra rien y gagner. Au passage, Couve assure que les Russes jouent à fond contre les Palestiniens, qui sont pour eux de dangereux gauchistes.

Sur l'Europe, la position de Couve est la même. « Il est manifeste, dit-il, que nos partenaires ne veulent pas l'union politique. Alors, renonçons-y. Faisons le gros dos. Cessons de projeter des conférences au sommet d'où il ne sortira rien et bornons-nous pour l'instant à consolider ce pauvre Marché commun. » À ce sujet, il assure que les Anglais ne pensent pas du tout à en partir.

S'agissant de la question du pétrole, Couve défend les Arabes contre l'accusation qui leur a été faite d'avoir relevé unilatéralement leurs prix. Il fait remarquer que les prix de toutes les matières premières mondiales avaient augmenté ces dernières années, à l'exception du seul pétrole. Il était donc normal que celui-ci en fasse autant. (Il rappelle alors que la première puissance mondiale pétrolière, c'est les États-Unis, suivis du Venezuela, et, en troisième position, de l'Arabie saoudite et de l'Iran). Ainsi aurait-il fallu que le prix

---

1. Celle-ci interviendra cinq ans plus tard, scellée par le traité signé à Washington le 26 mars 1979 entre l'Égypte et Israël.

du pétrole augmentât progressivement comme le reste. Tout aurait alors été évité. La crise est née du fait que l'augmentation a eu lieu d'un seul coup.

Couve s'attend à une crise internationale dramatique sur le plan économique et financier. Il en voit le signe dans le krach de certaines banques, l'effondrement des bourses, la hausse des prix des matières premières et l'inflation.

12 juillet 1974

Michel Debré est plus alarmiste que jamais : « Le gouvernement Chirac me fait peur, confie-t-il, car il n'y a que des médiocres, à part Fourcade, le ministre des Finances, Mme Veil[1], et, dans son genre, Poniatowski. Ce gouvernement me fait peur parce qu'il ne peut pas réussir. L'UDR, quant à elle, est moribonde. En l'état, elle ne peut pas se remettre de l'arrivée au pouvoir de Giscard. Il lui faut un président et des idées. Cette pauvre UDR se giscardise, c'est-à-dire qu'elle va à la mort.

« Quant à Jobert, dit encore Debré, si l'UDR se redresse, il sombrera dans le ridicule. Si l'UDR meurt, alors il a une carte à jouer et pourra sans doute faire élire quelques députés jobertiens. » Enfin il pense, comme Guichard, qu'il est bien possible, tout compte fait, que le candidat de Pompidou à l'élection présidentielle ait été Giscard.

24 juillet 1974

Pour Alain Peyrefitte[2], Giscard est « un gaullien qui veut la disparition des gaullistes ». Il est sûr, selon lui, que Giscard et Ponia avaient pensé à des élections législatives dans la foulée de la présidentielle, de manière à régler son compte à l'UDR et à disposer, à

---

1. Ministre de la Santé.
2. Alors simple député de Seine-et-Marne.

l'Assemblée, d'une autre majorité. Ils auraient hésité pendant une quinzaine de jours, puis renoncé à ce projet en raison du risque encouru : la victoire de la gauche. C'est alors seulement qu'ils se sont résolus à traiter avec l'UDR, à la ménager et à compter avec elle[1].

C'est pourquoi Peyrefitte estime que l'UDR – qui n'est plus sous la menace d'une dissolution – doit rester elle-même et ne pas se précipiter dans les bras de Giscard, comme l'a fait Sanguinetti (il condamne avec vivacité ce dernier à ce sujet). « L'UDR doit rester digne, c'est-à-dire vigilante. Cela dit, la vigilance n'exclut pas, bien entendu, l'appui. Un appui que l'UDR doit à Giscard, puisqu'elle a aidé à son élection... »

On sent que les appétits de Peyrefitte sont immenses et qu'actuellement il ne veut pas dévoiler le fond de sa pensée quant à ses projets d'avenir. Le mot qui revient sans cesse dans sa conversation est : attendre. Il est sûr que, de tous les « vieux » leaders de l'UDR, il estime être le seul, avec Olivier Guichard, à pouvoir jouer encore un grand rôle à la tête du parti. Frey est au Conseil constitutionnel, Chaban est exclu par sa défaite, Michel Debré est un « repoussoir », Sanguinetti beaucoup trop vieux, etc. ; restent lui et Olivier qui doivent s'entendre et former une sorte de direction collégiale avec trois jeunes représentant le changement, le rajeunissement, la transformation de l'UDR.

Évoquant l'échec de Chaban, Peyrefitte insiste sur le fait que les sondages, au départ de la campagne, plaçaient largement Chaban devant Giscard. Il souligne que, dans une conversation avec Pompidou en janvier dernier, celui-ci avait prédit la victoire du candidat UDR contre Giscard, quel qu'il fût. Il note aussi que Fontanet s'était exclamé : « Pourvu que Giscard se présente de manière à ce qu'il en soit une fois pour toutes fini du mythe giscardien ! » Ainsi, beaucoup croyaient fermement en la victoire de Chaban.

Peyrefitte s'attarde aussi sur les raisons, bien connues, du succès de Giscard et celles de la défaite du maire de Bordeaux (annonce prématurée de sa candidature, scandale de l'avoir fiscal, divorce,

---

1. D'autant que le Premier ministre, Jacques Chirac, est issu de ses rangs...

mauvaise campagne, discours exécrables...). Peyrefitte pense que Giscard sait bien qu'après sa victoire, il dispose juste de quelques mois pour agir. Selon lui, c'est la raison de sa précipitation dans tous les domaines, notamment celui de l'ORTF[1] où « il fait des choses auxquelles le général de Gaulle et Georges Pompidou n'auraient même pas osé penser ». Au passage, il relève le goût du nouveau président pour Louis XV et se rappelle, alors qu'il était ministre des Affaires culturelles, de Giscard lui demandant d'organiser et de patronner avec lui une exposition qui réhabiliterait ce roi et citerait son règne en exemple. Et Peyrefitte de s'interroger : « Est-ce parce qu'il descend de Louis XV ou veut le faire croire, qu'il tenait tant à organiser une telle manifestation ? »

25 juillet 1974

Selon un interlocuteur qui l'a rencontré aujourd'hui, Jobert a vu Chirac dernièrement (« Je l'ai sauvé de plusieurs assassinats », a-t-il glissé en souriant). Il entretient avec lui, soi-disant, les meilleures relations personnelles. « L'UDR s'est ralliée à vous parce qu'elle n'a pas le choix, lui a-t-il dit. Avec vous elle a des chances de garder des députés. Contre vous, elle a toutes les chances d'en perdre les trois quarts. »

Quant à ses propres ambitions, Jobert, toujours insaisissable, déclare qu'il ne se présentera pas aux élections législatives (être un député parmi d'autres, à quoi bon ?), que son action est parallèle au gaullisme, qu'il va continuer à prononcer des discours, qu'il écrit actuellement un livre, *Mémoires d'avenir*, qui paraîtra chez Grasset, etc.

---

1. Soucieux d'alléger la mainmise du pouvoir sur la télévision, le gouvernement de Jacques Chaban-Delmas avait créé des unités d'information autonomes, dont l'indépendance devait être garantie par le conseil d'administration de l'ORTF. Cette mesure est très critiquée par l'aile conservatrice de l'UDR et certains conseillers influents de Georges Pompidou, comme Pierre Juillet.

24 octobre 1974

Vive altercation avec Jacques Chirac, à l'École militaire, lors de la réception organisée en l'honneur de Pierre Messmer pour sa décoration de grand officier de la Légion d'honneur. Le Premier ministre m'aperçoit et soudain, comme une torpille, fonce vers moi : « Votre papier, monsieur Mauriac, sur le dernier Conseil des ministres de Georges Pompidou, n'est que mensonges ! » Je réplique aussitôt : « C'est vous le menteur, monsieur le Premier ministre, vous êtes un menteur ! » Nous crions aussi fort l'un que l'autre, au point que plusieurs invités se rapprochent et font bientôt cercle autour de nous. « Monsieur Mauriac, ne me faites pas sortir de mes gonds, reprend Chirac. – Sortez-en si vous voulez, lui dis-je. De toute façon, vous n'êtes qu'un menteur ! » Le Premier ministre semble vouloir en venir aux mains, quand Olivier Guichard et d'autres invités, ainsi que les gardes du corps, s'interposent, poussant Chirac vers sa voiture qui l'attend toutes portes ouvertes. En proie à une véritable colère, je me précipite vers le véhicule et crie à travers les vitres baissées : « Vous n'êtes qu'un menteur ! » tandis que la voiture officielle s'éloigne.

13 novembre 1974

Giscard envoie Poniatowski en Algérie pour préparer la visite officielle que le Président doit y effectuer l'année prochaine. Selon un de ses proches, Giscard, comme de Gaulle, veut sauvegarder à tout prix, quoi qu'il arrive, la bonne marche des relations franco-algériennes. C'est une des raisons pour lesquelles il tient à ce que ce soit Ponia lui-même, et non le ministre des Affaires étrangères, Jean Sauvagnargues, qui s'occupe du voyage. En outre, le ministre de l'Intérieur est mieux placé que quiconque pour poser le problème de l'immigration des travailleurs algériens en France. La question la plus aiguë pour nous, dans ce domaine, est celle de la délinquance des jeunes Algériens : 30 à 40 % de la délinquance adolescente serait de leur fait. Le chiffre est tenu confidentiel pour ne pas alerter l'opinion française.

Michel Jobert est devenu manifestement la bête noire du pouvoir giscardien. Son action inquiète l'Élysée, qui tâche de la minimiser. On en veut à Jobert, ancien collaborateur et ministre de Pompidou, d'être passé dans le camp adverse. On ne lui pardonne pas ses attaques personnelles contre Giscard, mais on pense qu'il ne pourra pas poursuivre longtemps son « forcing » actuel, puisqu'il ne rassemble jamais plus de cinq cents personnes lors de ses tournées provinciales.

1975

14 janvier 1975

Voyage à Téhéran avec Michel Debré, du 6 au 13 janvier. Il n'est plus du tout exclu que l'ancien Premier ministre quitte l'UDR lors du prochain Conseil national si Chirac conserve le secrétariat général dont il vient de s'emparer[1] ou s'en remet à d'hypothétiques assises. Il dit et répète qu'il faut quitter l'UDR. Encore qu'il se rende parfaitement compte que le temps d'agir est passé pour lui, qu'il est maintenant trop tard : « Après le coup de Chirac annonçant sa candidature au secrétariat général de l'UDR, j'aurais dû monter à la tribune et lui opposer immédiatement ma propre candidature. Évidemment, je jouais alors le tout pour le tout, mais j'avais des chances, de très grandes, de très fortes chances. Voilà ce que j'aurais dû faire. Voilà ce que je n'ai pas fait. Les regrets ne servent à rien. Il ne sert plus à rien d'en parler. N'y pensons plus, mais j'y pense sans cesse. » Debré ajoute que s'il avait alors gagné contre Chirac, ce dernier aurait été obligé de quitter son poste de Premier ministre.

Ainsi Michel Debré constate qu'il a raté des occasions pour s'imposer, pour faire quelque chose, pour reprendre le parti en main, pour sortir de la situation – qu'il n'estime plus supportable – dans laquelle il se trouve aujourd'hui. Ses regrets sont lancinants. Ils

---

1. En décembre 1974.

reviennent sans cesse. Ils sont son obsession. Ils l'empêchent de dormir.

Il craint de n'avoir plus à jouer le moindre rôle. Alors il ne cache pas sa tristesse, son chagrin, son désarroi, son amertume, sa douleur. Il marche de long en large, il demeure plongé dans ses réflexions, il est absent. Indéfiniment il revient à son problème personnel. Que peut-il faire ? Entrer dans le gouvernement, comme on le lui a proposé ? Cela, jamais ! Comment pourrait-il remplir son rôle, sa mission avec Giscard comme président ? C'est impossible, impensable. Il perdrait sa raison d'être, son image de marque auprès des militants. Alors, continuer à faire ce qu'il fait actuellement ? Être mal à l'aise dans un parti où sa popularité décroît, où il a été lâché, abandonné par beaucoup de ceux qui furent ses amis, où la ligne suivie s'écarte à son avis, chaque jour davantage, de l'héritage gaulliste, où son inaction, son impuissance, sa solitude le rendent chaque jour plus amer et plus triste ? Alors, s'en aller ? Il dit y penser. Et sérieusement. Puis de nouveau il ressasse : « Quel peut être mon avenir ? Que puis-je faire maintenant ? Rien, plus rien. Je suis complètement isolé. Il ne me reste plus qu'à m'effacer. Il y a des moments où je me demande si je ne ferais pas mieux de démissionner de tout. Je ne vais pas indéfiniment continuer à publier des articles et dire ce que je pense. Je finirai par lasser tout le monde. Je serai l'éternel empêcheur de tourner en rond. Beaucoup de mes amis qui m'ont lâché (Fanton et les autres) disent : "Place aux jeunes !" Mais c'est un mensonge. C'est un prétexte. S'ils adoptent cette position contre moi, c'est pour camoufler leur alignement sur le gouvernement. » Il ajoute cependant : « Après tout, Giscard pourra peut-être profiter d'une meilleure conjoncture internationale. Et Chirac est un nationaliste ! Peut-être les jeunes UDR, en entrant au gouvernement, pourront-ils sauver ce qui peut l'être. Ils ont peut-être raison... En tout cas, pour moi, c'est fini ! »

Son opinion sur Giscard est catégorique. Il est indigné et de sa conduite personnelle et de son style comme de sa politique étrangère : « C'est un démagogue, déclare-t-il, un égocentrique. Il ne pense qu'à lui. Il prend des risques énormes à force d'initiatives démagogiques, et tout cela peut très mal se terminer. Le soir où

Giscard a formé son gouvernement, ajoute-t-il, il m'a téléphoné pour me demander ce que j'en pensais. J'ai passé les ministres en revue et lui ai dit : "Ce n'est pas un gouvernement sérieux." Il s'est récrié : "Mais comment pouvez-vous dire cela ! Je vous assure que..." En vérité, poursuit Debré, les ministres UDR actuellement au gouvernement sont des otages. Rien de plus. La politique de Giscard est une politique d'intégration et d'atlantisme. Il rencontre en ce moment quelques obstacles pour réussir à mettre en œuvre cette politique. Mais il a le temps. Il attend. Croyez-moi, n'oubliez jamais Ponia. Il est là pour veiller à l'application, un jour, de l'atlantisme, de la supranationalité. Le plus grave, bien sûr, a été cette décision, rendue publique à l'issue du sommet des Neuf, qui conduira dans trois ans à l'élection des députés de l'assemblée de Strasbourg au suffrage universel. Voilà bien le retour à la supranationalité ! Et cela n'est pas supportable. » Debré me parle alors d'une autre conséquence prévisible de cette élection : le démantèlement des États sur le plan régional. « Chirac, ajoute-t-il, m'a vu plusieurs fois pour calmer mes appréhensions, pour tenter de me convaincre de la pureté de ses intentions en la matière, pour m'assurer qu'il n'y avait là rien de grave, que je me faisais des idées, etc. "Il faut que vous voyiez Giscard pour être tout à fait rassuré, m'a-t-il dit. Je vais lui demander de vous recevoir. – Gardez-vous-en bien !" lui ai-je répondu.

« Chirac a une chance extraordinaire, poursuit Debré. Il a été servi par le lamentable état de l'UDR. Aussi cet "appareil" le suit-il aveuglément aujourd'hui parce qu'il préfère la situation présente à celle d'avant, et croit dur comme fer à toutes ses professions de foi gaullistes. Chirac a été servi ensuite par la division de la gauche. Il l'a été enfin par le piétinement actuel des Indépendants, leur absence de la scène politique.

« Cela dit, je suis persuadé que ce sont les maladresses de Chaban qui ont poussé Chirac à se lancer à l'assaut de l'UDR. Je veux dire : ses effroyables maladresses durant le dîner chez Roger Frey[1]. Il n'a

---

[1]. Le 12 décembre 1974, les « barons » se sont retrouvés à dîner chez Roger Frey, le président du Conseil constitutionnel, en présence de Jacques Chirac. La question à l'ordre du jour est le remplacement d'Alexandre Sanguinetti au secrétariat général de l'UDR. Mettant à profit l'indécision des « barons », Chirac annonce ce soir-là son intention de prendre lui-même la direction du mouvement.

cessé toute la soirée de pousser Olivier à prendre le secrétariat général de l'UDR et à faire ainsi comprendre à Chirac que tout cela était dirigé contre lui. On ne pouvait plus mal s'y prendre. C'est tout le contraire qu'il fallait faire !

« Chirac a demandé de nouveau à me voir avant mon départ pour Téhéran (cela est très confidentiel). Je ne tenais pas à cette rencontre, je voulais l'éviter. Puis j'ai cédé et il est venu déjeuner chez moi, rue Spontini. Le croirez-vous ? Il ne m'a pas dit un seul mot de l'Iran, de son voyage et du mien. Il ne m'a parlé que de l'UDR, et cela, pour se justifier. Et, tenez-vous bien, il m'a proposé les Finances (cela est très, très confidentiel). Oui, les Finances !

« Ceci dit, Chirac promet tout à tout le monde. Avec moi il ne risquait rien, sachant que je ne pouvais accepter. Il a promis, par exemple, à Messmer de rentrer au gouvernement. Mais je pense que le remaniement, qui aurait dû avoir lieu prochainement, a été remis à plus tard et que Chirac préférera tout faire d'un seul coup. »

Debré porte sur Chaban un jugement méprisant : « Chaban a actuellement tort, dit-il. Il cède à son dépit et c'est ce qu'il y a de pire. Ah ! Chaban ! Il n'a rien fait pour préparer son élection présidentielle. Il nous a trompés. Que faisait-il donc, alors que Giscard et Mitterrand, eux, s'y préparaient de longue date et avec le sérieux qu'il fallait ? Et maintenant, qu'il fasse attention à sa mairie de Bordeaux. Ponia fera tout pour qu'il la perde ! »

Lipkowski, qui participe à la conversation, est plus dur encore : « Chaban magouille avec Mitterrand. Il a eu l'intention de créer un groupe charnière et, avec les voix communistes et socialistes, de faire tomber le gouvernement à l'Assemblée. Il a demandé un jour à Yvon Bourges[1] et à moi de venir le trouver pour nous faire part de son projet : "Alors, les gars, on y va ?" J'ai refusé tout net. Les groupes charnières, je les connais, c'est la IVe. Après la chute éventuelle du gouvernement, Chaban comptait sur d'hypothétiques nouvelles élections remportées grâce à une conjonction Chaban-Jobert-Mitterrand. Chaban, pour moi, c'est fini. »

---
1. Alors ministre de la Défense.

Au sujet d'Alain Peyrefitte, Michel Debré n'est guère plus tendre : « Il me dit : "Allez-y, faites ceci, faites cela !" Il aime bien envoyer les autres au front. Mais lui, il reste au fond de sa tranchée ! »

J'ai eu beaucoup de chance, pendant ce voyage : Michel Debré a eu pitié de moi, installé dans un hôtel minable par les soins de l'AFP. À sa demande, je transportai mes pénates à l'ambassade de France où l'ambassadeur et sa femme, Robert et Yvonne de Souza, devinrent très vite mes amis. Ainsi, de tout le séjour, ne quittai-je guère Michel Debré qui avait été invité par M. Nahavandi, recteur de l'université de Téhéran. Pendant tout le voyage – comme tous les hommes politiques français que j'ai abordés dans ma vie de journaliste –, Michel Debré n'avait pas vraiment quitté la vie politique parisienne : nous étions à Ispahan, à Chiraz ou à Persépolis, et nous ne parlions que de Chirac et de Giscard !

22 JANVIER 1975

« Pour l'instant, ce qui m'intéresse, c'est mon livre, *Un chemin tranquille*[1], qui paraîtra au début de mars, me confie Olivier Guichard. J'aimerais qu'il ait du succès, j'aimerais qu'il se vende. J'y attache de l'importance, un peu comme un écrivain attache de l'importance à son œuvre. » Ce « chemin tranquille » est, bien sûr, celui qu'il a suivi auprès du général de Gaulle. En tête du premier chapitre, Olivier cite Chateaubriand : « Que reste-t-il à dire après la mort d'un tel homme ? »

Il en revient très vite à la politique : « Chirac va demander une prolongation de son mandat à la tête de l'UDR, probablement jusqu'au mois de juin, à la prochaine réunion du Conseil national, prolongation qu'il obtiendra sur-le-champ, me dit-il. J'ai, certes, pensé à m'opposer à lui et à me présenter. Mais je ne le ferai pas. À quoi bon être vaincu et prendre la tête d'une minorité avec Debré, Chaban et tous les passéistes ? Je ne me présenterai donc pas. »

---

1. Flammarion, 1975.

7 FÉVRIER 1975

Maurice Couve de Murville se déclare « affreusement choqué par les voyages de commis voyageur de Chirac. C'est indigne d'une grande puissance, assure-t-il, de voir le Premier ministre, revenant de visites officielles, proclamer tout ce qu'il a obtenu et pousser de tels cocoricos ! Indigne et d'autant plus ridicule que nous savons que rien n'a été réellement signé et que tout ce que nous proclamons comme acquis, réglé, en réalité ne l'est pas.

« Notre politique au Moyen-Orient me choque dans la mesure où les choses sont mal faites, poursuit Couve. Avait-on, par exemple, besoin de dire qu'Arafat, le leader palestinien, était un grand homme d'État ? C'est trop. Pourquoi, d'autre part, le rencontrer à Beyrouth, aux portes d'Israël, alors que cette rencontre eût été possible au Caire ? Voyez-vous, je suis sûr que les Américains sont derrière tout cela et que nous n'avons reçu et reconnu Arafat que parce que Kissinger était d'accord et que cette politique sert les intérêts des États-Unis.

« Giscard l'a dit : Chirac veut être bien avec tout le monde. Il ne veut faire de la peine à personne. Il va s'aligner complètement sur les conditions anglaises pour le maintien de la Grande-Bretagne dans le Marché commun. C'est là que réside la raison essentielle du vide de notre politique étrangère.

« Pour le reste, nous sommes en plein retour du régime des partis, du fait non seulement que les chefs des partis siègent maintenant au gouvernement, mais aussi en raison de ce qui se passe à l'intérieur de la majorité... A-t-on jamais vu le général de Gaulle parler de majorité présidentielle ? De son temps, elle n'existait pas dans le contexte politique. Une seule majorité comptait : la majorité parlementaire.

« Le plus triste à l'UDR, c'est le manque de moralité et d'honnêteté de certains. De certains Corses, par exemple. Chirac a barre sur les Tomasini[1], les Pasqua[2], les Sanguinetti. Il les tient parce qu'il sait trop

---

1. René Tomasini, alors secrétaire d'État auprès du Premier ministre, chargé des Relations avec le Parlement.
2. Charles Pasqua est délégué à l'organisation de l'UDR, fonction qui lui donne la haute main sur le mouvement gaulliste.

de choses sur eux. Cela étant, il est sûr que Chirac obtiendra la prolongation de son mandat de secrétaire général jusqu'aux assises. Il se fera alors nommer président, après avoir installé au secrétariat général un homme de confiance.

« À l'UDR, j'ai une place à part. Je suis le seul à qui l'on dit, lorsqu'on me passe la parole lors des réunions : Monsieur Couve de Murville. Pour les autres, on dit : Michel Debré ou Olivier Guichard. Ils se tutoient tous. Je ne tutoie personne. J'appelle Chirac : Chirac ».

18 FÉVRIER 1975

Olivier Guichard se sent maintenant dans l'obligation d'assister à toutes les instances de l'UDR depuis que Chaban a pris la décision de ne plus y siéger. Sans cela on risquerait, estime-t-il, de dire qu'il fait cause commune avec lui et redevient à son tour un militant de base.

Olivier Guichard n'a aucune intention de tout abandonner. Il amorce même un rapprochement avec Chirac et votera pour lui, dimanche prochain, au Conseil national de l'UDR. Un tel vote ne pourra qu'être interprété comme une nouvelle victoire du Premier ministre, puisque, désormais, plus personne, au sein du mouvement, ne paraîtra lui résister. Olivier m'explique qu'il ne peut faire autrement. Il ne peut voter contre Chirac, parce qu'il serait alors le seul et trouve absurde toute scission ou tentative de scission. L'abstention est hors de question. Alors il votera pour, mais en maintenant publiquement sa position de fond et en la réaffirmant : le cumul des fonctions de Premier ministre et de secrétaire général de l'UDR est mauvais. Il ne peut être que provisoire. Et il demandera en même temps à Chirac de fixer une limite à ce cumul. Fin juin, par exemple.

Je l'interroge alors : « Et que feras-tu si tout se termine par son élection à la présidence de l'UDR ? » Il me répond : « Alors on verra bien. » Je décèle en lui beaucoup de lassitude. Il me dit en partant : « Il faut durer... Et puis, rien ne dure toujours. »

8-15 MARS 1975

Voyage à Athènes. Le Premier ministre grec, Constantin Caramanlis[1], m'a paru hermétique, comme éloigné du monde des vivants du fait peut-être de sa surdité, préoccupé et manifestement concentré sur ses pensées intérieures. L'homme privé, divorcé, vit solitaire. Le chef du gouvernement aussi. Il n'aborde pas facilement les problèmes. On le sent d'une grande prudence.

« J'ai tout à faire en même temps, me dit-il lors de notre première rencontre : redresser la situation économique, veiller sur l'armée, rétablir la démocratie, faire face au danger national. » Ce danger national, pour lui, c'est la menace de guerre avec la Turquie. Il n'exclut pas la guerre d'ici l'été. Il l'a dit à d'autres : il la craint parce qu'il sait qu'elle serait perdue pour les Grecs, étant donné la supériorité des forces adverses (excepté pour la marine). Mais il sait aussi que la bataille ne sera pas perdue en deux jours ni en huit, mais qu'elle durera, parce que les Grecs ont donné, tout au cours de l'Histoire, des preuves de leur vaillance face à un ennemi supérieur en nombre. Si la guerre dure, il est alors sûr que les Russes et les Américains ne resteront pas indifférents à ce conflit et que tout sera à craindre. L'affaire est donc vue à Athènes sous l'angle des complications internationales les plus graves.

Caramanlis habite, non loin de l'ancien palais royal, un appartement petit et modeste, sombre, désert, aux volets clos, d'un goût incertain, dans un confortable immeuble moderne, appartement cerné d'un parc abandonné à la végétation luxuriante. Le chef du gouvernement grec m'a accueilli en me parlant de mon livre, *Mort du général de Gaulle*, qu'il avait lu au temps de son exil à Paris, et aimé. Déjà il avait tenu à me le faire dire, avant mon voyage à Athènes, par Maurice Druon[2] et par l'ambassadeur de Chypre à Paris, Polys Modinos.

---

1. Premier ministre conservateur de 1955 à 1963, il a été rappelé au pouvoir en 1974 après la chute du « régime des colonels » institué sept ans auparavant.
2. Écrivain et ancien ministre des Affaires culturelles (1973). Ami personnel de Jean Mauriac.

Caramanlis paraît vouloir éviter de parler français. Il s'exprime souvent en grec, ce qui ne facilite pas les choses. Mais ce sont surtout la distance qu'il installe très vite entre lui et ses interlocuteurs, une certaine autorité qui revêt quelquefois un caractère d'autoritarisme, sa surdité – comme je l'ai déjà dit –, et ses silences qui apportent quelques difficultés à l'entretien.

Après un premier dîner avec lui dans un restaurant de la ville, j'ai revu Constantin Caramanlis à un dîner intime chez l'un de ses amis, l'une des personnalités grecques les plus importantes, M. Tsatsos (ancien ministre, membre de l'Académie d'Athènes, actuellement président de la commission chargée de préparer la nouvelle Constitution). « Quand j'étais en France, je pensais faire une Constitution à la de Gaulle, me déclare le Premier ministre. Et quand je suis revenu en Grèce, j'ai vite compris que je ne pouvais pas donner au président de la République grecque les mêmes pouvoirs que ceux du président français. Chez nous, ce serait très dangereux. Les pouvoirs seront donc partagés entre le Premier ministre et le Président. Je fais une constitution pour la Grèce, non pour moi ! »

Le 14 mars, je quitte Delphes avec Maurice Druon et Polys Modinos pour Olympie, quand on nous annonce à notre arrivée à l'hôtel : « Le cabinet de M. Caramanlis vient de téléphoner. Un taxi vous attend pour vous conduire immédiatement à Athènes. Le Premier ministre veut dîner avec vous. » Il n'est pas question de refuser. Cinq heures de route à 140 km/h, et nous arrivons juste à temps pour rejoindre le Premier ministre à son bureau.

Il s'agit de l'ancien bureau de Papadopoulos, et Caramanlis m'explique que c'est le dictateur qui a fait transformer cette pièce aux proportions monumentales et au décor solennel et glacé. Le Premier ministre paraît préoccupé : « Les rouages de l'État fonctionnent mal, me dit-il. Tout a été grippé, faussé par les sept ans de dictature des colonels. Certains ministres sont incapables. Les ordres ne sont pas toujours exécutés. La Grèce, c'est une horloge que l'on remonte et dont il faut aussi pousser les aiguilles à la main. » Il ajoute : « Les problèmes actuels, c'est Chypre[1], c'est l'armée – où les choses

---

1. Un conflit armé opposa en 1974 la Grèce et la Turquie pour le contrôle de Chypre.

continuent à aller mal : tout le Saint-Cyr grec, endoctriné par les colonels, est resté fidèle à ces derniers –, c'est la Constitution qu'il faut faire vite et dont la préparation n'avance pas. C'est aussi, mais à une place tout à fait secondaire, les étudiants. » Caramanlis se sent seul, isolé. On croit entendre parler de Gaulle : « Toute la presse est contre moi, tous les notables sont contre moi ! » Il se demande ce qu'il faut faire pour remédier à cette défaillance de la presse, qu'il estime extrêmement grave, pour qu'elle ne soit plus, de façon systématique, hostile à sa politique.

Départ pour le restaurant. Le lieu est bondé. Applaudissements. Mains qui se tendent. Caramanlis est relativement en verve ce soir-là : « Je suis revenu pour sauver l'honneur de mon peuple et non pour accepter son humiliation. Je préfère la guerre à l'humiliation de mon peuple. » C'est une belle phrase. Il l'a dite plus que gravement, avec douleur. Il se tourne vers moi. Il me parle en grec et c'est Modinos qui traduit : « Comme je regrette que la France ne fasse rien. L'Europe doit intervenir dans l'affaire de Chypre. Elle est la seule à pouvoir le faire et c'est la France qui doit prendre l'initiative de cette action. Chypre lui donne l'occasion de jouer le grand rôle moral pour la paix et la justice, qui ne peut revenir qu'à elle et pourrait ne plus se représenter. La Turquie ne respecte pas les décisions et les résolutions de l'ONU. L'Europe peut obliger la Turquie à s'y conformer en la menaçant de lui fermer les portes de la Communauté et de ne plus lui apporter aucune aide. Il n'y a que l'Europe qui puisse obliger la Turquie à respecter les décisions de l'ONU. Ce rôle moral, la France doit le jouer, mais elle ne le joue pas. Cela, je ne pourrai pas le dire à M. Giscard d'Estaing, car je ne veux pas avoir l'air de lui dicter sa conduite. »

Lorsqu'il se lève de table, les gens l'applaudissent debout. Des femmes l'embrassent. Il demeure impassible. Il nous a dit au début du repas : « Il faut maintenant avoir le cœur sec. Je n'ai plus le droit d'être sensible... » Et ceci encore : « La mort, je ne la crains pas ! Mais la vieillesse... »

25 avril 1975

Olivier Guichard se déclare prêt à se rendre aux prochaines assises de l'UDR à Nice, mais résolu à ne pas y prendre la parole. « Je pense que Couve et Debré ne parleront pas non plus. En tout cas, je supplie Debré de ne pas le faire. Mais le pourra-t-il ? Il est essentiel que nous restions silencieux. C'est la seule attitude que nous devons prendre. Laissons la parole aux autres... à Grossmann[1] et compagnie. Ma position à l'égard de Chirac n'a pas changé. Je ne le vois jamais, sauf lors des Conseils exécutifs de l'UDR. Il apparaît de plus en plus nerveux et autoritaire. Nous parlions tout à l'heure du terrorisme intellectuel des gauchistes. Avec Chirac, c'est une autre forme de terrorisme ! »

13 mai 1975

Couve est indigné par la décision de Giscard de supprimer les célébrations du 8 mai : « C'est idiot, c'est grotesque. Il devrait savoir, en plus, qu'en France il ne faut jamais, jamais s'attaquer aux anciens combattants. Le personnage de Giscard est difficile à saisir. Pourquoi a-t-il fait une chose unanimement mal accueillie et qui risque d'avoir, dans le moment, de mauvaises conséquences pour lui ? Pourquoi ? Vous savez, il ne faut jamais oublier sa fameuse phrase, quand il est arrivé au pouvoir : "De ce jour, une nouvelle ère commence..." »

En revanche, il approuve le voyage du chef de l'État en Algérie[2], à une nuance près, toutefois : son silence à propos du général de Gaulle. « Il n'a pas cité son nom. On y est habitué. La vérité, c'est qu'il ne veut rien reconnaître de ce qui a été fait avant lui. Il estime qu'il n'y a que lui, et c'est tout. Lui, Giscard !

---

1. Robert Grossmann, fondateur et dirigeant de l'UJP, le mouvement des jeunes gaullistes.
2. Le premier d'un président français depuis l'indépendance de l'Algérie.

« Cela dit, ce n'est pas Giscard qui a été accueilli triomphalement à Alger et à Rabat. C'est le président de la République française. Seul le représentant de la France pouvait recevoir une pareille ovation. Comment ne pas s'en réjouir ? »

Il juge enfin « lamentable » notre politique en Extrême-Orient : « Nous avons parlé trop tard. C'est tout de suite qu'il fallait se manifester, sur le plan humanitaire, vis-à-vis du peuple cambodgien[1]. On a gardé trop longtemps le silence. Au Vietnam, il aurait tout de suite fallu reconnaître le nouveau gouvernement[2]. Pourquoi perdre un temps si précieux ? Quant au Cambodge, c'est une autre affaire. Nous allons devoir payer la lourde faute qu'a été la reconnaissance de Lon Nol[3]. »

J'interroge Couve sur les prochaines assises de l'UDR[4] : « Je ne sais pas encore ce que je ferai, me dit-il. Contrairement à Guichard, je pense que si l'on décide d'y aller, alors il faut parler. Et que, si on décide de ne pas parler, alors il ne faut pas y aller. Debré, lui, dans tous les cas, ira et parlera. Connaissez-vous quelqu'un qui puisse empêcher Michel de parler ? Vous savez, pour moi, la position est toute différente. Pour Olivier, c'est d'abord un problème de caractère personnel : il voulait être le secrétaire général de l'UDR, Chirac a pris sa place. Il voulait entrer au gouvernement, Giscard s'y est opposé. Pour Debré, c'est la tristesse, l'amertume, la désolation de ne plus être au pouvoir. C'est extraordinaire, mais c'est ainsi : il n'y a pas de vie possible pour Michel sans vie ministérielle. Moi, dans les conditions actuelles, je ne veux rien, ni l'UDR ni le gouvernement.

« Bien sûr, me dit encore Couve, c'est navrant de voir le chef de l'UDR être en même temps le Premier ministre. Bien sûr, les deux

---

1. Les Khmers rouges alliés aux troupes de Sihanouk contrôlent le Cambodge depuis la chute de Phnom Penh, le 17 avril 1975. Maurice Couve de Murville est donc de ceux – assez rares à cette époque – qui ont pressenti d'emblée la tragédie qui menaçait les Cambodgiens.
2. Depuis la chute de Saigon, le 30 avril 1975, le Vietnam est gouverné dans sa totalité par les communistes.
3. Le dirigeant du Cambodge imposé par les Américains en 1972 et chassé par les troupes révolutionnaires en avril 1975.
4. Qui doivent se tenir à Nice les 14 et 15 juin suivants.

fonctions sont incompatibles, mais que voulez-vous faire ? Je pense que l'essentiel était de ne pas casser l'UDR, qui est un rassemblement indispensable à la vie politique française. Vous me dites que l'UDR est prisonnière de Giscard, qu'avec Chirac elle ne peut pas prendre parti contre sa politique. C'est vrai. Mais Giscard peut-il vraiment se passer du soutien de l'UDR ? Vous savez, nous sommes en fait prisonniers l'un de l'autre. »

Couve revient d'Italie après un voyage à Moscou et au Caire en tant que président de la commission des affaires étrangères à l'Assemblée nationale : « Je me trouvais à la tête d'une délégation qui comprenait des représentants de chaque parti. Je m'entends bien avec tous. Surtout avec les communistes. Au fond, les communistes, ils n'aiment que nous, ils nous adorent, nous, les gaullistes ! »

14 MAI 1975

Le général de Boissieu pense que Giscard d'Estaing ne se rendra plus au Mont-Valérien chaque 18 juin. C'est sa conviction intime, quoiqu'elle ne repose sur aucune information précise. En tout cas, pour cette année, le Président ne s'y trouvera pas, puisqu'il sera le 18 juin en visite officielle en Pologne.

Il s'est produit un grand émoi chez les gaullistes dès que furent connues les dates du voyage à Varsovie. Furieux, Boislambert, chancelier de l'ordre de la Libération, s'est rendu immédiatement chez Giscard pour lui exposer les conséquences, graves à ses yeux, de son absence à cette célébration, et lui suggérer d'interrompre une demi-journée son voyage afin de se rendre en Mystère au Mont-Valérien et puis de revenir en Pologne dès l'issue de la cérémonie. L'idée avait paru séduire Giscard, au point que Boislambert était reparti plein d'espoir.

Les Polonais, contactés, avaient donné leur accord : leur ambassadeur aurait même pris place dans l'avion présidentiel. Giscard aurait pu amener avec lui des fleurs cueillies à Auschwitz et les déposer au Mont-Valérien. Mais, une semaine plus tard, Giscard convoquait Boislambert pour lui faire part de sa réponse négative. Le programme de son voyage en Pologne était arrêté : il prévoyait précisément sa visite à Auschwitz ce jour-là. Le président de la République sera donc absent au Mont-Valérien et c'est Chirac, ravi, qui le remplacera.

Les gaullistes, il va sans dire, sont d'autant plus amers que Giscard a pris également la décision de ne plus fêter le 8 mai (L'un deux, Couve, m'a déjà fait part de son indignation à ce sujet.). Ils pensent que ces deux décisions ne pourront être interprétées dans le pays que comme des actes foncièrement antigaullistes. « C'est la première erreur de Giscard », me dit Boissieu, qui s'interroge sur ses véritables motivations. Cela dit, il se rappelle que jamais le Général n'avait voulu faire de cette date une fête nationale fériée, parce qu'il considérait que le 8 mai n'était pas vraiment la fête de la victoire de la France. Il fallait certes la fêter, mais pas trop, pour que les Français restent bien conscients du degré de notre participation au combat – participation qui n'aurait d'ailleurs même pas pu exister si de Gaulle n'avait pas été là.

13 août 1975

Chaban-Delmas à Saint-Jean-de-Luz où nous sommes tous deux en vacances. Nous déjeunons au golf de Chantaco. « Chirac ne se pardonnera jamais de m'avoir trahi, me dit-il. Et moi, je ne lui pardonnerai jamais d'avoir trahi le gaullisme. » Son ressentiment contre lui, et aussi contre Messmer (« Je pèse mes mots, a-t-il dit au sujet de ce dernier, c'est un traître »), est aussi vif qu'au premier jour. « C'est un SS », va-t-il jusqu'à lancer à propos de Chirac.

« L'avez-vous revu ?

« — Jamais. Quand je le rencontre, c'est : "Bonjour, Chirac", et lui : "Bonjour, Monsieur le Premier ministre..." »

Chaban se montre plus prudent en évoquant la mémoire de Georges Pompidou. Mais on sent que se dessinent envers lui quelques critiques. Il ne cache plus une certaine amertume. Mais il continue de croire que Pompidou ignorait qu'il était malade à ce point :

« Quand je le voyais, il me certifiait que cela allait mieux, qu'il allait guérir... Je l'ai cru. La vérité est qu'il ne se savait pas si mal. »

Nous en venons naturellement à parler de Giscard. « C'est un illusionniste, me déclare-t-il à son sujet. Il ne veut pas dire la vérité aux Français de peur qu'ils renâclent. Il les amène tout doucement à sauter l'obstacle. Ce n'est pas l'homme des grands desseins. Il gouverne à la godille. Il fuit la bataille. Il est stupéfiant par la façon qu'il a de reconnaître ses erreurs, de dire : "Nous nous sommes trompés, car nous comptions sur telle ou telle conjoncture. Or la conjoncture a été autre..." Giscard, c'est l'homme des explications, des démonstrations. Il endort les gens. Combien de temps pourra-t-il ainsi continuer à tromper les Français qui paraissent se laisser si facilement abuser ? La question est là. Et puis, il est servi de façon extraordinaire par les mauvaises relations entre socialistes et communistes. Bien entendu, malgré le million et demi de chômeurs, les Français jugeront qu'il vaut mieux encore Giscard que la gauche au pouvoir. »

23 août 1975

« J'ai été aux Finances, à la Santé, à l'Agriculture[1] : je peux vous dire que, dans ces trois domaines, nous n'avons aucune politique, me déclare Robert Boulin. Je vous parle en connaissance de cause : du temps du Général, nous avions dans ces trois domaines une politique. Nous réglions les problèmes au fur et à mesure qu'ils se présentaient. Je vous assure que ce n'est plus le cas.

« J'ai été ministre pendant douze ans. Je sais de quoi je parle : l'UDR se couchera. Je vous l'assure. Le jour où Giscard renverra Chirac et le remplacera par Ponia – ce qu'il va faire –, les UDR ne protesteront pas, croyez-moi, à part trois ou quatre qui démissionneront, dont Debré et moi. Tous voteront la confiance. Pour moi, l'UDR n'existe plus. Le gaullisme, c'est autre chose. Le gaullisme

---

1. Robert Boulin a été secrétaire d'État au Budget de 1962 à 1967, secrétaire d'État à l'Économie et aux Finances de 1967 à 1968, ministre de l'Agriculture de 1968 à 1969 et ministre de la Santé de 1969 à 1972.

existe, il constitue une force vive dans la nation, il continuera d'exister.

« Giscard, c'est un curieux personnage, ajoute Boulin. À part Chirac maintenant, je suis sûrement celui qui le connaît le mieux. Secrétaire d'État au Budget, je le voyais trois ou quatre fois par jour. En 1962, il avait sur son bureau le portrait de Kennedy. En lui montrant la photo, je lui ai dit : Un jour ce sera vous. Il m'a répondu : "Oui, je serai président de la République."

« Il s'absentait brusquement, quelquefois une semaine, pour aller chasser en Afrique. Il partait sans jamais prévenir personne. »

GISCARD-CHIRAC : PRÉMICES D'UNE RUPTURE

(décembre 1975-septembre 1976)

Lipkowski : « Dans l'esprit de tous les UDR, le prochain président, c'est Jacques Chirac » – Giscard : « Chirac est un incapable » – Guichard : « Ce n'est pas de gaieté de cœur que je suis entré au gouvernement » – Robert Boulin : « Tout le mal vient de Chirac » – André Bord : « La non-réussite de Giscard est éclatante. »

5 décembre 1975

Olivier Guichard, qui vient d'être nommé à la tête d'une Commission nationale sur les collectivités locales, n'est pas dupe des arrière-pensées de l'Élysée. Il sait qu'il s'agit avant tout, pour Giscard, d'« embêter » Chirac.

« En effet, d'une part Chirac ne m'aime pas, me dit-il, la principale raison étant que je suis l'un des "possibles" pour son remplacement à Matignon. D'autre part, cette étude en vue d'une réforme sur les collectivités locales est directement dirigée contre lui, car elle va à l'encontre de toutes ses idées en la matière. Chirac est hostile à toute déconcentration. C'est un "queuilliste[1]" (suit alors une longue explication du "queuillisme" concernant le regroupement des communes et leurs pouvoirs vis-à-vis du pouvoir central). D'où son opposition foncière aux réformes que projette Giscard. Le chef de l'État et le Premier ministre s'opposent d'ailleurs sur bien des choses, et le fossé s'agrandit et s'approfondit entre eux. »

Par ailleurs, Guichard estime que Giscard n'a pas été bon dans son allocution récente à la télévision : « "Je gouvernerai la France

---

1. Ancien député de Corrèze et président du Conseil sous la IVe République, le docteur Henri Queuille a été l'un des mentors, à ses débuts, de Jacques Chirac. Cette figure emblématique du radicalisme était réputé pour son pragmatisme à toute épreuve. Il fut aussi l'un des « inspirateurs » de François Mitterrand.

au centre", a-t-il dit. Qu'est-ce que cela veut dire que gouverner la France au centre ? En fait, il cherche à rétablir l'équilibre après toutes les initiatives "gaullistes" de ces derniers temps : politique de défense, nomination de Couve à la tête d'une mission sur le Liban, la mienne pour la réforme des collectivités locales... Mais il est bien obligé de se tourner vers les gens les plus compétents. »

15 DÉCEMBRE 1975

Giscard a fait part à Lipkowski de son intention d'organiser des élections anticipées : « Je n'attendrai pas 1978, parce que 1978 sera une mauvaise année et 1977 sera meilleure », lui a-t-il confié. Son analyse est la suivante : il y aura, l'année prochaine, des élections en Allemagne et aux États-Unis. Ces élections serviront les équipes au pouvoir, parce que la situation économique mondiale s'améliorera en 1976 et que cette amélioration se poursuivra sans doute en 1977. Cela, aux yeux de Giscard, est quasi certain. Ce sera donc pour lui le bon moment. « J'annoncerai alors brusquement ma décision, a-t-il dit à Lipkowski. Attendre l'échéance normale serait dangereux, parce que cette amélioration ne saurait durer et, très vite, les choses empireront à nouveau. »

Dans l'analyse de Giscard, il y a une seconde raison : la situation intérieure française. Giscard est pessimiste au point de craindre de ne pouvoir tenir jusqu'aux élections. Il a conscience de l'échec de sa politique de « décrispation ». Seules des élections anticipées – des élections qu'il croit pouvoir gagner en raison de la conjoncture qui sera alors bonne – régleront le problème.

Lipkowski m'assure par ailleurs que Chirac a été « très ennuyé » des cris de « Chirac président ! » entendus lors du dernier rassemblement gaulliste au Bourget. « Ce qu'il veut avant tout, poursuit-il, c'est ne pas déplaire à Giscard. C'est pourquoi il freine, il dissimule ce qui lui est favorable. Sa crainte est qu'on parle plus de lui que de Giscard. Aussi se sent-il quelquefois obligé de ne pas trop se mettre sous les projecteurs. Mais, bien sûr, dans l'esprit de tous les UDR, le prochain président, c'est Jacques Chirac. »

Lipkowski partage les inquiétudes de Giscard quant à la situation intérieure : « Dans le pays, la coupure en deux est profonde, me dit-il. J'en suis à craindre des affrontements de rue, tant les deux camps semblent vouloir en découdre. Depuis 1968, l'opposition n'en peut plus d'être l'opposition. Elle a senti le pouvoir lui passer au ras du nez lors de la dernière élection présidentielle. Son impatience s'en est accrue. Elle est sûre d'être victorieuse à la prochaine consultation. »

29 JANVIER 1976

La critique que Couve de Murville fait de l'actuelle politique étrangère de la France porte essentiellement sur les deux points suivants :

1- C'est une erreur manifeste de prendre parti brutalement et sans aucune nuance, comme nous le faisons, pour les Grecs contre les Turcs, en nous jetant dans les bras de Caramanlis ; pour les Marocains contre les Algériens, en nous jetant dans ceux de Hassan et en nous appuyant sur sa position dans l'affaire du Sahara occidental. Le seul résultat de cette attitude est de réduire à néant la voix de la France et d'empêcher toute politique de conciliation, donc toute présence de la France sur la scène internationale. Ainsi, aujourd'hui, nous ne pouvons remplir le rôle qui nous échoit en tant qu'ancienne puissance coloniale : aider par exemple à la réconciliation des Marocains et des Algériens. En fait, nous n'avons pas à intervenir, à prendre position dans les querelles qui opposent les pays les uns aux autres. C'est une erreur manifeste. De même, Giscard n'aurait pas dû aller au couronnement de Juan Carlos[1]. C'était prendre un risque tout à fait inutile. En revanche, nous ne faisons rien là où il faudrait faire quelque chose, au Vietnam notamment avec lequel nous n'avons pas encore noué de rapports réels.

2- L'atlantisme. Il se manifeste d'abord dans le domaine militaire. C'est toujours le penchant de nos soldats à aller vers l'Amérique (les choses sont, là, très difficiles à surveiller et à redresser). Ensuite dans

---

1. Le nouveau roi d'Espagne, couronné en novembre 1975, alors que le général Franco venait à peine de mourir.

le domaine monétaire : nous avons accepté, sans nuance, la position américaine qui n'est pas autre chose que de jeter l'or aux orties et de le remplacer par le dollar.

Couve se déclare contre le principe du suffrage universel pour l'élection de l'Assemblée européenne. Mais il ne veut pas, pour l'instant, intervenir dans le débat et entrer en transes comme tant d'autres. Car, ajoute-t-il, on est, dans cette affaire, dans l'équivoque, parce que tout le monde ment, et devant des inconnues, notamment en ce qui concerne la position britannique. Couve ne semble pas, dans tous les cas, attacher une grande importance à ce problème, en raison surtout des étapes innombrables que cette affaire devra franchir dans les années qui viennent. Il se montre à cet égard moins radical que Guichard et surtout Michel Debré qui voient là, tous deux, une atteinte à la souveraineté nationale.

17 FÉVRIER 1976

Longue conversation avec Jacques Foccart. En raison de ses activités personnelles (banque import-export), il continue à effectuer de nombreux voyages en Afrique. Il recueille ainsi les doléances d'Houphouët, Senghor, Ahidjo[1], etc., et peut en faire part à l'entourage de Giscard. Cette activité est bien sûr secrète. C'est ainsi, par exemple, qu'il a fait savoir à Giscard que ce serait une « catastrophe » s'il se rendait à Conakry[2] (comme il en a l'intention) avant d'aller à Dakar et Abidjan. Senghor et Houphouët ne le lui pardonneraient pas.

Foccart souligne que la disparition du poste de secrétaire général à l'Élysée pour les Affaires africaines et malgaches a été une très mauvaise chose : « Les affaires africaines sont mal suivies par le chef de l'État et le seul fonctionnaire qui en est chargé, M. Journiac, ne peut pourvoir à tout. C'est ainsi que les lettres des chefs d'État africains à Giscard demeurent quelquefois sans réponse... Les Africains se sentent un peu délaissés. Ils regrettent bien sûr l'époque de Pom-

---

1. Présidents respectivement de Côte d'Ivoire, du Sénégal et du Cameroun.
2. Capitale de la Guinée.

pidou, pour ne pas parler de celle du Général où ils "embrayaient" directement avec l'Élysée. »

Les reproches de Foccart à l'égard de la politique africaine de Giscard concernent les deux points suivants :

• Le choix des pays qu'il visite : Zaïre, Gabon, Centrafrique (pour les chasses ?). Le Mali, la semaine dernière, c'était bien. Mais il est plus important d'aller chez Houphouët, Senghor et Ahidjo que chez Bokassa et Bongo[1].

• Ses déclarations laissant entendre qu'il est le premier à aimer vraiment les Africains, à comprendre l'Afrique, à reconnaître l'indépendance de ce continent et à traiter les pays africains en États souverains. Ce qui revient à dire que de Gaulle et Pompidou ne connaissaient rien à l'Afrique et avaient instauré une politique néocolonialiste. Cela dit, Foccart reconnaît que Giscard s'occupe tout de même honorablement de l'Afrique et que l'héritage du Général dans ce domaine, essentiel pour la France, est dans l'ensemble bien assumé.

9 AVRIL 1976

Un mois après les élections cantonales des 7 et 14 mars, largement remportées par la gauche, je trouve Roger Chinaud[2], l'un des principaux « barons » giscardiens, dans un désarroi profond : « Nous sommes fichus, me dit-il, si nous ne nous redressons pas dans les quelques semaines qui viennent. Si l'opposition conserve son élan, elle gagnera. Cet élan, c'est dans les tout prochains jours qu'il faut le briser. Le temps nous est donc désormais compté. » Il ne cache pas combien Giscard est touché. Il ne dissimule pas davantage l'aversion foncière qu'il porte à Jacques Chirac. Mais, bien sûr, il fait taire officiellement ses sentiments : « J'ai mis mon mouchoir dans ma poche », me déclare-t-il. Il me relate l'incident qui l'a opposé au Premier ministre lors d'une conférence à l'Hôtel Matignon réunissant les leaders des partis de la majorité. J'ai l'impression qu'il ne

---
1. Dirigeants de Centrafrique et du Gabon
2. Président du groupe parlementaire giscardien à l'Assemblée nationale.

pardonnera jamais à Chirac d'avoir, aussitôt après, rendu publique cette algarade.

17 MAI 1976

Les inquiétudes électorales de Lipkowski me confirment l'état de confusion qui règne au sein de la droite. Même Chirac est pessimiste, me confie-t-il. Il dit volontiers : « Je gagnerais... si j'avais les mains libres ! » (ce qui veut dire : si Giscard n'était pas là).

« Si nous sommes en plein doute, les socialistes, eux, ne le sont pas, ajoute-t-il. Ils sont sûrs de leur victoire. Ils la tiennent pour absolument, définitivement acquise. »

Lipkowski sort d'un déjeuner avec Édith Cresson[1], Georges Dayan[2] et autres « gros poissons » socialistes. Ses interlocuteurs l'ont traité avec amitié, gentillesse, comme si Lipkowski pouvait être un jour des leurs, comme s'il fallait qu'ils puissent compter sur lui. « Les communistes, lui ont-ils confié, après un premier temps on les sonnera, puis on les virera... » Édith Cresson, seule, a protesté : « Ils ont changé, vraiment. Seuls les plus de cinquante ans sont encore staliniens. La base, elle, a complètement changé. Ce n'est plus la même génération. Les jeunes n'ont plus rien à voir avec le stalinisme... »

Lipkowski a cru comprendre que, dans un second temps, pour rassurer l'opinion, les socialistes seraient heureux de pouvoir faire appel à des gens comme lui, des gaullistes bon teint. Et à son tour, après Olivier Guichard, il me parle d'un éventuel tandem Mitterrand-Chaban, ce dernier prenant la tête d'un gouvernement que les socialistes constitueraient avec des gens comme Jobert, Charbonnel et lui, Lipkowski, qui me précise : « Chaban aime bien Mitterrand. Souvenez-vous, le 19 juillet 1974, Chaban voulait faire voter une motion de censure contre le gouvernement Chirac. Il disait alors : "Je me suis arrangé avec François..." »

---

1. Amie de longue date de Jean de Lipkowski et proche de François Mitterrand.
2. Un des plus proches compagnons de route de François Mitterrand.

Ce que feront les socialistes une fois au pouvoir avec les communistes ? « Nous ferons ce que Debré préconise : une politique des revenus, ont-ils affirmé à Lipkowski. Debré a raison. Seule cette politique mettra fin à l'inflation. La majorité ne peut pas la faire parce qu'elle a contre elle les syndicats. Nous, nous contrôlerons les syndicats. Alors nous réussirons. Cela nous permettra de créer 150 000 nouveaux emplois. Ensuite, nous ferons une relance des moyennes entreprises grâce à une fiscalité différente qui les favorisera. Quant à cette fameuse fuite des capitaux, c'est avec vous, la majorité, qu'elle a eu lieu, en raison de la politique de Giscard et de ses plus-values. C'est à cause de cette fuite que la France a dû sortir du "serpent" monétaire européen. Notre réglementation est prête et, croyez-moi, elle empêchera toute fuite. Et après le rétablissement de la situation économique et financière, alors on réinstaurera la proportionnelle... »

25 MAI 1976

Nouvelle conversation avec Roger Chinaud, pessimiste cette fois quant au rôle de l'UDR au sein de la majorité, et insistant sur les difficultés que les gaullistes créent à Giscard.
Il rappelle que le chef de l'État, quand il avait reçu à l'Élysée les trois formations de la majorité, avait réservé à l'UDR le thème de la défense des institutions de la Ve République, à laquelle elle était si justement attachée. Or, il se trouve que l'UDR, en « devenant un parti comme les autres » (c'est le reproche essentiel que lui fait Chinaud), est en complète contradiction avec les institutions de la Ve République.
Je sens Chinaud plein de rancœur à l'égard des gaullistes qui, me dit-il, n'ont rien compris et toujours pas su dominer leur désenchantement de 1974. Chinaud ne cache pas que l'UDR est loin d'être loyale à l'égard de l'Élysée et il semble plus que tout se méfier de Chirac, « homme divers ». Mais tout cela est dit de façon si compliquée et avec tant de nuances qu'il est difficile d'en rapporter une citation précise.

8 SEPTEMBRE 1976

Lipkowski m'informe en détail des péripéties qui ont conduit, le 25 août, à la démission du Premier ministre, Jacques Chirac, et à son remplacement par Raymond Barre : « La brouille entre Giscard et Chirac est beaucoup plus profonde qu'on se l'imagine, me dit-il. "Chirac s'est servi des fonds secrets pour mener campagne contre moi !", s'est exclamé le chef de l'État après le départ du Premier ministre. "Chirac est un incapable. Jamais il n'a pu me présenter une seule proposition, il n'a jamais rien tenté contre l'inflation", a-t-il ajouté. Bien sûr, la mésentente entre les deux hommes remonte à loin, puisque Chirac avait déjà présenté sa démission le 25 juillet[1]. Mais c'est la fameuse et rageuse déclaration[2] du Premier ministre, une déclaration bien préparée, bien pesée, au ton prémédité (non, il n'a pas "craqué", comme certains le croient), qui a fait déborder la coupe. Giscard était, après cette déclaration, ivre de rage, affirmant qu'il avait été trompé par Chirac, celui-ci lui ayant soi-disant donné l'assurance de ne faire aucune déclaration à la presse après sa démission[3] (le chef de l'État lui avait en effet demandé avec insistance de garder le silence). »

Le jour de la formation du gouvernement Barre, Giscard a fait téléphoner à Chaban pour lui transmettre le message suivant : « Le Président espère que la formation du nouveau gouvernement vous plaît... », n'ayant subitement pour son ancien concurrent à l'élection présidentielle – qu'il traitait alors d'« incapable », de « brigand », de « bandit » et de « malhonnête » – que des paroles aimables.

À vrai dire, Giscard était persuadé que Chirac et l'UDR complotaient contre lui. Un exemple : le 13 juillet, Chirac réunit à déjeuner

---

1. Ulcéré par la présentation en Conseil des ministres, le 25 juillet, sans qu'il ait été consulté, du projet d'élection du Parlement européen au suffrage universel, le Premier ministre a envoyé au chef de l'État, dix jours plus tard, une seconde lettre de démission après celle qu'il lui a déjà adressée le 4 juillet.
2. Le Premier ministre démissionnaire estime ne plus disposer des « moyens nécessaires pour assumer efficacement ses fonctions ».
3. Ce qui paraît peu probable, le Premier ministre lui ayant lu au préalable cette déclaration destinée, de fait, à être rendue publique.

à Matignon les ministres UDR du gouvernement, et Yves Guéna[1]. Le Premier ministre les invite à dire ce qu'ils pensent. Seul Lipkowski vide son sac : « Si nous voulons gagner les élections, dit-il, il faut que cessent les rumeurs de mésentente Giscard-Chirac et que ce dernier demeure au pouvoir. Si le Premier ministre reste à Matignon, alors il faut vaincre l'inflation, alors il faut donner un souffle social plus accentué à notre politique, alors il faut mettre en œuvre la réforme de l'entreprise préconisée par Pierre Sudreau, alors il faut que Sanguinetti cesse ses déclarations hostiles au Président... »

Le lendemain, 14 juillet, Lipkowski, stupéfait, apprend que ses paroles[2] ont été rapportées au Président par un « traître » (sans doute Yvon Bourges) et que celui-ci a très mal pris les choses. Le 15 juillet, en Conseil des ministres, Giscard fait passer à Lipkowski[3] un petit billet lui exprimant son ressentiment sur le plan politique et sa peine sur le plan personnel. Lipkowski répond par un autre petit billet : « Je n'ai rien dit que je puisse me reprocher à votre égard. Faites-moi comparaître avec mon délateur. Si vous pensez vraiment que j'ai été déloyal, je démissionne. » Son entrevue avec Giscard, à l'issue du Conseil, a été si orageuse qu'elle suffit à révéler la profondeur de la discorde entre Chirac et le chef de l'État. Giscard a vu dans le déjeuner du 13 juillet à Matignon une véritable machine de guerre contre lui. Il a accusé Chirac d'avoir pris le parti de ses détracteurs et reproché à Lipkowski les paroles qu'il avait tenues. Ce dernier s'est défendu en assurant le chef de l'État que rien n'avait été dit dont il puisse prendre le moindre ombrage, qu'il avait été « abominablement trompé » et que tous les convives s'étaient montrés « parfaitement loyaux » à son égard. Mais comme Giscard semblait en douter, Lipkowski lui a déclaré que, s'il en était ainsi, s'il mettait en doute et ses sentiments d'ami et sa loyauté de ministre, il lui présentait à nouveau sa démission.

Après un entretien avec le secrétaire général de l'Élysée, Claude-

---

1. Nouveau secrétaire général de l'UDR.
2. Selon F.-O. Giesbert, les propos de Lipkowski rapportés à l'Élysée sont surtout ceux dans lesquels il a déclaré son soutien à Jacques Chirac en cas de démission de ce dernier : « Si tu pars, je m'en vais ! » (*Jacques Chirac*, Le Seuil, 1987.)
3. Alors ministre de la Coopération.

Pierre Brossolette, qui lui a déclaré : « Nous n'en pouvons plus de votre Chirac », Lipkowski a eu une conversation avec Jacques Chirac pour lui raconter toute l'affaire. Puis ce dernier est allé voir le chef de l'État pour s'expliquer avec lui. Il ne lui a pas caché son indignation : « Si j'ai quelque chose à vous dire, vous savez bien que c'est à vous que je le dis, et pas à d'autres ! » En prenant la défense de Lipkowski, le Premier ministre ne pouvait qu'achever de se discréditer aux yeux de Giscard.

Après la formation du nouveau gouvernement, Giscard a revu Lipkowski pour la traditionnelle audience de congé. Il a alors été tout miel et toute douceur : « Fourcade[1] a voulu rester... Il fallait lui donner l'Équipement, donc caser Galley[2]... Vous savez, le jeu de quilles habituel... Je vais vous donner une mission : pourquoi ne vous occuperiez-vous pas des gaullistes de gauche ? » Et le Président a fait un grand éloge du travail de Lipkowski à la Coopération. « Je serais heureux, lui a répondu ce dernier, si cet éloge pouvait être rendu public. – Pourquoi pas ?, a dit Giscard. Je vais voir... » On n'a rien vu et on ne verra rien.

« Chirac, bien sûr, a pris date pour l'avenir en faisant sa déclaration fracassante le jour de son départ, poursuit Lipkowski à mon intention. Il a voulu qu'éclatent publiquement sa brouille et les causes de sa brouille avec Giscard. La vérité est qu'il est sûr de l'échec de Raymond Barre. Avant son départ du pouvoir, il s'est entouré de toutes les précautions. Il s'est entretenu avec une série d'économistes éminents et leur a posé une question : "La situation est-elle redressable d'ici aux élections ?" Le verdict a été unanime : "Non. Vous êtes fichus, et la gauche gagnera." Chirac est donc persuadé de la victoire de la gauche et c'est dans cette perspective qu'il agira désormais. Il se placera comme celui qui a eu raison contre Giscard. Est-ce un bon calcul ? Nous le verrons.

« Ce qui est sûr, c'est que l'ensemble de l'UDR est aujourd'hui acquise à Chirac et qu'elle le demeurera tant que l'équipe Barre-

---

1. Ancien ministre de l'Économie et des Finances dans le gouvernement Chirac.
2. Nouveau ministre de la Coopération

Guichard[1] ne fera pas la preuve de sa réussite, conclut Lip. Olivier Guichard est pessimiste et craint aux prochaines élections un candidat UDR chiraquien et un autre gouvernemental ! Il lui faut donc agir pour éviter cela. Il lui faudra mener une double mission : au sein de la majorité, d'une part, et au sein d'une UDR cruellement déchirée, d'autre part. »

14 SEPTEMBRE 1976

Premier entretien avec Olivier Guichard depuis son retour au gouvernement dans l'équipe de Raymond Barre : « Chirac veut remettre la main sur l'UDR, me déclare-t-il d'entrée de jeu. C'est clair. Pasqua et Tomasini, qui tiennent le parti, feront pour cela la besogne nécessaire. Chirac dit qu'il entreprend une lutte pour la victoire de la majorité aux prochaines élections législatives. En même temps, bien sûr, il souhaite la défaite de cette majorité, parce qu'ainsi il aura eu raison contre Giscard. »

Au passage, il me confirme la gravité, la profondeur de la brouille entre Giscard et Chirac.

« J'ai accepté sans joie d'entrer au gouvernement, poursuit Olivier. Je ne le voulais pas. C'est la déclaration de Chirac, le jour de sa démission, qui a dissipé toutes mes hésitations. Après cette déclaration, nous allions droit à une crise de régime. Cette crise, il fallait l'éviter à tout prix. Il fallait passer par-dessus toutes mes préventions : Giscard et le reste... Il fallait balayer toutes mes considérations personnelles. »

Il me raconte les circonstances dans lesquelles il a intégré le gouvernement : « Giscard n'a pas voulu me le proposer directement de peur que je refuse. Il a fait venir Frey, envoyant un avion le chercher dans le Midi où il se trouvait en vacances (Giscard entretient d'excellentes relations personnelles avec Roger Frey). Frey a cru un moment qu'il l'appelait pour lui proposer le poste de Premier

---
1. Olivier Guichard est ministre d'État, ministre de la Justice dans le gouvernement Barre.

ministre. En fait, Giscard a dit : "Il y a trois hommes : Chaban, Olivier et vous. Mais c'est Barre que j'ai choisi. Seulement, j'ai besoin d'Olivier, et de votre présence à la tête du Conseil constitutionnel."

« Frey, poursuit Guichard, m'appelle et me fait part des propositions de Giscard. Je lui réponds : dis à Giscard que je ne tiens pas du tout à entrer au gouvernement, sauf aux Affaires étrangères...

« Le lendemain, je dîne avec Giscard. Nous discutons pendant deux heures. Je lui dis : "Il ne faut plus faire passer de réformes au Parlement." Il me répond : "Vous avez raison." Je lui dis encore : "Il faut me confier les attributions que je vais vous demander." Et il me répond de nouveau : "Vous avez raison..." Oui, Giscard a dû sentir qu'il était en chute libre. Oui, il doit être angoissé. Mais avec lui, sait-on jamais ? »

Olivier ajoute : « Ce n'est pas de gaieté de cœur que je suis entré au gouvernement. Ma carrière politique, c'était le Général, c'était le gaullisme. Elle est finie maintenant, ou sur le point de finir... »

Pendant notre entretien, Olivier ne cesse de répondre au téléphone. À un moment, c'est Giscard : « Oui, monsieur le Président. » La voix de Giscard résonne si fort dans l'appareil que j'entends ce qu'il dit. Je fais mine de me lever par discrétion. Olivier me fait signe de rester assis.

17 SEPTEMBRE 1976

Redevenu ministre[1] lui aussi, Robert Boulin s'est entretenu avec Giscard pendant une heure et demie. Il l'a senti angoissé, conscient d'être au bord de l'abîme, conscient surtout des erreurs commises. « Je lui ai dit, m'a déclaré Boulin, que c'en était fini de vouloir gouverner la France au centre, de faire des réformes inconsidérées, de projeter de rééquilibrer la majorité, de tendre la main aux socialistes avec l'idée – absurde ! – de les détacher des communistes. Il a accepté mon analyse. Il a acquiescé à tout ce que je disais. Giscard s'est rendu

---

1. Chargé des Relations avec le Parlement.

compte que les indépendants et les centristes (Lecanuet a perdu toute sa clientèle depuis les lois sur l'avortement et le divorce) ne comptaient pas, qu'il n'y avait qu'une force réelle, l'UDR. Il a, au fond, reconnu son échec. En fait, tout le mal vient de Chirac, ajoute Boulin. C'est lui qui a embarqué l'UDR avec Giscard. C'est lui qui a trahi Chaban. C'est lui qui est à la source du trouble actuel. C'est lui le grand, le seul responsable ! Tout remonte à sa trahison : une trahison affreuse – et Chaban a été généreux de ne pas révéler les côtés horribles de cette affaire... Que veut Chirac ? Après la victoire de Mitterrand aux élections législatives, prendre la tête d'un grand parti d'opposition. Mais il ne fera alors que prendre le parti de la droite. Chirac est un homme de droite : pas de réformes, pas de vagues, pas d'initiatives, le petit train-train quotidien. C'est un poujadiste au petit pied. Pas autre chose. Un démagogue. Un affreux démagogue !

« Mais il n'est pas question pour moi de jouer Chaban contre Chirac, les chabanistes contre les chiraquiens, assure Robert Boulin. Je ne veux pas faire éclater le groupe parlementaire. Alors je me montrerai – nous nous montrerons, à l'UDR – obligatoirement en faveur de Chirac. Et d'ailleurs, jusqu'à maintenant, il ne fait pas de jobertisme et il n'y a vraiment rien de grave encore à lui reprocher. »

Il m'explique son entrée au gouvernement en reprenant les mêmes arguments que Guichard : « Vous savez, nous allions en vérité à une crise de régime au moment du départ de Jacques Chirac. Il ne s'agissait pas d'être pour ou contre Giscard. C'étaient les institutions qui étaient en jeu. C'était la France ! C'est pourquoi je n'ai pas hésité, après avoir bien pesé les choses, à accepter une responsabilité ministérielle. Personnellement, je n'ai rien à gagner ou à perdre. Si Barre n'avait pas accepté, si Guichard et moi n'étions pas entré dans le gouvernement, Giscard avait d'autres cartes toutes prêtes. Il aurait pu, par exemple, nommer Lecanuet Premier ministre, rétablir la proportionnelle, aller aux élections, et c'en était fini de l'UDR.

« Raymond Barre a de l'espoir, me dit encore Boulin. Il pense que les choses peuvent être améliorées. Sur le plan de son équation personnelle, il a jusqu'à Noël pour réussir. Sur les plans économique et financier (il a trouvé une situation catastrophique en arrivant à

Matignon, aggravée par la démagogie et les promesses insensées de Chirac), il a jusqu'à la fin de 1977. Alors nous arriverons aux élections. Et Barre espère qu'une situation légèrement améliorée et les résultats dont il pourra se prévaloir feront que la majorité gagnera de justesse les élections. Si on les gagne, le gaullisme aura de nouveau un rôle à jouer. C'est alors que nous, les gaullistes, nous devrons nous tourner vers les socialistes (croire comme Giscard à un débauchage, aujourd'hui, des socialistes est une folie). Forts de notre victoire et de leur échec, nous pourrons essayer de les séparer de Mitterrand et des communistes. Car la grande erreur des socialistes aura été, en fin de compte, cette alliance avec les communistes. »

S'agissant de Giscard, qu'il connaît bien (il a travaillé, me rappelle-t-il, de longues années avec lui comme secrétaire d'État au Budget[1]), Boulin le trouve très changé, très imbu de ses fonctions. Comme Guichard, il juge sévèrement son attitude personnelle, son goût de la grandeur, sa vanité...

29 SEPTEMBRE 1976

Secrétaire d'État aux Anciens Combattants, André Bord souligne les échecs – et les gadgets – de Giscard. Il ne cache pas son effarement devant son bilan, « devant une non-réussite aussi éclatante. Tous, au gouvernement, nous y sommes sensibles, ajoute-t-il. Tous, nous le savons, nous le constatons. Nous n'en croyons pas nos yeux. Mais, entre nous, nous n'en parlons jamais ».

Cependant, Bord reste optimiste. Il mise beaucoup sur Chirac qui est pour lui « le grand homme » de l'UDR. « Il n'y a plus à l'UDR que huit à douze pour cent de chabanistes. Tout le reste est chiraquien. Toute l'UDR est vraiment regroupée autour de lui. »

André Bord m'assure que Boulin est un bon ministre mais que, vis-à-vis de l'UDR, il ne compte pas. Guichard non plus, qui n'a plus aucune audience. « Le temps passe vite, dit-il. Les barons, on ne les connaît plus. Lequel de nos jeunes militants sait qui est Frey ?

---

1. De 1962 à 1967, dans les gouvernements Pompidou.

Aucun ! Les barons ne présentent donc pas le moindre danger pour Chirac. On les a oubliés. »

Bord me dit encore que Chirac a bien fait de quitter Giscard : « Son audience au sein de l'UDR a encore grandi depuis son départ. Les militants lui sont reconnaissants d'avoir démissionné. En fait, il commençait à être discuté au sein de l'UDR. Ah, comme il a gagné en quittant Giscard... ! Maintenant, ce que Chirac doit éviter à tout prix, c'est la droite, c'est d'être classé à droite. » André Bord est tout à fait d'accord avec la déclaration de Chirac le jour de sa démission : « Il nous l'avait lue lors du dernier Conseil des ministres, avant que Giscard ne fasse son entrée... », me révèle-t-il.

MORT D'ANDRÉ MALRAUX

(23 novembre 1976)

André Malraux est mort à 6 heures du matin, dans la nuit noire, à l'aube du 23 novembre 1976, à l'hôpital Henri-Mondor de Créteil. À 11 heures, la direction de l'hôpital avait annoncé dans un communiqué qu'il s'était éteint peu après 9 h 30. À la vérité, le souci de tous était d'organiser un transfert discret de la dépouille à travers les rues encombrées de la banlieue, sans les voitures suiveuses des journalistes, et une arrivée à Verrières sans la foule des curieux.

Malraux avait été hospitalisé le lundi 15 novembre à 23 h 30. La veille au matin, il travaillait encore normalement à Verrières, chez les Vilmorin où il s'était installé peu après le départ du général de Gaulle. C'est dans l'après-midi de ce dimanche que se déclencha la première embolie pulmonaire, suivie, le lendemain, d'une série de petites embolies accompagnées d'une très forte fièvre.

Le docteur Louis Bertagna (qui, depuis 1961, a été le psychiatre d'André Malraux, puis l'un de ses plus proches amis, et à qui on est redevable d'avoir littéralement arraché Malraux au désespoir, puis à la mort, dans les terribles années 1966-1972), et le docteur Jacques Chassigneux, son médecin généraliste, décidèrent alors de son hospitalisation à Henri-Mondor, dans le service de réanimation médicale dirigé par le professeur Maurice Rapin.

Moins d'une semaine devait séparer l'arrivée de Malraux à l'hôpital de son entrée dans le coma, le dimanche 21 novembre en début d'après-midi. Pendant ces longues journées, la fièvre ne le quitta pas, et sa respiration devait être assistée en permanence. Sophie de Vilmorin, la nièce de Louise et la compagne de l'écrivain depuis 1972, avait une chambre dans le service de réanimation même, contiguë à celle de Malraux. Les visites avaient été interdites et seules Sophie et Florence Resnais, sa fille, demeurèrent à son chevet. Celle-ci, pendant toutes les dernières années de la vie de son père, fut présente à ses côtés et l'entoura de sa tendresse. Toujours – ô discrétion, pudeur, honnêteté exemplaires ! – Florence demeura silencieuse au sujet d'André Malraux, se refusant à rapporter des propos qu'il aurait pu tenir, et, plus simplement, méprisant l'anecdote.

Les médecins et tout le personnel de réanimation de l'hôpital notèrent la bonne grâce, la simplicité naturelle de leur malade, comme l'avaient fait, quatre années plus tôt, ceux de la Salpêtrière. « Sa gentillesse était écrasante, a déclaré le professeur Rapin. Il avait toujours peur de gêner, de déranger. Il ne demandait jamais rien et il poussait cette délicatesse au point de ne jamais interroger les médecins en qui il avait une confiance totale, aveugle. Et enfin, par-dessus tout, son courage physique : jamais une plainte, toujours un sourire esquissé et, dans les yeux, un signe de reconnaissance pour ceux qui l'entouraient de leurs soins. »

André Malraux est demeuré lucide jusqu'au bout, c'est-à-dire jusqu'à son entrée dans l'irréversible nuit du coma, le dimanche 21 novembre. La veille, il pouvait encore échanger quelques paroles avec le professeur Rapin : « Les choses, comme les hommes, lui a-t-il dit, ne valent que les unes par rapport aux autres. »

Le dimanche matin, alors que l'état clinique d'André Malraux était très mauvais, paradoxalement les derniers examens de laboratoire pratiqués pendant la nuit étaient plus favorables que ceux de la veille. Au docteur Bertagna qui lui en faisait part, Malraux répondit dans un sourire sans illusion : « C'était déjà dans Courteline. » Et à Sophie de Vilmorin qui lui demandait, au début de l'après-midi, juste avant qu'il ne sombre dans le coma : « Souffrez-vous ? », il répondit : « C'est une interminable corvée... » Ce furent ses dernières paroles.

Dans la soirée du dimanche, Malraux fut victime d'une nouvelle embolie pulmonaire, massive cette fois, qui, selon le docteur Bertagna, a « enlevé au malade toute conscience et à ses médecins tout espoir ». Son esprit avait cessé de vivre. C'était donc un coma sans appel que les médecins de Malraux, en total accord avec Florence et Sophie, décidèrent de rendre aussi paisible que possible. On assura alors à Malraux agonisant un « traitement de confort » – si l'on ose dire – par sérum et calmants, et on renonça à « toute action à visée curative », de manière à éviter toute suffocation, tout étouffement, à approfondir le coma et hâter la fin.

Le professeur Rapin fit alors savoir que « le pronostic vital était compromis à court terme ». Il ajoutait : « Nous faisons tout pour lui assurer une fin paisible, sereine et digne. » Cette décision, rendue publique, a fait dire à certains : « On lui a volé sa mort. » Allégation absurde, puisque l'esprit de Malraux avait cessé de vivre.

Le coma d'André Malraux fut donc de courte durée. À 6 heures, le 23 novembre, la mort est venue le saisir. Florence était alors à Paris et Sophie reposait dans la chambre voisine. La veille, son vieil ami Albert Beuret s'était rendu à l'hôpital pour un dernier adieu. « Malraux, a-t-il déclaré, avait le masque qu'on lui connaît bien, plein d'inquiétude et d'angoisse, un visage supplicié par l'approche de la mort. Malraux l'a dit dans *Lazare* : "L'univers de l'inconscient et du conscient échappe à toute donnée médicale." »

Malraux mort, tout alla très vite. C'est encore Albert Beuret qui en donne les raisons : « Il a fallu décider les choses rapidement pour éviter l'exploitation du cadavre. Nous nous sommes basés sur ce qui avait été fait pour de Gaulle. André Malraux n'appartenait à personne, mais à lui-même et à son œuvre. Le reste était vain. La simplicité et la rapidité évitaient les rites, le décorum. Pour un tel homme, il fallait que tout fût simple et digne. Malraux n'avait laissé aucune dernière volonté au sujet de ses obsèques. Mais nous sommes sûrs que cet enterrement au lendemain même de sa mort, cette inhumation privée, où seule la présence de ses amis était souhaitée, répondait au vœu secret de Malraux. »

Beuret avait d'abord pensé à inhumer Malraux dans le caveau du cimetière de Charonne où dorment ses deux fils, Gauthier et Vincent – morts dans un accident de voiture en 1961 – et leur mère Josette Clotis. Il y restait une quatrième et dernière place. Mais qu'auraient pensé Clara, la première épouse, et Madeleine, la seconde ? La municipalité ayant proposé de faire don d'une concession dans le petit cimetière de Verrières, cette proposition fut unanimement acceptée : Malraux y aurait comme voisin Honoré d'Estienne d'Orves, le premier résistant fusillé par la Gestapo ; il resterait dans ce petit village où il avait vécu les dernières années de sa vie, tumultueuses d'abord auprès de Louise, puis heureuses, apaisées, pleines de labeur auprès de Sophie. À celle-ci, sait-on tout ce que Malraux doit ? Elle sut non seulement l'aimer – elle l'aima infiniment et vit aujourd'hui habitée par son souvenir –, mais l'entourer, l'aider dans son travail, le décharger de tout, lui permettant ainsi d'écrire, dans le calme, la dernière partie de son œuvre.

De nombreux amis pensèrent, bien sûr, au Panthéon où de Gaulle et Malraux avaient déposé jadis les cendres de Jean Moulin. Mais n'y sera-t-il pas un jour ? Et quel président se grandira en l'y conduisant ?

L'ambulance blanche arriva à la fin de la matinée du 23 novembre au château de Verrières. Un important service d'ordre avait été mis en place autour du parc des Vilmorin, planté d'essences rares étiquetées comme dans un jardin botanique, dernier îlot de verdure dans ce monde de béton, pour tenir à distance les photographes. Malgré ces précautions, une photo fut prise et publiée de la dépouille de Malraux, étendue sur un brancard, recouverte d'un drap blanc, laissant visible le visage intact et comme apaisé.

Albert Beuret, arrivé le premier à Verrières, avant l'ambulance, a ouvert le cortège de tous ceux qui voulaient une dernière fois revoir André Malraux. La dépouille fut déposée dans le salon bleu, si cher à Louise de Vilmorin. Au revers de la veste de flanelle grise, Sophie avait épinglé sa croix de la Libération, au ruban vert et noir, qui était la seule décoration qu'il aimait, « sa récompense, son honneur, sa légitimation », selon l'un de ses proches.

Quel mort connut jamais pareil décor ? Malraux était là au milieu de son « musée réel » : un tableau d'André Masson à qui il confia jadis la décoration du plafond de l'Odéon ; et aussi ses six têtes gréco-bouddhistes, la grande statue baptisée « Génie aux fleurs », et cet oiseau japonais « Haniwa » en terre cuite, qui, tous, semblaient regarder de leurs yeux morts. Dans le clair-obscur du salon, à distance du lit mortuaire, les visiteurs demeuraient immobiles et silencieux. Pas un mot échangé, seul peut-être le « chuchotement de la mort » dont Malraux parlait dans *Lazare*. Ce n'était pas Malraux trépassé qu'on offrait aux regards. C'était Malraux mort dont « la mort ne se confondait pas avec son trépas ». Et certains, en le voyant pour la dernière fois, se souvenaient qu'il avait souvent cité l'interrogation de son père juste avant son suicide : « Et qui sait ce que nous trouverons après la mort ? »

De l'autre côté du salon bleu, le cabinet de travail d'André Malraux à la porte ouverte sur le hall d'entrée. Sur les murs obscurs, les peintures, celles qu'il avait acquises tout au long de sa vie, Chagall, Rouault, Dubuffet, Poliakoff, Fautrier, Picasso et deux Braque : le premier, un oiseau noir, le second, le tableau qu'il préférait, une mystérieuse barque bleue abandonnée sur une plage tragique le long d'un océan – ou d'un ciel ? – noir comme de l'encre, aujourd'hui chez Alain et Florence Resnais. Sur le bureau, tout était demeuré comme il l'avait laissé quand il était parti, neuf jours avant, pour l'hôpital de Créteil : une curieuse couronne de roi tibétain en cuir, constellée de turquoises, sous son globe de verre, une lampe dont le pied sculpté était un fragment de vase sassanide, et tous les humbles objets du travail quotidien, les crayons, les stylos à bille, les ciseaux, le bâton de colle, les blocs de papier, le téléphone, sa radio portative laissée sur France Musiques, et aussi un plateau et une carafe avec les médicaments de son dernier traitement, toute une série de petits chats en porcelaine et un bol toujours rempli d'eau pour ses deux vrais chats, Fourrure et Lustrée, que Malraux aimait voir sur ses papiers.

Le cœur battant, la gorge serrée, immobiles, silencieux, les amis et les admirateurs d'André – comme jadis, il y a six ans, ceux du général de Gaulle à La Boisserie – contemplaient cette table sur laquelle Malraux écrivait, travaillait, comme s'ils voulaient s'en imprégner à jamais.

Ludmilla Tcherina était venue se recueillir devant la dépouille quand, brusquement, l'un des deux chats d'André Malraux – que l'on tenait enfermés – s'échappa, fit irruption dans le salon bleu, comme une fusée, le poil hérissé. « Le chat a marqué un temps d'arrêt au bas du lit, raconte-t-elle, et d'un seul coup a sauté sur André, faisant ses griffes sur son gilet, mordillant les petits boutons en os, puis lui léchant les mains de sa langue râpeuse. »

« Le lendemain, après l'enterrement, Fourrure et Lustrée étaient comme fous, a dit un habitant de Verrières. Ils fonçaient comme des animaux sauvages à travers les pièces de la maison et s'aplatissaient sous les meubles... »

On dut aussitôt s'en séparer. Ils furent confiés à une amie d'André Malraux, la princesse de Croÿ.

La mise en bière a eu lieu à 16 heures, dans le salon bleu. On fit sortir Sophie et Florence. Seuls y assistèrent Roger, André et Sosthène de Vilmorin, Alain Resnais et Albert Beuret. « Le visage de Malraux, a dit ce dernier, avait pris plus de sérénité. Le froid cadavérique donne une autre apparence aux traits que le bouleversement du trépas. Très curieusement, il nous semblait que son regard était là, un regard qui n'était jamais léger, qui faisait son poids. Je voyais sur le visage d'André Malraux mort cette espèce d'interrogation qu'il portait sur toute chose. »

Dans la soirée, Florence, Sophie et Albert Beuret décidèrent de n'inviter le lendemain à l'enterrement que les amis très proches. Mais, bien sûr, le cimetière était ouvert à tous ! Ils établirent la liste de ceux qu'ils allaient prévenir par téléphone : dix noms seulement pour chacun ! « C'était cela ou le Panthéon », a dit Albert Beuret.

Raymond Barre, Premier ministre, était venu à 8 heures à Verrières, où s'allumaient les premières lueurs du matin, pour s'incliner sur la dépouille. À son arrivée, il fut accueilli par Sophie de Vilmorin et son oncle André, qui s'étaient relayés depuis la soirée, avec d'autres proches, pour veiller aux côtés du cercueil. Pourquoi M. Barre fit-il une visite si matinale ? Peut-être parce qu'il avait voulu que son hommage gardât un caractère personnel, loin de toute publicité, comme le souhaitaient la famille et les proches d'André Malraux. Plus vraisemblablement parce qu'il a préféré se trouver seul et sans témoin face à la dépouille du grand écrivain qu'il aimait et admirait, et dont l'œuvre tenait toujours une place essentielle dans sa vie.

Devant Malraux mort, un grand souvenir a surgi dans la mémoire de Raymond Barre[1] : « En m'inclinant devant la dépouille d'André Malraux, a-t-il déclaré, je me suis souvenu de cette soirée de 1947 où André Malraux était venu à la Cité universitaire – j'étais alors étudiant – nous présenter son film *Espoir*. Et il me semblait entendre sa voix brisée commentant le passage admirable où les femmes républicaines, vêtues de noir, se signaient devant le corps du pilote abattu par les franquistes qu'apportaient les combattants. »

Puis arrivèrent, tout au long de la matinée, ceux qui furent les amis d'André Malraux et qui se groupèrent dans son bureau et dans le vestibule, étreints par une sorte d'angoisse, attendant dans le silence, dans un silence total, le moment du départ pour le cimetière. De ceux qui ont été là, qui ont vécu ce moment, qui ne s'en souvient ? C'est peut-être Albert Beuret qui a le mieux traduit les choses : « Le moment le plus dur a été l'attente du départ pour le cimetière. La difficulté de réaliser le moment présent comme, hier soir, celui de la mise en bière. Il y avait, ce matin, l'émotion et le recueillement, et comme un glas funèbre qui résonnait dans les cœurs. Chacun prenait conscience de la mort, non du trépas. Cette interminable attente avant le cimetière était une communion avec l'esprit de celui qui s'en allait. Sophie était la plus délabrée. Mais il y avait un lien commun : tous étaient redevables à Malraux de quelque chose. Ils savaient qu'ils n'auraient pas été les mêmes s'ils n'avaient pas rencontré l'auteur de *La Condition humaine*. Il flottait dans cette antichambre de Verrières une communion silencieuse de tous ceux qui prenaient conscience de ce que Malraux leur avait apporté. Atmosphère étrange, lourde, impalpable... »

---

1. Celui-ci prononcera l'éloge funèbre d'André Malraux quelques jours plus tard, dans la cour Carrée du Louvre.

Et Ludmilla Tcherina : « On a attendu dans le silence. Il n'y avait plus que des regards. Nous nous regardions tous. Seul le regard de Jean Seberg – aux côtés de Romain Gary – n'attachait rien. C'était déjà le regard d'une femme perdue... »

Madeleine Malraux – séparée d'André depuis le printemps 1966 – et son fils Alain pénétrèrent dans la maison de Verrières juste avant que le cortège ne parte pour le cimetière, en même temps que Jeanne Moreau, l'une des meilleures amies de Florence. Alain, qui vécut les vingt-trois premières années de sa vie auprès de Malraux – « Malraux a fait de moi son fils » –, a déclaré : « Les gens nous virent arriver à Verrières, ma mère et moi, comme des revenants. Ma mère se dirigea aussitôt vers Sophie de Vilmorin : "Je suis Madeleine Malraux"... » Mais Clara, la première femme d'André, n'était pas venue.

À 11 h 15, une longue file de voitures suivit le fourgon mortuaire jusqu'au cimetière cerné de pavillons et de quelques bois jaunissants, derniers témoins d'une campagne disparue. Mais beaucoup des invités s'y rendirent à pied à travers le parc des Vilmorin et les petites rues pavées du village. Tout se déroula comme il avait été décidé, sans protocole, sans discours, hors de toute pompe. Qui, s'il ne l'avait su, aurait pu croire que l'on portait là, en terre, André Malraux ?

Le cercueil fut déposé sur deux tréteaux, les couronnes tout autour. Les deux premières arrivées au château de Verrières avaient été celles du Parti communiste français et de Lasserre, restaurant où Malraux allait si souvent et recevait ses amis. Parmi les gerbes, celles de l'ambassade du Bangladesh et de l'Association France-Bangladesh, en souvenir du dernier et fou combat d'André Malraux, symbolisant tous les autres. Des roses avaient été déposées sur un tabouret de velours rouge. Avant que le cercueil de chêne clair ne soit descendu dans le caveau, chacun déposa une rose en signe d'adieu, d'abord Sophie de Vilmorin, Florence et Alain Resnais. Puis suivit le défilé des autres, des amis et de ceux que Malraux appelait toujours les « copains » et qu'il n'oublia jamais.

Pas de bénédiction. Pas de prières. Pas de croix sur la tombe, car Malraux toute sa vie a proclamé son agnosticisme. Un prêtre, cependant, était là, perdu dans la petite foule et priant silencieusement : le père Pierre Bockel, l'ancien aumônier de la brigade Alsace-Lorraine, qui fut auprès de Malraux dans les moments douloureux de sa vie, qui devint son ami, à qui Malraux a dit un jour : « Vous savez mieux que moi que nul n'échappe à Dieu. » « Malraux, a dit Pierre Bockel, était un être spirituel. Il n'était pas croyant. Et pourtant, il était proche de Dieu. Je ne consentirai jamais à le récupérer. Mais quand je pense à lui, je suis plein d'espérance. »

Après le départ des intimes, il ne resta que les gens du village et quelques inconnus quand les employés des pompes funèbres procédèrent à la descente dans le tombeau de la dépouille de Malraux. Ils se rassemblèrent alors en arc de cercle autour du caveau. Une porte métallique fut rabattue sur le cercueil de chêne, portant une plaque : « André Malraux, 1901-1976. » Tous observèrent une minute de silence en signe d'ultime adieu, puis se dispersèrent. Devant cette tombe, comme devant une autre tombe, celle de Colombey, où ressentirait-on davantage le « frisson de la grandeur » ?

LA BATAILLE DE PARIS

(novembre 1976-avril 1977)

Robert Boulin : « Giscard n'a aucun sens politique. Sa fragilité est terrible » – Pierre Juillet au sujet de Pierre Messmer : « J'aime avoir cette marionnette au bout des doigts » – Michel Debré : « Chirac, une mégalomanie, un autoritarisme terribles » – Jacques Chirac à JJSS : « Je suis moi-même un radical de vieille souche » – Olivier Guichard (en parlant de Giscard et de Chirac) : « J'ai affaire à des chiens enragés » – Valéry Giscard d'Estaing : « Chirac n'a plus sa place. Il n'est plus utile. Il est perdu. »

25 NOVEMBRE 1976

Robert Boulin me fait part de la situation délicate à laquelle il est confronté depuis qu'il a accepté de participer au gouvernement de Raymond Barre : « En septembre dernier, me dit-il, j'avais trouvé à Rocamadour, lors des journées parlementaires, un groupe UDR agressif à mon égard : "Boulin a trahi. Il est chargé par Chaban de démolir Chirac..." Ils allèrent même jusqu'à décider que je ne ferais pas partie du bureau politique et que je ne pourrais m'y rendre que sur convocation.

« Deuxième épisode : l'atmosphère se détend. Les députés UDR changent de ton, comprenant qu'il faut soutenir le gouvernement Barre, parce que le redressement financier et économique est aussi de leur intérêt, comme il est de leur intérêt de ne pas sortir de la majorité présidentielle.

« Troisième épisode : tout se gâte à nouveau. Changement radical d'atmosphère avec le projet d'un nouveau rassemblement décidé par Chirac et dans un contexte politique rendu explosif tout à la fois par l'élection du Parlement européen au suffrage universel, l'élargissement des pouvoirs budgétaires de l'Assemblée et... l'annonce de la candidature de Michel d'Ornano à la mairie de Paris. À quoi est venu s'ajouter le projet d'un parti centriste, "Démocratie française", imaginé par Ponia avec l'accord du chef de l'État (mais celui-ci a dû reculer : encore une fausse manœuvre !). Un projet conçu avec tant d'improvisation que le pays entier a su que M. Barre l'avait appris par une dépêche de l'AFP au cours de son dernier voyage en Égypte !

« Cette accumulation de maladresses a donné le sentiment d'une volonté d'agression contre l'UDR, estime Robert Boulin. Et à l'agression, l'UDR a répondu par l'agression. L'affaire va se compliquer étrangement, même si Chirac demeure d'une totale loyauté (ce qu'il est... jusqu'à maintenant). Giscard est, en effet, irrité non seulement par les propos malveillants des députés UDR à son égard, qui lui sont tous rapportés, mais aussi par le débauchage de ses électeurs. En effet, Chirac va rassembler sur son nom tous les gens qui ont voté Giscard au premier tour et qui en ont "ras le bol" de sa politique. Grâce à Chirac, ils auront la possibilité de lui faire un pied de nez sans pour autant rallier la gauche. L'UDR pourra toujours dire : "L'essentiel est que ces gens demeurent dans la majorité, et c'est grâce à Chirac qu'ils ne partiront pas ailleurs." »

« Les rapports déjà exécrables entre Giscard et Chirac, poursuit Boulin, ne peuvent donc que s'aigrir davantage. Alors, je vous le dis : n'excluez pas une cassure majoritaire qui pourra conduire à une dissolution. Car, avec Giscard, il faut s'attendre à tout. Il est fin. Il est intelligent. Il est intellectuellement bien armé. Il a un superbe don d'exposition. Mais il ne sent pas le pays "dans ses profondeurs", comme disait le Général. Ponia lui a fait commettre sans cesse des erreurs. La vérité est qu'il n'a aucun, mais aucun sens politique ! Sa fragilité est terrible. »

30 NOVEMBRE 1976

« Dans moins de six mois, Giscard ne sera plus là. Alors, j'agis en conséquence », a confié Jacques Chirac à Michel Debré qui me rapporte ses propos.

« Son plan est le suivant, m'explique Debré : Chirac ne s'engagera pas pour les élections municipales. Ces élections, il les considère comme perdues pour la majorité. Il mise sur cette défaite. Après ce nouvel et retentissant échec, Giscard ne pourra qu'être obligé d'avancer la date des élections législatives. Elles auront alors probablement lieu en juin. Deux alternatives sont envisagées par Chirac : ou les élections sont gagnées grâce à lui et à son rassemblement, et Giscard est alors obligé de le renommer Premier ministre (mais, dans ce cas, la perte de prestige de Giscard est telle que ce sera Chirac, le "patron" réel), ou elles seront perdues (ce qui est quasi certain) et seul alors, dans l'avenir, Chirac pourra s'opposer à Mitterrand. Dans les deux cas, Chirac est gagnant. Mais tout le plan de Chirac est basé sur la rapidité, car il sait que son entreprise risque de s'essouffler avant la date normale des élections législatives, au printemps 1978. Son rassemblement est fait pour tenir jusqu'aux élections municipales.

« Voilà en tout cas le plan de Chirac. Il est entièrement inspiré par Juillet. Ce dernier demeure tout-puissant. En 1974, au moment où Messmer était nommé pour la troisième fois Premier ministre, j'ai dit à Pierre Juillet : "Vous rendez un mauvais service à Pompidou", et celui-ci m'a répondu, parlant de Messmer : "J'aime avoir cette marionnette au bout de mes doigts..."

« Barre a échoué, m'affirme Debré. Il n'est plus crédible. Il a été effrayé par la situation économique et financière qu'il a trouvée en arrivant à Matignon. Je la décrivais chaque semaine dans *Le Figaro*. Mais Barre ne l'imaginait pas aussi catastrophique qu'elle était et que je l'évoquais. Il a dit textuellement : "Je n'ouvre pas les dossiers, sans cela je serais obligé de mettre publiquement en accusation le chef de l'État et de le condamner." Personne – aucun industriel, ni un chef d'entreprise, un cadre, un banquier, un boursier – ne croit en Barre et en la réussite de son plan. Les nouveaux échecs de Giscard ont ricoché sur son Premier ministre et lui ont été fatals.

« Chirac a beaucoup changé dans son comportement personnel : il montre aujourd'hui une mégalomanie, un autoritarisme terribles. Tout le monde va vers lui, notamment les députés qui savent qu'ils ne seront réélus que s'ils le suivent. Songez que même Destremau[1], pour se faire réélire, a dû se faire passer pour chiraquien – comble

---

1. Bernard Destremau, député giscardien des Yvelines.

de l'horreur pour Giscard – et a fait publier des photos où il pose... aux côtés de Chirac !

« Tous les militants UDR, assure Michel Debré, tous sont à fond dans l'enthousiasme, dans la ferveur, dans le délire avec Chirac. C'est l'ivresse de la revanche contre Giscard. Giscard a voulu les humilier. Ils se vengent. Tous s'abandonnent à ce nouveau triomphe. Dans les milieux économiques et financiers, on assiste au même phénomène. Déçus par Giscard, ou inquiets de sa fragilité, ou atterrés de ses stupéfiantes erreurs, ils se retournent vers celui qui montre de l'autorité, vers celui qui sait ce qu'il veut, vers celui qui a un but, qui a le vent en poupe...

« Giscard se retrouve seul, poursuit Debré. Même ses amis le lâchent. S'il reste un seul giscardien, ce sera... Chaban ! Car savez-vous que Giscard a déjà évoqué le remplacement de Barre et qu'il a cité deux noms : Chaban et Frey ? Chaban n'attend que cela. Giscard a tout manqué. Toutes ses initiatives auront été autant d'erreurs. La dernière en date a été la stupéfiante affaire d'Ornano[1]. Il a cru que l'UDR céderait. Et il a nommé Michel d'Ornano pour diminuer l'UDR. Quelle erreur d'appréciation, puisque Chirac était là ! Sans Chirac, l'UDR, c'est vrai, aurait sans doute cédé. Mais avec Chirac, regonflée à bloc, littéralement ivre de revanche, elle ne pouvait qu'affronter et vaincre le président de la République. Giscard a complètement perdu la face et, hélas, Raymond Barre avec lui.

« La première faute de Giscard a été de prétendre gouverner "au centre", avec une partie des socialistes et une partie de l'UDR (car ce qu'il voulait, c'était débaucher des socialistes et casser en deux l'UDR). Les socialistes lui ont craché au visage et l'UDR s'est rassemblée derrière Chirac. Bien sûr, il ne fallait pas laisser partir Chirac. Ce fut l'une des plus grandes erreurs de Giscard. Cela étant, aurait-il pu le retenir ? Car Chirac est parti parce qu'il a senti qu'il était grand temps pour lui de le faire : les troupes UDR s'opposaient

---

1. Le 12 novembre 1976, le ministre de l'Industrie, Michel d'Ornano, a annoncé sur le perron de l'Élysée sa candidature à la mairie de Paris, le nouveau statut de la ville instituant désormais un maire à part entière. Cette annonce est aussitôt reçue par le RPR comme une provocation.

de plus en plus à l'Élysée. Leur rébellion était ouverte depuis l'affaire des plus-values[1]. Chirac risquait de perdre tout crédit s'il restait plus longtemps à Matignon.

« Il l'a compris : il fallait partir en s'opposant au chef de l'État, en claquant la porte. Ce qu'il a fait. Tout a été joué au moment de sa fameuse déclaration télévisée, le jour de son départ. Tous les gaullistes se sont alors retrouvés derrière lui. La fragilité de Giscard, le fait qu'il s'est trompé sur tout, qu'il n'a jamais rien réussi de ce qu'il a entrepris, ont fait le reste. Chirac a draîné derrière lui tous les mécontents, tous les déçus. C'est sa force : grâce à lui, les électeurs déçus de Giscard se retrouveront automatiquement à ses côtés sans quitter la majorité. »

Je fais toutefois observer à Michel Debré que, dans ce genre de rassemblement qui mélange d'une part des mécontents, de l'autre des gens avides de revanche, il y a souvent un danger poujadiste, voire fasciste. Et Debré semble acquiescer.

7 décembre 1976

Au lendemain de la fondation du RPR[2], Olivier Guichard me paraît plutôt rasséréné. « Giscard est déterminé à se battre, me dit-il. C'est un homme qui ne se laissera pas faire. Il se battra. Il n'a pas paru affecté par le déroulement des assises du RPR. Il considère seulement que cela s'est bien passé comme nous l'avions prévu... Mais il est averti et ne se fait aucune illusion sur les intentions profondes de Chirac. En fait, rien n'est joué. Giscard est là et demeure fort, puisqu'il est résolu à faire front. Et puis, il a pour lui le suffrage universel, la légitimité, l'État, la fonction présidentielle. Ce n'est pas rien...

---

1. Les parlementaires gaullistes s'étaient opposés à la taxation des plus-values que le pouvoir souhaitait mettre en œuvre.
2. Le 5 décembre 1976, l'UDR a officiellement laissé place au RPR (Rassemblement pour la République) dont Jacques Chirac a été élu président avec 96 % des suffrages exprimés.

« Ce qui compte d'abord en politique, ce sont les mots, ajoute Olivier. Or, que dit Giscard ? Il dit : "Ce que fait Chirac est bien. Il renforce un parti de la majorité pour gagner les élections. Et ce renforcement ne peut que profiter à tous les autres..." Et que dit Chirac ? Il dit : "Je reste à l'intérieur de la majorité..." Les deux hommes peuvent penser le contraire de ce qu'ils déclarent. Mais, pour le pays (pas pour nous, pour le pays), ce qui compte, c'est ce qu'ils affirment publiquement. C'est toujours comme cela en politique. »

Pour Olivier, Chirac est encore loin d'avoir gagné la partie : « Le général de Gaulle répétait toujours : nous ferons 24 % des voix... Je ne sais pas pourquoi 24 %. Mais c'est le chiffre qu'il me citait chaque fois... Et c'est le résultat qu'il obtenait toujours, à l'exception du premier raz de marée du RPF aux municipales et de celui des législatives de 1968. Eh bien, c'est ce que fera Chirac ! Il fera 23, 24, 25 ou 26 % des voix. Ce sera pour lui un immense succès. Mais après ?... »

Je lui apprends la nomination de Jérôme Monod au secrétariat général du RPR. « Quand on connaît Jérôme Monod, c'est stupéfiant, me confie-t-il. Il m'a toujours dit qu'il ne ferait jamais de politique. Je ne peux pas y croire. »

10 DÉCEMBRE 1976

À son tour, Robert Boulin me raconte les assises du RPR : « Ce qui a été remarquable, m'assure-t-il, c'est qu'il n'y a eu aucun incident. On pouvait cependant craindre le pire : les cris de "Giscard démission !", par exemple, ou bien que Chirac, devant une foule chauffée à blanc, se laisse aller à quelque écart... Guichard et moi avions paré à toute éventualité. Il est certain que nous aurions dû quitter la salle si Giscard avait été mis en accusation.

« Or, Chirac a été modéré. Il a insisté sur trois points essentiels : la prééminence du chef de l'État, le maintien du rassemblement dans la majorité, et la désignation de la gauche comme seul adversaire. Aussi, d'un côté, voit-on un Jacques Chirac calme, très calme, habilement calme, et, de l'autre, un Giscard qui s'enflamme et qui lâche les chiens. Plus exactement, il les fait lâcher par Ponia (par exemple, dimanche matin, avec l'affaire du *Parisien libéré*[1] qui est bien évidemment un coup monté – Ponia ne fait jamais que monter des coups). C'est une erreur fondamentale : au lieu d'adopter la sérénité, Giscard a choisi l'offensive. Or, il est coincé. Sa cote chute pendant que celle de Chirac monte.

« Le grand événement aujourd'hui, poursuit Boulin, ce n'est pas Chirac : c'est une nouvelle et subite dégradation de la situation économique et financière. Cette dégradation est un fait énorme. Elle s'accentue d'une façon effarante, telle qu'on ne peut se l'imaginer dans le pays : tous les capitaux fuient à l'étranger, plus un seul investissement en France, accentuation du chômage, plus aucune demande d'emploi, etc.

« Giscard se rend compte que le plan Barre est fichu et qu'il ne peut, dans la désastreuse conjoncture actuelle, tenter aucune opération de redressement. Avant même que les effets du plan Barre puissent se faire sentir, on sait qu'il a échoué. C'est un fait reconnu. Le Premier ministre a perdu toute crédibilité.

« Alors Giscard pense à reprendre l'offensive, me raconte encore Boulin. Mais en changeant de pied. Que va-t-il faire ? Il va remanier le gouvernement durant le mois de janvier. Comment ? En se débarrassant de tous les ministres UDR, en faisant entrer de nouveaux centristes, en débauchant les radicaux de gauche et, peut-être aussi, en essayant de débaucher certains socialistes. »

---

1. Les locaux du journal, en grève depuis plusieurs jours, ont été investis par la police sur ordre du ministre de l'Intérieur. En signe de solidarité, le reste de la presse s'abstient de paraître le lendemain, et donc de rendre compte du meeting fondateur du RPR.

11 décembre 1976

Selon un autre interlocuteur, Chirac a essayé, quant à lui, de débaucher Étienne Dailly[1], JJSS et plusieurs anciens présidents de la IVe, dont Pinay et Bourgès-Maunoury. Il a dit à JJSS : « Rien ne nous sépare. Je viens de relire le *Manifeste radical*, je pourrais le signer. Mais, vous savez, je suis moi-même un radical de vieille souche. »

15 décembre 1976

Déjeuner avec Yves Guéna, chez lui. Raymond Tournoux[2] est là. Les propos de notre hôte me confirment la profondeur de la scission entre le RPR et le président de la République. Je n'imaginais pas Guéna et ses amis à ce point hostiles à Giscard et même à Barre pour qui ils n'ont que mépris.

En toile de fond semble se détacher la volonté des chiraquiens d'en finir d'une façon ou d'une autre avec la situation actuelle. Comment ? C'est difficile à déceler. Guéna a dit : « Si Giscard veut faire passer l'affaire du FMI[3] au Parlement, nous déposerons une motion de censure, qui sera votée. Le gouvernement sera alors en minorité. » Mais il a ajouté : « Si Giscard décide de maintenir en place le même gouvernement, comme il en a la possibilité, nous ne bougerons pas. » Comprenne qui pourra...

Au fil de la conversation, Guéna souligne la suffisance stupéfiante, la sûreté de soi, l'autoritarisme de Barre. Cependant, il m'assure que le RPR n'entend pas faire la politique du pire, puisque cette politique amènerait la gauche au pouvoir. Le seul but du RPR : suppléer à la carence de Giscard pour remporter les élections.

Sa sévérité à l'égard du Président est extrême. « Les députés vérifient sa chute en province : Giscard ferait aujourd'hui à peine 20 %

---

1. Sénateur UDF de Seine-et-Marne.
2. Journaliste et historien, spécialiste des coulisses de la vie politique.
3. La situation monétaire de la France restant critique, les gaullistes craignent que le gouvernement ne s'en remette au FMI pour apurer la situation financière, comme cela vient d'être le cas en Grande-Bretagne.

de voix. Même à la télévision il devient mauvais. On sent qu'il ne croit plus à ce qu'il dit. On le voit triste. On sent qu'il est perdu. D'ailleurs, il l'est... »

Ceci dit, je devine aussi chez Guéna une aigreur certaine après que Chirac lui a retiré le secrétariat général du mouvement gaulliste[1]. On le sent réservé sur Chirac, sur l'homme plus encore que sur le « politique ».

---

1. Il a été remplacé par Jérôme Monod dès la fondation du RPR.

1977

21 JANVIER 1977

Alors que la bataille pour la mairie de Paris fait rage entre giscardiens et chiraquiens [1], Guichard me déclare avoir « tenté l'impossible pour faire prévaloir une candidature d'apaisement » : celle de Roger Frey, « qui était l'unique porte de sortie ».

« Giscard était d'accord, me raconte-t-il, de très mauvais sondages lui étant parvenus sur les chances de Michel d'Ornano. Mais il fallait aller très vite, prendre de vitesse Chirac, surtout ne pas laisser traîner les choses depuis que ma lettre à Barre proposant la candidature de Frey avait été rendue publique. Or, Barre voulait prendre son temps, organiser une rencontre entre Chinaud et Tibéri.

« J'ai donc pressé les choses, ajoute Guichard. J'ai déjeuné avec Chirac. Vu Marie-France Garaud et Jérôme Monod. J'ignore si ces deux derniers savaient que Chirac allait se présenter à la mairie de Paris. Je ne sais pas même si Chirac était encore décidé à le faire. Ils ne m'ont rien dit. Quand j'ai parlé à Chirac de la solution Frey, il m'a répondu : "Écoute, Olivier, pour moi d'Ornano et Frey, c'est la même chose !" C'est effarant ! Je n'avais dès lors plus rien à lui dire. J'ai donc échoué. Il y aura des primaires à Paris. Et après ? Il y en

---

[1]. Jacques Chirac a annoncé sa candidature à la mairie de Paris deux jours plus tôt.

aura bien à Toulon et ailleurs... Dans ce cas-là, Chirac sera élu. Ornano n'a aucune chance (la seule possibilité de succès pour lui serait de présenter une liste seulement dans les XVIe, XVIIe et VIIIe arrondissements... Mais il voudra présenter des listes partout...). Ah ! les socialistes, s'ils le voulaient, ils pourraient la prendre, la mairie ! ... Avec un type comme Dreyfus[1], par exemple.

« Chirac est-il pour autant gagnant sur le long terme ? se demande Olivier. Ce n'est pas sûr. De province, de Bretagne par exemple, me parviennent des échos qui ne lui sont pas favorables. On trouve qu'il en fait trop : coup sur coup, son élection en Corrèze[2], la création du RPR, la présidence du parti, et maintenant Paris. Les gens s'interrogent. Les sections RPR s'inquiètent, même si certaines, comme celle du XVe arrondissement de la capitale, ont versé dans l'antigiscardisme le plus effrayant. En fait, les gens n'aiment pas le cumul. Peut-on être en province et dans la capitale ? En Corrèze et à Paris ? En Corrèze, ils n'aimeront pas cela, et Chirac va perdre beaucoup de ses supporters. Déjà, il a sans doute perdu la présidence du conseil général de Corrèze (il ne pourra la cumuler avec la mairie de Paris[3]), et il semble ne pas y avoir pensé. Et puis, dans l'Histoire, jamais un élu de Paris n'a eu un "destin national". Oui, les conséquences de cette élection sont imprévisibles pour lui. Quelquefois, trop c'est trop ! ...

« Dans cette affaire de la mairie de Paris, conclut Olivier, chacun veut la défaite de l'autre : Giscard veut vaincre Chirac, et inversement. Et puis Chirac veut aussi casser les reins de Barre. Il ne peut accepter l'idée que Barre puisse réussir à Matignon. »

29 JANVIER 1977

Entrevue rapide avec Guichard avant la réunion du Conseil national du RPR qui doit se tenir dans les tout prochains jours. « Giscard

---

[1]. Il s'agit de Pierre Dreyfus, ancien P-DG. de Renault.
[2]. À la présidence du conseil général.
[3]. Contrairement à ce que croit Olivier Guichard, Jacques Chirac réussira à cumuler les deux fonctions.

et Chirac ont détruit en deux ans ce que nous, les gaullistes, avons construit en quatorze ans, me lâche-t-il. J'ai affaire à des chiens enragés qui se battent et qui me mordent les mains quand je veux les séparer. »

Guichard m'assure que le plan de Chirac se déroule tel qu'il l'avait prévu : « Nous risquons d'aller à des élections anticipées, me dit-il, et Chirac peut finir par avoir la peau de Giscard. » Puis Olivier me confirme que les ministres RPR se sont réunis autour de lui, place Vendôme, et qu'ils lui font confiance. Il n'est pas question pour eux, actuellement, de démissionner. Si les ministres RPR devaient le faire, c'en serait fini du gouvernement et aussi de la majorité. Une telle démission entraînerait inévitablement de nouvelles élections. Ils n'y pensent donc pas. Guichard me fait d'ailleurs remarquer que, sous la Ve République, les ministres ne sont pas au gouvernement en tant que représentants de leur parti. En principe, donc, l'appartenance au RPR ne doit pas automatiquement, en raison des événements actuels, poser la question de leur participation au gouvernement Barre. Guichard me laisse entendre (c'est du moins ce que je crois comprendre) que s'il devait un jour se retirer du gouvernement, il ne choisirait pas forcément de rester au RPR Bien au contraire, il pourrait se mettre en congé du mouvement (ceci est bien sûr confidentiel), tant il juge très sévèrement l'attitude de Chirac dans les élections parisiennes.

2 FÉVRIER 1977

André Bord[1] ne cache pas l'extrême gravité de l'affaire de Paris. Il espère qu'après l'élection probable de Chirac à la mairie de Paris, Giscard choisira la voie de la réconciliation, indispensable en prévision des législatives, mais il croit que les plaies resteront longtemps vives et que les cicatrices ne disparaîtront jamais dans l'hypothèse où ces plaies se fermeraient.

Il me dit que Chirac « ne plaît pas à tout le monde au sein du

---

1. Secrétaire d'État aux Anciens Combattants (RPR).

RPR et que beaucoup se méfient de lui ». Il explique son attitude dans l'affaire de la mairie de Paris par la thèse officielle : après la désignation de D'Ornano et celle des candidats giscardiens contre les conseillers municipaux RPR sortants, Chirac n'avait d'autre voie que celle qu'il a prise. Même sans Chirac, jamais le mouvement n'aurait accepté une telle provocation. Cela n'était pas possible. Malgré les conséquences politiques d'une opposition au chef de l'État, le RPR ne pouvait se laisser faire dans ces conditions.

André Bord me rappelle que les gaullistes avaient accepté du bout des lèvres la candidature de Jacques Dominati[1], et tout à fait celle de Pierre-Christian Taittinger[2]. Alors, pourquoi désigner à leur place Michel d'Ornano ? Bord essaie de disculper Giscard en accablant Poniatowski, le seul responsable, selon lui, l'homme qui n'agit que par des « coups », l'âme damnée du Président. Ponia apparaît plus que jamais comme la bête noire du RPR. Mais Bord se pose la question : comment se fait-il que cet homme, qui s'est trompé sur tout, conserve toujours son ascendant sur Giscard ? « Le mal, dit-il, est là... »

Enfin, Bord estime que Giscard tient sur ce qui est le plus important à ses yeux : l'Europe, la défense, l'indépendance de la France. Sur une question essentielle à ses yeux d'Alsacien, le maintien à Strasbourg du Conseil de l'Europe et de l'Assemblée européenne, il a été émerveillé par la façon dont Giscard a tenu tête à ses partenaires européens. Au Benelux, à l'Angleterre, à l'Allemagne même, qui souhaitaient le déménagement de ces deux institutions, Giscard a dit : « J'en fais une question d'État... » Quant à l'élection de l'Assemblée européenne au suffrage universel, Giscard, selon Bord, ne s'éloigne en rien, ici, de la voie tracée par le général de Gaulle. Bord, comme les autres gaullistes, approuve cette élection. Il estime que Debré – seul dans son opposition – se trompe.

---

1. Député giscardien de Paris.
2. Sénateur de Paris, secrétaire d'État aux Affaires étrangères.

10 février 1977

Les journalistes (c'est-à-dire le groupe qu'il voit régulièrement tous les mois) ont trouvé le chef de l'État en pleine euphorie :

1- Certitude de gagner les élections en 1978. « Giscard et Barre, a-t-il dit, c'est un bon ticket. C'est ce bon ticket qui permettra de gagner les élections. »

2- Giscard assure que l'action de Chirac a troublé beaucoup de monde au RPR, surtout en province ; la province ne comprend plus Chirac. Elle est déçue qu'il ait choisi de se présenter à Paris, une ville que la province n'aime pas et jalouse. Beaucoup se détourneront de lui pour cette raison.

3- Giscard croit que ce trouble s'est traduit par des discussions au sein du RPR. Il assure que cela va mal entre ses dirigeants. Guéna n'est pas du tout content de Chirac (ce que je sais être vrai).

4- Le plus important fut pour la fin : Giscard s'est dit assuré que Chirac ne sera pas maire de Paris. Ornano non plus. Selon lui, il y aura un troisième homme (oui, Ornano semble bien être lâché par Giscard). Pour le chef de l'État, si Chirac n'est pas élu, cet « échec terrible » ne retombera que sur lui (et c'est ce qu'il faut). Et si Ornano n'est pas maire, ce ne sera en rien un échec pour l'Élysée. De toute façon, Giscard considère que Chirac a perdu la partie. « Il y a aujourd'hui un Président énergique, un bon Premier ministre, populaire et qui réussit, a-t-il affirmé. Le recours à Chirac n'a donc plus de raison d'être. Chirac n'a plus sa place. Il n'est plus utile. Il est perdu. »

11 février 1977

Yves Guéna pense, à l'inverse, que Chirac sera sûrement élu maire de Paris et m'assure ne pas voir ce qui pourrait l'en empêcher. De notre conversation il ressort une rupture complète, un fossé insondable entre le RPR et le reste de la majorité. Toutefois, Guéna constate que le RPR accuse actuellement un « tassement », une « crispation », un « mauvais passage » et une « situation délicate ».

Pour lui, il faut que le RPR, courageusement, tienne bon parce que cette situation ne sera que « brièvement provisoire ». Guéna a noté en effet que la province se pose des questions après la candidature de Chirac et que l'actuel succès du plan Barre joue à fond contre le président du RPR.

Aussi ne me désavoue-t-il pas quand je lui dis que le succès du RPR ne peut être assuré que par la défaite du plan Barre... et que Chirac sombrera si Barre (c'est-à-dire Giscard) gagne le pari qu'il a engagé. À ce point de la conversation, Guéna m'assure que le plan Barre sera condamné dans quelques mois. Déjà tout va mal (c'est-à-dire tout va mieux pour le RPR) : l'indice des prix n'a pas été mauvais en décembre, mais il sera « affreux » pour les premiers mois de cette année, la situation du commerce extérieur est très mauvaise, les investissements sont nuls, absolument nuls, malgré les promesses des industriels ; enfin, le chômage est en augmentation. Ainsi, Dieu merci pour le RPR, tous les espoirs sont permis. Mais, pour le moment, un seul but : le succès de Jacques Chirac à Paris !

16 FÉVRIER 1977

L'animosité qui règne entre giscardiens et chiraquiens atteint maintenant, si l'on en croit ces derniers, aux limites de la haine. Jean-Claude Servan-Schreiber (cousin de JJSS et directeur de la régie-publicité à la Télévision) n'a pas craint de me dire sérieusement qu'une autopsie aurait dû être effectuée sur la dépouille de M. Lafay[1]. Il m'a assuré, d'autre part, que les journalistes touchent de l'argent (« nous en avons des preuves... ») pour combattre Chirac. (Il a reconnu cependant qu'André Passeron, du *Monde*, lui était entièrement acquis, et *Le Figaro* complètement dévoué.) C'est essentiellement contre les journalistes de la télévision et de la radio que les chiraquiens fulminent.

Jean-Claude Servan-Schreiber m'a fait part de l'indignation, de la

---

1. La mort du président du conseil municipal de Paris, Bernard Lafay, est intervenue en pleine campagne électorale. Le fils du défunt figure sur la liste Chirac.

fureur de Chirac contre le gouvernement de Raymond Barre : l'ancien Premier ministre est sûr, en effet, que l'équipe au pouvoir emploie les méthodes les plus basses pour séduire les journalistes et entretenir contre lui une campagne qui se traduit par un véritable « déferlement de haine et de violence ». Selon mon interlocuteur, Chirac met dans le même sac Giscard, Ponia, Lecanuet, JJSS, Ornano, Dominati et Françoise Giroud. Les ponts entre giscardiens et chiraquiens sont, toujours selon lui, à jamais coupés. La situation est si mauvaise qu'il juge absolument inévitables des élections anticipées, très vite après les municipales. Selon lui, ces élections seront gagnées par la gauche. Giscard sera ensuite obligé, au bout de quelques semaines ou de quelques mois, de démissionner parce qu'il ne pourra pas gouverner avec elle. S'ensuivra alors une élection présidentielle qui opposera Mitterrand à Chirac. Ce dernier la gagnera. Ainsi Chirac aura-t-il eu raison de créer le RPR et de s'opposer à Giscard. CQFD !

10 mars 1977

Dans sa dernière conversation avec les journalistes, Valéry Giscard d'Estaing a souligné sa volonté de détruire le RPR et de « casser » Chirac. Le grand débat européen offrira l'occasion, à son avis, de porter atteinte de manière décisive au RPR. Le RPR et Chirac seront mis au pied du mur à propos de l'élection de l'Assemblée européenne au suffrage universel : s'ils décident de renverser le gouvernement à ce sujet, ils se suicideront parce que le pays ne comprendrait pas que l'on puisse déclencher une crise gouvernementale sur une affaire telle que l'Europe. Et si Chirac décide malgré tout de mener la bataille contre le pouvoir, il sera lâché par une partie de ses troupes, et la cassure du RPR sera consommée.

À ce moment de la conversation, Giscard a indiqué que le débat européen sera aussi l'occasion de la grande rentrée politique de Jacques Chaban-Delmas. (Chaban, interrogé par la suite, s'est montré surpris : « Première nouvelle, a-t-il dit. Je ne savais pas que je ferais une rentrée sur l'Europe. De toute manière, il faut attendre la discussion du Conseil politique du RPR sur ce sujet. »)

Giscard a annoncé que, fin avril-début mai, avant le débat sur l'Europe à l'Assemblée, qui aura lieu en juin, il se fera interviewer à la télévision par quatre journalistes sur la politique étrangère. Début mai encore, il reprendra ses voyages en province. En Savoie, il prononcera un « très grand discours », de portée nationale, dans lequel il définira ce que doit être maintenant la majorité. Il dira en substance : « Il faut que les choses soient nettes. On est dans la majorité présidentielle ou on n'y est pas. Soutenir le Président, c'est autre chose que soutenir le gouvernement. Ainsi le RPR ne peut être dans la majorité présidentielle en étant pour le gouvernement et contre le Président. M. Chirac et son état-major (car un grand nombre de députés RPR restent pour moi et quitteront Chirac) ne font plus partie de la majorité présidentielle. » Giscard fait remarquer qu'en 1974, Chirac lui avait promis de lui amener l'UDR. « Il ne l'a pas fait, dit-il. Il a été prisonnier de l'appareil du parti. »

Giscard parle en bien de Guichard et de Boulin, qui « ne sont pas au gouvernement en tant que RPR », souligne-t-il. Mais il a tenu à les dissocier des trois autres ministres RPR, Galley, Bourges et Ansquer[1], en précisant : « Ceux-ci sont avec moi sur l'Europe... » Ainsi les journalistes en ont déduit que Guichard et Boulin, encore trop chiraquiens aux yeux de Giscard, pourraient quitter leurs fonctions et être remplacés par des gaullistes du type Chaban.

Sur l'affaire Giroud[2], il a enfin déclaré : « Peut-être suis-je encore naïf en politique quand je vois la bassesse de certaines attaques. Françoise Giroud a bien été décorée. Il y a comme un relent de racisme dans la lettre du secrétaire général des médaillés de la Résistance, à propos du nom de jeune fille de Françoise Giroud[3]. Tout cela est bien difficilement pardonnable. »

---

1. Respectivement ministres de la Coopération, de la Défense et de la Qualité de la vie.
2. Candidate sur la liste de Michel d'Ornano, Françoise Giroud est accusée par une violente campagne de presse de ne jamais avoir obtenu la médaille de la Résistance qu'elle revendique.
3. D'aucuns, pour parler d'elles, usent de son vrai nom, Gourdji. Sur cette affaire, voir *Françoise Giroud, une ambition française*, de Christine Ockrent, Fayard, 2003.

31 mars 1977

Au lendemain de l'élection de Jacques Chirac comme maire de Paris et du remaniement gouvernemental qui a suivi, le chef de l'État s'est montré devant la presse satisfait, détendu, sûr de lui et extraordinairement optimiste. Son entretien avec Chirac « s'est très bien passé. Tout va très bien, a-t-il déclaré. Il n'y a plus de problème au sujet de la mairie de Paris ». Toutefois, les thèmes de politique générale n'ont pas été abordés lors de cette entrevue. « La plate-forme de la majorité – qui sera le pendant du programme commun de la gauche – sera prête pour l'été, a-t-il assuré. Le RPR apportera ses propositions et les partis du centre les leurs. Tout s'arrangera dans la majorité. Elle s'unifiera. » Enfin, Giscard a exprimé sa « satisfaction profonde » après le remaniement. Il n'a pas eu un mot d'éloge ou de regret pour Michel Poniatowski[1].

11 avril 1977 – Château de l'Étoile, Authon

Après le méchoui pris dans une cour de ferme avec des harkis et des rapatriés d'Afrique du Nord[2], je monte dans la voiture de VGE qui m'a invité à passer le week-end avec lui et sa famille au château de l'Étoile tout proche. Il est au volant, Anne-Aymone à ses côtés, moi derrière avec leur fils Henri.

En conduisant, VGE me parle de l'AFP et critique avec vigueur ses correspondants à l'étranger qui, me dit-il, « font de la politique en ne défendant en rien les intérêts de la France, et propagent de fausses nouvelles ». Je m'étonne d'une telle accusation. Il m'évoque alors l'expulsion par les autorités zaïroises de notre correspondant qui avait annoncé que Kolwezi était tombé[3]. « L'information était

---

1. Michel Poniatowski a dû quitter le ministère de l'Intérieur, remplacé par Christian Bonnet dans le gouvernement Barre remanié après les élections municipales.
2. L'AFP avait envoyé Jean Mauriac « couvrir » cette manifestation à Authon.
3. Ville du Zaïre, où les troupes françaises ont mené avec succès une opération visant à protéger nos ressortissants, menacés d'être pris en otages par les rebelles anti-Mobutu.

fausse. Alors, pourquoi l'avoir donnée ? De quoi avons-nous l'air, aux yeux de Mobutu ? » Et d'ajouter avec dédain : « Que vos correspondants fassent de la politique à Paris ! Mais à l'étranger... » Il m'écoute alors attentivement quand je tente de le convaincre du bon travail de nos équipes malgré la concurrence redoutable que se livrent les grandes agences de presse internationales, dont certaines commettent des erreurs plus fréquentes que les nôtres. Mais il ne me répond pas et passe à des sujets personnels – « À qui appartient Malagar[1] aujourd'hui ? », « Notre rencontre vous a-t-elle privé d'aller à Courchevel ? », etc.

Nous arrivons très vite à Authon. Anne-Aymone, jolie et élégante, me fait faire le tour du domaine : longue promenade par une fin d'après-midi froide mais ensoleillée dans le parc, le long d'une rivière, visite d'une belle vieille église accolée au château, puis du musée de la Chasse de VGE, situé le long de la piscine. Le Président fait des safaris depuis 1970 et tous ses trophées sont là, dans une grande pièce, tapissant l'intégralité des murs : un petit guépard, la peau d'un lion, d'un zèbre, deux têtes de lion, une énorme tête de rhinocéros à deux cornes, d'autres cornes de buffles et de toutes les gazelles et antilopes d'Afrique, celles d'un petit bouquetin d'Iran... Une plaque de cuivre figure, avec la date et le lieu de la mise à mort, sous chaque pièce exposée. Beaucoup de photos aussi de Giscard assis près d'éléphants morts ou tirant un buffle prêt à charger.

Retour au château. Tout a été refait. C'est plus beau, plus somptueux que le Grand Trianon. Je gagne ma chambre. Anne-Aymone me donne avec gentillesse et simplicité pyjama, rasoir et brosse à dents, ainsi qu'une paire de mules de velours noir de chez Dior, dont les boucles dorées portent les initiales de son mari. C'est VGE qui vient me dire que le dîner est prêt. Avant de passer à table, il m'explique les raisons de l'intervention française au Zaïre : « Après l'Angola[2], nous ne pouvions plus laisser aller les choses. C'est toute l'Afrique, de l'Atlantique à l'océan Indien, qui allait basculer. Il était

---

1. La propriété de François Mauriac en Gironde que ses enfants ont donnée au conseil régional d'Aquitaine
2. Indépendante depuis 1975, cette ancienne colonie portugaise est passée dès l'année suivante sous le contrôle des communistes, avec l'aide des troupes cubaines.

devenu urgent d'arrêter cela. Au Zaïre, croyez-moi, nous allons réussir, et sans aucun risque. » Je lui demande : « Mais pourquoi nous ? » Il me répond : « Parce qu'il n'y a que nous, absolument que nous ! Les Américains, empêtrés dans leurs souvenirs du Vietnam, ne peuvent rien faire. Leur opinion publique ne le supporterait pas. Quant aux Anglais, ils n'existent pas dans la région. Alors, il n'y a que nous ! »

Il m'interroge pendant la plus longue partie du dîner sur le Général : « Que pensait-il de la presse ? Comment était l'intérieur de La Boisserie ? Allait-il à Colombey en auto plus qu'en hélicoptère ? Le voyiez-vous souvent à l'Élysée ? Mme de Gaulle voit-elle aujourd'hui des gens ? Où va-t-elle en vacances ?... » Curieusement, il m'affirme que Mme de Gaulle a voté pour lui au second tour de la présidentielle. « Comment pouvez-vous en être sûr ? », lui dis-je. « C'est Boissieu qui me l'a appris. Les Boissieu ont voté pour moi dès le premier tour. » Comme je lui réponds que les Boissieu sont sans doute chiraquiens aujourd'hui, il sourit : « Oui, sûrement, la droite la plus bête, la plus bornée ! »

Le repas est rapide. Potage, soufflé au fromage. Je me sers discrètement. On repasse le soufflé. « Reprenez-en, me glisse Anne-Aymone, il n'y a plus rien après. » Je prends cela pour une formule de politesse. Erreur : le dessert arrive...

Après le dîner, la conversation devient très personnelle, presque intime. VGE, simple et amical, s'est assis près de moi. Je lui demande si l'acharnement actuel contre lui n'est pas trop dur à vivre. « Il y a des hauts et des bas », me confie-t-il. Puis, après un temps d'arrêt : « Oui, c'est dur, très dur. » Je le sens profondément atteint, triste au-delà de toute expression. Sûr de son échec.

Je lui dis que sa grande faute est d'avoir pris Chirac comme Premier ministre. « Je ne pouvais pas dissoudre l'Assemblée après mon élection, me répond-il, sans provoquer une crise de régime. Alors j'ai été obligé d'en passer par Chirac... – Vous auriez pu nommer quelqu'un d'autre. – Qui ? – Mais Guichard ! – Oui, Guichard, vous avez raison. Il m'a été fidèle. Mais il n'a pas fait ce qu'il fallait faire : regrouper au sein du RPR les gens qui me sont favorables, qui ne supportent pas Chirac et son affreuse dictature. »

Il m'est apparu obsédé toute la soirée par une interrogation qui est revenue comme un leitmotiv : « Pourquoi les Français tiennent-ils le chef de l'État pour responsable de tout ? Pourquoi, pourquoi ? », sans manifestement trouver de réponse...

La soirée se termine. «Je vais travailler dans mon petit bureau », me dit-il. Le petit bureau en question se trouve à cent mètres du château, dans son musée de la Chasse.

Le lendemain matin de bonne heure, retour à Paris en hélicoptère. Atterrissage dans la cour de l'École militaire. Changement d'atmosphère : agents de police, saluts militaires, téléphone, ordres sonores, pétarade des motos, portières qui claquent, empressement de tous, obséquiosité de certains. Je pense : pauvre Valéry ! Mais lui reste calme, serein, détendu. Je monte dans sa voiture, à l'arrière, à ses côtés. Il me parle de Pompidou. Il ne l'aime pas. Il le déteste même, et le mot est encore faible. La voiture entre à l'Élysée par la grille de l'avenue Marigny et s'arrête devant la roseraie. Un dernier mot très amical du chef de l'État. Je le remercie simplement et aimerais lui en dire davantage.

GISCARD, CHIRAC ET LES GAULLISTES : LA GUERRE D'USURE

(avril 1977-novembre 1979)

Yves Guéna : « Les jours de Barre sont comptés » – Chaban : « Chirac sera réduit, puis châtié » – Boulin : « Je me sentirais plus à l'aise dans un ministère socialiste » – Guichard : « Chirac ne se contrôle jamais » – Louis de Guiringaud : « Le RPR marche avec l'argent de la Ville de Paris » – Sanguinetti à Chirac : « Tu aurais pu être Hugues Capet, et tu es Étienne Marcel. »

28 avril 1977

Yves Guéna[1] m'assure que Barre a été blessé à mort pendant le débat parlementaire[2], et qu'il ne s'en relèvera pas. « Il quittera le pouvoir avant les élections législatives. C'est pour le RPR une certitude. » Mais il me dit ne pas savoir alors comment les choses se dérouleront. « Les jours de Barre sont donc comptés, ajoute-t-il simplement. Alors, le plus vite sera le mieux. Il ne peut plus rien faire aujourd'hui. Le RPR aurait aimé, à l'occasion de ce débat, précipiter sa chute. S'il ne l'a pas fait, c'est parce que l'opinion publique ne l'aurait pas compris et aurait tenu le RPR responsable de la crise ministérielle et de ses conséquences. »

Cela dit, Guéna me donne l'impression que le RPR sait où il va et que son plan est fin prêt pour la chute de Barre, et peut-être de Giscard.

Quand j'évoque le passé de Chirac à Matignon, ses compromissions auprès de Giscard, il me dit : « C'est vers l'avenir qu'il faut se tourner. Mais, croyez-moi, Chirac a sauvé beaucoup de choses. Savez-vous que, dès sa première semaine au pouvoir, Giscard voulait arrêter les expériences nucléaires dans le Pacifique et en avait donné l'assurance à JJSS ? Si les expériences ont continué, c'est bien grâce

---

1. Devenu le délégué politique du président du RPR.
2. Attaqué par la gauche, le Premier ministre l'a été tout autant par les députés RPR à propos de son « Pacte national pour l'Emploi », jugé trop social.

à Chirac. Cela prouve que Giscard n'a réellement d'idées sur rien, qu'il va au gré des vents. Pour Chirac, ajoute Guéna, tous les barons appartiennent au passé. Au pouvoir il ne les reprendra jamais : ni Debré – jaloux de Chirac et regrettant de n'avoir rien fait pour être à sa place – ni Guichard, que l'on a cependant été heureux d'accueillir au Conseil politique du RPR après son départ du gouvernement... » Guéna parle avec mépris de Peyrefitte et s'interroge sur les raisons réelles de son entrée au gouvernement[1].

« Mitterrand est malade, très malade », me confie-t-il pour finir. Guéna n'est pas le seul à le penser. Plusieurs personnalités m'affirment le savoir avec certitude, « de source socialiste sûre ». Il s'agirait d'une grave affection cardiaque.

29 AVRIL 1977

« Les gens seraient étonnés s'ils voyaient ce qui se passe à l'intérieur du RPR, me raconte Olivier Guichard. C'est un déferlement contre Giscard et Barre. Les députés du groupe voulaient, il y a quelques jours, renverser Barre, parce qu'ils estiment que son gouvernement, c'est zéro, qu'il n'existe pas en termes électoraux et qu'il fallait obliger Giscard à nommer un gouvernement de combat. Ah, si tu avais vu les Poulpiquet, les Papon[2] se déchaîner pour que les députés RPR s'abstiennent lors du vote de confiance ! Il a fallu que Chaban, Chirac et moi, nous nous employions à les calmer et nous leur fassions valoir que l'opinion nous tiendrait pour responsables de la crise. Le Président compte encore dans l'opinion des Français du fait de sa légitimité : il aurait vite fait de nous mettre en accusation. Mais personne ne sait ce qui va se passer. C'est du Ionesco !

« Barre commet la grande erreur de ne pas vouloir faire de politique ajoute Olivier. Dès qu'on lui en parle, il revient sans cesse à

---

1. Il a succédé à Olivier Guichard au ministère de la Justice dans le gouvernement de Raymond Barre remanié en mars 1977.
2. Respectivement députés du Finistère et du Cher.

des problèmes économiques. Mais c'est Giscard, en fin de compte, qui n'a pas adopté une ligne politique définie, des idées précises. Il m'a dit, il y a quelques semaines, qu'il était décidé à instituer la proportionnelle au mois de septembre. Mais, depuis lors, il a dû y renoncer. L'affaire de Paris l'a rendu fou. Il ne croyait pas que Chirac emporterait la mairie. Il s'est trompé du tout au tout. L'important est là : c'est cette élection qui a rendu les choses irréparables, qui a atteint Giscard au fond de l'âme, et cela malgré mes avertissements. »

17 JUIN 1977

Couve de Murville réprouve vivement l'initiative prise par Chirac d'inviter Leonid Brejnev à la mairie de Paris lors de son séjour officiel en France : « Cela ne s'est jamais vu, me déclare-t-il. Brejnev ne peut bien sûr que refuser. Je ne comprends pas où Chirac veut en venir. Je me demande s'il ne devient pas fou. Le maire de Paris ne peut en aucune façon inviter un chef d'État à venir le voir à l'Hôtel de Ville. D'abord parce que, ne s'agissant pas d'une visite d'État, M. Brejnev ne peut pas se rendre à l'Hôtel de Ville. Ensuite parce que, seule, la Présidence de la République peut fixer le programme de cette visite qui est officielle certes, mais qui n'est d'abord qu'une simple visite de travail. Chirac paraît ne plus pouvoir s'arrêter sur la pente des affronts à Giscard. Ce qu'il vient de faire là est inqualifiable. C'est un manquement délibéré à toutes les règles. En plus, c'est tout à fait incongru d'adresser sa lettre d'invitation à l'ambassadeur soviétique à Paris. C'est à l'ambassadeur de France à Moscou qu'il aurait dû la faire parvenir. »

Couve commente sur le même ton le revirement de Chirac à propos de l'élection de l'Assemblée européenne : « Chirac a complètement retourné sa veste, et cela, sans prévenir personne. Pourquoi ? Il dit que c'est pour préserver l'unité du RPR. En fait, son attitude s'inscrit avant tout dans le contexte de sa lutte contre Giscard. Ce n'est qu'une manœuvre politique, et je la désapprouve totalement. Chirac Premier ministre était favorable à l'élection de l'Assemblée européenne au suffrage universel et il assure aujourd'hui le contraire. Il a complètement changé de position. Rien de plus. Cette élection n'est dangereuse en rien pour notre indépendance. Je crains beaucoup plus le Conseil européen. Lui, il est dangereux ! Tout le mal vient de Pompidou : l'admission de la Grande-Bretagne au Marché commun, la création précisément de ce Conseil européen... Et, bien sûr, M. Chirac, c'est M. Pompidou ! Pierre Juillet et Marie-France Garaud sont toujours là...

« Je suis conscient du spectacle affligeant qu'offre la classe politique, de quelque côté que l'on se tourne, soupire Couve. Ne me parlez plus des gaullistes. Personne aujourd'hui n'a plus le droit de se réclamer du général de Gaulle. Michel Debré, dont l'honnêteté est hors de tout soupçon, ne le fait, remarquez-le, jamais. Il a raison. Il reste que de Gaulle est pour tout le monde, en France et ailleurs, une référence permanente. Mais ce qu'est devenue la politique intérieure française est littéralement dégradant. »

22 JUILLET 1977

Pour Guichard, il ne fait pas de doute que Chirac mise aujourd'hui sur une victoire socialiste aux prochaines législatives pour, après une brève expérience de gauche, se présenter à une élection présidentielle anticipée. En effet, la victoire de la majorité ne peut rien lui apporter. Même si la part du RPR à cette victoire est grande, le bénéfice de cette dernière en reviendrait essentiellement à Barre et à Giscard. Il ne resterait alors à Chirac qu'à attendre 1981, date normale de la prochaine élection présidentielle, et à tenir trois ans avec des concurrents dangereux tels que Barre.

« Chirac continue à mal agir, me confirme Olivier : brutalité, inconséquence, incompétence, aucune réflexion, mépris des décisions prises, ton toujours péremptoire... La vérité, c'est qu'il est débordé. Et il demeure le plus conservateur des conservateurs. »

Puis il me parle de Jérôme Monod, le secrétaire général du RPR : « Il ne réussit pas à son poste. Il est la maladresse même avec les militants : abstrait, lointain, cassant. C'est un monde qu'il ne connaît absolument pas. Il se présentera aux prochaines élections législatives et quittera le secrétariat général du RPR à ce moment-là. Après son élection, ce sera sa grande rentrée dans la vie politique active. »

Été 1977

Mes relations avec Hassan II ont été bonnes jusqu'ici. Elles se nouèrent à Antsirabé, où j'avais accompagné son père, Mohammed V, en juillet 1957, dans son pèlerinage à Madagascar, sur les lieux mêmes où la IVe République, encore plus bête et criminelle que d'habitude, l'avait fait déporter. Le prince héritier pendant ce séjour s'ennuyait. Moi aussi. Il m'invitait dans sa résidence où il me montrait les paires de chaussures innombrables et les centaines de cravates bariolées qu'il avait emportées pour un séjour d'une petite semaine !

Devenu roi, Hassan II m'a invité plusieurs fois par an au Maroc et j'obtins ainsi des scoops non négligeables dont l'AFP n'a eu qu'à se féliciter.

Cette année-ci, comme d'habitude, j'ai été convié à Rabat – voyage, hôtel, payés par le palais – pour fêter l'anniversaire de Sa Majesté, le 10 juillet. La réception, toujours extraordinairement fastueuse, a eu lieu à Dar es Salam, là où le roi possède l'un de ses nombreux palais et où il joue souvent au golf.

L'invitation est pour 13 heures. À Dar es Salam, je retrouve quelques amis français de Sa Majesté (en plus de la cohorte des chirurgiens et médecins habituels) : Maurice Druon, Jean Dutourd, Michel Droit, Édouard Sablier. L'attente semble normale. Le roi, chacun le sait, est toujours volontairement en retard. Il a fait attendre la terre entière. Il a fait attendre – plusieurs fois – le général de Gaulle. Il a même fait attendre la reine d'Angleterre.

Nous attendons donc Hassan II sans étonnement aucun. À 13 heures, tous les invités sont là. À 14 heures, toujours pas de roi. Je commence à m'inquiéter : j'ai une place de retour dans l'avion qui doit partir de Casa, à la fin de l'après-midi, et à Paris un dîner le soir même, que j'estime ne pouvoir manquer à aucun prix. Au bout d'une heure, je décide de quitter la réception.

Je file tout joyeux, sur la route de Casa, avec Jean Dutourd, quand soudain deux motos de la police marocaine nous doublent, suivies d'une voiture qui se met en travers de notre chemin. Un fonctionnaire marocain en descend, souriant : « Monsieur Mauriac, Sa Majesté veut vous voir. » Je souris à mon tour en regardant ma montre : « Mais vous allez me faire manquer mon avion. » Le fonctionnaire insiste : « Je dois vous amener. » Bêtement je plaisante, mais plus pour longtemps. L'envoyé du roi se fait d'un coup impératif : « C'est un ordre de Sa Majesté ! » Et sa mine s'assombrit. La mienne aussi : il ne faut pas rire avec la police marocaine...

Nous faisons demi-tour sur les chapeaux de roue et rentrons à Dar es Salam. Je suis entraîné devant le roi, en blazer croisé, cravate noire, chaussures et pantalon blancs, lunettes de soleil à la main, cheveux rabattus pour masquer sa calvitie : « Alors, monsieur Mauriac, on me dit que vous êtes parti ? – Majesté, veuillez m'excuser, mais j'avais un avion à prendre à Casa... – Alors, me coupe-t-il, invité par le roi du Maroc, vous êtes parti sans qu'il vous ait vu ! – Mais, Majesté, je... – Monsieur Mauriac vous êtes parti sans avoir salué le roi du Maroc qui vous avait invité ! – Majesté, c'est vrai, je vous prie de me pardonner. »

La foule des invités fait cercle autour de nous. Personne ne rit. À commencer par le roi qui, de sa vie, n'a jamais vu l'un de ses hôtes filer ainsi à l'anglaise. Mes amis français et marocains paraissent consternés. Seul Jean Dutourd garde un flegme souriant.

Le roi poursuit sa leçon : « Vous allez, monsieur Mauriac, comme il se doit, comme vous auriez dû le faire et comme vous ne l'avez pas fait, honorer l'invitation du roi du Maroc. Vous allez donc déjeuner. Ensuite vous prendrez votre avion à Casa, et vous aurez votre dîner à Paris. Je vous le promets. » Je garde humblement le silence. Puis le roi reprend : « Est-ce bien ainsi, monsieur Mauriac ? Cela vous convient-il ? » Et il me tend la main en souriant, apparemment avec chaleur. Puis il me tourne le dos.

Les agents du protocole, pleins d'égards, me conduisent à une petite table où les serviteurs de Sa Majesté, tout de blanc vêtus, me servent avec empressement. Brusquement, un bruit infernal. Un nuage de poussière. Un souffle d'enfer. Les serviettes volent au-dessus des tables. Un hélicoptère vient se poser à quelques mètres des invités. Un officier marocain en grande tenue s'approche de moi : « Monsieur Mauriac, sur ordre de Sa Majesté, veuillez prendre place à bord de l'hélicoptère royal... »

À Casa, l'avion de Royal Air Maroc pour Paris nous attend, Jean Dutourd et moi, depuis près de deux heures. Les passagers nous accueillent avec des huées quand nous pénétrons dans l'appareil, où nous gagnons nos places, la tête basse[1].

16 NOVEMBRE 1977

Robert Boulin à propos de Jacques Chirac : « Chirac est à la fois un bulldozer et un voltigeur de pointe, me dit-il. C'est d'abord un super-Nicoud[2]. C'est le démagogue des démagogues. Il a attrapé la clientèle de Nicoud, c'est-à-dire les commerçants, les artisans et les lecteurs de *Minute*. Mais, en agissant ainsi, il risque de perdre beaucoup de ses amis. Il a commis l'erreur fondamentale de s'attaquer au Président. Sous la Ve République, c'est impardonnable. Il s'en est maintenant rendu compte et il a pris la décision de ne plus le faire jusqu'aux élections.

« En réalité, il a perdu sa partie et il le sait. Oui, il se sait pour l'instant perdu. Sa politique est un fiasco. Il ne se risque plus à attaquer de front Giscard. Il préfère se rabattre sur Barre. Au fond, il ne lui reste plus qu'à faire des coups. Et c'est ce qu'il fera : des coups de démagogie en direction des différentes catégories professionnelles. »

---

1. Le roi n'invitera plus jamais Jean Mauriac à Rabat. Il ne le reverra qu'une seule fois dans la capitale marocaine, où François Mitterrand, alors président de la République, avait prié le journaliste de l'accompagner lors de sa visite officielle dans le pays. Le roi feignit alors la surprise quand celui-ci le salua : « Alors, monsieur Mauriac, il faut que vous veniez avec monsieur Mitterrand pour que je puisse vous revoir ? » C'était en janvier 1983.
2. Gérard Nicoud, le très activiste leader du CID-UNATI, la confédération des commerçants et artisans.

19 NOVEMBRE 1977

Comme toujours, Chaban se montre d'une sévérité extrême à l'égard de Jacques Chirac qu'il traite devant moi de « bandit de grands chemins ».

« Il sera réduit puis châtié ! s'exclame-t-il. Je me chargerai de l'opération. Le jour viendra, lorsque nous aurons la certitude que le coup porté contre Chirac ne le sera pas contre le mouvement gaulliste, contre la majorité, contre la France. Ce jour-là, je me dresserai et je dirai : "Cela suffit ! Assez de mensonges !" Il n'y aura, croyez-moi, aucun ressentiment personnel. La question n'est pas là. Je suis resté assez à l'écart de tout pour qu'on ne puisse pas me faire ce reproche.

« Pour moi, il ne s'agit que d'une chose : empêcher la gauche d'arriver au pouvoir. Je vous l'ai toujours dit : quels que soient nos sentiments à l'égard de Chirac, homme éminemment malfaisant, il faut voter pour le RPR pour barrer la route aux socialistes et aux communistes. »

Mais Chaban n'en continue pas moins d'exprimer sa rancœur : « Chirac n'est pas un gaulliste, reprend-il, mais un pompidolien, c'est-à-dire un client du gaullisme. Il ne croit à rien. Après deux années d'antigaullisme avec Giscard, voilà qu'aujourd'hui il se drape dans le gaullisme à coups de mensonge. Car cet homme est d'abord un menteur. Exemple : avec la suppression du sixième sous-marin nucléaire, il a voulu faire croire qu'un coup était porté à la politique nucléaire de la France. Pourtant, la vérité il la savait : si on a renoncé provisoirement à ce sixième submersible, c'est qu'il ouvrait une nouvelle génération de sous-marins nucléaires, toute différente de la première, et que les plans n'étaient pas satisfaisants. Cela, Chirac le sait. Mais il veut faire croire que Giscard abandonne la politique de défense du général de Gaulle et que lui, Chirac, seul, la défend. Le dossier de ses mensonges est épais.

« Giscard ou pas Giscard – ce n'est tout de même pas moi qui l'ai mis là où il est –, il faut défendre le président de la République, ajoute Chaban. Nous sommes en Ve République. Cela seul compte. Dans la mesure où Giscard fait ce qu'il faut faire, aucune question ne se pose. Et c'est, Dieu merci, le cas aujourd'hui. Il a un bon

Premier ministre et il agit comme un président doit le faire sur tous les grands sujets. Ce qui compte, c'est la politique de la France, c'est la défense de ses intérêts. Elle est assurée. Je demeure prêt, conclut-il, prêt à sauver le gaullisme, prêt à rassembler les gaullistes autour de moi. »

1978

20 mars 1978

Malgré la victoire, assez inattendue, de la droite aux élections législatives[1], Olivier Guichard, qui, depuis des mois, pronostiquait une défaite, s'attend à une dégradation continue du climat au sein de la majorité : « Rien n'ira et tout va très rapidement empirer, me dit-il. Chirac va se retirer sur son Olympe et rameuter le groupe RPR contre Giscard. Quant à ce dernier, nous savons, hélas, ce qu'il va faire ! Au Conseil des ministres d'aujourd'hui, le chef de l'État a déclaré en substance : "C'est ma victoire." Il ne fera donc pas un gouvernement selon la composition réelle de la majorité. Il se comportera exactement comme en 1974. Lui seul compte. Lui seul et les giscardiens. Il ne tiendra pas compte du RPR Il trouvera quelques Soufflet, Ansquer et autres pour représenter le gaullisme (sans parler de Peyrefitte).

« Son Premier ministre ? Peut-être Raymond Barre, encore pour six mois, pour mieux l'assassiner. Car Giscard ne peut plus voir Barre depuis sa campagne des législatives. Il ne lui pardonne pas cette campagne qu'il a jugée stupéfiante, détestable. Il est vrai que Barre a fait, en réalité, une campagne présidentielle, une campagne pour Raymond Barre... »

---

1. La majorité sortante a obtenu 290 sièges et la gauche 201, à l'issue du second tour, le 20 mars.

« À la vérité, conclut Olivier, la situation restera aussi tendue au sein de la majorité, parce qu'avec Giscard tout continuera exactement comme avant. Il est ainsi, stupéfiant dans son optimisme, dans ses réactions, dans sa sûreté de lui-même, dans ses erreurs. Mais Chirac a sa part dans la gravité de cette situation, c'est vrai... »

21 MARS 1978

Yves Guéna me reçoit à l'heure où Jacques Chirac se trouve à l'Élysée. « Chirac avait l'intention d'être très ferme avec Giscard sur trois points, me dit-il : la sauvegarde de notre défense nationale (mais en avons-nous encore une ? Nous n'avons plus de sous-marins nucléaires), le refus de l'élection de l'Assemblée européenne au suffrage universel, et celui de l'élection de l'Assemblée nationale à la proportionnelle.

« Sur ces trois points, insiste Guéna, notre position est catégorique. Nous ne céderons pas. Quant au reste, l'intention de Jacques Chirac était de ne pas se compromettre avec le gouvernement de lamentables – présidé par un Raymond Barre qui nous est encore plus hostile que le Président – que M. Giscard d'Estaing s'apprête à former. Donc, pas de véritable participation. Nous laisserons y aller ceux qui veulent bien y aller, les volontaires du type Peyrefitte[1]. Cela dit, il est vrai qu'au moment où je vous parle, je ne sais pas quelles sont les intentions du président de la République, ni ce qu'il a suggéré à M. Chirac. Mais cela m'étonnerait qu'il lui ait dit : "Proposez-moi une liste de ministres RPR" Si ce devait être le cas, notre intérêt, bien sûr, serait de ne pas nous fourvoyer dans un tel gouvernement. »

J'ai trouvé Yves Guéna personnellement détendu, joyeux et plaisant, mais politiquement d'une amertume sans fond, ne cherchant pas à dissimuler que le RPR était, au moins pour l'instant, dans une impasse.

Il appréhende la candidature de Chaban à la présidence de

---

[1]. Reconduit comme ministre de la Justice dans le troisième gouvernement Barre constitué après les élections législatives.

l'Assemblée nationale et envisage très bien que celui-ci puisse être élu, s'il va jusqu'au bout, c'est-à-dire s'il se présente devant l'Assemblée quelle que soit la décision prise par le groupe RPR. Il pense que le vote au sein du groupe ne pourra être évité et qu'Edgar Faure sera choisi, 23 députés seulement se prononçant pour Chaban. Il reconnaît que Chirac a joué un mauvais tour à Chaban en précipitant les choses, c'est-à-dire en faisant annoncer la candidature d'Edgar avant la rencontre que celui-ci devait avoir avec Chaban.

En réponse à mes questions, Yves Guéna ne me cache cependant pas que la partie est extrêmement sérieuse et que si Chaban était élu, ce serait « un grave revers » pour Chirac. Amertume aussi quant au résultat même des législatives. Pour Guéna, la victoire du RPR – « incontestable[1] » – n'a pas été ce qu'elle aurait dû être, surtout à Paris où les résultats ont été décevants. Amertume encore quant aux réactions des giscardiens au lendemain du scrutin : pas un mot pour le RPR, ni de Giscard ni de Barre ni d'aucun des ministres, ni des leaders de l'UDF. Rien ! « Quelle affreuse hostilité à notre égard j'ai sentie, le dimanche soir à la télévision, quand j'ai rencontré d'Ornano, Fourcade et les autres ! »

Guéna ne cherche pas un seul instant à dissimuler la position difficile dans laquelle se trouve le RPR. Il pense que le Rassemblement a été le dindon de la farce, qu'il a envoyé ses troupes à la bataille, qu'il a gagné la bataille, mais que ce sont les autres qui profitent de la victoire. Je l'interroge sur l'avenir : « Qu'allez-vous faire dans une situation si décevante pour vous ? D'un côté, le RPR, qui ne peut supporter Giscard, qui est littéralement allergique au personnage, qui ne cache pas son mépris total pour l'homme ; de l'autre, les giscardiens, plus déterminés que jamais à vous abattre, qui ont passé un nœud coulant au cou de Chirac et qui serrent doucement... » Guéna me donne l'impression de penser que la bataille au sein de la majorité va s'amplifier, qu'il ne peut en être autrement, mais que les ripostes du RPR risquent d'être plus difficiles en raison du nouvel équilibre parlementaire, de la victoire personnelle de Giscard aux élections et de son actuelle position de force. On sent qu'il souhaite à Giscard de rencontrer les pires diffi-

---

1. Le RPR a obtenu 153 sièges, et l'UDF 135.

cultés et de ne pouvoir les surmonter ; bref, qu'il désire son échec et le plus rapidement possible : le salut de Jacques Chirac en dépend.

24 MAI 1978

Bref échange avec le ministre de l'Intérieur, Christian Bonnet, dans la cour de son ministère : « Le départ de Jérôme Monod et de Mme Dupuy[1] a été une chose bien plus significative et plus importante qu'on ne le croit, me fait-il remarquer. Ils sont tous deux partis parce qu'il ne leur était plus possible de suivre M. Chirac. En plus de celui-ci, il y a maintenant un maître au RPR : c'est M. Pasqua. C'est tout vous dire...

« Si rien de grave ne se produit au plan national d'ici 1981, Chirac a perdu son affaire, estime-t-il. Il espérait la défaite de la majorité aux élections qui, seule, aurait pu lui ouvrir les portes du pouvoir. Aujourd'hui, il ne lui reste plus à faire que la politique du pire. »

28 MAI 1978

Depuis l'affaire de la présidence de l'Assemblée nationale qui s'est dénouée en faveur de Chaban[2], Pierre Juillet est revenu – effectivement – à ses moutons dans sa propriété de la Creuse. On le voit de moins en moins rue de Lille, au siège du RPR. Actuellement, lui et Marie-France Garaud ont certainement perdu beaucoup de leur influence auprès de Chirac[3] (au profit de Pasqua).

Dans cette querelle pour le perchoir, Chirac s'est rendu compte qu'il avait commis une énorme faute. « Il ne pensait pas que Chaban

---

[1]. Le secrétaire général du RPR et son adjointe ont démissionné le 20 mars 1978 sous la pression du tandem Juillet-Garaud.

[2]. Soutenu par les giscardiens, les centristes et une partie des députés gaullistes, Jacques Chaban-Delmas a été élu président de l'Assemblée nationale.

[3]. Cette disgrâce, consécutive à l'échec d'Edgar Faure, sera de courte durée. Dès septembre 1978, Marie-France Garaud et Pierre Juillet auront retrouvé toute leur influence auprès de Jacques Chirac.

pourrait l'emporter, me confie Maurice Druon. Ce qu'il fallait, bien sûr, éviter à tout prix, c'était un vote au sein du groupe pour choisir entre Edgar Faure et Chaban. Puisque tous deux maintenaient leur candidature, il fallait les laisser aller en prenant bien garde de ne se prononcer pour aucun en particulier. Abondance de bien ne nuit jamais ! C'est ce que j'avais proposé et, hélas, on ne m'a pas écouté. »

Nouveau député de Paris, Druon est toutefois confiant dans les atouts de Chirac : « Il est le maire élu de la capitale. Un poste tellement important que les rois de France et les républiques précédentes se sont bien gardé de le créer. Ce poste, qu'il remplit admirablement, lui donne un grand pouvoir, une grande puissance. Au Conseil de Paris, tous sont unis derrière lui – y compris les giscardiens – dans la bataille engagée par le pouvoir. Et la population parisienne se trouve sans aucun doute aux côtés de Chirac. »

14 JUIN 1978

Si j'en crois son entourage, Chaban n'a qu'un désir : celui de redevenir Premier ministre. S'il a accepté la présidence de l'Assemblée nationale, c'est parce que Raymond Barre a été reconduit à Matignon. Mais il espère toujours lui succéder. Dans tous les cas, à tout hasard, il s'y prépare. Chaban a, hors cabinet, plusieurs équipes qui suivent les grandes affaires, préparent les dossiers et le tiennent informé de telle façon que, du jour au lendemain, il puisse s'installer à Matignon et prendre aussitôt les choses en main. Chaban ne désespère donc pas, et cela malgré deux difficultés à ses yeux quasiment insolubles pour le moment : la première, une situation politique complètement bloquée tant que François Mitterrand demeurera à la tête du parti socialiste (mais, connaissant bien Mitterrand[1], Chaban n'exclut pas qu'il puisse brusquement s'en aller et, tel un sage, prendre sa retraite dans sa maison des Landes) ; la seconde, une

---

1. Les deux hommes sont restés très liés depuis leur commune expérience ministérielle sous la IVe République.

conjoncture économique et sociale qui ne pourra aller qu'en s'aggravant dans les mois qui viennent.

Toujours selon ses proches collaborateurs, Chaban est sévère à propos de Barre, cependant son ami et qu'il voit souvent. Non pas pour sa gestion économique et sociale, qu'il estime correcte, mais pour sa gestion politique qui n'est qu'une accumulation de gaffes gratuites, dérisoires, qui tiennent à sa nature, à son caractère fait de susceptibilité, d'irritabilité et de vanité. Il n'y a aucun moyen de le faire plier. Malgré tous les conseils de Chaban, Raymond Barre continue à se montrer docte, professoral, rigide, hautain à l'égard de tous – notamment, hélas, des journalistes. Il ne supporte ni critique, ni contradiction, ni conseil. Aucune souplesse, aucun sens politique. Bref, pour Chaban, Barre est un désastre parce qu'il ne veut rien comprendre et ne comprendra jamais rien.

Cela dit, Chaban continue à travailler ferme le terrain parlementaire : entretiens, déjeuners, démarches au sein du groupe RPR des membres de son cabinet – une petite meute spécialisée – chargés de prêcher la bonne parole. Il pense que le groupe RPR, s'il ne se détache pas encore de Chirac, est chaque jour plus inquiet de sa politique. Et cela pour quatre raisons précises qui sont quatre « conneries » de Chirac :

1- L'affaire du perchoir. À ce sujet, Chaban note que Pierre Juillet et Marie-France Garaud sont « haïs » par les députés RPR qui veulent leur départ de leurs postes de conseillers de Chirac. Ce dernier les a éloignés. Mais chacun sait, en fait, qu'il n'en est rien, qu'ils sont toujours là et que si, par hasard, ils avaient pris quelque distance, leur retour serait imminent.

2- Le départ de Monod et de Mme Dupuy ; personne n'ignore qu'ils sont partis en raison de leur opposition à certains aspects de la politique de M. Chirac.

3- L'exclusion de Chaban du Conseil national du RPR. Les députés considèrent que c'est une maladresse et une injustice.

4- Le rôle prépondérant que Roger Romani joue au sein du RPR. Celui-ci, qui cumule les fonctions de sénateur et de questeur à l'Hôtel de Ville, est devenu la bête noire des députés RPR, au point qu'il a dû battre en retraite et s'effacer provisoirement.

Bref, un malaise profond règne, aggravé encore par les divisions relatives à l'élection de l'Assemblée européenne au suffrage universel. À ce sujet, il faut noter que Michel Debré se montre de jour en jour plus aigri, d'autant que face au duel Faure-Chaban, il espérait bien être le troisième homme qui emporterait le morceau. Dans ce contexte, Chaban entend s'en tenir à une position de réserve, de prudence et de silence. Pas de déclaration, pas d'apparition. Seulement un discours de « résistant » à Salon-de-Provence, le 19 juin, pour une cérémonie à la mémoire de Jean Moulin. Suppression de la somptueuse réception annuelle de son prédécesseur dans les jardins de la Présidence de l'Assemblée. Et rétablissement de celle, plus modeste, qui se donnait autrefois à l'automne dans les salons. Pas d'interview ni de photos relatives à sa réinstallation à l'Hôtel de Lassay. D'ailleurs, Chaban continue à habiter – modestement – rue du Docteur-Blanche, dans le XVIe arrondissement, et compte ne s'installer à l'Assemblée que durant les sessions parlementaires.

28 juin 1978

« Giscard, au premier Conseil des ministres du nouveau gouvernement qui a suivi les élections, nous a dit : "Messieurs, vous êtes là jusqu'à l'élection présidentielle...", me raconte Boulin[1]. À ce Conseil, il a félicité tous les ministres élus. Se tournant vers moi, il a ajouté : "Même M. Boulin, que tous les préfets donnaient pour battu, a été élu !"

« Je suis en train de préparer un document d'une vingtaine de pages pour Giscard et pour Barre, me confie-t-il. Je leur fais part de ma position très pessimiste et leur indique ce qu'il faut faire, selon moi, sur le plan de l'emploi pour éviter les fortes perturbations sociales de la rentrée. Mes propositions sont chiffrées. Ayant été aux Finances[2], je sais de quoi je parle. Si l'on veut vaincre le chômage,

---

[1]. Robert Boulin est devenu ministre du Travail dans le troisième gouvernement Barre.

[2]. Robert Boulin a été ministre délégué auprès du Premier ministre chargé de l'Économie et des Finances dans le deuxième gouvernement Barre (29 mars 1977-31 mars 1978).

il faut y mettre les sommes nécessaires. C'est le seul point où je ne suis pas d'accord avec Barre : lui ne veut pas dépenser d'argent...

« Ici, au ministère du Travail, c'est très dur, poursuit Boulin. Des conversations ininterrompues avec les syndicats. Des conversations courtoises... mais ça ne vole pas très haut ! C'est le ministère le plus ingrat, le plus ennuyeux que j'aurai connu. Je ne voulais pas de ce poste. J'aurais aimé rester aux Finances...

« Barre m'avait dit, avant les élections, quand j'étais encore rue de Rivoli : "Êtes-vous d'accord pour scinder le ministère en deux, à l'allemande", selon sa formule ? Je lui ai répondu oui. Cette séparation du ministère en deux, Barre y tenait. Il fallait, comme les Allemands, rattacher à l'Économie l'Industrie, le Commerce extérieur, le Commerce intérieur, le Trésor... Tout a été fait de façon différente. Au fond, ce que Barre voulait, c'était continuer à dominer les Finances. C'est ce qu'il fait aujourd'hui. Je lui ai dit mon désaccord. Mais cela n'a servi à rien. Giscard, qui souhaitait me garder au gouvernement, avait demandé à Peyrefitte de prendre les Affaires étrangères pour pouvoir me donner la Justice. Mais Peyrefitte a refusé le Quai, jugeant que ce n'était pas un bon tremplin pour Matignon (malgré le précédent de Couve). On m'a proposé le Travail et la Participation. J'ai beaucoup hésité. Mais qu'ai-je à y perdre ? Je termine ma carrière. Ce sont mes dernières années. Je ne me représenterai plus : vingt-cinq ans de vie politique sans interruption, ça suffit ! »

8 SEPTEMBRE 1978

Robert Boulin me livre des confidences assez désabusées quant à sa situation ministérielle. « Je ne suis pas totalement d'accord avec Barre et Giscard, me dit-il. Mais que puis-je faire d'autre que d'assumer ma fonction malgré tout ? C'est là la grandeur du travail ministériel... Il est évident que je me sentirais plus à l'aise dans un ministère socialiste. Je suis très proche de Delors, plus que de Barre qui se fait éternellement passer pour le défenseur des patrons. Libérer les prix (mais où cette liberté sauvage nous mènera-t-elle ?), renvoyer les ouvriers : voilà sa politique. Voilà l'image qu'il donne de lui, et c'est bien éloigné de celle que je voudrais donner de moi. Je suis pour une politique plus humaine, plus sociale.

« Quand je soumettais un problème au général de Gaulle, poursuit Boulin, il posait chaque fois la même question : où est l'intérêt de l'État ? Avec Giscard, jamais. Au fond, pour lui, tout est subordonné à sa réélection en 1981. Il fera tout pour être réélu. Il ne fera jamais rien qui puisse compromettre cette réélection.

« La position du président de la République, aujourd'hui, est forte : à l'extérieur, son image est excellente, notamment auprès de Jimmy Carter, des Allemands et des Arabes. Sur le plan intérieur, il détient vis-à-vis de Chirac l'arme absolue : l'instauration de la proportionnelle pour les élections législatives. Si les gens du RPR ne filent pas droit, Giscard n'hésitera pas à les menacer de cette mesure qui sera automatiquement adoptée par une large majorité à l'Assemblée, suivie de nouvelles élections qui, avec ce mode de scrutin, amèneront un RPR considérablement laminé. Le mode de scrutin ne fait pas partie des mythes gaullistes. Le général de Gaulle n'était absolument pas contre la proportionnelle, comme on veut nous le faire croire. S'il a choisi le système majoritaire, c'était uniquement pour des raisons circonstancielles.

« Les relations Giscard-Chirac demeurent très mauvaises. Aucune amélioration n'est en vue. Giscard se défend d'en parler. Mais nous savons qu'il porte de durs coups à Chirac. Quant à celui-ci, il attaque la diligence tous les matins, il tire des coups de feu de tous les côtés ! Chirac ne pense qu'à une chose, une seule, lui aussi : l'élection présidentielle de 1981.

« Le gaullisme est menacé par les deux bouts, conclut Boulin. D'abord par Chirac, le plus grand des démagogues, dont toute la politique se résume à faire des coups, qui improvise, vit dans l'instant, se laisse aller à ses impulsions, commet des erreurs aussi fondamentales que de s'opposer à l'entrée de l'Espagne dans le Marché commun pour flatter les pinardiers du Midi. Ensuite par les passéistes – les Messmer, les Couve, les Debré – qui gémissent sur le passé, qui disent : "Le Général n'aurait jamais dit cela, le Général n'aurait jamais fait cela, on s'éloigne de la ligne du Général..." Messmer est stupide sur l'histoire du sixième sous-marin nucléaire. Il reste figé sur le passé, à une époque où la technique, dans ce domaine plus particulièrement, évolue à une vitesse vertigineuse... »

13 OCTOBRE 1978

L'image de marque de Jacques Chirac paraît aujourd'hui gravement altérée. Certains députés n'hésitent plus à faire part de leur inquiétude : « Chirac, disent-ils, donne des coups de boutoir à tort et à travers, sans en peser les conséquences. Le plus sage serait maintenant de prendre de la hauteur, de la distance, de voir venir les choses, d'attendre. Mais pas d'intervenir sur tout, à tout bout de champ. »

L'accusation portée par Chirac contre Roger Frey – au sujet de l'invalidation de l'élection de Christian de La Malène[1] – a déconcerté certains membres du Conseil constitutionnel. « Passe encore, a dit l'un d'entre eux, que Mitterrand nous attaque. Mais que Roger Frey, gaulliste de toujours, soit ainsi dénoncé – pour ainsi dire de trahison de sa charge et de forfaiture – par le chef du mouvement gaulliste, c'est difficilement compréhensible. » À la vérité, les membres du Conseil, et surtout les gaullistes tels que François Goguel et René Brouillet, sont atterrés, indignés, littéralement hors d'eux-mêmes.

Ce qui est important, et que l'on ne sait pas, c'est que, à la demande personnelle de Jacques Chirac, le dossier La Malène avait été examiné par Frey, les membres du Conseil constitutionnel et certaines personnes de l'état-major gaulliste pendant une semaine. Chirac savait donc parfaitement que Frey avait tout tenté pour ne pas invalider l'élection de La Malène. Si le président du Conseil constitutionnel et ses collègues gaullistes se sont résignés à le faire, c'est vraiment parce que le dossier était indéfendable et qu'ils ne pouvaient, en leur âme et conscience, agir autrement. Mais, pour certains députés RPR, « l'opération anti-Frey s'adressait seulement

---

1. Député RPR de Paris, invalidé au vu du nombre important de « faux électeurs » figurant sur les listes électorales de son arrondissement.

aux militants. Il s'agissait, expliquent-ils, de porter un coup définitif à un gaulliste giscardien ».

Le commentaire d'Olivier Guichard à propos de cette nouvelle incartade chiraquienne est empreint d'une sorte de fatalisme : « Chirac est Chirac, me dit-il. Il ne se contrôle jamais. Il éclate brusquement. Il déborde d'une vitalité irrépressible. Les gens qui l'ont suivi dans son récent voyage en Chine, par exemple, ont été stupéfaits par sa pugnacité. Jamais fatigué. Au retour, alors que ses compagnons de voyage étaient anéantis de fatigue, lui, depuis Orly, gagnait directement son bureau rue de l'Université et se mettait au travail. C'est un phénomène. Sa nature, c'est cette perpétuelle agitation. »

Mais d'autres élus RPR résument la situation de manière plus radicale : « Que voulez-vous ? Giscard nous a rendus enragés, m'a confié l'un d'eux. Nous réagissons comme des enragés. »

15 octobre 1978

Entretien avec Roger Frey : « La caporalisation du RPR est totale, me déclare le président du Conseil constitutionnel. Tout dépend de Chirac. Tout est organisé, fixé à l'avance par lui. N'interviennent dans les instances que ceux qui doivent intervenir, et toujours dans un sens fixé par Chirac. Alexandre Sanguinetti lui-même – qui l'a tant soutenu au début du RPR – n'en peut plus et ne veut plus assister aux réunions.

« Le RPR n'a plus rien à voir avec l'UDR Les militants ont changé. Le parti est devenu un mouvement à tendance poujadiste et droitière. Et toute une partie des vieux militants gaullistes est allée chez les socialistes. Tout cela, Chirac le sait et il s'en inquiète d'autant plus que le groupe parlementaire ne cache pas son inquiétude et s'éloigne de lui. Si Chirac décidait de ne pas voter la confiance, il y aurait vingt députés RPR pour le suivre.

« Son affaire avec le Conseil constitutionnel, poursuit Roger Frey, est un nouveau signe de son caractère, de sa violence, de son manque de réflexion, de sa précipitation, de son improvisation. C'est grave, étant donné son rôle dans la vie de la nation. Il se laisse toujours aller à ses sentiments, à ses réflexes, à ses colères subites. Il s'abandonne toujours à ses premières réactions. Il n'a jamais su se contenir. Pour lui, l'impartialité du Conseil constitutionnel, ça ne compte pas. L'honneur, ça lui est étranger. Quel cynisme ! ...

« Le dossier La Malène était indéfendable, insiste-t-il. L'affaire n'a pu que suivre son cours. Un maître des requêtes, tiré au sort, a examiné le dossier. Il a été effaré par le nombre de faux électeurs gabonais inscrits. Son rapport a été, selon la procédure, examiné par trois membres du Conseil tirés au sort, puis par le Conseil lui-même. Qu'y pouvais-je ? Tous ont statué à l'invalidation de l'élection. Il n'y a même pas eu discussion, tant l'invalidation allait de soi.

« Chirac, cependant, sait ce qu'est le Conseil constitutionnel. Il sait sa raison d'être. Georges Pompidou m'a dit lorsqu'il m'a nommé à la présidence : "Roger, vous n'êtes plus un homme de parti. La politique désormais n'a plus prise sur vous."

« Évidemment, conclut Roger Frey, le Conseil constitutionnel ne peut rien faire après l'attaque dont il a été l'objet de la part de Jacques Chirac. Je ne pourrais que démissionner pour me battre en duel. Tout cela n'est pas sérieux. La seule chose qui compte est de voir Chirac s'abandonner à de tels errements, se laisser aller à de pareilles fautes. L'homme est devenu inquiétant et il a rendu son mouvement inquiétant. »

19 OCTOBRE 1978

Yves Guéna me donne les véritables raisons de la « trêve » que Chirac vient subitement d'annoncer vis-à-vis de l'Élysée : « Ce qu'il nous faut maintenant, c'est durer, durer, durer le plus longtemps possible d'ici à l'élection présidentielle, me dit-il. Si Giscard est réélu, eh bien, ce sera fini ! Du moins pour moi. Croyez-moi, je ne remettrai pas cela, après 1981 et jusqu'en 1988. Je renoncerai et je me retirerai. Notre situation est extrêmement difficile. Nous allons maintenant jouer la carte de l'apaisement. J'entends : les apparences de l'apaisement. Pourquoi ? Parce que c'est l'intérêt du RPR vis-à-vis de l'opinion. Que voulez-vous, les Français sont devenus légitimistes, royalistes. Nous ne pouvons rien contre cela. Nous heurtons les Français à force de nous en prendre au chef de l'État. C'est pourquoi, si vous le remarquez, nous ne le faisons plus jamais. Barre, seul, est l'objet de nos attaques.

« La rencontre du 25 octobre entre Chirac et Giscard, à l'Hôtel de Ville, à l'occasion de l'exposition Charles de Gaulle, est très importante parce qu'elle est le premier signe tangible de cette politique d'apaisement, poursuit Guéna. Il y en aura d'autres. C'est Chirac qui a pensé à inviter Giscard et, signe intéressant, la réponse de l'Élysée est arrivée dès le lendemain. Giscard aussi peut avoir intérêt à une réconciliation ou aux apparences d'une réconciliation. Pourra-t-il être élu si un bon paquet de voix RPR se porte sur Rocard[1] ? Giscard ne retrouvera pas tout l'électorat gaulliste qu'il a eu au second tour de l'élection présidentielle de 1974. Loin de là !

« Cela étant, il faut que nous fassions attention à nos militants. Eux sont terriblement montés contre Giscard et le pouvoir. Ils ont très mal compris la trêve proclamée par Chirac. C'est pourquoi nous sommes obligés de dire : trêve, mais pas démobilisation. Continuons à être vigilants. »

8 DÉCEMBRE 1978

La « trêve » a été de courte durée. Jacques Chirac l'a fait voler en éclats en dénonçant, dans son appel dit de Cochin[2], le « parti de l'étranger ». J'interroge l'entourage de Chaban sur les retombées de cette nouvelle déclaration de guerre. « Chaban, me dit-on, pense que cet appel peut être, pour Chirac, une excellente opération, parce qu'il va lui permettre de ramasser les voix des antieuropéens, des européens confédéralistes, des ultras, de certains socialistes, en paraissant

---

1. Perçu alors comme l'homme fort du parti socialiste depuis le semi-échec de la gauche aux élections législatives de mars 1978.
2. Ce discours, lancé le 6 décembre 1978 par Jacques Chirac depuis l'hôpital Cochin où il est hospitalisé à la suite d'un accident de voiture survenu le 26 novembre en Corrèze, dénonce, à propos de l'Europe, les reculs de la souveraineté nationale.

François Mauriac et son fils Jean, à Paris sous l'Occupation.

Olivier Guichard, Roger Frey, Gaston de Bonneval, Jean Mauriac et Jacques Foccart sur le pont du *Calédonien,* en septembre 1956, durant le voyage dans le Pacifique du général de Gaulle.

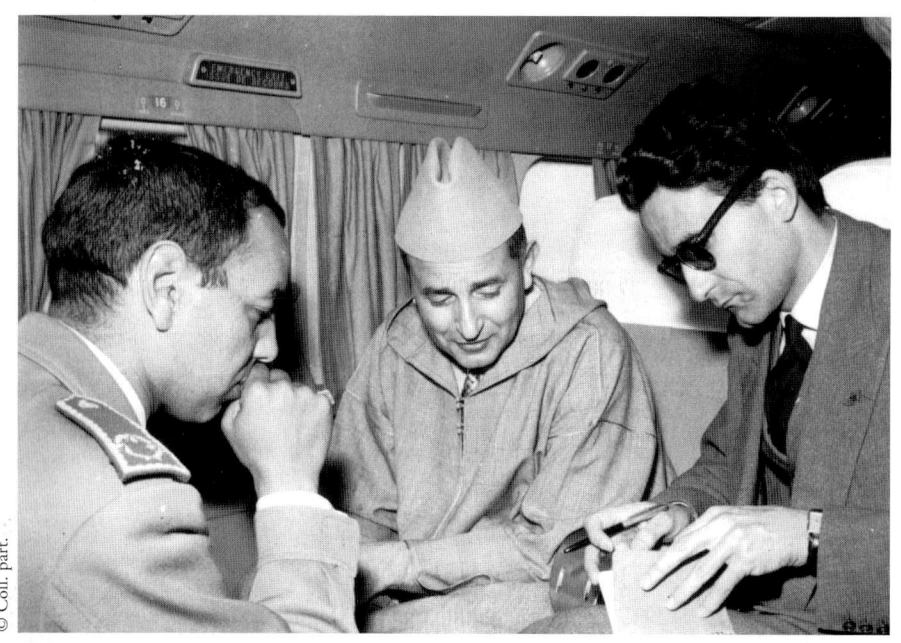

Avec Mohammed V et le prince-héritier (futur Hassan II), dans l'avion de retour Tananarive-Rabat, 2 mars 1959.

En compagnie
d'André Malraux,
lors du déplacement
du général de Gaulle
en Alsace, en novembre 1959.

Palais de l'Élysée,
2 janvier 1963.

© Coll. part.

Avec Maurice Couve de Murville, ministre des Affaires étrangères, en juin 1965.

Jean Mauriac avec son ancien camarade de collège, Valéry Giscard d'Estaing, ministre des Finances, dans la cour de l'Élysée, 14 décembre 1966.

Auschwitz, 9 septembre 1967.

Avec Georges Pompidou, le 15 juin 1969,
au soir de son élection à la présidence de la République.

Jean Mauriac et son ami Olivier Guichard, ministre de l'Éducation nationale, venu se recueillir devant la dépouille de François Mauriac à son domicile parisien, le 1er septembre 1970.

Avec Chou En-Lai, le 5 juin 1973, et aux côtés
de Jacques et Micheline Chaban-Delmas,
le 14 juin 1973, pendant le voyage en Chine
de l'ancien Premier ministre.

Entre le shah d'Iran (peu après son départ en
exil) et le roi du Maroc, à Marrakech,
le 25 janvier 1979.

Conversation avec Philippe de Gaulle,
au retour de Colombey, dans le train spécial
des Compagnons de la Libération,
le 9 novembre 1982.

Avec Jacques Chirac, maire de Paris, le 12 novembre 1994,
lors de l'inauguration du quai François-Mauriac, devant la Bibliothèque François-Mitterrand.

Aparté avec Michel Debré
sur le plateau d'*Apostrophes*,
peu avant l'enregistrement
de l'émission,
le 21 mai 1976.

Rencontre avec
Raymond Barre,
à Paris,
le 7 janvier 1987.

© Coll. part.

Colombey-Les-Deux-Églises, devant la tombe du Général, le 10 novembre 1979, jour de l'inhumation d'Yvonne de Gaulle.

être dans le fil de la pensée du général de Gaulle. Il a trouvé là un bon créneau. » Mais d'autres chabanistes croient au contraire que ce discours aura les conséquences les plus fâcheuses pour Chirac...

D'une manière générale, Chaban maintient plus que jamais la thèse qu'il avance depuis le départ de Chirac de Matignon : ce dernier veut faire sauter le gouvernement, instaurer la pagaille au risque de faire gagner la gauche, avoir la peau de Giscard et de Barre de manière à être le seul recours. Chaban pense que Chirac ne se résignera jamais à la victoire de Giscard à la présidentielle de 1981. Il rappelle l'un de ses mots : « Le président de la République sautera comme un bouchon de champagne... »

19 DÉCEMBRE 1978

Pour Olivier Guichard, l'« appel de Cochin » démontre que Chirac « a du plomb dans l'aile. Il réagit comme un fauve blessé, donnant de la tête de tous les côtés. Tout ce qu'il fait est maladroit et se retourne contre lui, m'explique-t-il. Sa lettre d'hier à Alain Peyrefitte [1], écrite sans qu'il se soit donné une seconde de réflexion, est un chef-d'œuvre d'imprudence, car elle met son parti dans une situation impossible : le RPR doit maintenant exiger le départ de Peyrefitte. Or, avec lui, trente députés RPR au moins s'en iront ».

21 DÉCEMBRE 1978

Le ministre des Affaires étrangères, Louis de Guiringaud, qui s'apprête à quitter le Quai, me parle longuement de Giscard, qu'il connaît bien : « Il aura mis deux ans à faire son apprentissage, me déclare-t-il. Il aura commis alors les erreurs que la presse a baptisées de gadgets (poignées de main aux prisonniers, petit déjeuner avec

---

[1]. Alain Peyrefitte ayant désapprouvé l'« appel de Cochin », Jacques Chirac lui intime par écrit l'ordre de démissionner du RPR. Devant le refus de Peyrefitte, il fera suspendre ce dernier par les instances départementales du mouvement dont il dépend, celles de Seine-et-Marne.

des éboueurs, repas chez des Français moyens) et deux grandes fautes politiques : avoir pris Chirac comme Premier ministre et avoir fait élire un maire à Paris. Car aujourd'hui, Chirac ne pourrait rien faire s'il ne disposait pas de la mairie de Paris. Vous imaginez la puissance que lui donne la mairie sur le plan financier. Le RPR marche avec l'argent de la Ville, nous le savons. L'argent du RPR est aussi l'argent de l'étranger, celui que Lipkowski a récolté en Libye et en Irak. Mais les Irakiens aujourd'hui ont stoppé leurs dons, car ils se sont rendus compte de leur erreur.

« À la vérité, Giscard était très mal entouré à cette époque poursuit Guiringaud. Sauvagnargues[1] avait des complexes à son égard et n'a pas été un bon conseiller en politique étrangère. De même, Ponia, homme de grand talent, n'a pas été à la hauteur. Giscard est l'intelligence même. Il est le génie de la politique. Chez lui, c'est un don suprême. Il a un flair stupéfiant, une maestria extraordinaire. Il est vrai que, depuis son enfance, avec son grand-père Bardoux[2], il a été élevé dans le sérail. Il a un seul défaut : tout ramener à lui. Il ne veut pas que d'autres récoltent le bénéfice des succès gouvernementaux. Mais dans le domaine des affaires mondiales, la place de Giscard est grande, son prestige immense auprès des plus hauts dirigeants.

« Il a toujours été décidé que je devais quitter le Quai à la fin de cette année, me précise encore Guiringaud. Depuis longtemps, je l'avais demandé à Giscard. Avec le tour de la présidence française pour l'Europe et avec l'élection européenne, il fallait un ministre politique. Giscard me laissait très libre dans mes initiatives et dans mon franc-parler. Jamais il ne m'a rappelé à l'ordre. Simplement, quelquefois, un semblant d'avertissement : "Vous l'avez un peu égratigné !"

« Durant mon passage aux Affaires étrangères, je n'ai fait que voyager. Ce sont les Américains qui ont inventé cette méthode diplo-

---

1. Jean Sauvagnargues a été ministre des Affaires étrangères dans le gouvernement Chirac (1974-1976).
2. Grand-père maternel de VGE, Jacques Bardoux a été parlementaire du Puy-de-Dôme sous la IIIe République et au lendemain de la Libération. Après avoir voté les pleins pouvoirs au maréchal Pétain en juillet 1940, il a fait partie du Conseil national de Vichy. Son petit-fils lui a succédé comme député à sa mort en 1956.

matique. Mais eux savent voyager confortablement. Ils ont une série d'avions merveilleusement équipés. Nous, nous n'avons que le malheureux DC 10 du GLAM qui sert aux parachutistes et que l'on aménage pour le Président quand il le prend. Mais seul Giscard est bien installé. Le ministre des Affaires étrangères, lui, est ficelé à son fauteuil, avec rarement le fauteuil voisin libre pour pouvoir au moins poser ses dossiers. Kissinger pouvait voyager sans fatigue parce que confortablement installé : chambre, bureau, salle de bains, salle à manger... »

1979

31 janvier 1979

Pour Chaban, « l'imposture de Chirac atteint son sommet. Il dénonce la politique antigaulliste de Giscard alors que Giscard, dans les deux domaines qui comptent, la politique européenne et la Défense, s'est complètement aligné sur la politique du général de Gaulle. Oui, c'est la stricte vérité, affirme Chaban : Giscard suit une politique gaulliste. Et Chirac passe son temps à faire croire le contraire. Cette imposture, un jour ou l'autre, je la dénoncerai !

« Quand Jean François-Poncet a été nommé ministre des Affaires étrangères, il est venu me voir, me raconte Chaban. Il m'a rappelé le passé : ses positions pour une Europe supranationale, sa politique antigaulliste, l'époque où je le faisais battre aux élections[1]. Il m'a dit : "Tout cela était un rêve, l'Europe supranationale n'est plus envisageable. Il n'y a plus qu'une politique possible, c'est celle du général de Gaulle." Et François-Poncet de m'expliquer tout ce qu'il allait faire sur le plan européen : exactement la politique du Général dans tous les domaines. Alors, sentant le danger, poursuit Chaban, Chirac contre-attaque en tentant comme toujours de faire croire ce

---

1. En Lot-et-Garonne où Jean François-Poncet, battu aux élections législatives en 1967 et 1968, ne réussira à s'imposer qu'après son entrée au gouvernement, devenant dans la foulée président du conseil général.

qui n'est pas. Pour l'instant, j'essaie d'amener le groupe parlementaire à se dissocier de lui et à soutenir la politique de Giscard ».

Il s'étonne de l'alignement de Michel Debré sur les positions de Chirac, alors qu'il sait pertinemment que ce dernier n'a jamais été gaulliste. « Sans doute Chirac lui a-t-il assuré qu'il prendrait la tête de son fameux gouvernement d'union nationale... »

Enfin, Chaban m'expose dans le détail les péripéties de son échec à la présidence du conseil régional d'Aquitaine : au premier tour, il lui manque la voix d'un socialiste. Ce dernier avait dans sa poche un bulletin au nom de Chaban. Mais, au moment du vote, André Labarrère[1] lui dit : « Tu pars sans bulletin ? Voici le mien. » Après quoi, le socialiste en question pleura dans les bras de Chaban : « Jacques, je t'ai trahi !... » Une suspension de séance permit ensuite à Labarrère de « marquer », pour le second tour, tous les socialistes votant habituellement pour Chaban. Il ne me fait grâce d'aucun détail. Il mime les gens et imite leur accent. Il évoque son échec sans amertume apparente. Ces tours d'acrobatie ne pouvaient pas réussir éternellement. Et, de toute manière, après les prochaines élections cantonales, sa position aurait été irrémédiablement compromise. « C'est pour l'Aquitaine que cela m'ennuie le plus », m'assure-t-il.

1er FÉVRIER 1979

« L'appel de Cochin a été, pour nous ministres, quelque chose d'affreux, me confie Robert Boulin. Chirac a osé dire que le gouvernement auquel nous participons conduisait à l'abaissement de la France. Cela n'est pas supportable. Mais que pouvons-nous faire ? Si nous quittons le RPR, le groupe RPR se cassera sur-le-champ. Or, si le groupe se casse, Chirac renversera le gouvernement. Il lui suffit pour cela de quarante-deux députés RPR. Il les aura, et largement. Cela, il faut l'éviter.

« Au fond, Chirac travaille pour les socialistes, me dit encore Bou-

---

[1]. Député-maire de Pau et successeur de Chaban à la présidence du conseil régional d'Aquitaine.

lin. Quant à Debré, il va plus loin que Barre dans l'instauration d'une politique d'austérité, au point que le RPR voterait contre son plan dans l'hypothèse où, Premier ministre, il le présenterait à l'Assemblée.

« Toutes les semaines, nous nous réunissons [nous, les ministres gaullistes] chez Chaban. – Des réunions contre Chirac ? – Oui. Chirac se livre à un véritable abus de confiance quand il se dit être le détenteur du gaullisme. Il n'y a rien de gaulliste en lui. Il n'a épousé les thèses gaullistes que dans un but électoral. – Ce n'est qu'un pompidolien ? – Oui. Et Pompidou ne laissera aucun nom dans l'Histoire. »

17 février 1979

Conversation avec le roi Hassan II à l'occasion d'un dîner au château de Betz, l'une de ses résidences des environs de Paris. Je l'interroge sur la situation du chah d'Iran qu'il a accepté d'accueillir à Marrakech depuis que ce dernier a dû fuir son propre pays[1].

« — Qu'en est-il de cette demande d'extradition du chah par le nouveau pouvoir de Téhéran ?

« — La demande de l'ayatollah Khomeyni de lui livrer le chah est irrecevable me répond le roi du Maroc. Je ne suis pas saisi officiellement de cette demande d'extradition. Je l'ai apprise, comme vous, par la presse et les radios. En tout état de cause, la question ne peut être posée, puisqu'il n'existe pas de convention d'extradition entre le Maroc et l'Iran.

« — Garderez-vous encore longtemps le chah ?

« — Il est mon hôte. Il restera au Maroc aussi longtemps qu'il le voudra[2].

« — Comment est-il ?

« — Il sait que c'est fini pour lui. Il sait qu'il ne reviendra plus jamais au pouvoir. Jamais. Le pourrait-il, d'ailleurs, qu'il ne le vou-

---

1. À la suite de la révolution islamiste en Iran.
2. Jean Mauriac a couvert pour l'AFP le séjour du chah à Marrakech. Il l'a rencontré à plusieurs reprises à la fin du mois de janvier 1979.

drait pas. Il ne veut plus du pouvoir. Il ne retrouvera jamais les forces pour l'assumer. C'est fini.

« — De quoi souffre-t-il le plus ?

« — Je vais vous le dire parce que je le sais. Mon père[1] a été en exil. Je l'ai été moi aussi. La chose la plus horrible dans l'exil, c'est l'ennui. L'ennui le matin, l'après-midi, le soir. L'ennui pendant les nuits sans sommeil. L'ennui de tous les instants. Lever, promenade, lecture, déjeuner, promenade, lecture, dîner, coucher, lecture... Plus rien, plus rien à faire ! Sauf écouter les nouvelles à la radio, les écouter tout au long de la journée...

« — Oui, l'ennui, c'est le "monstre délicat" évoqué par Baudelaire dans le premier poème des *Fleurs du mal*.

« — Ah ! ...

(Je prends le roi, habituellement imbattable dans le domaine de la littérature française, en flagrant délit d'ignorance.)

« — Le rétablissement de la monarchie en Iran avec son fils est-il possible ? Ou sous une autre forme ?

« — Oui... La monarchie est un trait d'union. Sans monarchie, le pays va partir en quenouille. Ce sera la dislocation complète. Quels sont les pays qui bordent l'Iran ? L'Irak, l'Union soviétique, l'Afghanistan, le Pakistan. Eh bien, des populations différentes les unes des autres, des tribus, des groupes ethniques sont à cheval sur les frontières de l'Iran, sur toutes les frontières de l'Iran. Autant de séparatismes, autant de dissidences, autant de possibilités d'éclatement. L'unification de l'Iran ne peut demeurer que sous une grande autorité. Ce pays ne peut tenir que lorsqu'il a un homme fort à sa tête. Croyez-moi, ce qui inquiète le chah, ce n'est pas son sort personnel – il est un homme fatigué, malade, fini –, ce qui l'inquiète, ce qui le mine, c'est le démantèlement de son pays.

« — Le chah en veut-il au président Giscard d'Estaing d'avoir été si gentil avec l'ayatollah Khomeyni réfugié en France ?

« — Absolument pas. Il aurait bien évidemment mieux valu que Khomeyni aille en Libye ou en Algérie. Cela l'aurait mieux "situé".

---

1. Mohammed V.

Mais, puisqu'il avait choisi d'aller en Europe, le chah considérait, tout bien pesé, qu'il valait mieux qu'il soit en France.

« — Qui y a-t-il derrière l'ayatollah ?

« — Le rôle des Anglais, des Américains, a toujours paru très bizarre au chah. Le chah m'a dit que jamais il n'a pu recevoir séparément l'ambassadeur des États-Unis et celui de Grande-Bretagne. Ces deux ambassadeurs sont toujours venus le voir ensemble. Pour jouer quel rôle ?

« — À propos de l'affaire du Sahara[1], vous ne craignez pas que Giscard se rapproche des Algériens et vous abandonne un peu ? »

Le sens de la réponse du roi est qu'« il n'y a aucune crainte à avoir. Giscard et moi nous nous aimons, m'assure-t-il. Entre nous : amitié, affection, confiance fraternelle. Jamais Giscard ne me lâchera. Je suis à ce sujet dans la tranquillité la plus complète ».

18 FÉVRIER 1979

Entretien avec Alexandre Sanguinetti, comme toujours en très grande verve. « L'unanimité du dernier Conseil national du RPR[2] derrière Chirac ne signifie rien, me déclare-t-il. D'abord parce que Guichard était parti avant le vote, Couve était à la Réunion, Chaban absent, les ministres RPR aussi (parce qu'ils n'avaient pas le droit d'être là). Bref, aucun des opposants à Chirac n'était présent. Ensuite, parce que les représentants du mouvement qui assistaient à la réunion étaient tous des créatures de Chirac, choisis un à un par Pasqua. Enfin parce que les parlementaires sont des parlementaires, c'est-à-dire qu'ils ne pensent qu'à leur réélection et que, dans leur incertitude, ils ont deux fers au feu, un avec Chirac au cas où... et un avec Giscard au cas où...

« La vérité est qu'il n'y a plus aucune unanimité derrière Chirac

---

1. Hassan II vient de décider l'occupation du Sahara occidental, jusque-là partagé avec la Mauritanie.
2. Sur l'« appel de Cochin ».

et que le malaise au sein du RPR – que beaucoup de militants, croyez-moi, quittent aujourd'hui – est de plus en plus profond.

« Le seul problème qui m'intéresse, c'est l'état moral de la France. Et il est à l'abandon ! Aux élections européennes, je m'abstiendrai et je conseillerai l'abstention. Je le dirai en son temps. Impossible de voter pour la liste Chirac et impossible de voter pour la liste Giscard. Comment croire à la sincérité de Chirac quand on sait que toute l'affaire de cette élection européenne au suffrage universel a été lancée par lui quand il était Premier ministre[1] ?

« J'ai dit à Chirac : tu ne seras jamais président de la République, jamais, jamais, jamais ! Tu ne le seras jamais, d'abord parce que tu es à la tête d'un parti. De Gaulle, Pompidou, Giscard n'étaient pas à la tête d'un parti (et de Gaulle l'a bien compris : son erreur a été le RPF et il a dû le quitter). Tu ne le seras ensuite jamais, parce que tu es maire de Paris. Tu aurais pu être Hugues Capet et tu es Étienne Marcel !

« J'ai encore dit à Chirac : après la victoire de la majorité aux législatives – c'est-à-dire la tienne, celle du RPR – il fallait que tu t'en ailles, que tu prennes de la hauteur, que tu t'éloignes, que tu te mettes en réserve de la République, que tu te consacres à tes seuls mandats de député et de conseiller général, que tu sois en Corrèze – comme Pompidou à Monboudif, comme Giscard à Chamalières, comme de Gaulle à Colombey. Alors tu préservais l'avenir, alors tu avais des chances. Aujourd'hui, en étant bêtement resté à la tête du RPR et de la Ville de Paris, tu les a toutes perdues. Un président de la République ne recrute pas ses voix dans un parti qui est le sien (Giscard a eu celles des gaullistes !). Il recrute ses voix chez les Français. Jamais un chef de parti ne sera président de la République. Tu m'entends, Jacques : jamais ! C'est toi qui as installé Giscard au pouvoir. Tu es le duc de Guise à la tête du RPR !

« Je lui ai dit aussi : ton parti n'est plus gaulliste depuis que la droite et même l'extrême droite t'ont rejoint ! Jacques, ton parti est national-poujadiste ! »

---
1. Elle le fut avant tout à l'instigation du président de la République.

Je m'étonne d'un tel langage et demande à Alexandre : « Que répond Chirac quand vous lui dites tout cela ? – Il m'écoute. »

7 MARS 1979

Yves Guéna m'explique au téléphone les raisons de sa rupture avec Chirac[1] : « Chirac m'a supplié de rester, conscient des conséquences politiques de mon départ dans le mouvement et l'opinion en général. Je lui ai répondu : "C'est trop tard, je ne peux plus rester. Tu n'agis qu'en faisant des 'coups'. Je ne peux plus couvrir tes derniers 'coups' – auxquels je n'ai d'ailleurs pas été associé, dont tu ne m'as même pas parlé et qui sont autant d'erreurs et de fautes..."

« La triste vérité, c'est que Chirac ne peut se passer de Pierre Juillet et de Marie-France Garaud, poursuit Guéna. Je ne sais pas ce qu'il a avec eux, je ne sais pas ce qui se passe entre eux trois. Mais le fait est là : *il ne peut s'en passer*, à la lettre. Et ce sont eux, Juillet et Marie-France, qui sont en train de perdre Chirac.

« Après la désastreuse affaire de la candidature d'Edgar Faure à l'Assemblée nationale et de l'élection de Chaban, Juillet et Marie-France avaient complètement disparu de l'entourage de Chirac. Ils étaient bel et bien partis. Eh bien, Chirac les a suppliés de revenir ! Alors ils ont posé leurs conditions, des conditions très dures pour lui, qui concernaient aussi bien l'Hôtel de Ville que la rue de Lille[2]. Et ils sont revenus. Vous avez vu les conséquences de leur retour. L'appel de Cochin, c'est Juillet et Marie-France. La suite, c'est eux. Je n'ai pas été associé à la préparation de ces affaires. Je les désapprouve.

« Vous me parlez de brisure avec Chirac. Non, c'est une cassure, et c'est très dur pour moi. Mais je sens déjà autour de moi beaucoup d'élans, d'appuis, de compréhension. Comment pouvais-je rester dans ces conditions ? C'était une question d'honneur... »

---

1. Yves Guéna a quitté ses fonctions de conseiller politique pour protester contre la suprématie du trio Juillet-Garaud-Pasqua au sein du RPR.
2. Le siège du RPR.

21 MARS 1979

Nouvel entretien avec Guéna au sujet de Chirac et de son entourage : « Tournons-nous d'abord vers le passé, me dit-il. L'explication de tout ce qui concerne Jacques Chirac est dans l'influence qu'ont sur lui Pierre Juillet et Marie-France Garaud. Ils ne sont pas des conseillers, mais des mentors. Ils sont sacrés pour lui. Il ne peut agir sans eux.

« Juillet et Marie-France ont bien mené le RPR à sa fondation. Ils ont réussi l'opération de la mairie de Paris. Ils ont bien travaillé pendant la période électorale qui a précédé les législatives. »

Guéna garde le silence, puis reprend : « Je ne le confie qu'à vous, Jean Mauriac : Juillet a joué l'échec de la majorité aux dernières élections législatives. » Il ajoute : « Pas Chirac, pas Chirac. Comment aurait-il pu faire la campagne qu'il a faite s'il avait espéré la défaite de la majorité ? » Il paraît réfléchir un instant, comme s'il s'interrogeait tout de même, et ajoute : « Non, pas Chirac, je ne le pense pas... » Mais je ne le sens pas convaincu.

Il poursuit son récit : « Et puis il y a eu un drame psychologique avec l'affaire du perchoir. Je peux vous le dire, pour en avoir été le témoin : la décision a été prise en un instant, littéralement entre deux portes, par Marie-France Garaud. C'est elle qui a mis Edgar sur les rails. Le croirez-vous ? Ni elle ni Juillet, au lendemain de l'élection de Jacques Chaban-Delmas, n'ont voulu reconnaître leur erreur. L'échec de cette affaire, ils l'ont imputé à Chirac : "Tu as mal exécuté notre plan, lui ont-ils dit, alors nous partons, tu ne nous intéresses plus." Ils sont vraiment partis, et Chirac est demeuré seul.

« Quelqu'un a dit : Pierre Juillet et Marie-France Garaud sont les yeux et les oreilles de Chirac. J'ajouterais : ils sont son imagination. Aussitôt après leur départ, Chirac leur a demandé à nouveau de revenir. En vain. Ils ont refusé.

« Puis, face au risque de voir le RPR se couper de la majorité, poursuit Guéna, Chirac les a de nouveau appelés à son secours. Ils ont bien voulu revenir, mais pour quelques jours seulement : le temps d'inventer la "trêve", puis ils sont repartis pour revenir en catimini vers la mi-novembre 1978.

« C'est alors que Juillet a concocté l'appel de Cochin. Dès ce moment-là, j'étais sur la touche. Pasqua n'avait qu'une idée : se débarrasser de moi... Depuis les débuts du RPR, il a toujours joué contre moi. Au fond, ce qu'ils voulaient, c'était être seuls. Avoir les pleins pouvoirs. Je n'étais plus consulté sur rien.

« Rappelez-vous Jérôme Monod, il a été exécuté en trois mois. Ils l'ont foutu à la porte. Aujourd'hui, c'est moi. Dans l'appareil du parti, restent Pasqua – l'exécuteur – et Toubon – l'homme qui monte, le futur secrétaire général du parti –, Devaquet[1] n'ayant jamais existé. Au RPR, aujourd'hui, l'atmosphère est détestable. C'est à la fois le sérail – cruel – et le pensionnat du Sacré-Cœur – vous savez, avec les cafardages : ma mère, il a fait ceci, il a dit cela... »

Yves Guéna s'arrête un instant, comme s'il hésitait à dire ce qui suit : « Écoutez, il y a chez Juillet et chez Garaud quelque chose de maléfique, de satanique, une sorte de cruauté mentale, la volonté de faire du mal. Ils vous couvrent de fleurs, puis ils vous laissent marcher tranquillement, et quand vous êtes à bonne distance, froidement ils vous tirent dessus. »

Puis Guéna en vient aux circonstances de son départ. Il me raconte la scène extraordinaire de Chirac, bronzé, en bras de chemise, étendu sur son lit, dans sa chambre de l'Hôtel de Ville, lui disant : « Tu ne peux pas savoir le coup que tu me portes. J'ai des projets pour toi... » (Mensonge, il n'en avait aucun.) Puis, insistant : « Je te supplie, je te supplie de rester... » La scène de supplication durera une demi-heure.

Yves Guéna poursuit : « Le mardi 6 mars, *Le Figaro* rend publique ma décision. La veille, Pierre Juillet me convoque à son bureau, quai Anatole-France. Je lui réponds : je n'ai plus rien à faire avec vous. Il est fou : savez-vous qu'il avait aussi prié Couve de Murville de bien vouloir passer le voir. Oui, Couve de Murville... qui, bien entendu, n'a pas répondu à cette invitation !

« Le 6, Chirac cherche à me joindre. Il feint la surprise auprès de

---

1. Alain Devaquet a succédé à Jérôme Monod en mars 1978 au secrétariat général du RPR.

son entourage : mais qu'est-ce qui se passe ? De quoi se plaint Guéna ? De quoi donc se plaint-il ?

« Mercredi 7 mars, Chirac commence à bavasser sur moi. Son entourage, bien sûr, aussi. Des choses sinistres. C'est tout juste si on ne dit pas que je suis parti avec le tiroir-caisse... On dit aussi que je suis fou, que j'ai perdu la tête parce que je suis tombé amoureux d'une fille... Bref, les pires bruits !

« Dans les jours suivants, Chirac continue de me harceler sans succès au téléphone. Puis il réussit à me joindre : "C'est terrible ce que tu m'as fait, me dit-il. Tu me portes un coup..." Puis il me propose de déjeuner avec moi. Il ajoute : "Tu dois prendre la parole aux assises et faire un grand discours sur l'Europe." Je lui réponds : "Non, jamais ! J'irai peut-être aux assises, mais je ne parlerai sûrement pas."

« Puis paraît ma *Lettre aux militants*, dans laquelle j'écris que "l'image de Jacques Chirac n'a cessé de se dégrader dans le pays depuis un an". J'y dénonce avec une grande vigueur l'organisation du RPR, l'absence totale de concertation, les orientations arrêtées hors de moi, et l'attitude de Chirac vis-à-vis du groupe parlementaire, dont il veut toujours forcer la main et qu'il ne consulte jamais.

« Nouveau coup de téléphone de Chirac qui me demande cette fois de lui promettre de ne plus écrire de lettre comme celle-là, et me propose de reprendre des responsabilités au RPR : "Si tu as des choses à me proposer", lui ai-je rétorqué. En réalité, il n'avait rien à me proposer... »

Pour Guéna, rien ne pourra être tenté au RPR avant les élections européennes qui risquent d'être, pour les gaullistes, une défaite. « Après les élections européennes, il faudra entreprendre la liquidation de tout ce qu'il y a rue de Lille, me dit-il, changer les méthodes, reprendre le parti avec des hommes différents. Ne pouvant réformer de l'intérieur, je me suis mis à l'extérieur. »

Yves Guéna pense-t-il être l'homme de cette réforme ? Oui, sans aucun doute. Espère-t-il être un jour celui qui pourrait reprendre les destinées du mouvement gaulliste ? Oui, bien sûr. Il sait, lui, Guéna – qui s'est rallié à de Gaulle dès le 19 juin 1940, qui a fait les campagnes de la France libre, qui a la médaille de la Résistance, qui est un ancien ministre du général de Gaulle, qui est député de Dordogne depuis dix-sept ans et maire de Périgueux, qui tient au sein du mouvement gaulliste une place éminente –, il sait, lui, Guéna, qu'il est le dernier « vrai gaulliste » auprès de Chirac. Oui, Guéna pense à remplacer Chirac qui, à ses yeux, a failli. Il en est désormais persuadé : « Chirac ne sera jamais président de la République. Maintenant, nous savons que l'affaire est close. »

5 AVRIL 1979

Cinquante-cinq minutes : telle est la durée du déjeuner – apéritif et café compris – qui s'est déroulé entre Jacques Chirac et Yves Guéna, aujourd'hui, à l'Hôtel de Ville. Cette première rencontre entre les deux hommes depuis le départ, le 21 mars dernier, de Guéna de son poste de conseiller politique a eu pour résultat de rendre définitive la cassure : « Mon opposition à lui, m'a dit Yves Guéna, ne repose pas seulement sur des objections de forme et de méthode, mais elle est de nature stratégique aussi. Le 11 juin prochain, au lendemain des élections européennes, je suis sûr maintenant qu'il fera la politique du pire s'il peut disposer à nouveau de 43 députés [1].

« Ce déjeuner, me raconte Guéna, a eu un prologue – attaque virulente de Chirac contre moi –, un épilogue – mon attaque contre lui –, et deux actes. Le premier : "Tu reviens." Le second : "Tu fais la campagne des élections européennes."

« Une attaque en règle, hargneuse, devant laquelle j'ai tenu bon. Voyez-vous, je ne demande rien à personne. Je ne dois rien à personne. Si ma carrière peut rebondir, tant mieux, elle rebondira. Si elle se termine, eh bien, je serai content de ce que j'ai fait et de ce qu'aura été ma vie.

« Après avoir insisté pour que je réintègre la direction du mouvement, Chirac m'a donc demandé de prendre part à la campagne des européennes : "Veux-tu être sur la liste ? – Je veux bien faire cette

---

[1]. Allusion au « groupe des 43 » députés gaullistes réunis par Jacques Chirac en avril 1974 contre la candidature de Jacques Chaban-Delmas.

campagne si on m'en donne les moyens, lui ai-je répondu. Ce qui est important, c'est la radio et la télévision. Si tu veux que je participe à des débats, je suis d'accord. (Pas de réponse : manifestement, Chirac veut m'exclure de la TV et de la radio.) – Les réunions, c'est important a repris Chirac. Il faut que tu en fasses. – Bon. Mais je ne veux pas être dans la noria des orateurs, et j'irai seulement là où les fédérations m'appelleront. Je ne veux pas lire dans *La Lettre de la Nation* : M. Guéna ira à... M. Guéna sera présent à... M. Tartempion ira à Bécon-les-Bruyères ! – Alors tu veux être 'orateur national exceptionnel' ? – Oui, je ne veux pas de notification de Toubon. Je l'ai déjà foutu à la porte de chez moi, l'autre jour, quand il est venu m'apporter la 'notification' de Juillet à aller le voir. Je ne veux être prévenu que par toi... – Puis-je compter sur toi dans le comité de soutien à la liste ? – Oui. – Debré y tient beaucoup..."

« Bref, comme vous le voyez, Chirac voulait me mettre au rang le plus bas dans la mécanique du parti, et me faire taire. J'ai bien tenu : je ne rentrerai pas à la direction du parti et je ne participerai pas à la campagne dans les conditions proposées.

« Et voici l'épilogue : "Les ragots, ça suffit (c'est Chirac qui parle). Les militants sont troublés. On se sert de toi à l'Élysée (rappelle-toi que Sanguinetti s'est fait rembourser ses dettes par l'Élysée)..." À quoi je lui réponds : "En ce qui concerne les hommes : impossible pour moi de revenir avec tes deux conseillers. Ils ont fait bêtises sur bêtises... La vérité est qu'ils sont coupés de toute réalité, qu'ils n'ont aucune psychologie. Et puis tu as Pasqua. Je comprends que tu aies de la peine à le vider. C'est un bon organisateur et il est difficile à remplacer. Mais tu ne peux pas être sûr de lui, de ce qu'il dira de toi. Et Toubon est un courtisan. Ce n'est pas pensable de mener le parti avec ces quatre personnes. Tu vas à la catastrophe. – Je te mets dans le comité de soutien, a conclu Chirac..." »

Rideau.

19 avril 1979

Après la dépêche de l'AFP que j'ai fait paraître à ce sujet, Philippe de Gaulle m'explique les raisons qui l'ont conduit à mettre en vente trois cents objets ayant appartenu au Général, pour assurer l'entretien de La Boisserie. « Je suis en négatif tous les ans. Je dépense tout ce que j'ai. Si ma mère s'est retirée à Paris, c'est parce qu'elle voulait se débarrasser du poids qu'était Colombey. Un poids qu'elle ne pouvait plus supporter.

« Pour garder ce patrimoine familial, continue Philippe, je vais me séparer d'un certain nombre d'objets – qui ne sont pas d'exposition ou de musée –, des cadeaux personnels qui ont été offerts à mon père. (En réalité, il y aura dans la vente une douzaine de pièces extrêmement importantes et d'un prix élevé.) Je pourrai ainsi tenir encore quelques années. Après, on verra. C'est pour moi le seul moyen de conserver Colombey.

« J'ai aussi l'intention de faire visiter La Boisserie, après quelques transformations, me précise le fils du Général. Il faudra d'abord installer dans la maison un ménage de gardiens. Colombey me coûte actuellement 65 000 francs par an – l'entretien, le chauffage, la vigne vierge à couper chaque année, les impôts locaux (on ne nous épargne pas, croyez-moi), le nettoyage de la cuve à mazout, le toit, les gouttières, etc. Selon mes calculs, les frais seront très bientôt, avec les gardiens, de 100 000 francs par an.

« Je vais donc ouvrir La Boisserie au public et constituer avec mes fils une société civile ou autre chose. Je vais faire visiter Colombey pour couvrir les frais d'entretien grâce aux droits d'entrée. Oh ! Je ne me fais pas d'illusions. Les gens viendront pendant un temps ! Après, ça dégringolera vite... Enfin, ça durera ce que ça durera.

« Bien sûr, ajoute Philippe de Gaulle, je veux garder Colombey dans son cadre : les meubles, les principaux tableaux, les vieux tapis. Colombey restera tel quel. J'enlèverai simplement les choses de valeur, les éditions originales de mon père, par exemple. Je ne veux pas que tout cela se détériore. Et je ne veux pas que ces pièces soient à la merci des voleurs car, un jour ou l'autre, on va nous retirer la garde des gendarmes, maintenant que ma mère n'habite plus là.

« Après, il y aura d'autres solutions à étudier : fondation, musée entretenu par l'État, etc. Mais alors, nous ne serons plus chez nous. Pour l'instant, il faut tenir le coup le plus longtemps possible.

« Parmi les cadeaux personnels que je compte mettre en vente – la vente aura lieu, je crois, le 7 juin –, il y a une épée de Napoléon (une des trois ou quatre existant en France) qui a été donnée à mon père à Grenoble poursuit l'amiral. Vous savez, mon père n'était pas collectionneur. Ce n'était pas un homme d'objets (moi non plus). C'est fou ce qu'il aura donné lui-même de choses. Mais il en aura gardé certaines, par exemple cette épée de Napoléon ou cette Bible allemande du XVe siècle qui lui a été offerte par Adenauer.

« Moi-même, après sa mort, j'ai légué beaucoup de choses au musée de l'Ordre de la Libération, au musée de Saint-Cyr et ailleurs : des képis, une tenue kaki, un manteau, un ceinturon, etc. Tout le reste a été détruit par ma mère. Au musée de l'Ordre de la Libération nous avons donné toutes les décorations du Général. Il y en a pour 450 000 francs ! Des colliers en or, des diamants à trois carats, des émeraudes. Je les ai laissés en dépôt. C'est-à-dire que j'en ai toujours la propriété. Mais je n'ai pas l'intention de les reprendre ! Nous avons aussi donné la statue de la Libération de Bourdelle que mon père avait à l'Élysée dans son bureau. Ses manuscrits sont tous aux Archives. Mais les lettres, toutes celles qu'il a reçues, nous les gardons. Je commence, à mes moments perdus, à mettre de l'ordre... Quel travail !

« Ce que vont dire les gens ? Cela m'est tout à fait égal, conclut Philippe de Gaulle. Il y aura des vagues, sans doute. Mais, comme toujours, elles ne dureront pas longtemps et les élections européennes balaieront le tout. Que voulez-vous ? J'ai besoin d'argent pour garder et entretenir Colombey. C'est un choix à faire. C'est comme cela que je suis. C'est comme cela que nous sommes, nous autres les de Gaulle. Mon père disait : "On m'a toujours cru autre que j'étais." »

23-24 avril 1979

Face à l'ampleur des réactions, Mᵉ Boscher, chargé par l'amiral de Gaulle de la vente des objets de son père, m'informe que celui-ci a pris la décision de tout stopper. « Giscard s'est personnellement saisi de l'affaire et a demandé au général de Boissieu de venir le voir, me raconte-t-il. Philippe pense qu'il s'agit, politiquement, d'un coup monté, et il est très amer. Il ne veut pas entendre parler de la proposition de Nungesser[1] demandant que l'État prenne en charge La Boisserie pour éviter la vente des objets. Il veut à tout prix éviter une intrusion de l'État dans cette affaire. La vérité pour lui est que Nungesser – qu'il paraît ne pas aimer – a fait cette proposition pour couper l'herbe sous le pied de Chirac. Philippe pense que Giscard va tenter d'en tirer un bénéfice contre Chirac. Il a été, depuis votre dépêche, littéralement assailli de tous les côtés. Toutes les radios, toutes les chaînes de télévision, tous les journalistes tentaient de le voir pour l'interviewer. Les médias se sont déchaînés.

« À la vérité, l'amiral est complètement décontenancé poursuit Mᵉ Boscher. Il pense qu'"ils font cela pour mettre la main sur La Boisserie". Il ne veut plus entendre parler de cette affaire ! »

Je sens que la déception est grande pour ce malheureux Boscher, qui devait escompter un grand bénéfice personnel de cette vente. Sa conférence de presse tombe à l'eau en même temps que son superbe catalogue illustré de photos inédites de La Boisserie prises par Philippe qu'il s'apprêtait à mettre en vente à 50 francs l'exemplaire !

« La vente est remise *sine die*, ajoute Mᵉ Boscher. À la vérité, je pense que, même si Philippe veut la faire, il ne le pourra plus maintenant. »

« Philippe a renoncé à la vente seulement quand il a été sûr que l'Institut Charles-de-Gaulle avait décidé de prendre en charge l'entretien de La Boisserie, m'explique de son côté Roland Nungesser. Ce qu'il ne voulait pas, c'était l'aide directe de l'État. Ce qu'il acceptait bien volontiers, c'était une aide de l'État par l'entremise de l'Institut Charles-de-Gaulle. Ainsi l'État versera une subvention à

---

1. Roland Nungesser, député gaulliste du Val-de-Marne.

l'Institut, qui aidera Philippe pour La Boisserie dans un premier temps. Après, les droits d'entrée subviendront très largement, en principe, aux frais.

« Philippe a commis une énorme bêtise, ajoute Nungesser. Il s'en est rendu compte. Il était hier soir dans un tel état que je l'ai senti, au téléphone, presque au bord des larmes. L'affaire est bien entendu extrêmement ennuyeuse pour lui, et il est grave que le catalogue de la vente ait été donné à la presse et que celle-ci s'apprête à publier la liste des principaux objets de grande valeur qui avaient été donnés au Général, notamment par des chefs d'État. Je vous assure, dans tous les cas, que la fameuse et rarissime épée de Napoléon, donnée au Général lors d'une de ses visites à Grenoble, est en sûreté dans un coffre du musée de l'Ordre de la Libération ! »

13 JUIN 1979

Olivier Guichard au lendemain des élections européennes[1] : « Georges Marchais mis à part, personne ne peut se féliciter des résultats, constate-t-il. La campagne de Chirac a été très mal organisée. Celle de Mitterrand, tout aussi mauvaise. Il est très mal passé à la télévision avec sa tête de vieux dalaï-lama fatigué. Si Simone Veil a été bonne, c'est seulement grâce à son incompétence, à sa totale incompétence sur les montants compensatoires et sur tout ce dont elle parlait.

« Pour les résultats de la liste Simone Veil ("l'Europe Chanel"), il est faux de dire que c'est un score UDF (l'UDF, d'ailleurs, n'existe pas). Les électeurs de Simone Veil n'ont bien sûr pas voté UDF. Ils ont voté légitimiste. Ils ont voté pour le président de la République.

« La cause de l'échec de Chirac, c'est la "théorie des deux discours" (un discours pour dire : Je reste dans la majorité, car je ne

---

1. Qui se sont soldées par un désastre pour le RPR, arrivé en quatrième position avec 16,25 % des voix, derrière la liste de Simone Veil (27,55 %), celle de François Mitterrand (23,57 %) et celle de Georges Marchais (20,57 %).

veux pas de la gauche ; un autre pour ébranler cette majorité et faire le jeu de la gauche en tirant à boulets rouges sur le gouvernement).

« Cette position de Chirac est inassimilable par les électeurs, poursuit Olivier. La composition de sa liste a, d'autre part, ajouté à la confusion. La présence de Michel Debré, étiqueté antieuropéen, a joué contre Chirac, jugé par beaucoup européen. Si Debré avait présenté seul une liste à lui, le maire de Paris n'aurait peut-être pas fait un mauvais score...

« Au RPR, au lendemain de cette élection, il y a eu des discours violents, mais ne débouchant sur rien. J'ai proposé que les ministres RPR réintègrent les instances du mouvement. C'est urgent. On veut la concertation, on veut le dialogue, on veut l'unité, et on les met dehors ! La seconde condition pour que les choses aillent mieux dans la majorité, c'est que Barre y mette du sien, c'est qu'il comprenne mieux les choses. Or il est buté, maladroit dans ses contacts personnels à un point inimaginable, suffisant et autoritaire. Il ne peut plus, à la lettre, supporter Chirac, et celui-ci le lui rend bien.

« Et l'Europe dans tout cela ? Eh bien, dans l'immédiat, il n'y aura rien de changé. Cette élection ne servira à rien et, très vite, on ne parlera plus de cette assemblée. On va d'ailleurs pouvoir la juger rapidement sur le problème de l'harmonisation des législations sociales. »

14 juin 1979

« La vérité, c'est que les gaullistes ne se sépareront pas, m'assure Maurice Couve de Murville après l'échec des européennes. Ils sont tous d'accord sur un point essentiel : pas de fractionnisme. En dépit de leurs divisions profondes, ils entendent rester ensemble.

« Ce que va faire Chirac maintenant ? Je ne saurais vous le dire aujourd'hui. Ce qu'il faudrait pour lui, c'est qu'il disparaisse de la scène pour quelque temps et se consacre seulement à sa mairie. Le fera-t-il ? Il y réfléchit. Vous savez, il est très atteint depuis son accident. Physiquement, d'abord ; un fémur cassé, une affaire sûrement sérieuse à la colonne vertébrale, et, surtout, les répercussions profondes sur tout l'organisme d'un pareil choc.

« Pour le reste, on le sait : cela a tapé dur pour lui, lundi, au RPR, me raconte Couve. Le matin, Marette et Fanton[1] ont été implacables. Ils ont réclamé un changement total de méthode et d'organisation au RPR[2].

« Je suis intervenu ensuite. J'ai dit : nous avons le choix entre passer dans l'opposition (et cela est exclu) ou être les godillots du pouvoir, ce que Chirac a appelé "être la seconde composante de l'UDF" (et cela est aussi exclu). Alors il reste : être nous-mêmes dans la majorité. Là, deux positions possibles. Celle de Jacques Chirac jusqu'à aujourd'hui, c'est-à-dire rester et en même temps agir comme si nous étions dans l'opposition. Nous voyons où cela nous a menés : nos électeurs sont légitimistes, ils ne comprennent pas que, étant dans la majorité, on attaque ainsi le pouvoir. La seconde position, celle que j'ai proposée : être dans la majorité et se borner à contrôler le gouvernement. Je sais qu'en France une telle attitude est difficile. Mais, croyez-moi, nous n'avons pas le choix.

« Une chose aussi unit les gaullistes : ils n'aiment ni ne considèrent Giscard, poursuit Couve. Même les ministres. Il est vrai que l'homme n'est pas digne de considération. Regardez sa politique étrangère... Qu'est-il advenu de ces fumisteries qu'ont été le dialogue Nord-Sud, nos propositions sur le désarmement, le trialogue Europe-Arabie-Afrique ? Tout cela, ce n'est rien. Ce sont les vues d'un bourgeois du XVIe qui veut se mettre en avant et croit pouvoir en tirer bénéfice. Mais cela aboutit à déconsidérer la France à l'extérieur. Nous ne sommes plus pris au sérieux, nous sommes déconsidérés.

« Quant à l'Europe, Giscard en est venu à partager nos vues parce qu'il a réalisé que les Français ne voulaient plus de la politique de supranationalité. Nos partenaires non plus, d'ailleurs. C'est pourquoi la position de Debré n'est pas réaliste. Le danger de la supranationalité n'existe plus pour l'instant. Mais vous le connaissez : la passion, c'est sa seule nature. En plus, il y a chez lui un profond sentiment antiallemand, pour les raisons que vous savez... »

---

1. Tous deux députés RPR.
2. Celui-ci s'est déjà traduit par le limogeage, cette fois-ci définitif, de Pierre Juillet et de Marie-France Garaud, en partie inspiré par Bernadette Chirac.

Enfin Couve ajoute ceci : « On sait que je suis le seul à ne rien viser, à ne rien ambitionner. Alors, on a raison quand on me croit et quand on m'écoute plus que les autres. »

25 SEPTEMBRE 1979

Robert Boulin me livre son analyse de la situation politique depuis le scrutin européen. Il se dit convaincu que « désormais, aucun RPR ne sera à Matignon d'ici à l'élection présidentielle. Il n'y a que Peyrefitte pour s'y préparer encore, ajoute-t-il, poussé par son ambition et s'imaginant – ô combien à tort – que je suis sur son chemin.

« Giscard, bien sûr, ne m'a rien révélé de ses intentions, mais je pense qu'il gardera Raymond Barre encore longtemps (à moins d'une rupture du consensus social), sans doute pour un an. Ce n'est que dans les mois précédant l'élection présidentielle qu'il nommera un nouveau Premier ministre et formera un gouvernement dont la tâche principale sera de le faire réélire.

« Le Premier ministre ne pourra être qu'un homme du Président : Simone Veil, Jean François-Poncet ou Jean Farge, le secrétaire d'État auprès du ministre de la Santé, dont *Le Point* a justement parlé. Celui-ci a un an au moins pour s'y préparer. Il a de la valeur, des capacités. Il peut le faire.

« À mon avis, Chirac croit encore à un drame d'ici 1981, estime Boulin. Il l'espère toujours. Faiblement, sans doute. Mais il espère encore. Il pense que la situation ne peut qu'empirer, que tout peut éclater et qu'ainsi il sera projeté en avant. Tout est possible. Je n'exclus pas cette rupture du consensus social dont je vous parlais. Mais je n'y crois pas vraiment. Le Président fera tout pour l'éviter. Moi, je suis le pompier de service, j'éteins les incendies partout où ils s'allument.

« Donc, nous irons tant bien que mal à l'élection présidentielle, poursuit Boulin. Que fera Chirac ? Qu'a-t-il dans la tête ? Où en sera l' "Union de la gauche" ? C'est en tenant compte de toutes ces possibilités que le Président a plusieurs schémas. Nous n'avons aucune idée de ce à quoi se résoudra Chirac.

« C'est un homme qui a des vérités successives, des sincérités successives... Mêlées au reste. Mais, sur le fond, il reste le même. Rien n'a changé. Il est incroyable qu'il soit resté à la tête du RPR après l'échec des européennes. À la vérité, c'est parce qu'il n'y avait personne au RPR pour le combattre de manière à ce qu'il ne puisse en demeurer le dirigeant. »

MORT D'YVONNE DE GAULLE

(8 novembre 1979)

Yvonne de Gaulle a quitté ce monde comme elle a vécu : dans le silence et l'effacement. Elle est morte dans un hôpital militaire – le Val-de-Grâce – après avoir passé les dernières semaines de sa vie dans une maison de retraite parisienne. En fait, depuis le 9 novembre 1970, elle avait littéralement disparu aux yeux du monde : sa vie s'était comme arrêtée avec la fin de Charles de Gaulle, neuf ans plus tôt. Elle s'était fixé une règle absolue : demeurer à l'écart de tout, vivre dans une retraite complète, n'accepter aucune invitation, ne plus voir personne, à l'exception bien sûr de sa famille, et encore, de sa famille la plus proche, ses enfants et ses cinq petits-enfants : Anne, Charles, Yves, Jean, Pierre et son premier arrière-petit-fils, Henri, fils d'Yves. Que l'on ne parle plus d'elle : tel était son vœu.

Elle refusa toutes les invitations. Celle de Mao, en 1971, à venir en Chine, celle des Libanais à visiter leur pays en 1974, celle de la reine d'Angleterre à déjeuner à l'ambassade de Grande-Bretagne, rue du Faubourg-Saint-Honoré, celle de M. Chirac à inaugurer une exposition consacrée à Charles de Gaulle à l'Hôtel de Ville, en novembre 1978.

Elle ne réapparaissait qu'à l'occasion des mariages de ses petits-enfants : Yves de Gaulle avec Annick Courtray, le 9 septembre 1977, à Cannes ; Anne de Boissieu avec Étienne de Laroullière, l'année dernière. C'est Jacques Chirac qui maria l'unique petite-fille du Général. Beaucoup s'en étonnèrent. Certains s'en émurent. À la vérité, les Boissieu ne voulurent pas qu'Anne fût mariée par le maire du VIIe (leur arrondissement), qui n'était autre que Frédéric-Dupont, à leurs yeux adversaire politique, déterminé et de toujours, du général de Gaulle. Le maire de Paris proposa aussitôt de venir marier Anne de Boissieu à la mairie du VIIe. En définitive, le mariage eut lieu à l'Hôtel de Ville.

Mme de Gaulle fut, après la mort du Général, sans cesse priée de présider des inaugurations d'avenues Charles-de-Gaulle, d'assister à des manifestations commémoratives, à des banquets d'anciens résistants et de Français libres. Toujours elle refusa, faisant valoir que sa retraite était totale.

Une première exception, cependant, le jour où elle assista – c'était le 25 juillet 1971 – à l'un des « Triomphes de Saint-Cyr » à Coëtquidan : il s'agissait de la promotion « Charles-de-Gaulle ». Une seconde exception pour la remise par Georges Pompidou, président de la République, de la plaque de grand officier de la Légion d'honneur au général de Boissieu. La cérémonie se déroula dans la cour d'honneur des Invalides. Mme de Gaulle, ne voulant voir personne et ne pas être vue, y assista depuis un recoin de la galerie du premier étage. Une autre exception : la cérémonie d'inauguration du mémorial de Colombey par Georges Pompidou. Elle n'a pu s'y dérober... Ce fut sa seule rencontre, froide, presque glaciale, avec Pompidou.

Une dernière exception, quand elle rencontra à Paris Étienne Dennery, alors administrateur de la Bibliothèque nationale, à qui elle remit les deux versions manuscrites ainsi que la dactylographie – corrigée de la main du Général – du second tome inachevé des *Mémoires d'espoir*. Le Général avait déjà remis à la BN tous les manuscrits de ses œuvres précédentes et avait également fait don de celui de *La Condition humaine* que lui avait un jour offert André Malraux. Ce manuscrit, qui semblait complètement oublié, dont personne ne connaissait l'existence à l'Élysée, avait été trouvé un peu par hasard au fond d'un placard au moment du départ du Général, en avril 1969.

Mme de Gaulle n'a voulu, après la mort du Général, recevoir aucun de ses ministres – pas même André Malraux ! Beaucoup de ces derniers souffrirent devant cette porte de Colombey qui leur demeura irrémédiablement fermée. Quand Jacques Chaban-Delmas, alors Premier ministre, est venu sur la tombe du Général, un 9 novembre, avec les Compagnons de la Libération, Mme de Gaulle est allée à l'église pour le voir, et c'est dans l'église qu'a eu lieu un bref entretien. Ces anciens compagnons du Général, ceux de la France libre et de la Résistance, au fond elle ne voulait plus les voir. À chaque 9 novembre, ils venaient, chaque année moins nombreux, par train spécial, assister à une messe à Colombey. Pas une fois Mme de Gaulle ne leur donna la joie d'être parmi eux. Elle demeurait à La Boisserie le temps de leur visite. Aussitôt après leur départ, elle assistait à « sa » messe, au milieu des habitants du village et de quelques gaullistes fidèles. Pour Mme de Gaulle, Colombey était la maison privée, familiale, du Général. Personne, à ses yeux, hors ses proches, n'avait le droit d'y entrer.

Pendant huit ans, Mme de Gaulle demeura à Colombey, solitaire, comme une vestale, dans cette maison désormais sacrée pour elle. Huit années au cours desquelles elle ne consentit à ouvrir sa porte qu'à la maréchale Leclerc et à deux ou trois anciens collaborateurs du Général, aux chefs d'État africains venus à Paris pour assister aux funérailles et reçus aussitôt après à La Boisserie – mais par Philippe de Gaulle –, au roi des Belges, au chah et à la chahbanou. Mais elle tint sa porte close à tous les autres, même au général Bradley, venu à Colombey pour s'incliner sur la tombe du Général et qui avait fait part de son souhait de la saluer. Tout un groupe des membres de l'Association nationale pour la fidélité au général de Gaulle, sous la conduite de son président, Pierre Lefranc, eut le droit, une fois, de faire le tour du jardin. Mais ils ne virent pas Mme de Gaulle et ne pénétrèrent pas dans la maison.

Un voile de silence, de recueillement, était donc tombé sur La Boisserie. La solitude de Mme de Gaulle était seulement interrompue par des courses rapides à Chaumont ou à Bar-sur-Aube, les séjours de ses enfants – qui se retrouvaient tous, chaque année, à la Toussaint, pour la messe familiale et la visite au cimetière –, de très rares déplacements à Paris, pour la journée seulement, à l'occasion notamment des assemblées de la Fondation Anne-de-Gaulle. C'est elle qui avait créé cette fondation pour enfants handicapés, en souvenir de sa fille, fondation dont s'occupèrent successivement Georges Pompidou, à qui elle fut toujours reconnaissante d'avoir remis en ordre ses finances, et Georges Galichon[1]. Au début de chaque été, elle passait le mois de juillet chez les Boissieu en Bretagne, à Locmariaquer. Elle allait aussi chez son fils Philippe à Agay, de préférence pour Pâques, et, quelquefois, l'hiver, faisait avec son frère Jacques Vendroux, de trois ans son aîné, un court voyage à Menton et, au printemps, en Alsace ou en Haute-Provence ou encore dans les Alpes ou le Doubs.

Elle a vécu à Colombey très modestement, avec économie, restreignant chaque année davantage son train de vie, tricotant l'hiver près du radiateur de la salle à manger où elle avait installé son petit bureau Empire, parce qu'elle avait coupé le chauffage dans la bibliothèque et le salon.

Mais rien n'avait changé dans la maison. Yvonne de Gaulle vécut donc, jusqu'à son départ pour Paris, dans le même décor : les livres du Général, les photos dédicacées de chefs d'État et de souverains, les objets souvenirs tels que les lampes de mineur, la vitrine du salon, les défenses d'éléphant de l'entrée, les amphores phéniciennes de la salle à manger. Mme de Gaulle n'aimait pas les reliques. Deux képis, un manteau et deux uniformes furent donnés aux musées de l'Ordre de la Libération et de Saint-Cyr, un képi à la vieille gouvernante d'Anne, et quelques objets personnels du Général légués à ces mêmes musées ou partagés entre Philippe et Élisabeth. Pour le reste, Mme de Gaulle a tout fait détruire, tout, y compris le linge du Général, ses vêtements civils et ses affaires personnelles. Plus surprenant, elle a même fait brûler son lit. À la vérité, elle était – le Général aussi – détachée des choses matérielles. Ni l'un ni l'autre n'avait le goût des objets, des collections.

Elle s'est installée à Paris à la fin de septembre 1978, dans une modeste chambre d'une maison de retraite des sœurs de l'Immaculée

---

1. Ancien directeur de cabinet du Général.

Conception de Notre-Dame de Lourdes, avenue de la Bourdonnais. À mi-chemin des Invalides et de l'École militaire, Mme de Gaulle retrouvait un quartier qu'elle connaissait bien, celui des ministères et des militaires, quartier qu'elle avait habité avec le Général au lendemain de son mariage. Elle vécut dans cette maison de retraite pendant les quelques mois qui la séparèrent de la mort, « entourée, a-t-elle écrit, par cette chaleur humaine que l'on ne trouve que chez les religieuses ». Jusqu'à son hospitalisation au Val-de-Grâce, elle y vécut exactement comme les trente-trois autres pensionnaires, prenant tous ses repas seule à une petite table dans la salle à manger commune, se pliant aux horaires du règlement.

Sa décision de quitter Colombey avait été prise en silence et avec courage. Elle laissait, sans une plainte, cette maison où elle vécut si longtemps avec le Général, où il était mort, ce refuge où elle vivait dans le souvenir des disparus, un peu comme s'ils étaient encore là, tant les lieux demeuraient imprégnés de leur présence. Mme de Gaulle écrivit un jour dans le plus grand secret, sans prévenir ses enfants, à la mère supérieure de cette maison de retraite qui lui avait été indiquée par Mme de Boissieu, mère de son gendre et l'une des pensionnaires. Elle envoya un chèque pour qu'on lui achète des « meubles en bois blanc ». C'est alors que la mère supérieure crut bon de prévenir ses enfants. Ceux-ci, est-il besoin de le dire, apportèrent à leur mère des meubles convenables. Mais elle ne voulut emporter de Colombey aucun objet. Seulement quelques photos, dont celle d'Anne, qui ne la quittait jamais. « Ce n'est pas sans chagrin, a-t-elle écrit à ma mère, que je quitte La Boisserie où tant de souvenirs m'attachent... » Son état de santé entrait pour beaucoup dans cette décision. Ses enfants pensent aujourd'hui qu'elle était déjà malade – et peut-être depuis longtemps – et qu'elle avait préféré ne pas leur faire part de ses appréhensions, pour ne pas les inquiéter.

Mme de Gaulle avait eu une attaque peu de temps après la mort du Général. Dure au mal, il semble même qu'elle ne s'en rendit pas compte sur le moment. Elle alla chez le dentiste pour une fluxion alors qu'elle avait un bras légèrement paralysé, des défauts de vision, une cheville enflée et 26 de tension ! Elle souffrit ensuite de rhumatismes. Les médecins lui déconseillaient de rester à Colombey à cause de l'extrême rudesse du climat, l'hiver, l'un des plus froids de France. Et puis, en cette fin d'été 1978, Mme de Gaulle se trouva brusquement privée de ses fidèles serviteurs : Louise, sa cuisinière, était morte quelques semaines auparavant ; Honorine était partie se marier en Suisse ; et Charlotte, malade, avait pris sa retraite. Marroux, le chauffeur – celui du Petit-Clamart –, était sur le point de partir à son tour. « Je n'ai trouvé personne pour remplacer ces dévoués », constata alors Mme de Gaulle. Aurait-elle eu d'ailleurs le courage de s'habituer à de nouveaux visages ? « Si gentils qu'ils soient, a-t-elle encore confié à ma mère, je n'ai pas voulu encombrer mes enfants, et encore moins accepter les offres officielles renouvelées et que j'avais déjà écartées après la mort du Général » (le gouvernement lui avait offert une résidence à Paris).

Sa nouvelle vie dans la capitale, jusqu'à sa brutale hospitalisation au Val-de-Grâce le 4 juillet dernier (que sa famille arriva à tenir secrète jusqu'au 20) et son opération d'un cancer, le surlendemain, était partagée entre des visites à son frère Jacques Vendroux (du moins jusqu'à son installation à Calais au printemps 1979), à sa sœur, Mme Reyrol, et aux « trois ménages » (ceux de Philippe, d'Élisabeth et de son petit-fils Yves), ainsi qu'à de rares expositions. Elle prenait l'autobus. Dans son quartier, beaucoup de passants la reconnaissaient mais se montraient toujours discrets à son égard. Dans sa modeste chambre, elle lisait. Mme de Gaulle a toujours beaucoup lu. Un peu de tout – « tout ce qui ne la choquait pas trop », disait son frère. Mais, comme le Général, elle n'aimait pas la musique et n'en écoutait jamais (il n'y avait pas d'électrophone à Colombey). Bien sûr, s'intéressant toujours à la vie politique, elle suivait les nouvelles à la radio et à la télévision.

Selon ses intimes, elle portait de la rancune à M. Giscard d'Estaing à cause de son « oui mais » au référendum d'avril 1969. Elle avait une position réservée à l'égard de M. Pompidou. Selon certains, elle aurait partagé sur ce point l'avis de son fils et de son frère : elle aurait sévèrement jugé l'action de M. Pompidou après son départ de Matignon. Elle aimait bien, en revanche, Mme Pompidou. Quant à M. Chirac, elle ne le jugeait pas « gaulliste », mais pensait qu'il était « le seul à pouvoir faire quelque chose ». Dans les conversations familiales, elle évitait de mettre de l'huile sur le feu. Elle voulait toujours arranger les choses, par principe, dès que les avis étaient différents.

Toute sa vie elle souffrit de la curiosité publique et l'indiscrétion des journalistes lui faisait horreur. Ceux-ci lui étaient littéralement insupportables dès lors que le Général et elle-même n'étaient plus en représentation, c'est-à-dire rendus à leur vie privée. Elle considérait que sa famille était alors une famille comme les autres et se montrait prête à tout pour défendre l'intimité de son foyer. Elle avait la hantise d'être reconnue, dévisagée, photographiée. Que de fois elle a renoncé à aller à la messe à Colombey et décidé de se rendre dans une église voisine quand elle savait qu'il y avait du monde et qu'elle serait guettée par les curieux ! Elle ne comprenait pas l'acharnement des journalistes et des photographes – pour qui elle avait souvent des mots durs –, et cela, en dépit d'une certaine philosophie, d'une certaine résignation à cet égard, qui était celle du Général. Elle ne leur avait jamais pardonné, par exemple, de les avoir suivis durant leur voyage en Espagne, trois mois avant la mort du Général.

Mais c'est avant tout la simplicité, presque l'humilité de Mme de Gaulle que les Français n'oublieront pas. « Plus d'une fois, je me suis étonné de cette volonté du Général et de sa famille d'oublier l'exceptionnel de la situation », a écrit Pierre Lefranc. Et il est vrai que la simplicité, l'extrême modestie même de la vie familiale des De Gaulle avait quelque chose d'absolument stupéfiant. Il est rare de voir la famille d'un chef d'État aussi volontairement discrète, d'une dignité si exemplaire (l'une des craintes du Général était que sa famille pût « profiter » de la situation). Sans trop le savoir, les Français le pressentaient, savaient que la famille du Général vivait « comme eux ».

Mme de Gaulle incarnait pour les Français le type parfait de la « femme de France », de l'épouse, de la mère, de la grand-mère accomplie – toujours simplement habillée, avec les mêmes petits chapeaux de paille l'été, les mêmes toques de fourrure l'hiver. Elle était d'abord une provinciale, femme d'officier, faite pour une calme vie de famille, de garnison en garnison. C'est la vie qu'elle a menée avant que le Général entre d'un seul coup dans l'Histoire, l'accompagnant à Trèves en 1927, au

Levant en 1929, à Metz en 1937. Elle était loin de s'imaginer, en épousant cet officier classique en 1921, que ses « garnisons » seraient ensuite le luxueux hôtel particulier de Neuilly, entre 1944 et 1946, puis l'Élysée et tous les palais qu'elle habita lors de leurs voyages à travers le monde.

Le plus remarquable, chez cette femme si simple, est qu'elle aura été tout naturellement l'épouse du chef de la France libre, du président du Gouvernement provisoire de la République, du fondateur et du président de la Ve République. Ce rôle, elle sut, à sa manière, le tenir. Elle ne s'est jamais dérobée à ses devoirs, mais le cœur n'y était pas toujours. De Carlton Gardens à l'Élysée, Mme de Gaulle fut certes toujours à sa place, mais le « pouvoir », elle ne l'aimait point. Et elle ne s'en cachait pas. La vie officielle des palais présidentiels lui pesait. Elle devait quelquefois faire des efforts pour paraître dans les manifestations publiques et les réceptions.

Dès qu'elle échappait à sa vie officielle, elle faisait tout pour ne pas être reconnue. « À force de discrétion, a dit encore Pierre Lefranc, elle réussissait cette extraordinaire performance de passer inaperçue. » C'est vrai : elle parvenait à circuler dans les magasins – Le Bon Marché et Fauchon – sans être remarquée.

Mme de Gaulle n'était heureuse qu'à Colombey. Jamais elle n'a songé à passer un week-end familial à Rambouillet ou à Brégançon. Et, comme le Général, elle n'aimait pas l'Élysée. Elle n'y avait aucune affaire personnelle et s'était toujours considérée dans le palais présidentiel un peu comme à l'hôtel. Sa joie, c'était La Boisserie que le Général avait, après la guerre, transformée et agrandie.

Femme d'intérieur, elle aimait le beau linge, une table bien mise, une bonne cuisine. Excellente maîtresse de maison, elle était fidèle aux vieilles traditions bourgeoises (souvent, à peine arrivée à l'Élysée, elle allait directement, le chapeau sur la tête, à la cuisine pour aider à éplucher les légumes). Mme de Gaulle était aussi une campagnarde. Elle avait appris à aimer la nature dans le vaste domaine de ses parents, Septfontaines, dans les Ardennes, où elle passa toutes ses vacances jusqu'à son mariage. À Colombey, son jardin tenait une grande place dans sa vie. Elle lisait les catalogues de fleurs, commandait, l'hiver, les graines pour les semis de printemps, surveillait, à l'automne, les plantations des oignons de tulipe, s'occupait de ses fleurs et de ses arbres fruitiers. Il y eut un poulailler jusqu'à la mort du Général, mais pour les œufs seulement, car il refusa toujours de manger les animaux qu'il « connaissait ».

Du temps du Général, elle sortait souvent pour effectuer avec lui de longues promenades à pied dans les forêts voisines des Dhuits et de Clairvaux, profondes et sombres, seulement coupées par quelques routes. Dans ses dernières années, elle ne bougea plus guère, ne mit plus les pieds dans le village où elle était choquée par les sinistres boutiques de souvenirs. Mais, après avoir été très réservée sur le projet, elle aimait bien le Mémorial dont l'immense croix de Lorraine domine le paysage.

Effacée volontairement vis-à-vis des autres, certes, mais du Général ? Mme de Gaulle avait, en fait, une forte personnalité, une volonté et un esprit de décision incisifs. Qui pourra jamais parler de l'influence que Mme de Gaulle exerça sur son mari ? Du rôle exact qu'elle joua à ses côtés ? André Malraux a écrit qu'auprès du Général, « l'importance de Mme de Gaulle fut considérable, non pas par ce qu'elle disait ou faisait, mais par ce qu'elle ne disait ni ne faisait : par sa présence silencieuse... ». Elle était toujours là avec sa vigilance, ses soins de tous les instants, veillant sur tout, en alerte permanente. Le Général, c'est vrai, ne pouvait se passer de cette présence. Mais Mme de Gaulle n'était pas toujours silencieuse et le Général, en réalité, l'écoutait, nous le savons aujourd'hui par certains témoignages.

Elle était, dans l'intimité, très libre, très à l'aise avec le Général. Toujours très entière dans ses jugements – elle aimait les gens ou elle ne les aimait pas –, elle ne cachait jamais sa pensée à son mari. Elle avait ses têtes et elle était tenace dans ses aversions. Mme de Gaulle était très bien renseignée sur la vie privée des membres de l'entourage du Général, des ministres, des hauts fonctionnaires, des préfets, des ambassadeurs. Elle connaissait les divorces, les séparations et le reste. Le Général, qui prêtait attention à ce qu'elle disait des uns ou des autres, l'interrogeait souvent. Bref, on sait aujourd'hui que le Général tenait compte de ses avis et que ceux-ci ont pu avoir quelque influence... Certaines personnes, sans aucun doute, auraient eu une carrière plus rapide, n'auraient pas attendu si longtemps avant d'entrer au gouvernement, si Mme de Gaulle n'avait exprimé au Général son sentiment quant à leur vie privée. « Le Général, confirme un membre de sa famille, s'est écarté peu à peu de certains qu'il aimait bien, parce que Mme de Gaulle ne les aimait pas. » Son esprit critique, caustique, même, pouvait être redoutable.

Mme de Gaulle sut assumer, sans jamais se plaindre, la plus grande épreuve que puisse connaître une mère, celle d'avoir donné le jour à un enfant handicapé, sa fille Anne, morte à vingt ans, le 6 février 1948, cinq semaines après que l'amiral Thierry d'Argenlieu, provincial des Carmes et Compagnon de la Libération, eut béni le mariage de Philippe de Gaulle avec Henriette de Montalembert.

Au travers de sa vie mouvementée, Mme de Gaulle ne quitta jamais Anne. De son côté, le Général s'occupait beaucoup de son enfant malade, la promenait, tentait de la distraire, lui témoignait une tendresse bouleversante. Juste après la Libération, il lui arrivait de quitter brusquement son bureau de la rue Saint-Dominique pour faire un saut jusqu'à l'hôtel particulier qu'il habitait alors à Neuilly, afin de la voir, de lui chanter une chanson, de la faire manger... C'est dans ses bras qu'elle rendit, à Colombey, le dernier soupir.

Dans la famille de Gaulle comme dans la famille Vendroux, le courage moral allait de soi. Il n'était pas question de s'abandonner au chagrin, au découragement, de céder à la facilité. Les sentiments étaient profonds, mais ne s'exprimaient qu'avec une grande pudeur. « On ne se manifestait que très discrètement », dit Alain de Boissieu. La vie et la mort d'Anne de Gaulle furent le grand drame d'Yvonne de Gaulle. Elle l'accepta avec résignation, même avec une sorte de sérénité, aidée par une foi chrétienne profonde. Ce calvaire d'Anne emplit entièrement sa vie. Il est l'explication profonde de son caractère, de sa nature. Au jour de la mort de leur fille, le Général dira à sa femme : « Pourquoi pleurez-vous, puisque la voici enfin devenue comme les autres ? » À la vérité, il y a eu, dans la vie de Mme de Gaulle, deux phases : avec Anne et sans Anne. Après sa mort, c'est sur le Général que Mme de Gaulle reporta ses « trésors d'affection » : elle ne s'occupa alors plus que de lui...

La mort était très tôt devenue familière à Yvonne de Gaulle. Elle était toute jeune femme quand ses parents moururent à un an d'intervalle. Puis la fin de sa vie fut, comme celle de tous les vieillards, peuplée de plus de morts que de vivants. En 1956, son plus jeune frère, Jean Vendroux, disparut dans un accident de voiture, laissant sept enfants ; puis, en 1978, son beau-frère Reyrol. Et elle vit mourir trois frères du Général...

Mme de Gaulle ne quittait pas vraiment les siens, étant sûre de les retrouver « au ciel ». Elle parlait souvent de l'éternité avec certitude. Elle appartenait à une famille vertueuse où la foi tient une place essentielle, où l'on pratique sa religion avec dévotion et scrupule, avec peut-être même un rien de jansénisme : on est ici-bas pour souffrir et pour mériter la Vie éternelle. Jamais elle n'aurait mis en cause l'autorité du pape. Aussi, quoique par nature traditionaliste, demeurait-elle très prudente à l'égard de Mgr Lefebvre. Mais elle était effrayée par les débordements du jeune clergé d'aujourd'hui.

La religion, c'était bien sûr pour elle la vie sacramentelle. Le jour même de son hospitalisation au Val-de-Grâce, ne se faisant aucune illusion sur la gravité de son état, ayant fait elle-même son diagnostic sans erreur, elle demanda, à la veille de l'opération, de recevoir le sacrement des malades.

Pour bien comprendre l'épouse du général de Gaulle, il faut se rappeler ce qu'étaient, au début de ce siècle, les grandes familles bourgeoises de province, dont les derniers témoins s'éteignent aujourd'hui. La famille de Mme de Gaulle était un peu d'un autre temps. Une de ces familles où l'on prône l'économie, méprise le luxe, révère l'effort et le mérite. Une de ces familles d'un nationalisme intransigeant, où le patriotisme est considéré comme une vertu, qui ont vécu dans l'humiliation de 1870, la gloire de 1918, le désespoir de 1940. Les sentiments patriotiques de Mme de Gaulle étaient tels qu'elle refusa, en 1958, de recevoir le chancelier Adenauer à Colombey et qu'il fallut toute l'insistance, toute la persuasion du Général pour la convaincre.

Mme de Gaulle était attachée uniquement à ses devoirs d'épouse, de mère, de maîtresse de maison, au respect de certains principes, à l'observance de certaines règles de vie : le respect des enfants pour leurs parents, l'économie, la pratique religieuse, les lectures « saines »... Elle menait une vie ordonnée, organisée dans ses moindres détails ; elle était, comme le Général, respectueuse des traditions : chaque fête était souhaitée – on s'y rendait en cortège, une fleur à la main –, chaque baptême marqué par un cadeau. Les anniversaires, en revanche, étaient souvent oubliés car, chez les Vendroux comme chez les de Gaulle, on ne les aimait pas. « Cet affreux anniversaire », avait dit un jour le Général en frappant du poing son bureau !

La vie familiale l'occupait entièrement. Elle s'intéressait à tout ce qui concernait ses proches. Mais la famille était nombreuse et elle pensait avec justesse qu'elle devait défendre la tranquillité du Général, respecter sa volonté d'avoir la paix, prenant ainsi sur elle le risque de quelque impopularité auprès des siens.

Il semble que Geneviève de Gaulle-Anthonioz ait compté parmi ses nièces les plus proches. Le célèbre surnom de « tante Yvonne » vient d'ailleurs d'elle : c'est parce que Geneviève parlait toujours de « tante Yvonne » que les collaborateurs du Général se mirent à l'appeler ainsi, puis les journalistes, puis, à leur tour, des millions de Français.

Elle connaissait les prénoms des plus lointains cousins, les dates des maladies, des accidents, des réussites ou des échecs aux examens. Elle s'intéressait aux problèmes d'éducation, d'école. Pas une naissance, pas un mariage – dans sa famille, mais aussi dans celles des collaborateurs du Général – qu'elle ne marquât par l'envoi d'un cadeau. Elle entretenait une immense correspondance. Voulant répondre elle-même à toutes les lettres qu'elle recevait, elle avait refusé la secrétaire que l'Institut Charles-de-Gaulle lui avait proposée.

On reprochait quelquefois à Mme de Gaulle d'être restée trop rigoureuse, rigide, rigoriste même. Et sans doute la stricte application de sa religion entrait pour beaucoup dans son attitude. Elle était sévère à l'égard des catholiques qui ne pratiquaient pas, traitant Pétain de « mécréant » ; elle n'aimait pas les divorcés qu'elle refusait de recevoir à sa table, sauf dans les occasions officielles ; elle condamnait les mauvaises lectures – Françoise Sagan, c'était pour elle le « diable ». Bref, elle était très à cheval sur les principes, s'élevant, est-il besoin de le dire, contre les mœurs d'aujourd'hui. Elle se rendait dans le Midi, à Agay, chez son fils, mais jamais pendant les vacances d'été, seulement à Pâques, afin d'être sûre de n'apercevoir aucun sein nu sur les plages. « C'est l'inconduite des autres qui risque de pousser mes petits-enfants dans la faute », disait-elle.

Ce qu'elle révérait par-dessus tout, c'était la famille. En tant qu'entité. Elle attachait à cette notion une importance considérable. Elle jugeait les gens en fonction de leur environnement familial. Elle pouvait parler indéfiniment des « histoires » de la famille. Alors, malheur à ceux qui ne respectaient pas ses lois, à commencer par les célibataires ! Elle attachait aussi une grande importance à la tenue. Il n'était pas question de déjeuner l'été à Colombey en bras de chemise ou de dîner en pantoufles. Mais l'exemple venait du Général, que personne n'avait jamais vu sans cravate. Et, en ville, a-t-on jamais vu Mme de Gaulle sans chapeau ?

Mais cette austérité n'empêchait pas Mme de Gaulle d'être gaie, enjouée, joyeuse, aimant la plaisanterie, quelquefois primesautière, riant volontiers, curieuse de tout ce qui est drôle et, dès qu'elle se sentait en confiance, n'hésitant pas à exprimer avec beaucoup d'humour le fond de sa pensée.

Par nature, Mme de Gaulle était d'une profonde méfiance. Sa situation, bien sûr, l'incitait à la prudence. Elle ne se sera, de sa vie, jamais exprimée officiellement en tant qu'épouse du général de Gaulle. Elle n'aura jamais eu la moindre conversation avec un journaliste. Elle n'aura, semble-t-il, donné aucune interview. Qui pourrait seulement citer un jugement public de Mme de Gaulle sur son mari, sur les événements et la politique ? Elle s'était donné comme règle, dès qu'elle se trouvait « en société », de ne rien dire qui touchât de près ou de loin au Général. L'actualité, la politique, les événements, les « affaires », Mme de Gaulle ne se risquait jamais à les commenter, même à les évoquer, de peur que ses jugements puissent être divulgués et interprétés comme étant ceux du Général. Ce qui importait d'abord pour Mme de Gaulle, c'était de ne contrarier en rien le Général, de l'aider en tout, ne serait-ce qu'à travers cette présence silencieuse évoquée par André Malraux.

Car ce que l'on ne dira jamais assez, c'est l'admiration, la tendresse, l'amour qu'elle ressentait pour le Général, auprès de qui elle vécut quarante-neuf ans. Elle était littéralement à sa dévotion, et cela dans les moindres détails de la vie quotidienne. Elle veillait sans cesse sur lui, le surveillait pour qu'il ne prenne pas froid, pour qu'il ne se fatigue pas, pour qu'il ne mange pas trop (elle suivait de près ses régimes et ne manquait pas de lui faire remarquer ses incartades et de réfréner son solide appétit). Elle laissait, tard le soir, à Colombey, la porte de sa chambre entrouverte tant que le Général n'avait pas gagné la sienne.

Toute sa vie Mme de Gaulle aura eu pour son mari une passion exclusive. Si elle ne voulait jamais le quitter, si, dans ses voyages, dans ses déplacements, elle veillait toujours à être à ses côtés, c'est parce que, sentant le Général menacé par les complots et les attentats, elle préférait être auprès de lui le jour où le destin frapperait. Pendant sa longue agonie, ces derniers mois – elle se savait condamnée et elle a vu venir la mort dans de grandes souffrances, avec courage et sans une plainte –, elle répétait : « Laissez-moi mourir, je vous en prie, je vous le demande. Laissez-moi rejoindre le Général. »

DANS LES COULISSES DE L'ÉLECTION PRÉSIDENTIELLE

(novembre 1979-mai 1981)

Les enfants de Robert Boulin après la mort de leur père : « Peyrefitte a été ignoble » – Olivier Guichard : « Chirac est plus que jamais décidé à tout pour faire passer Mitterrand » – Yves Guéna : « Chirac a été jusqu'à se mettre d'accord avec Mitterrand... » – Chaban : « Ce que veut Chirac, c'est la peau de Giscard » – Debré à Chirac : « Vous n'avez rien compris au gaullisme » – Jean Lecanuet : « Giscard sait que Chirac ne pense qu'à une chose : sa défaite le 10 mai » – Giscard après sa défaite : « J'ai connu cet échec parce que j'ai surestimé les Français. »

3 NOVEMBRE 1979 – Villandraut

Le 30 octobre – c'est un mardi – je bondis chez les Boulin aussitôt après avoir appris le suicide de Robert, retrouvé mort dans l'étang du Rompu, en forêt de Rambouillet[1]. Déjà, devant leur immeuble donnant sur les tristes arbres, déjà dépouillés, du bois de Boulogne, boulevard Maillot à Neuilly, l'habituelle foule des journalistes est là, contenue par un cordon de police. Bertrand[2] descend me chercher. Je reste jusqu'au soir auprès de Colette et de ses enfants[3], et demeure en contact avec l'AFP. Giscard téléphone. Barre viendra le lendemain, après le Conseil des ministres, accompagné de plusieurs membres du gouvernement et de Mme Peyrefitte, représentant son mari. Dans la soirée, Peyrefitte fera porter une lettre par son chauffeur. Une dernière visite : celle du curé de la paroisse de Neuilly où Boulin allait à la messe chaque dimanche.

En fin d'après-midi, à 18 h 30[4], l'ambulance venant de l'Institut médico-légal de Paris entre directement dans le parking, au sous-sol

---

1. Jean Mauriac, comme la famille de Robert Boulin, comme bon nombre de personnes – dont Olivier Guichard – ne croit plus, aujourd'hui, à la thèse du suicide de Robert Boulin. Pour lui, pour eux, le ministre a été assassiné.
2. Le fils aîné de Robert et Colette Boulin.
3. Jean Mauriac est un ami intime des Boulin.
4. Le corps de Robert Boulin avait été découvert dans la matinée de ce mardi, mais la mort du ministre remontait à la veille au soir.

de l'immeuble, pour que les curieux et les journalistes ne puissent voir le corps du ministre. Celui-ci est monté à l'appartement par l'ascenseur de service. Vision d'horreur : il est dans une housse en plastique avec fermeture Éclair. La housse est ouverte devant nous, pétrifiés, et le corps de Robert Boulin est déposé doucement sur son lit. Nous le regardons avec effroi : le visage est tuméfié, sanglant, couleur lie-de-vin[1].

À mon départ, je suis entouré par les journalistes, mes confrères. Beaucoup sont mes amis. Les rôles sont inversés : ce sont eux qui m'interrogent, et moi qui répond. Il pleut à verse. Les rues de Neuilly désertes et le Bois, noir et désert, lui aussi, servent de décor à ce drame. Je ne leur dis pas un mot sur le visage ensanglanté de Robert. Je déclare seulement : « Boulin était, certes, très déprimé, mais personne, parmi les siens, n'aurait pensé un seul instant qu'il allait mettre fin à ses jours. »

Je n'ai pas quitté, pour ainsi dire, la famille de Robert Boulin pendant ces journées tragiques. Je n'ai donc guère eu de mérite à faire pour l'AFP un service quasi exclusif.

Le vendredi 2 novembre, je prends place à Villacoublay, avec la seule famille, dans l'avion de l'armée de l'Air qui transporte le corps de Robert Boulin à Libourne, dont il est maire depuis vingt ans. Un détachement militaire rend les honneurs à celui qui fut ministre du général de Gaulle, de Pompidou et de Giscard d'Estaing, et dont le nom était cité pour remplacer Raymond Barre à Matignon.

Curieusement, c'est Alain Peyrefitte, ministre de la Justice, garde des Sceaux, qui a été désigné pour représenter le gouvernement au moment du départ. Pourquoi n'est-ce pas le ministre des Armées, puisque nous nous trouvons sur un aérodrome militaire et que c'est dans un avion militaire que nous allons effectuer le voyage ? Pourquoi n'est-ce pas un officiel ami comme Chaban ou Frey, par exemple ?

---

1. On apprendra plus tard que le nez avait été cassé et qu'un maxillaire présentait une fracture. La police avait alors déclaré que le visage de Robert Boulin avait heurté un rocher et que son corps avait été abîmé par « le flux et le reflux », assertions d'autant plus étranges que le fond de l'étang était sablonneux et vaseux, et que le flux et le reflux ne peuvent exister dans un étang.

Les Boulin prennent très mal la présence de Peyrefitte, qu'ils prennent pour une provocation à leur égard. Dire qu'ils n'aiment pas ce malheureux Peyrefitte est un euphémisme. Ils le détestent, et même plus. « Il a été ignoble », me disent Bertrand et Fabienne[1].

Au sujet de l'affaire du terrain de Ramatuelle[2], ils accusent Peyrefitte d'avoir joué à fond contre Boulin et, notamment, d'être le responsable de la campagne de presse qui s'est déchaînée contre lui et qui, peut-être, a été à l'origine de son suicide. Ami de Peyrefitte, je tente tant bien que mal de le défendre – sans succès, il est vrai. Mais, dans l'avion, je me trouve à côté de la dépouille de Robert et face à cette famille éplorée, à bout de souffrances. Très vite, je garde le silence. Alors ils insistent : « Peyrefitte a voulu se débarrasser politiquement de Boulin, son seul concurrent pour le poste de Matignon, qu'il espère avoir après le départ de Barre. » Giscard voulait un Premier ministre gaulliste, mais surtout pas chiraquien. À son sens, seuls Peyrefitte et Boulin remplissaient ces conditions. Gaullistes, ils l'étaient certes tous deux, et c'est peut-être pourquoi ils détestaient tant Chirac.

De Libourne, j'inonde les fils de l'AFP de dépêches rapportant l'hommage des habitants de la ville à Robert Boulin. Le lendemain, samedi 3 novembre, ses obsèques ont lieu à Villandraut, petit bourg où il est né il y a cinquante-neuf ans, dans les landes girondines – où Peyrefitte ne viendra pas –, « le pays de Mauriac », me disait Robert. Il aimait et admirait François Mauriac et m'en parlait souvent, comme Colette, sa femme, née à Barsac, dans le Sauternais, juste en face de Malagar, de l'autre côté de la Garonne.

Journaliste en reportage – mais triste de tant de dépêches « rentrées » –, je fais le tour de la ville de Libourne. J'entre dans les boutiques, j'interroge les gens dans la rue, sur les places, à la mairie où le corps du ministre du Travail est resté longtemps exposé, un chapelet dans ses mains jointes, avant d'être inhumé à Villandraut. Tous me disent : « Il n'a pas pu se suicider », alors que son suicide

---

1. Fille de Robert Boulin.
2. L'affaire concerne l'achat par Robert Boulin, en 1974, d'un terrain dans la presqu'île de Ramatuelle, à côté de Saint-Tropez.

paraît officiellement établi, ne serait-ce que par les lettres qu'il a laissées avant d'aller se noyer dans un étang de la forêt de Rambouillet. Je ne crois pas avoir rencontré un seul Libournais qui ne m'ait dit : « Il a été tué, il a été assassiné[1]. » Et son chauffeur – l'homme de confiance et le confident de Robert Boulin : « Je vous le dis, je suis affirmatif. Je connais M. Boulin, je le connais bien, très bien. Il n'a pas pu se tuer. »

6 NOVEMBRE 1979

Jacques Chaban-Delmas m'informe de ce qu'il sait sur l'affaire Boulin : « Lipkowski est venu me voir ce matin, m'apprend-il, pour me dire que les noms des responsables de l'affaire – qui lui avaient été révélés par Boulin lui-même au cours d'un déjeuner, trois jours avant son suicide, et qu'il livrerait, s'il le fallait, "du haut de la tribune de l'Assemblée nationale" – étaient Raymond Barre et Philippe Mestre, son directeur de cabinet. Je me suis borné à indiquer à Lipkowski que la seule chose qu'il pouvait faire était d'en rendre compte au juge d'instruction. »

Chaban m'a révélé pour sa part que Boulin lui avait dit : « C'est Chirac, c'est le RPR qui ont fait le coup. » Je lui confie alors ce que le chef de cabinet de Boulin m'a déclaré hier : « Ici, nous savons que tout est venu de l'Hôtel de Ville » – ce qui ne veut pas dire : de Jacques Chirac.

---

1. Jean Mauriac écrivit le 2 novembre dans une dépêche AFP envoyée depuis Libourne : « Les Libournais, pour la plupart, ne veulent pas encore croire au suicide de Robert Boulin. Ceux qu'on interroge en ce 2 novembre, jour des morts, qui viennent dire un dernier adieu à leur maire dont la dépouille repose à l'hôtel de ville, répondent : "Il n'a pas pu se suicider, ce n'est pas imaginable : lui, un homme si fort, si équilibré, si joyeux, si combatif... ce n'est pas possible, ce suicide ne correspond en rien à son personnage." Et dans leur chagrin, dans leur désarroi, beaucoup ajoutent : "Il a été tué." » Il est intéressant de noter que le doute s'est emparé très vite de la famille de Robert Boulin. Dans un livre, *Ma vérité sur mon père* (Stock, 1980), Bertrand Boulin écrit : « Il y a eu un complot politique visant à éliminer un des derniers gaullistes. » Il rappelle ce commentaire de son père juste avant sa mort : « Comme je leur ai fait peur, ils sont prêts à tout. Ils veulent me mouiller assez pour que je ne sois pas Premier ministre. »

Chaban ajoute qu'il a fait venir Claude Labbé[1] ce matin même pour lui rapporter tout cela. Puis il ajoute : « Chirac m'a appelé deux fois pendant le week-end : la première, hors de lui, indigné, sur ses grands chevaux, en raison de tout ce qui était dit au sujet d'une responsabilité du RPR dans l'affaire Boulin. Puis, brusquement, il a osé s'en prendre à moi au sujet d'un papier du *Nouvel Observateur* que j'aurais "inspiré". Alors là, ce n'était plus tolérable. Je ne l'ai plus laissé parler... » Chaban m'assure que Chirac, d'un seul coup, a baissé le ton, a fait machine arrière, « s'est aplati comme une carpette ».

Il me dit enfin que, le même jour, la chargée de presse du RPR a fait courir le bruit que « Chirac avait engueulé Chaban au téléphone ». Je le sens furieux : il veut sur-le-champ régler son compte à Chirac et convoque pour cela Kaspereit[2], « agent de liaison » entre Chirac et Chaban, qui arrive aussitôt.

7 NOVEMBRE 1979

Tête-à-tête avec Olivier Guichard. Rien ne semble l'étonner de ce qui se passe. « La vie politique, c'est, par définition, une bataille, me dit-il. Nous assistons aujourd'hui à certaines phases de cette bataille. » Il me parle d'abord de l'« affaire des diamants[3] ». Il la croit très grave. Sa conviction est qu'il s'agit en réalité d'une machination socialiste montée depuis Paris, avec l'aide de coopérants socialistes à Bangui[4]. « L'affaire n'en a pas moins atteint Giscard, et il en restera quelque chose », me dit-il.

Puis il évoque l'autre affaire du moment, qui concerne Raymond Barre[5], et me répète en souriant ce que lui a déclaré Edgar Faure :

---

1. Le président du groupe parlementaire RPR à l'Assemblée.
2. Gabriel Kaspereit est député RPR de Paris.
3. Le 10 octobre 1979, *Le Canard enchaîné* révèle que Valéry Giscard d'Estaing se serait vu offrir en 1973, alors qu'il était ministre des Finances, une plaquette de trente carats de diamants par le président centrafricain Bokassa.
4. Il est quasiment établi aujourd'hui que les véritables instigateurs de l'affaire étaient des proches de Jacques Foccart.
5. Le 12 septembre 1979, le journal d'extrême droite *Minute* accuse le Premier ministre d'avoir bénéficié de facilités pour acheter un terrain à Saint-Jean-Cap-Ferrat.

« Mais qu'est-ce qu'ils ont tous à vouloir acheter des terrains dans le Midi et à vouloir y faire construire ! Pourquoi ne vont-ils pas dans le Jura[1] ? » Et Olivier de commenter à son tour : « Quand on est au gouvernement, il ne faut jamais, jamais acheter un terrain dans le Midi. Quant à Boulin, poursuit-il, il s'est suicidé seulement pour empêcher que des choses sortent sur sa famille. J'en suis persuadé. C'est sa famille qui a perdu Boulin[2]. »

28 NOVEMBRE 1979

Yves Guéna me tient des propos toujours aussi acerbes à l'égard de son ancien ami Jacques Chirac. « Il se trouve sur la pente descendante, insiste-t-il. Je ne regrette pas de l'avoir quitté puisque, n'approuvant plus sa politique, je ne pouvais plus demeurer à ses côtés. Ce que je regrette, c'est de ne pas être parti six mois plus tôt. Là est ma seule erreur. Maintenant, Chirac s'acharne sur moi, ce qui était prévisible. Sa rancune est tenace. Il ne veut même plus me voir. Il m'évite de manière à ne plus me serrer la main. Sa première action dirigée contre moi a été, bien sûr, de m'exclure du Conseil politique du RPR. C'est Robert Poujade – pourtant adversaire de Chirac – qui m'a remplacé. Je lui reproche d'y être entré. À la vérité, il ne le voulait pas, mais il s'est laissé avoir, il a cédé aux pressions. Il m'a dit : je démissionnerai. Pour l'instant, il y est toujours et se contente de ne pas assister aux rares réunions du Conseil. Mais qui sait qu'il n'y assiste pas ?

« De mars 1978 (élections législatives) jusqu'en juin 1979 (élections européennes), nous avons perdu sept points, poursuit Guéna. Chirac a fait alors son autocritique, reconnu ses erreurs en cascade, éloigné Juillet (avec qui il est maintenant en très mauvais termes) et Marie-France Garaud, précipité changements sur changements.

---

1. Edgar Faure était député du Jura.
2. Olivier Guichard a, par la suite, changé d'avis, convaincu que Boulin avait été assassiné.

Rien n'y a fait. Le RPR ne remonte pas la pente et risque de s'enfoncer encore davantage.

« Pourquoi ? D'abord parce que Chirac joue toujours le court terme – l'élection présidentielle de 1981, où il n'a aucune chance –, alors qu'il fallait bien évidemment jouer le long terme. Ensuite parce qu'il n'a pas entrepris la restructuration nécessaire, indispensable, qui s'imposait à un grand mouvement politique. Enfin, en raison de sa politique même : le RPR joue aujourd'hui le rôle de force d'appoint. Nous jouons le rôle méprisable d'un parti charnière. C'est indigne de nous. Indigne du gaullisme !

« Vous me parlez d'un changement possible avec Pons[1], poursuit Guéna. Pons se trouve tout seul. Chirac s'est débarrassé de tous ses collaborateurs, ou ses collaborateurs l'ont quitté. Il ne reste que Pasqua qui demeure, parce qu'il a la haute main sur tous les comités qui entreront en action au moment de l'élection présidentielle.

« Quant à Chirac, il est maintenant silencieux. Il est brusquement passé de l'incontinence verbale au silence le plus total. Mais sa ligne politique est restée la même. Elle est toujours aussi dure. Il s'agit de se démarquer le plus possible du pouvoir giscardien afin de rendre crédible la candidature RPR à l'élection présidentielle. D'où notre refus du budget[2] (bataille stupide, incompréhensible pour l'opinion, et qui nous fera perdre des voix), d'où ces indignes tractations, honteuses, misérables, méprisables, avec Mitterrand[3] (qui auront pour seul résultat de faire passer le candidat socialiste au second tour avec les voix gaullistes), d'où l'affaire de l'avortement[4] (là encore, la volte-face de Chirac n'a pas été comprise dans l'opinion gaulliste et lui

---

1. Bernard Pons vient de succéder à Alain Devaquet au secrétariat général du RPR.
2. Le RPR refuse de voter le budget qu'il juge insuffisant pour favoriser la relance. Le gouvernement Barre devra recourir au 49.3, puis au Conseil constitutionnel pour le faire adopter.
3. Le premier secrétaire du PS et le maire de Paris ont eu un tête-à-tête très remarqué et commenté le 22 novembre 1979 à l'Hôtel de Ville. Rendant visite au groupe socialiste du conseil municipal, François Mitterrand en a profité pour aller saluer Jacques Chirac.
4. Nouvelle loi rectificative de la loi Veil, déposée par le RPR alors que Jacques Chirac a voté la loi initiale.

fera perdre des voix), d'où l'affaire des ministres RPR qui risquent d'être mis en congé du parti.

« À la vérité, Chirac espère toujours, continue à espérer envers et contre tout, et cela depuis 1976, en quelque chose qui fera que Giscard s'effondrera : le chômage, la situation économique, une nouvelle affaire des diamants. Mais s'il n'y a pas d'effondrement de Giscard, alors Chirac fera passer le candidat de gauche à l'élection présidentielle pour préserver son propre avenir. C'est un pari absurde et dangereux : Chirac devrait savoir qu'une fois à l'Élysée, le socialiste élu aura beaucoup de chances d'y demeurer. »

26 décembre 1979

Selon Yvon Bourges, « Robert Boulin était persuadé qu'il avait toutes les chances d'être Premier ministre. Et c'est cet espoir – ou cette certitude – qui a joué un rôle déterminant dans son suicide, m'affirme-t-il, dès lors qu'il s'est rendu compte qu'avec les nouveaux développements de son affaire de Ramatuelle, il ne pourrait plus jamais obtenir le poste auquel il aspirait par-dessus tout ».

Concernant l'autre scandale actuel, il ajoute : « Bien sûr, l'histoire des diamants est grave. Et d'abord parce qu'elle fait du mal à Giscard. Il a souffert et nous ne saurons jamais à quel point. L'homme a changé depuis lors. La souffrance endurée l'a marqué profondément. Cela étant, je ne pense pas que cette affaire pourra lui faire rater son élection présidentielle. Son cas est certes grave, parce qu'il s'agit de diamants. Mais, vous savez, sur ces questions de cadeaux, il y aurait beaucoup à dire. Nous en recevons tous et nous les gardons. Le général de Gaulle les gardait bien, lui aussi. »

1980

18 janvier 1980

Conversation avec Maurice Couve de Murville : « Les réactions à l'entrée des Russes en Afghanistan[1] sont exagérées, me déclare-t-il. Je ne parle pas de celles de Carter (qui profite de l'affaire pour se faire passer pour un "dur" vis-à-vis des Russes) qui sont exclusivement motivées par la prochaine élection présidentielle (les Russes ne s'y trompent d'ailleurs pas). Je parle de celles des Français qui poussent des cris d'orfraie.

« À la vérité, l'Afghanistan a toujours été une chasse gardée soviétique. Ce pays, même du temps du roi, a toujours été sous l'influence des Russes. Ceux-ci ont commis l'imprudence de se débarrasser de Daoud[2]. Ses successeurs communistes se sont montrés si maladroits, ont été si odieux et si impopulaires que le pays risquait de tomber dans la pire réaction islamique antisoviétique. Il n'était pas possible pour l'URSS que l'Afghanistan devienne un pays hostile, ennemi, adversaire, qui sans doute aurait été, en plus, armé par les Chinois. Voilà la raison de leur invasion : garder l'Afghanistan dans leur orbite. Au fond, ils n'avaient pas le choix...

« À mon avis, c'est donc une affaire ponctuelle, isolée. Ce n'est pas un pion poussé "vers les mers chaudes", comme on dit. L'invasion de

---

1. En décembre 1979.
2. Dirigeant du pays après la proclamation de la république en 1973, il a été renversé lors du coup d'État communiste d'avril 1978.

l'Afghanistan, ce n'est pas la première étape d'un plan qui ferait ensuite "tomber" d'autres pays (Iran, Pakistan, Arabie saoudite...). Cela n'a rien à voir !

« Cela dit, bien sûr, c'est inexcusable, ajoute Couve. Mais ça ne doit en rien compromettre la détente. Nous avons réagi maladroitement. Le chef de l'État a d'abord affolé tout le monde en disant que le risque de guerre n'était pas à écarter. Et puis il y a eu la déclaration – très indulgente à l'égard des Russes – de Jean François-Poncet, et puis le communiqué – très raide, alors – après le Conseil des ministres, et d'autres déclarations... Bref, la pagaille ! Ce qu'il fallait, c'était faire ce que nous avions fait après l'affaire tchécoslovaque[1] : une seule déclaration (puisqu'on ne peut rien faire d'autre) venant très vite et condamnant, pour le principe, l'affaire sans ambages, très dure dans le fond et la forme. Et puis nous taire et continuer notre politique de détente et de coopération avec les Russes. Toutefois, rendons justice à Giscard : il ne s'aligne pas sur les Américains. Il ne dramatise pas et il a, bien sûr, raison de ne pas le faire. À quoi cela servirait-il ? Il faut continuer avec les Russes. Vous savez, les réactions des bourgeois français, leur indignation, cela prête à sourire. Pour le Vietnam, qu'ont-ils fait ?

« Aujourd'hui, je me pose des questions pour l'avenir. L'affaire est mauvaise pour les Russes. Ils ne "tiendront" pas le pays (ils ne peuvent pas occuper tout le territoire) et la majorité des nations dans le monde leur a été hostile. Songez : quinze voix seulement pour eux à l'ONU ! »

14 FÉVRIER 1980

« Je pense, je suis persuadé que Valéry Giscard d'Estaing et Jacques Chirac finiront bien par se raccommoder. » Telle est aujourd'hui la conviction d'Olivier Guichard qui prend tout de même soin d'ajouter : « Pas entre hommes, bien sûr, mais sur le plan politique.

---

1. Lors de l'invasion de la Tchécoslovaquie par les troupes du pacte de Varsovie en 1968.

En échange, Giscard donnera quelque chose à Chirac. Pourquoi pas, à nouveau, le poste de Premier ministre ? Je l'ai dit à Giscard : "Un jour, vous ferez revenir Chirac à Matignon..." Mais il est vrai qu'il a rétorqué aussitôt qu'il ne le ferait jamais.

« Quel curieux renversement ! s'exclame Olivier. C'est aujourd'hui Giscard d'Estaing qui fait la politique la plus gaulliste qui puisse être, et ce sont les gaullistes qui la lui reprochent. Nos électeurs RPR le critiquent parce que, dans l'affaire d'Afghanistan, il ne "colle" pas assez aux Américains et se montre trop gentil avec les Russes. Bref, parce qu'il n'est pas atlantiste et mène une politique étrangère trop indépendante ! Ces critiques s'expliquent par le fait qu'aujourd'hui l'électorat RPR a complètement changé : il ne reste plus que la droite et les poujadistes qui y sont entrés avec Chirac. Cela dit, qui peut affirmer comment le Général aurait manœuvré à propos de l'Afghanistan ? Il était capable de toutes les surprises, de tous les renversements. »

10 AVRIL 1980

« Il faut que le RPR négocie avec le chef de l'État, me dit Yves Guéna au sujet de la future élection présidentielle. En échange de l'appui des gaullistes au second tour, il faut que nous obtenions : a) une participation importante au gouvernement – des ministres siégeant en tant que "vrais gaullistes" ; b) pour les prochaines élections législatives, l'engagement du Président à ne présenter qu'un seul candidat par circonscription (sinon le candidat giscardien battra automatiquement le candidat gaulliste et nous reviendrons à l'Assemblée avec soixante députés) et à faire un partage équitable.

« Nous avons la possibilité de cette négociation, d'abord parce que le Président pense de plus en plus que l'existence d'un parti gaulliste est nécessaire. Il se demande en effet où iraient les voix gaullistes si ce parti devait s'effondrer, et sait par avance que beaucoup iraient à gauche. Ensuite parce que, pendant la campagne, avant le premier tour (pas après, car là tout sera joué), Giscard risque de passer par des moments difficiles, très durs, même, à propos du chômage et du coût de la vie. C'est cette situation précaire qui nous permettra cette négociation.

« Voilà ce que je pense. Nous devons jouer la confiance avec le Président. Nous n'avons pas le choix dès lors que nous avons décidé de nous opposer à une victoire de la gauche et de rester dans la majorité.

« Ceci dit, le RPR s'est mis dans une situation difficile, ajoute Guéna. Ou il fera une campagne trop forte, avant le premier tour, contre Giscard, et, ce faisant, il rendra difficile le report des voix RPR et risquera ainsi d'assurer la victoire du socialiste. Ou bien le RPR fera une campagne anodine, et il s'exposera à un échec cuisant au premier tour, échec dont il pourrait ne pas se relever.

« Je sais de bonne source, de très bonne source, que Giscard ne peut supporter littéralement l'idée qu'un candidat appartenant à la majorité puisse se présenter contre lui. Il est plus qu'irrité, indigné. N'a-t-il pas raison ? Ce serait, en effet, contraire à toutes nos institutions.

« Le RPR garde la possibilité de ne présenter personne. La chose reste ouverte. La chose demeure possible. Mais je pense tout de même que Chirac sera candidat.

« L'affaire Debré[1] a été affreuse. Le procédé inacceptable. On ne dégrade pas Debré devant le front de ses troupes. C'est la dégradation de Dreyfus, à genoux. Il a été poignardé, il a été bafoué ! À tel point qu'ils ont fait maintenant de Debré le plus puissant allié de Giscard. Quel est l'intérêt du RPR à ce sujet ? Avoir, à l'élection présidentielle, un score moins bon avec Debré, qui n'engagerait pas officiellement le parti ? ou bien avoir un score simplement meilleur avec Chirac qui, lui, en serait le candidat officiel ?

« La position de Chirac n'est pas bonne, poursuit Guéna. Les militants, certes, le suivent. Mais l'électorat est réservé et le groupe parlementaire a de plus en plus d'appréhensions. Les députés RPR sont, hélas, devenus des gens de droite qui ne savent pas trop comment s'opposer à Chirac. Ceci étant, je peux vous assurer que,

---

1. Candidat à la candidature, Michel Debré a été publiquement désavoué par les instances du RPR.

pour l'élection présidentielle, il y aura bien une soixantaine de députés qui s'arrangeront pour ne pas faire campagne pour lui au premier tour. Chirac est, dans notre groupe, de moins en moins considéré comme le chef évident. Il est de plus en plus contesté.

« Et voilà, me révèle encore Yves Guéna, qu'on fait maintenant, dans les couloirs, campagne pour l'amiral de Gaulle ! Oui, au moment où je vous parle, il y a un député RPR qui milite pour une candidature de Philippe !

« Quant à moi, j'ai malheureusement sous-estimé la contre-attaque de la rue de Lille quand j'ai décidé de quitter Chirac. Dans un premier temps, je n'ai réussi mon coup ni vis-à-vis du groupe, ni vis-à-vis du mouvement. Je suis tombé dans une trappe. Alors j'ai laissé passer l'été et suis passé à l'attaque après les vacances, devant le Conseil national où j'ai été écouté et même applaudi par un quart de l'assistance. Aujourd'hui, je considère que j'ai remonté la pente. Je suis maintenant dans une assez bonne situation au sein du groupe. Je vous demande de me croire quand je vous dis que la politique de rechange à celle de Chirac, c'est moi qui l'incarne. Chirac n'est pas digne de gouverner la France, et c'est la raison pour laquelle il ne réussira pas. »

23 avril 1980

Olivier Guichard a rencontré Michel Debré qui lui a paru déterminé à se présenter. « Il s'est déchaîné contre Chirac, me dit-il, comme s'il avait oublié qu'il avait été, pendant de longs mois, son compagnon de route. Il raconte des choses affreuses sur la façon dont le RPR a de l'argent, sur les agissements de Pasqua. »

28 avril 1980

Yvon Bourges estime que « le président de la République se met trop en première ligne, qu'il fait trop de choses par lui-même et qu'il ne compte pas assez sur son Premier ministre et son gouvernement ».

En revanche, il juge « la progression de la cote de Chirac toute naturelle et pas inquiétante du tout. Que peut nous faire sa popularité, me déclare-t-il, puisque de toute manière le Président se représentera – cela je peux vous l'assurer – et qu'il sera gagnant ? Songez à la politique de démagogie que mène Chirac. Par ses promesses les plus stupéfiantes, il tente de contenter tout le monde et il y arrive dans certains cas : promesse de suppression de la taxe professionnelle, proposition de construire quinze sous-marins nucléaires (dont il ne précise pas le type et dont nous n'avons d'ailleurs nullement besoin)... Dans ces conditions, comment n'arriverait-il pas à être populaire ? L'incroyable est qu'il le soit si peu après de telles promesses. Il flatte tout le monde, y compris la famille du Général qu'il couvre de services personnels, de largesses, de corbeilles de fleurs (aux dames)... Il agit de même avec Mme Pompidou. Philippe de Gaulle, que je vois de temps à autre, était chiraquien, comme le reste de la famille. Il l'est moitié moins aujourd'hui. Décidément, la grande faute de Giscard a été de prendre Chirac comme Premier ministre. Je me souviens avoir alors rencontré Ponia pour lui conseiller de dire au Président de choisir plutôt Guichard : loyal, fin, intelligent, plein de bon sens et d'autorité, et qui lui rendrait les plus grands services. En vain.

« Quant à Debré... J'avais confié un jour au Président – c'était à Rambouillet : "Vous devriez voir plus souvent Debré. Vous devriez l'inviter. Il n'est pas aussi éloigné de vous qu'on le croit généralement." Le Président avait répondu négativement : "Ce n'est pas la peine. J'aime bien Debré, mais c'est un homme du passé." Debré ne se présentera pas, m'affirme Bourges. J'en suis sûr. D'ailleurs, trouvera-t-il assez de signatures pour pouvoir déposer sa candidature et assez d'argent pour soutenir sa campagne ? À la vérité, Michel ne compte plus : personne au RPR ne pense plus à lui, ni même n'imagine qu'il puisse encore songer à se présenter. L'autre jour, Messmer est tombé des nues quand quelqu'un a évoqué devant lui la possibilité d'une candidature de Debré. "Mais qui en parle vraiment ?", a-t-il demandé. Debré lui-même fait déjà machine arrière. J'ai écouté ses dernières interventions à la radio. Après chacune d'elles, c'est un recul. Non, il va rentrer dans le giron chiraquien. Je le regrette personnellement : j'aimerais qu'il se présente, bien sûr, en raison du tort qu'il porterait à Chirac ».

La situation de la gauche ne paraît guère meilleure à Yvon Bourges : « Personne n'est plus farfelu que Rocard. Ceux qui le connaissent bien, à Conflans-Sainte-Honorine et dans les Yvelines, sont littéralement stupéfaits qu'il veuille se présenter. Ils en rigolent. Il est, à leurs yeux, sympathique, certes, mais, dans tous les sens du terme, imprésentable ! Rocard s'effondrera de lui-même dès que les Français le verront et l'entendront plusieurs fois de suite. Ils n'en croiront ni leurs yeux ni leurs oreilles. D'ailleurs, les jeux sont faits. Croyez-moi, c'est Mitterrand qui se présentera et qui sera une nouvelle et dernière fois battu. »

22 MAI 1980

Mme Barre aime les voyages officiels et part toujours avec enthousiasme à l'étranger. Aujourd'hui, elle est ravie d'aller en Norvège : elle a étudié avec soin « son » programme, le rectifiant ici et là et faisant part de ses desiderata. Quand le Premier ministre s'est rendu en Égypte, son épouse a voulu visiter Abou Simbel qui n'était pas au programme. Impossible, pour cause de manque de temps, lui ont répondu les Égyptiens. Mais impossible n'est pas français pour Mme Barre. Elle ne connaît pas ce mot. Son souhait est devenu une exigence. Il a fallu, au dernier jour de la visite, rogner sur le temps de plusieurs cérémonies : suppression de discours, de remises de décorations... Depuis Louxor, les avions ont filé sur Abou Simbel. Le soir, il y avait à l'ambassade de France le grand dîner officiel d'adieu. « Je n'ai eu, dit Mme Barre, que le temps d'enfiler ma robe... juste quelques secondes avant d'accueillir nos invités. »

Mme Barre règne sur Matignon où tout – menus, service, fleurs – est délicat, raffiné, luxueux, comme une reine sur son royaume. Dès son arrivée, elle a tout bouleversé de la cave au grenier. Dans ses entreprises, elle fait montre d'une autorité, d'une détermination, d'une volonté sans égales. Tout doit céder devant elle. Ce qu'elle a décidé, elle le réalise. Et ceux qui s'opposent à elle reçoivent ses foudres et sont ensuite poursuivis par sa vindicte.

Les transformations – heureuses, semble-t-il, pour la plupart – faites à Matignon sous son règne sont multiples. Elle a commencé par supprimer tous les bureaux du rez-de-chaussée – de manière à rendre ces pièces admirables à leur état d'origine : des salons pour les réceptions. « Ici, où nous sommes, me dit-elle, habitait Mme Garaud ; à côté, M. Juillet. Et imaginez-vous qu'il y avait devant les fenêtres les secrétaires, séparées du reste de la pièce par d'immenses paravents. Oui, c'étaient les secrétaires qui avaient la vue sur le parc ! Mme Chirac m'avait prévenue en s'en allant : "Cette transformation, il ne faut pas attendre. Il faut la faire tout de suite. Moi, je n'ai pas pu..." »

« La première chose que j'ai faite, poursuit Mme Barre, a été de remplacer toutes les portes qui font communiquer les salons du rez-de-chaussée. Elles étaient en bois blanc, recouvertes d'un affreux capiton. J'en ai fait faire d'autres, copiées sur les modèles anciens. »

Mme Barre se déchaîne alors contre le Mobilier national qui lui a refusé – et avec discourtoisie – tout prêt de meubles pour les salons de Matignon. « Je n'ai, Monsieur, rien pu obtenir. Rien ! Le directeur du Mobilier national s'y est refusé. Et vous savez pourquoi ? Parce qu'il ne fournit que les résidences du président de la République. Matignon ? Non. Ce n'est pas de son ressort. Le croirez-vous ? Ce monsieur est encore en place... Il est vrai que mon mari a d'autres choses à faire ! Alors j'ai descendu des fauteuils pris dans les bureaux du premier étage. J'ai visité les caves de Matignon où j'ai trouvé des choses merveilleuses : ces pieds de lampe que vous voyez, ce pied de guéridon – le dessus en marbre, je l'ai fait faire en Italie –, ces consoles, ces petits tapis anciens d'Orient, que j'ai fait nettoyer, réparer, mais que je ne mets que les soirs de grand dîner (dès que vous serez parti, ils seront soigneusement roulés et mis dans un placard dont je suis seule à posséder la clef). »

Avec véhémence, Mme Barre me fait part dans le détail de tous ses démêlés avec les autorités compétentes qui lui ont refusé leur aide dans ses projets. La véhémence devient impétuosité quand elle entre dans le détail de certaines péripéties. Elle a dû consacrer des sommes considérables à faire réaliser des copies parce qu'on refusait de lui prêter les originaux ! Elle ne trouve pas de mots assez durs pour condamner de telles pratiques. Même pour le parc de Matignon – où elle a fait installer des statues –, elle n'a rien pu entreprendre sans l'autorisation d'un service du ministère de l'Intérieur. Ainsi a-t-elle eu beaucoup de mal à faire couper le lierre qui enserrait les arbres du parc. Elle ne se félicite que d'une chose : le ministre de l'Intérieur – après la récente tentative d'attentat contre Robert Galley[1] – a décidé d'obstruer les grilles du fond du parc de Matignon, que l'on avait transformées pour que les piétons de la rue de Babylone puissent profiter de la vue sur les pelouses et les arbres. « Mon mari, dit-elle, qui se promène le samedi et le dimanche dans le parc, était interpellé par les passants – à travers les grilles – sur le prix de la viande ou de l'essence. Ce n'était pas possible ! »

Toujours avec passion, Mme Barre se plaint du manque de sécurité : le ministre de l'Intérieur n'a même pas pris la peine de savoir qui occupait les appartements des immeubles qui donnent sur le parc, et aussi les chambres de bonne où « tout le monde peut entrer ». « C'est grâce à une compatriote[2], ajoute-t-elle, que j'ai su que tout le monde, le soir, pouvait nous voir prendre notre dîner dans la petite salle à manger du premier étage. Depuis, j'ai fait fermer les volets. »

Sur sa lancée, Mme Barre se plaint amèrement des appartements privés de Matignon, mal conçus, mal arrangés, où l'on est dérangé tout le temps, où il est impossible à son mari de travailler, sauf le soir après dîner.

Matignon n'est pas le seul souci de cette femme impétueuse. Elle achève l'installation d'un appartement donnant sur le Champ-de-Mars et ajoute d'un air gourmand : « Et maintenant, je vais m'occuper de notre maison dans le Midi ! »

---

1. Le ministre de la Coopération, très contesté en raison de ses relations affichées avec Bokassa.
2. Mme Barre est d'origine hongroise.

4 juin 1980

« Le maintien des institutions, l'intérêt du pays veut que Giscard soit réélu, me déclare Jacques Chaban-Delmas. Un point c'est tout. Si Chirac en décidait autrement, alors mon devoir serait de me dresser contre lui !

« La position de Chirac au sein du RPR – pas du groupe parlementaire, bien sûr, qui demeure légitimiste – est très forte. Je dirais même qu'avec l'approche de l'élection présidentielle, elle sera encore renforcée. Il tient dans ses mains tout l'appareil du parti. Il n'y a, pour l'instant, rien à faire. Mais un jour viendra où...

« Et Debré ? me demandez-vous. Je peux vous assurer qu'il n'a pas encore pris sa décision... parce qu'il est indécis. Je lui ai dit : dans l'intérêt du gaullisme, du pays, je te pousse à te présenter à l'Élysée, parce que ta candidature nuira fortement à Chirac. Mais, dans ton intérêt personnel, je te mets en garde, car tu souffriras du score que tu auras. Nous verrons ce qu'il décidera. »

6 juin 1980

Guichard soutient la candidature de Michel Debré à l'élection présidentielle pour des raisons qu'il ne cherche pas à dissimuler : « Le 3 juillet, je verrai Giscard, à mon initiative, me raconte-t-il, ou plutôt à celle de mes amis qui, à juste titre, veulent savoir ce que pense le Président de la candidature Debré et, surtout, ce qu'il compte faire à ce sujet. Il est en effet essentiel qu'il **nous** dise d'abord s'il désire que Debré se présente ou non, et, dans le cas probable où il le souhaite, ce qu'il ferait pour nous aider. Bien entendu, j'espère que Debré se lancera dans la bataille, quels que puissent être pour lui les inconvénients de l'opération. Tout cela devra se décider assez rapidement car Debré, bien sûr, aurait intérêt à se déclarer avant Chirac. Or, la rumeur circule au RPR que Chirac pourrait faire officiellement acte de candidature le 14 juillet prochain.

« En réalité, m'assure-t-il, Chirac a deux fers au feu : celui du report des voix RPR au second tour sur VGE et celui du report des voix sur le candidat socialiste. Aux bailleurs de fonds qu'il contacte pour sa campagne présidentielle, il dit : "Bien entendu, au second tour – si je ne l'emporte pas au premier sur VGE – je ferai voter pour lui. Un socialiste ? Jamais !" Mais, en même temps, Pons et surtout Pasqua (qui parcourt sans cesse le pays) disent : "Il faut abattre Giscard, il ne faut pas voter pour lui au second tour." »

23 JUIN 1980

Rencontre avec le général de Boissieu : « Notre famille se séparera sur les deux candidatures, m'explique-t-il, les plus jeunes votant pour Chirac, les plus vieux pour Debré. Quand je dis notre famille, je pense à celle du Général comme à celle de ses frères, de ses enfants et petits-enfants. J'ai dit à Chirac : "Laissez la place à Debré, cette fois. Attendez la prochaine." Il a refusé en m'expliquant que, vis-à-vis des députés RPR, le voudrait-il que cela ne lui serait pas possible. Aux prochaines élections législatives, cela coûterait leur siège à beaucoup. Debré et Chirac se présenteront donc tous les deux.

« Nous aurons deux candidats gaullistes... Eh bien, tant mieux ! Il faudra additionner leurs deux scores et nous aurons ainsi un bon total, qui sera le total gaulliste.

« En réalité, Chirac n'a aucune chance, ajoute Boissieu, sauf si Giscard devait ne pas se présenter : il serait alors le recours. Mais comme Giscard se présentera, tout est joué : il sera réélu. Lefranc a été fou de déclarer que les gaullistes pourraient, au second tour, soutenir Rocard. Gaston Palewski est furieux. Nous lui avons durement tapé sur les doigts. Cela a failli lui coûter son poste à l'Institut Charles-de-Gaulle ! »

27 JUIN 1980

Druon, jadis si chiraquien, est aujourd'hui aussi antichiraquien qu'antigiscardien. « Je les mets tous les deux sur le même plan », dit-il. C'est bien sûr la candidature de Debré qui a provoqué chez lui ce changement. Druon est debréiste à fond. Il pense que Debré se présentera et que Chirac se maintiendra. Druon s'inquiète de voir Chirac annoncer le premier sa candidature et presse Debré de se déclarer. Il n'exclut pas que Chirac accepte de s'effacer.

Druon n'hésite pas à dire que Giscard a beaucoup de chances de ne pas être élu, le candidat socialiste l'emportant grâce à l'abstention des gaullistes. Il ne dit pas ce qu'il fera alors, mais je crois comprendre qu'il ne votera pas pour Giscard au deuxième tour. D'autre part, il mise sur des « événements » tels que des révélations concernant des « scandales familiaux », qui pourraient même empêcher Giscard de se présenter. Et cela, c'est aussi l'espoir de tous les chiraquiens.

2 juillet 1980

Yves Guéna est tout aussi enthousiasmé que Maurice Druon par la candidature de Michel Debré. « C'est la "divine surprise" !, s'exclame-t-il. Rien, à nous les antichiraquiens, ne pouvait arriver de mieux, de meilleur. Il faut donc soutenir à fond Debré, d'abord pour qu'il ait les meilleurs sondages avant l'élection, de manière à maintenir sa candidature, ensuite pour que son score soit au moins égal à celui de Chirac au premier tour. Je soutiendrai donc Debré, mais comme Chaban, comme Guichard, avoue Guéna, je le ferai en sous-main, dans la coulisse. Je ne peux pas, je ne dois pas m'engager publiquement en sa faveur. Je ne dois pas risquer de me compromettre politiquement au cas où Debré se retirerait à la suite de mauvais sondages (mais les sondages iront en s'améliorant), ni au cas où il aurait un mauvais résultat à l'élection. Il faut voir venir les choses. En fait, sur notre échiquier, Debré est un pion, et il faut le pousser en avant. Rien ne pouvait arriver de plus accablant pour Chirac. Ce chef de rassemblement, rassembleur qui devait rassembler les gaullistes, voyez où il en est aujourd'hui...

« La candidature de Debré apporte la preuve que le parti est mal dirigé depuis deux ans. Dans un mouvement politique normalement dirigé, de pareilles choses n'arrivent pas. Voici le RPR divisé en trois : un courant pour Giscard, un pour Chirac et un pour Debré. C'est navrant ! Voilà le signe que le crédit de Chirac est en baisse. Voilà le signe de son échec !

« L'Élysée, me confirme Guéna, se réjouit pour le moment. La main de l'Élysée a été derrière l'annonce de la candidature de Debré. Cela est sûr, il a suffi d'entendre les deux Duhamel[1]. L'Élysée ne pense pas que Debré fera une très forte campagne contre Giscard et est prêt à l'aider en sous-main. Il aura l'argent des industriels giscardiens convaincus que Debré est le meilleur atout du Président. »

10 juillet 1980

Olivier Guichard a trouvé Giscard « au fond de lui-même très satisfait » de la candidature Debré, « parce qu'elle portera le plus grand tort à Chirac ». Olivier ajoute qu'il a vu le chef de l'État « détendu, aimable, souriant, attentionné. Rarement aussi gentil. Manifestement enchanté ».

1er octobre 1980

Guichard pense que « Mitterrand et Chirac, pour les mêmes raisons, entendent se porter candidats à l'élection présidentielle le plus tard possible. Ils sont sûrs, en effet, que vers la mi-février sortiront des révélations (affaires centrafricaines) telles que Giscard ne pourra pas se représenter, m'affirme-t-il. Ils en sont intimement persuadés et rien ne les en fera démordre. C'est là uniquement la raison pour laquelle ils ne veulent ni l'un ni l'autre, à cette date, annoncer leur candidature. Maintenant, pourront-ils tenir longtemps en gardant le silence ? C'est une autre affaire... Il est vrai que ce suspense empoisonne l'atmosphère de leurs partis respectifs et leur nuit grandement auprès de nombre de leurs partisans.

---
1. Alain et Patrice Duhamel, tous deux réputés proches du pouvoir.

« Si ce qu'ils croient dur comme fer est vrai, si vraiment les révélations sont graves au point que Giscard sera contraint de renoncer, alors, bien sûr, Barre sera candidat et ce sera entre lui et Chirac – qu'il hait – une lutte affreuse avant le premier tour, poursuit Olivier. Mitterrand, lui, ne sera candidat que s'il acquiert la certitude de l'emporter au second tour. Sinon, il laissera Rocard aller à la défaite... Et le résultat de tout cela est connu : au second tour, qui opposera Barre (ou Chirac) à Rocard ou plus sûrement à Mitterrand, c'est bien entendu le socialiste – donc Mitterrand – qui sera élu, Barre ne pouvant réunir sur son nom tous les suffrages qui se seraient automatiquement portés sur Giscard en tant que président sortant. Voilà où ils en sont. Bien sûr, Giscard est loin d'être un candidat parfait avec toutes les histoires qu'il traîne derrière lui, mais c'est ainsi : il faut faire avec ! Pour moi, depuis la mort du Général, plus exactement depuis celle de Georges (Pompidou), je savais qu'il en serait ainsi avec n'importe quel candidat.

« Debré, bien sûr, est parti trop tôt, ajoute Guichard. Il le savait et il ne pouvait faire autrement. Il aura du mal à tenir jusqu'à l'ouverture de la campagne présidentielle. Mais il tiendra. Il est parti de façon très dure à l'égard de Giscard. Mais je pense que, maintenant, il se radoucira. J'appuierai Debré uniquement pour lui obtenir le plus possible de voix que je pourrai ensuite amener à Giscard. »

15 OCTOBRE 1980

Chaban me raconte, à titre confidentiel, le déjeuner Chirac-Debré, la semaine dernière, qui « s'est très mal passé : "Vous devez vous retirer, lui a dit Chirac. – Jamais, jamais, vous entendez, Chirac !", lui a répondu Debré.

« Debré est sorti de ce déjeuner stupéfait, atterré, indigné, me dit Chaban. Chirac a été jusqu'à lui révéler qu'il avait passé un accord avec Mitterrand[1], aux termes duquel il ne ferait pas reporter les voix

---

1. Jacques Chirac et François Mitterrand se seraient rencontrés en secret à cette époque lors d'un dîner organisé au domicile d'Édith Cresson, en présence de Jean de Lipkowski. À l'issue du dîner, les deux hommes auraient eu un long aparté

des gaullistes sur Giscard au second tour. Ce que veut Chirac, c'est la peau de Giscard ! Il n'a pas d'autre but.

« Ce que souhaite d'autre part Chirac, c'est avoir assez de voix au premier tour pour... pouvoir être présent au second. Oui, c'est incroyable, mais c'est ainsi. Il a demandé à Debré de se retirer... pour ne pas empêcher l'élection d'un candidat gaulliste à l'Élysée ! Bien évidemment, si Chirac devait se trouver face au socialiste au second tour, c'est ce dernier qui serait élu.

« Chirac pense toujours que Giscard ne pourra pas se représenter. Il a tout raconté à Debré, au cours de ce fameux déjeuner, de ce qui se trame contre le Président. Un numéro spécial du *Canard* sur les scandales, un microsillon, tiré à des milliers d'exemplaires, de l'enregistrement des déclarations de Bokassa sur Giscard, enfin un livre, qui va sortir prochainement, faisant la somme de tous les scandales centrafricains.

« Oui, Giscard peut être en danger, ajoute Chaban. C'est pourquoi il faudrait voter pour lui dès le premier tour. Mais comment demander à un gaulliste de le faire ? Moi, je ne le pourrai pas. C'est cela la politique : on ne vote pas en faveur de celui pour lequel il faudrait voter ! Or, c'est très grave, cette fois, de mettre Giscard en danger d'entrée de jeu.

« Il faut cependant soutenir à fond Debré, insiste Chaban. Nous lui avons fait comprendre qu'il doit se montrer moins agressif à l'égard de Giscard et de Barre. Après un bon départ cet été, il est aujourd'hui au creux de la vague. On le sent désorienté. La mort de Sanguinetti, qui l'aurait soutenu à fond, est un coup dur. Il faut l'aider. Il faut l'appuyer. C'est notre seule chance, soit pour faire renoncer Chirac – car il peut encore renoncer –, soit pour diminuer son score s'il se présente. Chirac ment sans cesse. Il ment à tout le monde. Et il a été jusqu'à se mettre d'accord avec Mitterrand pour faire tomber Giscard ! ».

---

dont le contenu est resté mystérieux. Jacques Chirac a toujours nié officiellement l'existence de cette rencontre. Quant à François Mitterrand, il l'aurait confirmée, peu avant sa mort, à... Valéry Giscard d'Estaing.

20 OCTOBRE 1980

Christian Bonnet, à propos de l'assassinat du député Jean de Broglie[1] et de ses répercussions désastreuses pour le pouvoir : « Ponia est impossible, incorrigible, gaffeur[2] !, s'emporte-t-il. Bien sûr, il ne savait rien des menaces planant sur de Broglie avant le meurtre. Il a tout appris après coup. Mais, par ses bavardages, par ses déclarations, il a agi de telle manière que tout s'est retourné contre lui. Il n'a pu résister à attaquer, à injurier, alors qu'il fallait faire l'édredon, comme Guichard quand il est passé devant la commission parlementaire. Il a donné des armes à ses adversaires. Et, malgré sa superbe, je peux vous dire qu'il s'est senti atteint dès lors que l'on a impliqué sa famille et que le nom de son fils Ladislas a été prononcé dans l'affaire.

« Je suis d'accord avec vous : Ponia avait déjà mal agi, pendant la campagne présidentielle de 1974, contre Chaban. Je me souviens qu'il m'avait lu un texte dont il était l'auteur, plein d'insinuations et de calomnies. J'étais arrivé alors à atténuer les choses, à lui faire retirer certains termes... mais c'est bien lui qui est l'auteur de cette campagne que vous dénoncez justement. Il est incorrigible, je vous le répète. »

31 OCTOBRE 1980

Alain Peyrefitte me confirme que Chirac a bien déclaré à Debré, au cours de leur déjeuner, avoir « conclu un accord avec Mitterrand ». Quel accord ? En substance, Chirac a dit à Debré : « Retirez-vous, parce que si vous vous retirez, j'ai toutes les chances d'être présent au second tour. Mitterrand se trouvera en effet pour le premier tour en très mauvaise posture, grignoté par les écologistes et atteint profondément par sa rivalité avec Rocard. Si j'arrive au second tour, Mitterrand

---

1. Jean de Broglie, ministre, a été assassiné à Paris, rue des Dardanelles, dans le XVIIe arrondissement, le 24 décembre 1976.
2. Le ministre de l'Intérieur de l'époque, Michel Poniatowski, s'est aussitôt répandu en effets d'annonce sur l'arrestation imminente du coupable.

m'a promis les voix des socialistes. Ainsi, devant un Giscard terriblement amoindri par la campagne qui va se déclencher contre lui, je peux être élu. » Ces propos, Debré, indigné, stupéfait, les a rapportés à plusieurs personnes. « Oui, Chirac a bien dit qu'il avait conclu un accord avec Mitterrand, me répète Alain Peyrefitte. Il peut aujourd'hui prétendre le contraire. Mais qui le croira ? »

Puis, j'aborde un sujet plus délicat pour Peyrefitte : l'affaire Boulin. Mais Peyrefitte affecte d'avoir la conscience tranquille : « J'appréhende le procès parce que Boulin est coupable. Je l'appréhende pour sa mémoire et aussi pour Giscard, parce que l'opinion va interpréter le jugement comme un scandale de plus qui risquera de peser sur les élections à venir. Oui, il est coupable du fait qu'il y a eu vente fictive, donc faux en écriture : Boulin a payé le terrain de Ramatuelle – il y a eu acte de vente –, puis Tournet[1] lui a rétrocédé la somme par un chèque qu'il a mis à son compte en banque à Libourne. Il s'est suicidé pour cela et pour d'autres choses qui remontent à plus loin, exactement depuis le jour où il s'est mis dans les pattes de Tournet et l'a aidé dans des affaires douteuses. »

4 NOVEMBRE 1980

Rencontre avec Michel Debré : « Dans l'entourage de Jacques Chirac, il y a une partie qui lui conseille de ne pas se présenter, et l'autre qui le pousse à être candidat : Pasqua, le maître de tout, Labbé et, dans leur sillage, Pons, me confie-t-il. Il est aujourd'hui à peu près sûr que Chirac suivra les conseils de ces derniers. Selon eux, son image serait cruellement atteinte s'il ne se présentait pas : un chef de parti ne peut pas ne pas être dans la course. S'il n'y était pas, quelle figure ferait-il aux prochaines législatives ? Plus, il risquerait, aux prochaines municipales, de perdre sa place à la mairie de Paris, grâce à l'établissement de quelque "proportionnalité" dans le système électoral. Bref, selon eux, Chirac aurait tout à perdre en s'abstenant.

---

1. Henri Tournet, homme d'affaires et ami de Robert Boulin.

« Chirac, fort de ces conseils, a donc l'intention de se présenter, continue Debré. Il pense – il me l'a dit – que je n'irai pas jusqu'au bout, parce que je suis parti trop tôt, que je me lasserai, que je m'essoufflerai parce que je n'aurai pas assez d'argent. Croyez-moi, il se trompe : j'ai dit que j'irai jusqu'au bout, il n'est pas question que je renonce. »

Au passage, Debré constate que, de tous ses amis gaullistes, trois seulement sont demeurés chiraquiens : Messmer, Foccart et Billotte. De Messmer il me dit que « de nouveau, il a été pris de regret et de nostalgie à l'approche de l'élection présidentielle. De nouveau les souvenirs de 1974 – il a failli alors être candidat – ont afflué en lui... Mais c'est fini, maintenant : il sait qu'il n'a aucune chance d'être candidat en 1981. Il se contente d'être chiraquien ».

Malgré ses affirmations, je sens Debré découragé. « Ma campagne est difficile, finit-il par m'avouer, sans l'appui de l'armature d'un parti qui se réserve pour Chirac. Et puis, le temps me manque : je ne me résigne pas à signer un article que je n'ai pas écrit moi-même. Je trouve que ce que je fais est mieux que ce que font mes collaborateurs ! Je n'arrive même pas à leur confier la relecture d'une interview. Et cependant, je ne peux pas tout faire moi-même. »

Évoquant le passé au cours de notre conversation, il me raconte que, dès 1968, Pompidou, déjà malade, prenait de la cortisone. Son père, le professeur Robert Debré, lui avait dit qu'à cette époque, c'était la cortisone qui mettait Pompidou dans des états euphoriques, et elle qui devait être tenue pour « responsable » de ses déclarations de Rome.

16 DÉCEMBRE 1980

Yves Guéna me livre son analyse de la situation politique à quelques mois désormais de la présidentielle : « La désaffection pour Giscard est profonde, constate-t-il. Il a déjà connu cela. Souvenez-vous de sa situation difficile en 1976-1977, au lendemain du départ de Chirac. Mais il a su remonter la pente. Comment la remontera-t-il, cette fois, dans une conjoncture différente et beaucoup plus périlleuse, alors qu'il se trouve chaque jour de plus en plus desservi par Barre, dont l'attitude est provocante ? À mon avis, Giscard devrait malgré tout réussir. Je lui donne 8 chances sur 10. L'ensemble des voix gaullistes se portera sur lui.

« Debré ira jusqu'au bout, m'assure Guéna. Mais, s'il fait 6 %, ce sera un maximum. Sa campagne n'est pas bonne. Ses dissertations sur les grands thèmes (inflation, défense, chômage, indépendance, natalité, etc.) n'intéressent personne. Il faut qu'il attaque durement Chirac. Il intéressera en attaquant. Il a été très bon quand il a dit : "Je suis le seul à représenter les gaullistes. Le diviseur, c'est Chirac." C'est cette idée qu'il devrait inlassablement répéter : dire que Chirac, hier, a trahi Chaban pour installer Giscard, qu'aujourd'hui il trahit Giscard pour installer Mitterrand qu'il trahira à son tour. Je pense que Chirac est prisonnier, complètement pris dans une seringue dont il ne peut sortir. Son jeu est de faire croire qu'il sera présent au second tour, pour ne pas avoir à parler de son attitude entre les deux tours. Or, dans un pays où la gauche représente plus de 45 % des voix, il est évident qu'il n'y a pas place pour deux candidats de la majorité au deuxième tour. Donc, Chirac n'y sera pas. Il est perdu, complètement perdu. S'il choisit Giscard, il se déconsidérera complètement. S'il choisit Mitterrand et les communistes (car, pendant la campagne, pour mieux le perdre, les communistes colleront à Mitterrand, le compromettront le plus possible : nous voulons neuf ministres, diront-ils ! En tout état de cause, Mitterrand sera compromis, puisqu'il ne pourra être élu qu'avec les voix communistes), s'il choisit Mitterrand, donc, et même de façon équivoque, en ne le disant pas carrément, il perdra l'essentiel de son électorat. Il sera alors pulvérisé. Croyez-moi, dans les deux cas, Chirac est fichu. Ce problème du second tour est insoluble pour lui. Certes, il peut très bien ne pas se présenter, précisément pour ne pas être pris au fond de l'entonnoir. En réalité, il n'a pas le choix. S'il ne va pas au combat, ce sera pire que tout. Du jour au lendemain il ne sera plus rien. Ce sera Nicolas II devenu M. Romanov !

« Quant à Chaban, ajoute Guéna, quel jeu joue-t-il ? Seulement le sien. Il croit encore tout possible pour lui. Il a donc plusieurs fers au feu : a) Préparer son entrée à Matignon au cas où Giscard ferait un grand coup en renvoyant Barre après Noël ; b) Préparer sa candidature à l'Élysée au cas où Giscard ne pourrait se présenter ; c) Préparer son entrée à Matignon en mai, pour être le Premier ministre du second septennat de Giscard... Et, avec tout cela, il soutient Debré, flirte un peu partout, mène un jeu compliqué. C'est Chaban ! Et vous ne pouvez pas savoir le mépris que Giscard a pour lui... »

17 décembre 1980

Guichard, à propos des actuelles campagnes de presse contre Giscard : « L'intention du parti socialiste est claire, me dit-il : faire porter toute sa campagne sur le "personnage" Giscard, le démolir sur le plan personnel : ses origines, sa famille, sa fortune, son goût du monde, sa vie, sa fragilité, sa légèreté, tout ce sur quoi il peut être profondément atteignable.

« Ces attaques, on les retrouve partout : à Paris, notamment dans les dîners en ville – et, pourquoi ne pas le dire, chez les juifs : "On n'en peut plus de Giscard, de ses manières, de son ton, de ses façons, de sa désinvolture ; il n'est plus supportable. Tout, mais pas lui ! Plus question de voter pour lui." Les intellectuels de gauche voteront plutôt Coluche[1] ! Ceux de droite pour Marie-France Garaud, et nombre de gaullistes pour Mitterrand : "Après tout, entend-on ici et là, Mitterrand, ce n'est pas si mal, c'est un républicain... et puis, il a lâché les communistes." Mais tous, de quelque bord qu'ils soient, disent : "Tout plutôt que Giscard !"

« Il faut donc s'attendre à un redoublement des attaques contre le Président sur le plan personnel. Le plus grave c'est que, parties de Paris, ces attaques gagnent la province, s'insinuent de tous côtés. Mes électeurs de Loire-Atlantique m'ont demandé hier : "C'est vrai que le père de Giscard n'est pas honnête ? Qu'il faisait des affaires... Et les cousins ? C'est vrai que..."

---

1. Il est question alors d'une candidature de l'humoriste à l'élection présidentielle.

« Ceci est très grave pour Giscard, insiste Olivier. Mais, en même temps, ce genre d'attaque risque de lasser à la longue et de se retourner contre les détracteurs du chef de l'État. Les Français n'aiment pas les curées, les hallalis, l'acharnement cruel et généralisé contre un homme. Il y aura un phénomène naturel de rejet : trop c'est trop. Et il est bon pour Giscard que cette campagne se déclenche maintenant plutôt qu'au printemps, ce qui laissera aux gens le temps d'être lassés, dégoûtés, indignés. D'autre part et surtout, il y aura la campagne de Giscard lui-même. Alors là, en campagne, il est souverain, imbattable... Sa campagne, nous le savons, sera de loin la meilleure.

« Giscard a commis une gaffe, hier, aux obsèques de Joël Le Theule[1], ajoute Guichard. Au lieu d'être seul dans le chœur, il a fait mettre près de son fauteuil un fauteuil semblable pour Anne-Aymone. Cela a beaucoup choqué les gens. Jamais le Général ne faisait cela. Il était toujours seul dans le chœur.

« La semaine dernière, il dînait chez la vicomtesse de Ribes (est-ce bien malin de dîner chez la vicomtesse de Ribes ?). Aux convives qui s'inquiétaient pour lui de la dureté des temps, des difficultés de sa situation politique, il a dit : "Je n'y pense pas. En ce moment, je m'intéresse d'abord à la célébration du millénaire d'Hugues Capet. Que voulez-vous ? Il faut savoir être battu. C'est bien ainsi. Il faut savoir partir. C'est le jeu ? Voyez Carter[2]. Pourquoi pas moi ?" »

---

1. Ancien ministre RPR et député de la Sarthe.
2. Le président américain Jimmy Carter, candidat au renouvellement de son mandat, vient d'être battu par Ronald Reagan.

1981

15 janvier 1981

« Mon intention n'est pas de participer au tohu-bohu actuel, me confie Couve de Murville. Je ne trouve d'ailleurs pas sains tous ces comités politiques de soutien. Une élection présidentielle, c'est du ressort exclusif des candidats. Tous ces relents politiques à son propos, c'est mauvais. Je ne ferai donc aucune déclaration de soutien à Michel Debré. Mais, bien sûr, je ferai savoir, quand il le faudra, que je penche de son côté. Cela, n'en doutons pas, équivaudra à un soutien, et c'est comme cela que je l'entends.

« Je pense qu'une victoire de Mitterrand entraînerait aussitôt la pagaille et serait donc désastreuse pour notre pays, poursuit Couve. Les socialistes, nous le savons, c'est la pagaille. La pagaille serait d'abord économique et financière. Personne ne fera confiance aux socialistes dans le monde économique, financier, boursier, bancaire. La Bourse tombera, les capitaux s'en iront avec la confiance de tous. Mitterrand ne trouvera aucun soutien financier nulle part. Nous savons tous ce que les socialistes ont fait et pourront, hélas, encore faire demain dans le domaine économique. Et puis, sur les grands problèmes internationaux, Mitterrand ne s'y connaît en rien. Nous aurons donc, hélas, à choisir, au second tour de l'élection présidentielle, entre la pagaille organisée des socialistes et Giscard, qui est un pis-aller. Cela dit, tout n'est pas mal dans ce que Giscard a fait. Vous savez que je ne pense pas beaucoup de bien de lui. Mais j'ai l'esprit de contradiction : depuis que le vent a brusquement tourné, les gens s'engouffrent dans l'antigiscardisme, y compris beaucoup de ses amis. Partout, vous n'assistez qu'à des attaques contre Giscard, depuis que l'on pense qu'il peut être battu. Tout cela n'est pas beau... Alors j'ai tendance à prendre la position contraire.

« Ma volonté est de rester en dehors de tout cela, j'y insiste, de ne pas entrer dans cette mêlée générale, si ce n'est pour exprimer mon penchant pour Debré sous une forme ou sous une autre. Sans plus. Cela dit, je ne me dissimule pas que, dès lors que l'on fait de la politique, cette position n'est pas toujours facile à tenir et peut être à juste titre critiquable.

« J'ai conseillé à plusieurs reprises à Chirac de ne pas se présenter, me raconte Couve. Mais je suis sûr que, d'ici un mois, il annoncera sa candidature. Sans Debré, il aurait fait 17 à 18 % des voix. Avec Debré, il en fera sans doute 11 à 12 %. Je sais que vous n'aimez pas Chirac, mais ce n'est pas un mauvais garçon. La vérité est qu'il n'a pas de convictions, qu'il change sans cesse d'avis, qu'il ne peut se passer des conseils de ses amis. Après avoir été sous la coupe de Pierre Juillet et de Marie-France Garaud, il est aujourd'hui sous celle de Pons et de Pasqua. Pons lui répète qu'il peut être présent au second tour. À mon avis, c'est tout à fait impossible – du moins aujourd'hui, car on ne sait jamais ce qui peut se passer. Mais, à force de le répéter, je me demande si Pons ne finit pas par le croire.

« Évidemment, Giscard est usé, conclut Couve. La réforme constitutionnelle la plus importante à faire après l'élection présidentielle, c'est l'interdiction de deux septennats consécutifs. Le Président pourrait se représenter, mais en laissant passer un septennat. Cela dit, personne ne peut se prononcer aujourd'hui sur ce que sera cette élection en mai : elle dépend de milliers de facteurs, de circonstances qui joueront au moment même. »

23 JANVIER 1981

Entre Debré et Chirac, la rupture paraît définitive. À l'issue du nouveau dîner organisé cette fois chez Christian de La Malène, Debré, après avoir dit ce qu'il « avait à dire », s'est levé et est parti.

« Le dîner a eu lieu à la demande de Chirac, me confie Debré. C'est lui qui, depuis un mois et demi, souhaitait me rencontrer. J'ai accepté et La Malène – qui venait de me rejoindre – nous a offert sa maison. Il ne m'appartient pas de vous dire ce que Chirac m'a dit. Je peux vous révéler, en revanche, ce que moi, je lui ai dit. Deux choses : a) Vous ne m'avez jamais compris. Et vous ne me comprendrez jamais. Vous n'avez rien compris au gaullisme et vous n'y comprendrez jamais rien. Le gaullisme ne doit pas venir de l'appareil d'un parti. Le gaullisme doit venir des profondeurs de la nation. Le gaullisme, vous ne pouvez l'incarner. C'est moi qui l'incarne ; b) Puisque vous entendez vous maintenir, je n'ai plus rien à vous dire. C'est la rupture entre vous et moi.

« En vérité, Chirac est complètement prisonnier de son entourage cynique, de son parti, fulmine Debré. Sa décision ne lui appartient plus. Il m'est apparu, au cours de ce dîner, pas sûr de lui du tout... Le congrès du RPR du 7 février sera comme une réunion de préfets, de sous-préfets. Ce ne sera qu'une chambre d'enregistrement.

« Il y a un candidat gaulliste, c'est moi. Et il y a des candidats se réclamant du gaullisme », conclut-il. Et Maurice Druon, qui s'est joint à notre conversation, d'ajouter : « Curieux destin que celui de Chirac, qui fait que régulièrement il empêche un gaulliste d'arriver à la tête de l'État ! »

4 FÉVRIER 1981

Guichard m'assure soutenir Debré « l'âme en paix, la conscience en repos. Je n'irai pas au congrès du RPR samedi, me dit-il, d'abord parce qu'il est malsain que ce soit le congrès d'un parti politique qui élise un candidat à la présidence de la République ; Chirac devrait se souvenir que cela ne s'est jamais produit : de Gaulle, Pompidou, Giscard se sont bien gardés de tomber dans cette erreur. Ensuite parce qu'il est entièrement préfabriqué et composé uniquement de partisans de Chirac mis en place par Pasqua (le chiffre est connu : Chirac obtiendra 87 % des voix).

« D'une manière générale, je pense que cette campagne présidentielle est bien mal partie. Elle sera différente des autres parce que les coups portés seront "bas", c'est-à-dire qu'ils seront de caractère personnel. On le voit déjà avec la campagne contre le chef de l'État. À part Marchais, aucun des sept ou huit candidats qui resteront en lice n'a de programme. Le Président, qui aura un bilan à exposer et à défendre, ne pourra, cette fois-ci, parler de programme. Alors, ne sachant pas de quoi parler, sans programme, sans idée-force, les candidats parleront les uns des autres. »

Olivier ajoute que, s'il est élu, Giscard devra « ou carrément changer la Constitution pour établir un régime de type présidentiel – vers lequel nous glissons actuellement –, ou rétablir les institutions qui vacillent aujourd'hui dangereusement. Elles vacillent essentiellement parce que le Premier ministre ne joue plus, depuis Chaban, son rôle de chef de la majorité. Giscard a interdit à Chirac de jouer ce rôle et Raymond Barre, de lui-même, n'a pas voulu de cet emploi, à la satisfaction de Giscard. Or un Premier ministre qui ne joue pas le rôle qui lui est dévolu par la Constitution, c'est très grave ».

25 FÉVRIER 1981

Chaban-Delmas m'apprend que Chirac lui a téléphoné juste avant d'annoncer sa candidature[1] : « Je ne veux pas que vous l'appreniez par la presse, lui a-t-il expliqué d'une voix aimable. Je n'ai pas cru devoir suivre vos conseils de ne pas me présenter. Je vous demande de ne pas m'en vouloir. En revanche, j'ai pensé à ce que vous m'avez fait dire pour l'avenir. Je suis d'accord avec vous. Je suis d'accord avec votre analyse. J'ai réfléchi. Vous avez raison (au passage, commente Chaban, une pommade infâme, une ignoble flatterie à vous dégoûter, si tant est que l'on puisse encore être dégoûté de Chirac...). Oui, il faut ressouder la majorité, a poursuivi Chirac. Oui, je suivrai vos conseils. Je ne romprai pas avec Giscard. Je l'attaquerai durement tout au long de ma campagne. Mais je ne dirai rien d'irréparable. »

---
1. Le 3 février 1981.

20 mars 1981

Maurice Schumann est pessimiste pour Giscard. « Si j'en juge par ce qui se passe dans le Nord[1], me confie-t-il, l'état d'esprit général lui est foncièrement hostile, y compris chez beaucoup de ceux qui étaient ses partisans en 1974. Il sera très en dessous de 30 % au premier tour, et ce mauvais score pourrait rendre difficile son élection au second. Mitterrand est pour lui un adversaire redoutable, surtout à la télévision où il a été, lors du dernier "Cartes sur table[2]", excellent. Actuellement, je pense que Chirac fait 17-18, Debré, 4, et Giscard, 26. »

24 mars 1981

Guichard est de ceux qui ne doutent plus désormais des intentions réelles de Chirac : « Il est plus que jamais décidé à tout pour faire passer Mitterrand, affirme-t-il. D'ailleurs, ses amis ne s'en cachent pas. Ce que l'on ne sait pas, c'est la façon dont il présentera les choses entre les deux tours, les formules alambiquées qu'il choisira pour dire qu'il est contre Mitterrand alors qu'il est favorable à son succès, et qu'il est pour Giscard alors qu'il souhaite son échec. Mais ne t'y trompe pas, il trouvera la formule, il fera en sorte que le plus grand nombre de gaullistes ne reportent pas leurs voix sur Giscard. Et c'est le plus grand danger que court ce dernier : il lui manquera toute une frange des voix gaullistes qu'il avait en 1974. Mais, en définitive, je pense qu'il sera malgré tout réélu...

« Dans l'Ouest où je passe la moitié de ma semaine, tout le monde est morose, ajoute-t-il. Les giscardiens le sont parce qu'ils entendent dire partout du mal de Giscard et sont lâchés par leurs alliés... Les chiraquiens sont eux-mêmes moroses parce qu'au fond, ils n'ont pas la conscience en repos et que la stratégie de Chirac les inquiète. Les debréistes sont désolés des sondages sur leur candidat. Bref, dans la

---

1. Dont il est sénateur.
2. La grande émission politique du moment.

majorité, c'est la morosité générale. Inlassablement on entend dire : au second tour, dans tous les cas, je ne voterai pas pour Giscard. Mais je te le redis, conclut Guichard, je pense qu'en dépit de tout cela, Giscard passera... »

27 MARS 1981

Entretien avec Jean Lecanuet[1] : « Je vous le dis en secret : j'ai tout fait, en vue de l'élection présidentielle, pour une réconciliation Giscard-Chirac, me révèle-t-il. Je suis intervenu auprès de l'un et auprès de l'autre, avant que Chirac ne se présente. Je n'ai eu, de l'un comme de l'autre, qu'une position de refus. Le Président est resté ostensiblement les mains derrière le dos. Or ce qu'il faudrait précisément, c'est la photo d'une poignée de main entre les deux hommes sur le perron de l'Élysée. Cette photo, inespérée et impensable, bien sûr, il la faudrait entre les deux tours. Malgré mon aversion pour Chirac, j'ai bien été lui serrer la main, devant la rue de Lille, après les élections de 1978, parce qu'il le fallait. Il n'y a pas de salut hors l'union de la majorité. Il n'y a pas d'autre choix, d'autre voie.

« Le président de la République n'y a mis aucune bonne volonté. Et cela, parce qu'il sait que Chirac ne pense qu'à une chose : sa défaite, le 10 mai. Chirac veut le tuer, mais il ne veut pas que l'on voie son couteau. Et il souhaite la victoire de Mitterrand parce qu'il s'imagine que les choses iront si mal, après, qu'il aura toutes les chances d'être le seul recours et de prendre le pouvoir. À moins que ce soit simplement par basse vengeance à l'égard du Président. À moins, encore plus simplement, qu'il préfère jouer un rôle sous Mitterrand plutôt que risquer de n'en jouer aucun sous Giscard.

« Si Chirac arrive à faire 18 % des voix, ce sera pour lui une grande victoire, estime Lecanuet. Je crois que Giscard sera victorieux avec 52 % des voix. Je pense que les défections des voix gaullistes

---
1. Alors président de l'UDF.

qu'il subira forcément au second tour seront équilibrées par le mauvais report des voix communistes sur Mitterrand. Si cet équilibre ne joue pas, alors Giscard sera perdu.

« Giscard, je le soutiens par raison. Son plus gros handicap, c'est sa naissance, sa famille, son milieu, le fait qu'il soit né pourvu de tout, qu'il a tout eu sans s'en donner la peine : éducation, fortune, toutes les facilités possibles et imaginables. Les Français n'aiment pas cela. Les Français aiment les gens d'origine modeste, qui se sont faits eux-mêmes, qui sont arrivés par leur travail.

« Je l'ai beaucoup vu, Giscard, ces derniers temps, juste avant qu'il n'entre dans la compétition conclut Jean Lecanuet. Il était toujours très sûr de lui, très optimiste quant à ses chances, au fond tout à fait sûr de la victoire. Il ne croit pas à l'irrationalité. Il ne peut penser que les Français proclament : "Sept ans, ça suffit !", et qu'ils aient envie de changer pour changer, pour voir une autre tête. Cela pourrait être la deuxième cause de son échec. »

22 AVRIL 1981

Ultimes commentaires de Guichard à la veille du premier tour : « Je pense que, finalement, le Président l'emportera, pronostique-t-il, toujours avec l'air d'y croire. Mitterrand fait une mauvaise campagne et le vent, sur le pays, ne souffle pas à gauche. Je pense que Chirac se maintiendra à 18-19 %, à moins d'un effondrement – imprévisible et catastrophique – de Mitterrand. Mais, tout de même, nous n'en sommes pas à voter Mitterrand au premier tour pour contrecarrer l'avance de Chirac !

« Chirac est avant tout une fantastique machine électorale, reconnaît-il. Pour avoir des voix, tout lui a été bon : les amnistiés de l'Algérie française, les voix de l'OAS, de Lagaillarde à Bidault[1], celles des vichystes partisans du transfert des cendres du Maréchal,

---

1. Pierre Lagaillarde et Georges Bidault furent tous deux très engagés – jusqu'à la sédition – contre la politique algérienne du général de Gaulle.

celles de Médecin[1], les voix de Le Pen[2], bref, l'ensemble des voix de droite, sans compter celles des poujadistes. S'il n'en est pas moins vrai que le gros des troupes RPR reste malgré tout formé par les gaullistes de toujours, les voilà aujourd'hui mélangés avec les adversaires les plus odieux, les plus implacables de De Gaulle !

« Je pense que Chirac prendra parti, entre les deux tours, contre Mitterrand, conclut Guichard. Rien de plus. Mais il aura atteint son but : les coups terribles qu'il aura assénés à Giscard avant le premier tour feront que les troupes RPR seront hostiles au chef de l'État, quoi que fasse Chirac personnellement. Je le constate chez moi, en Loire-Atlantique. Je prépare une feuille favorable à Giscard pour l'entre-deux-tours. Mais aucun militant RPR, aucun de mes électeurs ne voudra la distribuer. Ainsi Chirac a-t-il mené son jeu : tenter de faire tomber Giscard par sa campagne au premier tour et ne pas se déclarer ouvertement contre lui pour le second. »

28 AVRIL 1981

Pour Yves Guéna, la déclaration de Chirac se prononçant à titre personnel, à l'issue du premier tour[3], en faveur de Giscard « est objectivement bonne pour le Président et habile pour ce qui le concerne, lui, Chirac, car il remet ainsi la main sur ses électeurs. Cela étant, je n'exclus pas le double jeu, nuance-t-il aussitôt. Il se dédouane en disant "Je vote Giscard", mais il fait chuchoter par Pasqua, par ses secrétaires fédéraux : "Ne votez à aucun prix pour Giscard, laissons faire l'expérience Mitterrand !" Non, je n'exclus pas un double jeu que l'attentisme des chiraquiens, au soir du premier tour, à la télévision, pouvait laisser prévoir. Il était, dans tous les cas, de mauvais augure. Mais ce double jeu sera difficile à prouver. Ainsi,

---

1. Jacques Médecin, le maire de Nice, proche de l'extrême droite.
2. Le dirigeant du Front national commence à s'imposer dans le paysage politique.
3. Jacques Chirac a obtenu 17,99 % des voix derrière Valéry Giscard d'Estaing (28,31 %) et François Mitterrand (25,84 %). Michel Debré a obtenu 1,65 % des voix.

le Président pourra perdre le 10 mai sans que sa défaite ne retombe sur la tête de Chirac. Tel est bien son dessein.

« Je pense que, malgré tout, le pays ne veut pas entrer dans une période d'incertitude. C'est psychologique. Ce n'est pas une question d'addition de voix, c'est une question de souffle. Et ce souffle, Giscard semble l'avoir. Il est reparti aussitôt en campagne. Mitterrand, lui, est obligé d'attendre la position des communistes. Et il paraît vieux, fatigué, aphone, fragile sous son chapeau, enveloppé de son manteau et de son éternelle écharpe. Il n'est pas l'image de la jeunesse. »

15 MAI 1981

Entretien avec Raymond Barre, le Premier ministre sortant, au surlendemain de la défaite de Giscard et de l'élection de Mitterrand à la présidence de la République[1] : « Ce qui s'est passé est affreux pour deux raisons, me dit-il : d'abord, parce que c'est la fin de la Ve République, ensuite parce que, au plus tard au mois de juin de l'année prochaine, c'est-à-dire quand nos réserves d'or et de devises se seront épuisées, ce sera l'écroulement économique et un abaissement du niveau de vie des Français. Dès la fin de cette année, en décembre, vous commencerez à voir les effets désastreux de la politique économique et financière de la gauche.

« Ce désastre vers lequel nous allons, j'en suis sûr. Les choses se passeront comme je viens de vous les décrire. Ce sera horrible et d'autant plus que nous étions en train de sortir de l'époque des sacrifices, de réussir, de gagner la bataille engagée contre le chômage, l'inflation, la hausse des prix.

« Chirac est responsable de l'arrivée de Mitterrand, souligne Barre. Mais je crois à la justice. En prenant la responsabilité qu'il a prise – et quelle responsabilité, s'agissant d'un gaulliste ! –, il va au

---

1. François Mitterrand a été élu avec 51,76 % des suffrages exprimés contre Valéry Giscard d'Estaing qui en a obtenu 48,24 %. L'écart entre les deux candidats a été de plus d'un million de voix.

suicide. J'en suis certain. Ce sont d'ailleurs toujours les mêmes qui trahissent. C'est une partie des gaullistes, souvenez-vous, qui a fait partir le Général au moment du référendum pour mettre Pompidou (qui a ensuite tout lâché, tout abandonné, d'abord en faisant entrer l'Angleterre dans le Marché commun). Ce sont ces mêmes gaullistes qui, aujourd'hui, ont fait partir Giscard pour installer Mitterrand au pouvoir dans l'espoir de le chasser à son tour.

« C'est pourquoi j'ai fait cette déclaration[1] – sans en avertir l'Élysée – dénonçant l'immense responsabilité de ceux qui ont joué à quitte ou double le sort de la Ve République. On me l'a reprochée, m'assurant qu'elle portait gravement atteinte à l'union de l'ex-majorité à la veille des élections législatives. Mais j'estime qu'il fallait la faire et que ces choses-là fussent dites. Et elles seront redites.

« Je quitte Matignon sans regret, m'assure Raymond Barre. J'y suis depuis 1976. J'y suis resté un peu moins longtemps que M. Pompidou, mais j'y suis resté longtemps ! Je vais me faire élire à Lyon. Je vais peut-être reprendre mes cours à Sciences-Po. Je verrai. Je voyagerai. J'installerai un bureau boulevard Saint-Germain. » (Manifestement, il me paraît prêt à tenter de prendre la tête de l'ex-majorité ou, en tout cas, de tout faire pour que Chirac ne la prenne pas.)

Je lui demande pourquoi il s'est tenu à l'écart de la campagne présidentielle. « Le Président en a décidé ainsi, m'explique-t-il. Il a voulu que tout soit clair : d'un côté, moi, tenant le gouvernail, ayant la responsabilité des affaires de l'État avec le gouvernement, de l'autre, le Président, devenu candidat-citoyen, faisant campagne avec son équipe. Pour bien marquer la séparation, il a tenu à ce que les ministres qui ont fait campagne avec lui démissionnent. Telle a été sa volonté, sa décision. Mais il a eu tort, et c'est là une des causes de son échec. Il ne fallait pas se présenter devant le pays comme un candidat-citoyen, qu'il n'était pas, mais comme le président de la République sortant, qu'il était et qui demandait un second mandat. Il fallait faire comme de Gaulle en 1965. Oui, cela a été sa grande erreur. »

---

1. Au lendemain de l'élection de François Mitterrand, Raymond Barre a publié un communiqué virulent contre le RPR.

21 mai 1981

Est-ce un symbole de l'homme abattu brutalement par le suffrage universel ? Dans la nuit du 19 au 20 mai – entre les adieux présidentiels à la télévision et le dernier Conseil des ministres du lendemain –, l'un des grands arbres du parc de l'Élysée s'est abattu sur le gazon. Il s'est couché, soudainement déraciné, sans le moindre coup de vent, sans qu'une ondée ait alourdi son feuillage. Et, mercredi, juste avant de se retrouver pour ce dernier Conseil, les ministres contemplaient, à travers les fenêtres du salon Murat, dans le silence, ce grand arbre gisant, aux branches miraculeusement intactes.

Cette ultime réunion, le mercredi 20 mai, n'a revêtu aucun caractère dramatique. Le chef de l'État, fidèle à sa décision de « dédramatiser » les choses pendant les derniers jours de sa vie à l'Élysée, s'est montré seulement grave. « Il n'y avait chez les ministres, a dit l'un d'entre eux, pas autre chose que beaucoup de tristesse et d'émotion, puisqu'ils se retrouvaient pour la dernière fois autour du chef de l'État. Le sentiment qui dominait chez tous était celui de l'injustice : comment avoir perdu après ce qui a été fait pendant sept ans pour les Français et pour la France ? »

À son entrée dans la salle du Conseil, M. Giscard d'Estaing a fait le tour de la table, et, comme à son habitude, a serré la main de chacun des ministres. Une seule communication à l'ordre du jour : celle de Raymond Barre sur l'état économique et social de la France au moment du départ du Président. Autrement dit, l'état des lieux avant l'arrivée des nouveaux propriétaires.

Puis Valéry Giscard d'Estaing a pris la parole et l'a gardée jusqu'à la fin. Quelques commentaires rapides sur le bilan : « Certains contesteront sans doute les chiffres. Mais ils sont sûrs et j'ai demandé qu'ils soient tous vérifiés. » Quelques mots personnels adressés à ses ministres dont beaucoup, dans une conjoncture comme celle-ci, vont être confrontés à une situation difficile. Puis il a enchaîné et dit en substance : « La droite et ceux sur lesquels elle s'appuie n'ont toujours rien compris. Elle a paralysé la France par aveuglement (il avait dit la veille à l'un de ses collaborateurs : "Nous avons la droite la plus bête du monde !"). Eh bien, ils vont voir, maintenant ! Le jour où l'on se rendra compte que la gestion socialiste a échoué, on reviendra au centre. Je vous préviens : le recours sera au centre. Dans les départements d'outre-mer, on s'est attaqué à des réformes de structures et à la suppression de certains privilèges. C'est pourquoi j'y ai eu un vote favorable. Croyez-moi : si les forces conservatrices ne m'avaient pas empêché de faire les choses, j'aurais réussi. »

Le chef de l'État fait une pause. Aucun ministre ne prend la parole. Il ajoute alors, sur le ton de la confidence, au sujet des prochaines élections : « Il faut être présent. Il ne faut pas décevoir ceux qui vous ont fait confiance. Les ministres qui ont un mandat électif ou qui ont vocation à l'avoir, doivent participer aux élections. » Puis : « Vous pouvez aller ce soir à la cérémonie de l'Arc de Triomphe, mais à titre personnel. J'ai commencé mon septennat par un hommage au Soldat inconnu, il est normal que je termine par là. Et puis, demain, je verrai M. Mitterrand, seul, pour lui remettre le code nucléaire et lui dire trois ou quatre choses qu'il faut qu'il sache, et je partirai aussitôt pour le Loir-et-Cher. Il faut que les choses se fassent bien, correctement, pendant cette période de transition. »

Et il ajoute – et ce sont ses seules paroles qui ont été rendues publiques : « Nous avons fait ce que nous avions à faire. Nous l'avons fait aussi bien que nous pouvions le faire. C'est la réponse que notre conscience apporte à la seule question qu'un homme politique doive se poser : ai-je bien servi la France ? Un jour comme celui-ci, la voix de la conscience est plus forte que celle de la faveur du moment. »

Le Président a observé alors un silence. Un des ministres dira : « Il y a eu à ce moment précis, où chacun semblait retenir son souffle, une émotion brève mais très forte, une sorte de tension douloureuse, une sensation physique de rupture, de déchirure. » Sur un ton calme, neutre, le président de la République a déclaré : « Et maintenant, nous allons nous séparer pour toujours. » Le chef de l'État s'est levé. Il a fait à nouveau le tour de la table, échangé quelques mots avec chacun des ministres. Puis il a disparu seul, après avoir refermé doucement la porte derrière lui.

L'avant-veille, le lundi 18 mai, à 10 h 30, il avait convoqué pour la dernière fois tous les membres du secrétariat général dans le

« salon doré » qui fut jadis le bureau du général de Gaulle et qui sera désormais celui de François Mitterrand. Il s'était assis seul sur un canapé, en face de ses collaborateurs. « Peut-être faut-il que la France connaisse cette épreuve, leur a-t-il dit. Mais nous n'avons rien à regretter. Nous pouvons être fiers de ce qui a été fait pendant sept ans. Personne n'aurait pu mieux faire. » Pensant à l'avenir, il a ajouté : « Ce sera funeste ! »

Il est apparu à tous pacifié, ayant recouvré sa sérénité. Ce n'était plus l'homme désabusé, triste, amer, du lendemain de son échec. Il était rentré d'Authon rasséréné. Puis il a analysé la situation. Premier thème : la démocratie a joué. Il ne faut pas dramatiser. C'est une échéance démocratique normale. Il faut être fier et heureux de vivre en démocratie. Deuxième thème : le peuple français ne ressentait pas la nécessité de mes objectifs. L'ambition du Président pour les Français paraissait excessive. Les Français ne veulent plus que la France soit un grand pays. Troisième thème : cette élection ne pouvait pas être gagnée avec une majorité désunie. Le Président, attaqué par une partie de sa majorité, n'avait plus la force suffisante pour s'opposer à son adversaire. À un moment, il dira : « Les jeunes et les cadres ont voté dans l'inconscience. »

À l'issue de la réunion qui a duré à peine une demi-heure, il a donné ses recommandations pour préparer l'arrivée de l'« équipe montante » : pas de zèle excessif, mais surtout pas de politique de la terre brûlée (il a recommandé que l'on veille à renouveler les bouquets de fleurs dans les salons du rez-de-chaussée et dans les appartements privés avant l'arrivée de François Mitterrand).

Valéry Giscard d'Estaing n'a qu'une seule idée : la permanence de la République, la continuité de l'État. Il entend dédramatiser l'alternance, faciliter le passage historique. Ceux de l'Élysée qui avaient la charge de la liaison avec l'« antenne » socialiste de la rue de Solférino reçoivent pour instruction d'aider à la tâche des successeurs, pour qu'ils puissent devenir le plus rapidement possible « opérationnels ».

Ce soir-là, Valéry Giscard d'Estaing, respectant scrupuleusement les usages en pareilles circonstances, offrit un dîner en l'honneur de tous les membres du secrétariat général de l'Élysée et de leurs épouses dans la salle à manger Napoléon III, attenante à la salle des fêtes. Soixante personnes étaient réparties autour de deux tables. À l'organisateur de cette soirée, le Président avait recommandé : « Ce dîner ne doit pas être triste. Faites ce qu'il faut... » En vérité, il fut affreusement mélancolique et ceux qui affectèrent la détente et l'enjouement ajoutèrent encore à la tristesse du moment. Jean Riolacci, l'un des trois chargés de mission du Président, murmurait : « Si jamais je rigole, on va dire que je suis passé de l'autre côté. Et si jamais je pleure, comme j'en ai envie, j'aurai l'air d'un con. » Jacques Wahl, le secrétaire général, avait prévenu le Président que son émotion l'empêcherait de prononcer le petit discours d'adieu que l'usage lui commandait. « Mes mots s'étrangleraient », lui avait-il dit.

Alors Valéry Giscard d'Estaing tenta d'ironiser pour remonter le moral de ses convives : « Je vais répondre à un discours que j'attendais et qui n'est pas venu... » Puis il a ajouté : « En France, on ne peut pas faire des réformes sans secousses profondes. Finalement, ce peuple ne peut pas progresser par l'évolution, mais par la révolution. J'ai cherché à éviter à notre peuple des épreuves. Or, il ne peut progresser sans épreuves. Alors il va connaître l'épreuve. Nous tous n'avons rien à regretter. J'ai connu cet échec parce que j'ai surestimé les Français. Ne regrettons rien pour la France. Je souhaite que mon échec soit un service pour mon pays. »

Le lendemain 19 mai, Valéry Giscard d'Estaing donna des instructions pour le déménagement de son bureau. Tout était encore en place : dans un angle, le drapeau de son régiment, les photos de Mme Valéry Giscard d'Estaing, de ses enfants, de lui-même entouré de tous ses collaborateurs à l'époque du ministère des Finances ou passant des troupes en revue. Sur un écritoire, entre les deux fenêtres, le *De Gaulle* de Chaban-Delmas et, sur son bureau, le *Louis XV* de Jacques Levron et quelques lettres reçues à l'occasion de son départ.

Puis, à 11 heures, il descendit dans la salle des fêtes pour l'enregistrement de son adieu aux Français qui allait être retransmis à la télévision le soir à 20 heures. Les deux derniers chefs d'État à lui avoir téléphoné sont ceux qu'il préférait, qu'il voyait souvent, qui étaient liés à lui par des sentiments d'amitié : Helmut Schmidt et Constantin Caramanlis. Un peu avant, sa secrétaire particulière, Marguerite Villetelle – auprès de lui depuis 1959 –, lui avait passé une communication de Félix Houphouët-Boigny. Roger Frey, président du Conseil constitutionnel, à qui Giscard avait proposé à deux reprises d'être ministre, a été reçu en fin d'après-midi.

Le Président avait demandé que tous ses collaborateurs aient quitté leurs bureaux mercredi soir au plus tard. En fin d'après-midi, les derniers camions ont chargé les derniers dossiers et les ont emmenés au quartier général de la campagne présidentielle, rue de Marignan. Toutes les archives de l'Élysée concernant les sept années écoulées ont déjà été remises – et cela, pour la première fois dans l'histoire de la Ve République – aux Archives nationales.

Dès lors, une atmosphère de veillée d'armes s'est établie dans le palais. À l'agitation des dernières journées qui a marqué la fin du règne a succédé d'un seul coup le silence dans les bureaux vidés de tout mais où demeuraient encore les plus proches collaborateurs de Valéry Giscard d'Estaing. Les téléphones étaient muets, les visiteurs absents. Le palais, immense coque vide, présentait un aspect étrange et presque irréel, au point de le rendre curieusement méconnaissable à ceux qui y travaillaient depuis si longtemps.

En recevant Jean Cau, le 10 mai à Authon, Giscard d'Estaing lui avait confié qu'il avait eu l'impression, dès le mois de décembre, que cette élection serait sans doute perdue. Ses collaborateurs confirment qu'il avait depuis longtemps « l'idée qu'il pourrait être battu ». Mais la certitude absolue de son échec, il l'a eue seulement à Bordeaux où il a prononcé le dernier discours de sa campagne dans la soirée du vendredi 8 mai. Et c'est le lendemain, veille du second tour, qu'il rédigea, à Authon, la déclaration dans laquelle il adressait ses vœux à François Mitterrand.

Valéry Giscard d'Estaing est resté meurtri dans les premiers jours qui ont suivi sa défaite. Mais ses collaborateurs sont formels sur ce point : ce n'est pas sur le compte de son amertume du moment qu'il faut mettre sa dénonciation, dès le 11 mai, des « trahisons préméditées » qui lui avaient valu sa défaite. Il a mûrement réfléchi avant de lancer cette accusation. Il a simplement pensé qu'il fallait donner pour l'Histoire son témoignage, à savoir que le responsable de son échec à l'élection présidentielle (donc de l'arrivée de la gauche au pouvoir) était M. Chirac. Il a sans doute estimé que plus tôt ce serait dit, mieux cela vaudrait, de manière à ne plus y revenir par la suite. À l'un de ses amis, Giscard d'Estaing a déclaré : « C'est la vérité, je dois dire la vérité. »

Aujourd'hui, l'homme est serein mais reste profondément atteint. « Vous allez vous ennuyer », lui a-t-on dit. « Non, a-t-il répondu, j'ai déjà fait l'expérience d'être écarté du pouvoir. Je sais que j'ai des capacités extraordinaires pour m'occuper, pour vivre... »

Ce qu'il va faire ? Avoir été le chef de l'État n'oblige ni à la retraite ni au silence. « Je continuerai, bien entendu, à défendre les intérêts de mon pays, a-t-il dit. J'indiquerai le chemin à suivre... Je ferai en sorte de me tenir à la disposition de la France... » Ainsi, il ne cherchera probablement pas à être le patron d'une formation politique et se bornera de préférence, pour le moment en tout cas, à en être l'inspirateur. Mais il interviendra d'une façon ou d'une autre dans la vie nationale, et peut-être plus tôt qu'on ne le pense, c'est-à-dire à l'occasion des prochaines élections législatives. À l'un de ses collaborateurs à l'Élysée, il a confié, l'avant-veille de son départ : « Je vais faire quelque chose très rapidement. » Et au président d'une association d'anciens combattants, lors de la dernière cérémonie sur la tombe du Soldat inconnu, le 20 mai au soir : « Ce n'est pas fini. Vous entendrez parler de moi dans quelques jours. »

30 MAI 1981

Rencontre avec Mme Edmond Giscard d'Estaing, la mère de Valéry.

« Mon mari et moi avions été invités un soir à dîner à l'Élysée par Poher durant son intérim, en avril 1974, me raconte-t-elle. Je me souviens de Peyrefitte – qui était parmi les invités – me disant au moment du départ : "Quand Valéry sera élu, qu'il ne prenne jamais Chirac comme Premier ministre. Il a trahi Chaban. Il retrahira..." Aussitôt, j'ai répété à Valéry ce que m'avait dit Peyrefitte. "Mais je ne peux pas ne pas prendre Chirac, m'a-t-il répondu. J'ai été élu grâce à lui... Il m'a apporté les voix des gaullistes..." Bien sûr, il a eu tort. Il a été naïf. Mais il est ainsi. Il est trop honnête. Il estimait avoir une dette à l'égard de Chirac, alors il l'a pris comme Premier ministre !

« Oui, bien sûr, Chirac a voulu la défaite de Valéry, insiste-t-elle. C'est Chirac le responsable, le seul responsable. Mais je ne pense pas qu'il soit jamais élu. Cet homme, croyez-moi, ne peut pas être président de la République. C'est impossible.

« Valéry pense se représenter, poursuit-elle. Il pense qu'avec sa valeur, son expérience, il peut encore rendre les services les plus grands. Moi, je ne crois que dans le destin. Si c'est son destin... Ce que Valéry veut, c'est combattre cette coupure de la France en deux. C'est là sa grande idée. Je le vois peu. Quand il était à l'Élysée, je ne le voyais plus. Il était entièrement accaparé par sa tâche. Il ne faisait rien qui ne concernât directement son métier de président. La famille, c'était donc terminé. Peut-être une ou deux réunions intimes, chez moi, par an. Actuellement, il reste très mobilisé et sent que le pays lui répond. »

LES GAULLISTES FACE À MITTERRAND

(septembre 1981-décembre 1982)

Jean-Marcel Jeanneney : « À travers Mitterrand, c'est aujourd'hui le triomphe des idées du général de Gaulle » – Olivier Guichard : « Mitterrand a dit à Chirac : "Vous me succéderez" » – Jacques Chirac à Alain Peyrefitte : « Je ne savais pas que Giscard était fou » – Michel Jobert : « Mitterrand n'écoute plus personne aujourd'hui » – Général Billotte : « « Pendant la guerre, les Allemands ont confié une mission à Mitterrand » – Louis Joxe : « Les amis de Pompidou, c'était la pègre » – Jean-Pierre Chevènement : « Pompidou et Giscard ont dévoyé l'héritage du Général. »

16 SEPTEMBRE 1981

Quatre mois après l'arrivée de la gauche au pouvoir, Olivier Guichard me livre son opinion sur la nouvelle situation politique :

« La vie parlementaire est telle, avec la suprématie totale des socialistes et l'atmosphère d'ostracisme qui règne à l'Assemblée, que je crains de voir le découragement, la lassitude s'emparer des députés de l'opposition, me confie-t-il. Nous ne pouvons littéralement plus rien faire passer et Defferre[1], au sujet de la loi de décentralisation par exemple, refuse en séance publique ce qu'il a accepté en commission.

« La destruction des structures françaises ira relativement vite avec cette affaire de la décentralisation. Dans les départements, une pagaille extraordinaire va s'installer entre les préfets et les présidents de conseils généraux. Je suis tout aussi pessimiste pour l'Université. Il y aura quinze présidents communistes à la tête des universités. Les communistes s'installent partout où ils peuvent. M. Fiterman[2] n'a d'ailleurs pas caché qu'il allait remédier au fait qu'il n'y avait pas assez de communistes à Air France.

« Le discours de Mauroy sur la lutte contre le chômage a paru

---

1. Le ministre de l'Intérieur du gouvernement Mauroy.
2. L'un des quatre ministres communistes du gouvernement Mauroy, Charles Fiterman est ministre d'État, ministre des Transports.

décevoir tout le monde à l'Assemblée, y compris les journalistes, car la presse, le lendemain, n'a pas été bonne. Le seul bon mot a été celui de Jacques Marette[1] à l'issue de la séance : "Hier, nous avions un Premier ministre un peu suffisant. Aujourd'hui, nous avons un Premier ministre totalement insuffisant." Mauroy, c'est vrai, a semblé mal à l'aise, embarrassé. C'est l'impression générale, c'est-à-dire celle aussi des socialistes eux-mêmes. Il a fait allusion à une prolongation de la scolarité jusqu'à dix-huit ans. Voilà ce que le gouvernement a trouvé pour régler le problème du chômage des jeunes ! Et après dix-huit ans, comme dit Vivien[2], les jeunes iront gagner de l'argent dans les chantiers de jeunesse ! Ainsi, le gouvernement règle le problème du chômage des jeunes avec le budget de l'État. C'est l'État qui paiera les emplois !

« Ce qui me frappe chez les socialistes, c'est leur intolérance aux critiques, me dit encore Olivier. Ils ont gagné. Le peuple a parlé. Aussi ne comprennent-ils pas qu'on puisse déposer une motion de censure ou une question préalable. C'est pour eux extraordinaire. Ils en sont scandalisés. Je vois là le début d'une démarche léniniste très dangereuse. Le poids des députés socialistes pèsera de plus en plus sur le gouvernement. Il est sûr qu'il y aura des débordements, qu'ils voudront aller bien plus loin que le gouvernement. »

24 NOVEMBRE 1981

D'une manière générale, Maurice Couve de Murville se montre moins critique que je ne le prévoyais à l'égard de la politique étrangère de François Mitterrand. Mieux, il en approuve même les grandes lignes et juge que « ce n'est pas si mal... ». Mais pour ajouter aussitôt, il est vrai, qu'« il n'a pas grand mérite à cela. Ce que nous avons fait est irréversible, considère-t-il. On ne peut pas faire autre chose. Même Pompidou, même Giscard ont dû suivre l'exemple du

---

1. Député RPR de Paris.
2. Il s'agit de Robert-André Vivien, député gaulliste, réputé pour sa gouaille et son franc-parler.

Général ! ». Et d'ironiser sur le fait qu'aucun parti politique ne conteste aujourd'hui la politique étrangère du Général, alors que tous, jadis, la combattaient. La politique de défense, notamment, fait l'unanimité alors qu'elle était rejetée par les centristes et toute la gauche. « A-t-on d'ailleurs jamais vu un gouvernement, constate Couve, vanter avec autant de foi la possession de l'arme nucléaire comme fondement de notre défense et de notre indépendance ? Peut-être est-ce pour faire oublier la sévère condamnation jadis portée à ce sujet dans feu le programme commun de 1972... »

En revanche, son jugement concernant la politique économique et financière est sans appel : « Ils vont à la catastrophe ! » Pour quand ? Couve ne le sait pas. Il ajoute : « Le retour à la IVe se dessine fortement dès aujourd'hui. Ce sont les mœurs de la IVe au Parlement. Et aussi au gouvernement : un gouvernement sans direction où chacun tire à hue et à dia dans un désordre stupéfiant. »

Concernant la situation de l'opposition, Couve s'interroge et se garde de tout pronostic : « Il est trop tôt. Personne ne peut dire qui en prendra la tête. Chirac tente de le faire, mais nul ne sait aujourd'hui s'il y parviendra. Contrairement à vous, je ne pense pas que Chirac soit le responsable de l'échec de Giscard à l'élection présidentielle. Même s'il ne s'était pas présenté, le résultat eût été le même. Comment pouvez-vous imaginer que Giscard, qui, en 1974, est tout juste passé avec l'appui de Chirac, avait quelque chance d'être réélu en 1981 avec ce même appui, mais affreusement usé par sept ans de pouvoir et de discorde ? »

Couve revient à la politique étrangère pour faire remarquer que seul l'Élysée la dirige, et pas seulement pour les affaires importantes, comme jadis. À son avis, jamais encore la diplomatie française n'a été à ce point entre les mains d'un seul homme, comme M. Cheysson[1] – « ce maître de la gaffe » – a commis l'imprudence de le dire ! Une preuve de plus, pour Couve, que dans ce domaine la continuité prévaut sur le changement, sauf à l'égard des peuples d'Amérique centrale. « Sur ce chapitre, on enfle la voix et on parle de faire un malheur, ironise encore Couve, alors qu'on ne fait rien d'autre, en

---

1. Le ministre des Relations extérieures du gouvernement Mauroy.

réalité, que ce que l'on faisait auparavant. Le discours de Cancún[1] a été ridicule. Est-ce là le vrai changement ? Je suis resté sur ma faim ! »

7 DÉCEMBRE 1981

Entretien avec Maurice Grimaud, devenu depuis le 10 mai dernier le directeur de cabinet du ministre de l'Intérieur, Gaston Defferre. Je lui demande si ses anciens amis ne lui en veulent pas de travailler aujourd'hui avec les socialistes.

« Peut-être, mais ils ne me le disent pas, me répond-il. Moi, cela ne me gêne pas qu'ils puissent m'en vouloir. Vous savez, j'ai toujours eu, comme on dit, des idées de gauche. Comme vous, comme la plupart de nos amis, je souhaitais plus d'égalité sociale, j'étais scandalisé par la richesse des possédants et par la misère des pauvres. Mais c'est tout. Je ne suis pas socialiste politiquement, mais mes sympathies vont au socialisme. Et puis, je suis préfet, c'est-à-dire serviteur de l'État, serviteur du pouvoir légitime, quelle que soit sa politique. Cela dit, je réprouve les excès des socialistes, je réprouve leur intolérance, mais exactement comme je réprouve les excès et l'intolérance de l'opposition. C'est cela qui est navrant et inquiétant. Et il n'est pas sans importance que des gens comme moi, qui ont servi le régime précédent[2], servent aussi celui-ci. Mais il y a au moins une chose qui me ravit et me rassure : c'est que l'alternance ait pu jouer. Ce qui était angoissant, c'était de penser que l'alternance n'était pas possible. Eh bien, elle l'est, et preuve est ainsi faite que le régime fonctionne et que la Constitution est bonne. »

Grimaud me parle de Defferre qu'il ne connaissait pas avant de travailler à ses côtés. C'est Mitterrand (qu'il connaissait, en

---

1. En octobre 1981, le président Mitterrand a prononcé au Mexique un discours appelant à une meilleure répartition des richesses entre pays du Nord et pays du Sud.
2. Il a été préfet de police de Paris à la fin des années 1960 et s'est trouvé en première ligne lors des événements de 1968 où son attitude modératrice fut très critiquée par les partisans de la manière forte.

revanche, pour avoir été membre de son cabinet quand celui-ci était ministre de l'Intérieur en 1954) qui a conseillé à Defferre de le prendre pour diriger son équipe. Grimaud voit en celui-ci l'« homme fort » du régime, beaucoup plus « important » que le Premier ministre « qui est comme un petit garçon devant lui ». Il me fait de Defferre le portrait d'un fonceur, qui fonce tout le temps sans toujours prendre le temps de bien travailler ses dossiers (« mais sa rapidité de travail et son pouvoir d'assimilation, me dit-il, sont inimaginables ») et qui commet ainsi des erreurs. « Mais, ajoute Grimaud, il met à réparer ses erreurs la même fougue stupéfiante qu'il avait mis à les commettre. »

Il évoque d'un mot, à ma demande, les événements de Mai 68, et s'émeut des critiques que l'on a faites ici et là au préfet de police qu'il était alors. Je le rassure : « Votre conduite, lui dis-je, a été admirable. Et c'est à vous personnellement que l'on doit ce miracle : pas une goutte de sang n'a été versée ! »

15 DÉCEMBRE 1981

Rencontre avec Hubert Védrine, le conseiller diplomatique de Mitterrand, jeune, avenant et souriant : « Le Président sait très bien qu'il joue une grosse partie en se rendant, en février prochain, en Israël[1], m'explique-t-il. Mais il considère qu'il ne pouvait pas ne pas y aller. Ne pas y aller, c'était faire comme Giscard. Y aller, c'est faire une politique nouvelle, c'est changer la politique de la France, faire que notre pays puisse rendre service, soit en posture de parler aux uns et aux autres.

« Je vous le dis confidentiellement : le Président a mesuré tous les risques qu'un tel voyage lui fait courir sur le plan des relations franco-arabes. Mais ne vous fiez pas aux apparences : si les Arabes ont mal réagi après le voyage de Cheysson en Israël, c'est bien sûr parce que les paroles du ministre des Relations extérieures ont été

---

1. Il sera le premier président français à s'y rendre en voyage officiel.

maladroites[1], en tout cas susceptibles d'être mal interprétées. Il ne faut pas oublier que les Arabes doivent tenir compte de leur opinion publique. Leurs réactions apparentes ne prouvent rien ou, plus exactement, prouvent souvent le contraire de ce qu'ils pensent. Ils sont au courant des intentions réelles de François Mitterrand. Et ils les approuvent.

« Le Président s'est déjà rendu à Riyad et à Alger avant de partir pour Jérusalem, il s'informera largement du point de vue des dirigeants arabes. Je ne peux pas vous en dire plus, mais sachez qu'il recevra leurs représentants, avant son départ, et qu'il ira ensuite à Amman dans le premier semestre de cette année. Mitterrand a tout pesé et n'ignore rien des positions de chacun. Vous le savez mieux que moi : la Syrie, l'Arabie saoudite et d'autres pays sont encore plus opposés à la création d'une Palestine que les Israéliens eux-mêmes !

« Ce voyage en Israël, c'est un projet que Mitterrand a toujours affiché en tant que leader socialiste, puis en tant que candidat, poursuit Védrine. S'agissant d'Israël, sa position n'a jamais varié : Israël a droit à vivre dans des frontières sûres, reconnues et garanties. De même que, pour lui, la Palestine a droit à une patrie. Mitterrand a été le premier responsable français à franchir le pas (il a été beaucoup plus loin que Giscard) et à parler clairement de structures étatiques pour la Palestine, souligne-t-il.

« Cette position propalestinienne a été bien acceptée en France où l'opinion est généralement favorable à Israël, parce qu'elle a été prise par François Mitterrand qui passe sans ambiguïté pour l'ami d'Israël et qui, en tant que tel, peut rendre service aux Arabes. C'est l'intérêt des Arabes de ne pas laisser les Israéliens s'isoler, s'enfermer dans leur ghetto, au risque d'exacerber une brutalité dommageable pour la paix. »

---

1. Depuis son entrée en fonction, Claude Cheysson s'est signalé par diverses déclarations provocantes, affirmant entre autres, après l'assassinat d'Anouar El-Sadate, en octobre 1981, que sa disparition allait faciliter la réconciliation entre l'Égypte et ses voisins.

Je suis touché par l'accueil amical de Védrine. Il me permet de patiemment tisser des liens avec les nouveaux arrivants que sont les socialistes. Il est sûr qu'être le fils de François Mauriac m'ouvre à gauche bien des portes. Védrine m'a ouvert généreusement les siennes.

1982

7 janvier 1982

L'ancien ministre du Général, Jean-Marcel Jeanneney, fait partie des quelques gaullistes conquis par le nouveau pouvoir :

« À travers Mitterrand, c'est aujourd'hui le triomphe du général de Gaulle, va-t-il jusqu'à me déclarer. Nous assistons au triomphe de sa Constitution, jadis combattue par Mitterrand, certes, mais qui lui va comme un gant (ce qui prouve bien qu'elle n'avait pas été faite seulement pour le Général) et dont il utilise toutes les ressources. C'est cette Constitution qui lui permet de s'imposer, sans la moindre discussion, aux yeux de tous, en particulier des différentes factions du parti socialiste, notamment des rocardiens. Son style est celui du Général.

« Triomphe du gaullisme aussi en matière de politique nucléaire, que Mitterrand combattit également jadis. C'est lui qui vient de décider la construction de ce sixième sous-marin que Giscard n'avait pas voulu faire. Triomphe du gaullisme encore en politique étrangère : maintien du retrait de l'OTAN, mais opposition à l'expansionnisme des Soviets, main tendue au tiers-monde – ce que n'avaient fait ni Pompidou ni Giscard –, bonnes relations avec l'Algérie. Triomphe enfin concernant la politique de décentralisation qui, au fond, était bien celle du général de Gaulle[1]...

---

1. Comme l'avait prouvé son référendum sur la régionalisation en avril 1969, référendum dont Jean-Marcel Jeanneney avait été l'un des principaux instigateurs.

« Bien sûr, ajoute Jeanneney, il y a des choses qui gênent : ce que le Général pensait et disait de Mitterrand, le mépris dans lequel il le tenait et aussi ce que Mitterrand pensait et disait de son côté au sujet de De Gaulle, son opposition totale, ses refus de se rendre à l'Élysée. Tout cela est vrai. Mais ce qui compte aujourd'hui, c'est que Mitterrand soit fasciné par de Gaulle, comme d'ailleurs l'avait été Giscard.

« Je n'ai plus de contacts avec les gaullistes aujourd'hui, poursuit Jean-Marcel Jeanneney, parce que je suis "passé chez Mitterrand", comme ils disent. À la vérité, Debré excepté, je n'ai jamais eu d'amis parmi eux. Je ne suis jamais véritablement entré dans leur sérail. J'avais pris publiquement parti pour Mitterrand en 1974 et annoncé mon vote en sa faveur au deuxième tour. Cette fois aussi, bien sûr, j'ai voté pour lui, mais n'en ai pas fait l'annonce publique en raison de mes relations amicales avec Barre.

« J'ai voté pour Mitterrand en 1974 parce que j'étais sûr qu'avec Giscard les choses tourneraient mal sur le plan social et que les communistes risquaient de sortir vainqueurs d'un affrontement que je jugeais inévitable. En fait, je me suis trompé. Et j'ai été surpris en bien par sa politique, surtout sa politique étrangère. Il ne s'en est pas mal tiré. Ce qui lui a fait perdre son élection, c'est le Centrafrique : ses chasses, Bokassa, les diamants... Pour le reste, il incarnait la France assez bien. Mais il y a eu ce dérapage intolérable et impardonnable : un homme politique, un président n'a pas le droit de disparaître en brousse pour tuer des éléphants comme un vulgaire P-DG. »

Dans le fil de notre conversation, Jeanneney évoque le différend de Gaulle-Pompidou : « Vous savez, me confie-t-il, je suis de ceux qui croient au complot de Pompidou contre le Général. Les pompidoliens – avec l'aide de Chaban – ont fait plus que préparer l'après-de Gaulle. Ils l'ont accéléré, ils ont savonné la planche. Tout le mal vient de Pompidou ! Conservateur, réactionnaire, opposé à toute réforme... Le grand tort du Général a été de le laisser faire, c'est-à-dire de le laisser ne rien faire. »

14 janvier 1982

Yves Guéna[1] compte parmi les députés qui ont échoué lors des dernières élections législatives. « C'est très dur, pour un homme politique, d'avoir été battu et de penser que sa vie sur ce plan-là est terminée, me dit-il. L'avenir est imprévisible et me permettra peut-être de rebondir. Pour l'immédiat, je vais sûrement garder ma mairie de Périgueux. Mes Mémoires paraissent le mois prochain chez Flammarion. Je me manifesterai de temps à autre dans *Le Monde*, et puis viendront les élections législatives...

« J'ai su que j'avais perdu les législatives dès le premier tour de la présidentielle : Giscard battu en Dordogne, je ne pouvais être réélu. À part quelques députés comme Chirac ou Dassault, tous ceux qui se présentaient là où Giscard avait essuyé un échec ont été balayés. Deux députés RPR sur cinq ont mordu la poussière[2] !

« La stratégie de Chirac était mortelle. J'en ai demandé les raisons à Pons. Il m'a répondu : "On ne pouvait pas faire autre chose. De toute façon, Giscard était foutu." Ils ont payé cher la défaite de Giscard !

« Aujourd'hui, il y a sur le papier trois présidentiables, estime Guéna. Chirac est le mieux placé, parce qu'il s'appuie sur le parti le mieux structuré. Giscard est dans une très mauvaise posture : personne ne croit, personne ne souhaite qu'il redevienne président de la République. Reste Barre... Mais l'un de ces trois ne pourra être élu qu'après une métamorphose complète, encore difficile à imaginer.

« L'échec du gouvernement actuel me paraît inévitable à long terme. Là aussi, il peut y avoir des facteurs imprévisibles, tel l'état de santé de Mitterrand. La situation se dégrade : ce n'est pas la catastrophe, c'est la décadence. Pour combien de temps ?

« Ceci dit, conclut Yves Guéna, l'opposition a commis la maladresse d'annoncer que tout irait très mal très vite, de contester toutes les réformes sociales qui sont pourtant populaires, de se poser en défenseur des propriétaires contre les locataires. Rien de ce que dit

---
1. Député sortant de Périgueux (Dordogne).
2. Le RPR est passé de 153 élus à 83.

l'opposition ne passe ni ne porte. La nostalgie du passé n'est pas un bon thème. Il faut formuler un nouvel espoir, avoir un nouveau langage. »

29 janvier 1982

Entretien avec Michel Jobert, ministre d'État, ministre du Commerce extérieur dans le gouvernement Mauroy :
« Si je n'ai pas donné suite à mon projet de candidature à la présidence de la République, c'est parce que je n'ai pu recueillir le nombre de signatures suffisant, me dit-il. "Ils" ont été acharnés à me perdre, le RPR bien plus que l'UDF Si vous saviez tout ce qu'ils ont fait, toutes les embûches qu'ils ont dressées pour empêcher le Mouvement des démocrates de se développer ! Mais le Mouvement continue, et son Conseil national se réunit demain. Il rassemble des gens qui n'appartenaient, avant, à aucun parti politique, des jeunes surtout.

« Si j'avais été candidat, Mitterrand n'aurait pu faire appel à moi... Quand il m'a demandé d'entrer dans le gouvernement (j'ai accepté à condition de ne pas être une potiche, d'avoir un vrai travail), j'ai été surpris. En fait, je le sers grandement. Il a besoin de moi parce que je ne suis pas socialiste, parce que j'incarne la possibilité d'un élargissement. Un élargissement qui n'est pas concevable tant qu'il y aura des ministres communistes... Ah ! Il faut voir comme Mitterrand les traite, vous ne pouvez l'imaginer. Ils sont souvent dans une situation embarrassante, voire impossible, mais ils avalent tout ! Moi-même, je ne les épargne pas et les ai mis dans une situation difficile le jour où j'ai déclaré que la dénonciation des accords d'Helsinki avec l'URSS était inévitable. Le président Mitterrand était enchanté... mais, après, il m'a fait dire d'y aller plus doucement.

« Je peux me permettre beaucoup de choses, m'assure Jobert, précisément en raison de ma situation particulière au sein du gouvernement. On accepte de moi beaucoup de choses parce que je ne suis pas socialiste, parce que je peux me le permettre... Même si le Président, je vous le répète, s'inquiète parfois et me le fait dire. Mitterrand

est sur un piédestal. Il sait mettre les distances – et quelles distances !
– entre lui et ses interlocuteurs. » (Jobert m'explique, mais j'ai oublié
les termes exacts, qu'il y a en Mitterrand un côté empereur romain,
un côté personnage inatteignable, à l'autorité inentamable.)

« Beaucoup de gens, poursuit-il, regrettent que je ne sois pas
ministre des Affaires étrangères (au passage, il critique Cheysson
pour ses déclarations trop "entières"). Mais ce n'est pas possible,
après avoir été celui de Georges Pompidou. Les socialistes ne l'accepteraient jamais. Et c'est compréhensible ! Quant à ceux qui me
critiquent parce que je suis entré dans un gouvernement de gauche,
ils oublient que, depuis 1974, j'étais dans l'opposition.

« Chirac, savez-vous que je ne l'ai pas revu depuis août 1974 !
Ni revu ni même aperçu ! Ce qu'il sera dans six ans et demi, après
Mitterrand ? La route est longue, qui peut le dire aujourd'hui ?
J'étais assis, hier soir, à Nantes, à un dîner officiel à côté de Guichard. Il m'a confié que, lors des assises RPR de Toulouse, la
semaine dernière, il était comme perdu dans la foule, ne connaissant
aucun de ceux qui étaient à la tribune. C'est une affaire de génération. Sa génération a passé. À Toulouse il n'y avait même plus les
portraits du Général et de Pompidou... Chirac ne se réclame plus
d'eux parce qu'ils incarnent un passé lointain. De toute façon, s'il
doit se réclamer de quelqu'un, ce sera de celui qui le servira, fût-il
Jules Guesde ou un autre ! ... Ah ! Rarement dans l'Histoire quelqu'un aura tout raté à ce point ! Depuis son départ de Matignon,
Chirac n'aura été que de catastrophes en catastrophes... Mais il est
encore là ! »

Puis Jobert et moi évoquons les relations franco-marocaines auxquelles nous sommes tous deux très attachés. « Mitterrand a attendu
près d'une heure Hassan II lorsqu'il l'a invité à dîner à l'Élysée, me
révèle-t-il. Le roi l'a fait exprès. Il le fait chaque fois pour montrer
le mépris dans lequel il tient son interlocuteur et affirmer sa supériorité. Si j'étais chef d'État, croyez-moi, je réagirais comme il convient.
Je prétexterais une migraine subite et je décommanderais le dîner ! »

On parle enfin longuement du passé. De Giscard – « Il croit pouvoir revenir, ce qui est une preuve de l'extraordinaire fausseté de son
jugement ». De Pierre Juillet – « Pompidou s'en débarrassait, mais

il revenait toujours. À la fin, il n'en voulait plus ». De Marie-France Garaud – « Un personnage redoutable : je l'ai surprise un jour à l'Élysée, alors que j'étais secrétaire général, à fouiller dans les tiroirs de mon bureau ». De l'atmosphère qui régnait, dans les premières semaines de 1974, quand Garaud et Juillet ont réussi à donner le ministère de l'Intérieur à Chirac, à remettre en selle Messmer pour la troisième fois et à préparer la candidature de ce dernier à l'Élysée. « Mais, vous savez, conclut-il, à cette époque j'avais depuis longtemps cessé tout rapport avec eux. »

2 FÉVRIER 1982

À l'inverse de Maurice Couve de Murville, Louis Joxe, aujourd'hui membre du Conseil constitutionnel, condamne en bloc la politique étrangère de Mitterrand. Ce qui l'inquiète le plus, c'est le danger accru de soviétisation de l'Europe occidentale. « Comme disait le Général, on ne peut faire une politique et son contraire. Or, c'est ce que fait Mitterrand. Il se déclare au mieux avec les Américains et il chasse dangereusement sur leurs terres au Salvador et au Nicaragua. Nous aimons les Arabes et nous allons en Israël. Nous faisons les matamores devant l'URSS mais nous achetons leur gaz et lâchons les Polonais[1]. Et surtout, nous installons le marxisme chez nous...

« Or, jamais la politique soviétique n'a été plus inquiétante et jamais le danger qu'elle représente ne m'a paru plus grand, insiste Joxe. Les Soviets agissent partout avec habileté. Ils ne cèdent sur rien. Je ne vois aucune fissure qui ne soit aussitôt colmatée. Et toujours avec des mesures différentes, selon le pays qui est en cause : Tchécoslovaquie, Afghanistan, Pologne. Avec la Pologne, ils mettront le temps nécessaire et emploieront les moyens spécifiques qu'il

---

1. Après la proclamation de l'« état de guerre » en Pologne, le 13 décembre 1981, par le nouveau secrétaire général du Parti communiste polonais, le général Jaruzelski, suivie de l'arrestation des dirigeants de Solidarnosc, le gouvernement français s'est contenté de faire savoir, par l'intermédiaire de Claude Cheysson... son intention de ne rien faire.

faudra. Rien n'a bougé, au fond, depuis Yalta. Leur empire est resté le même. Et, à l'intérieur de l'Union soviétique, le parti communiste est plus fort que jamais, l'armée d'une puissance grandissante, le peuple, fier de la force de son pays. Partout en Europe, en Scandinavie, en Allemagne, en Angleterre, des forces neutralistes apparaissent, de plus en plus puissantes, qui servent directement les intérêts de l'URSS. Et nous, devant cela ? Nous suivons une politique ambiguë en nous opposant en apparence, comme je vous l'ai dit, à l'Union soviétique tout en l'aidant par ailleurs. Avec cette société marxiste que Mitterrand veut installer chez nous, la France va grandement faciliter la tâche de l'URSS.

« Car Mitterrand peut réussir. En peu de temps – en un an – il va miner la classe bourgeoise et établir une société sur laquelle il ne sera pas facile de revenir.

« Le gouvernement actuel donne l'image de l'incohérence la plus grande, ajoute Louis Joxe. Comment M. Cheysson, le ministre des Affaires extérieures, peut-il être encore à son poste après sa série de bévues ? Comment a-t-on pu nommer à l'Agriculture une femme aussi inexperte que Mme Cresson ? Comment a-t-on pu mettre au Commerce extérieur un ministre comme Jobert qui s'est empressé de déclarer qu'il ne ferait pas de commerce extérieur ?

« Quant à l'opposition... Chirac est venu me voir, après les élections, pour me demander conseil. Je lui ai dit : "Surtout, ne faites pas comme Chaban. Ne tendez pas la main aux socialistes. Ils vous riront au nez. Cela ne servira à rien. Non, il faut résister. Résister sur tout. Ne rien leur concéder. Il n'y a pas d'autre voie." Chirac m'a répondu : "Je crois que vous avez raison. C'est ce que je vais faire." C'est ce qu'il a fait, en effet. Mais l'homme est fragile. Il n'a pas de colonne vertébrale. Il change tout le temps d'avis. Comment miser sur lui ? Giscard, lui, est fini. Quant à Barre, il fera tout pour jouer un rôle. Mais il n'existe qu'à Lyon[1] et n'a pas d'image à travers le pays. Reste donc Chirac qui tient bien sa mairie, qui est à la tête d'un parti fort, structuré. Mais, je vous le répète, l'homme ne fait pas le poids... »

---

1. Raymond Barre a été élu député de Lyon.

19 FÉVRIER 1982

Guichard a revu Giscard avant-hier pour la première fois depuis son échec. Il l'a trouvé en pleine forme physique : jeune, bronzé, détendu. Il est persuadé qu'il y aura une élection présidentielle d'ici à trois ans et que le pays reviendra vers lui. « C'est incroyable, commente Olivier, qu'il pense ainsi lorsque l'on constate précisément le détachement du pays, de l'opinion à son égard. Le phénomène de rejet dont il a tant souffert lorsqu'il était à l'Élysée a encore augmenté depuis son départ. Il ne s'en rend donc pas compte, car il me paraît tout à fait sincère quand il envisage son retour.

« Barre, qui joue son propre jeu – il y a carrément éloignement, sinon rupture entre lui et Giscard –, a plus de chances. Quand ça va mal économiquement, le peuple se tourne toujours vers des gens du type Barre, des gens qui inspirent confiance, des experts économiques, des rondouillards rassurants type Poincaré, Doumergue, Pinay. Oui, Barre aurait plus de chances que Giscard, sauf si se produit une vraie catastrophe nationale : alors viendrait le tour de Chirac, l'homme fort, l'homme à poigne, au regard impérieux et aux mâchoires serrées.

« "Voyons-nous, m'a dit Giscard, déjeunons de temps en temps et même régulièrement ensemble avec Chaban et Peyrefitte." Avec Peyrefitte ? Quand j'en ai fait part à Chaban, celui-ci a été indigné : "Avant, quand nous nous rencontrions, Peyrefitte allait tout raconter à Giscard, m'a-t-il dit. Maintenant, il ira tout répéter à Chirac..." Et on peut en effet le croire, quand on voit avec quel empressement Peyrefitte s'est rallié à Chirac. Je me demande si Peyrefitte se rend compte de la somme de mépris qui l'entoure.

« Chirac a transformé le RPR, poursuit Guichard. Il s'est entouré de gens affreux : Pasqua, Toubon, Romani, Tibéri... et aussi de types qui n'ont pas l'air mal, tels Juppé et quelques autres jeunes députés intelligents, mais qui n'ont plus rien à voir avec le gaullisme. Ce qui est sûr, c'est que tous les vrais gaullistes ont dû s'effacer. Le plan de Chirac (défaite de Giscard, élection de Mitterrand, prise de la direction de l'opposition, recours et élection en 1988), bien sûr, semble se réaliser. Je l'ai toujours prédit. C'est un démagogue et un homme sans scrupules. Mais, dans sept ans, entre lui et un socialiste, je n'hésiterai pas. Je voterai Chirac. Les socialistes sont ce qu'il y a de pire ! »

Mais Olivier ajoute aussitôt : « En réalité, il y a partie liée entre Chirac et Mitterrand. Mitterrand lui a dit : "C'est vous qui me succéderez..." Pour l'instant, le président de la République n'est pas fâché d'avoir contre lui un homme de droite qu'il juge d'extrême droite et qui, bien entendu, le sert grandement en rendant son jeu politique plus facile. Il n'est pas exclu qu'il aide Chirac dans certaines de ses initiatives. Vois comme ils se ménagent tous deux à certains moments. Il n'y a qu'à entendre Chirac quand il dit : "Tout ce qui est fait aujourd'hui n'est pas forcément mauvais, notamment dans le domaine de la politique étrangère" (ce qui est faux !). Quant aux relations entre le Président et le maire de Paris, elles sont excellentes et chacun d'eux s'en félicite publiquement, cela pour mieux accabler Giscard et rappeler que, de son temps, c'était la haine entre l'Hôtel de Ville et l'Élysée. »

10 FÉVRIER 1982

Edgar Faure est-il devenu fou ou gâteux ? Il vient de fonder – et présidera – une association qui porte les noms, susceptibles d'être utilisés ensemble ou séparément, de :
- Démocratie scientifique sociale ;
- Collège d'études de philosophie et d'épistémologie poppériennes appliquées à la politique ;
- Collège d'études de philosophie politique appliquée.

Il s'est entiché d'un philosophe contemporain nommé Karl Popper, au point de ne plus parler que de lui et de n'écrire qu'à son propos : articles de presse, communication à l'Institut, interviews... Ce Karl Popper doit présider à tous les travaux de l'association qu'Edgar va lancer prochainement à grand fracas, lors d'une conférence de presse. Son objet ? Sortir la politique de l'impasse dans laquelle elle se trouve en réunissant, « en vue d'études et de travaux à poursuivre en commun, des personnes qui s'intéressent à dégager les grandes lignes d'une philosophie de la politique, notamment en tenant compte des progrès accomplis et des recherches en cours dans le domaine des différentes branches de la philosophie et des sciences, et tout particulièrement dans celui de l'épistémologie scientifique ».

Pendant une heure, stupéfait, abasourdi, j'ai entendu Edgar se perdre dans son baragouin, développer dans un charabia invraisemblable les idées de Popper sur le rôle de la philosophie, des sciences et de la religion dans la vie politique, sans rien y comprendre, tant son débit était rapide, tant ce qu'il disait était littéralement incompréhensible.

« Il est devenu sénile, complètement sénile, m'a confié sa secrétaire. Ce disque que vous avez dû écouter, il le fait entendre à chacun de ses visiteurs. Il ne lit plus un journal, n'écoute aucune radio, n'est plus au courant de rien. Il ne s'intéresse plus qu'à Popper ! »

Après qu'il m'eut demandé de prendre en main son association sur le plan des médias, d'en devenir l'attaché de presse (en quelque sorte), j'ai réussi à lui arracher trois phrases sur un autre sujet que Karl Popper. « Être président de la République, m'a-t-il dit, a manqué à ma carrière. J'aurais dû me présenter en 1969, car j'aurais pu être élu. Mais cela m'embêtait de me présenter contre Pompidou. – Et Mitterrand ? – Tout ce qu'il fait d'opérationnel est bon. Tout ce qu'il fait de dogmatique est mauvais. Je me situe dans l'opposition. Mais je suis la tendance conciliatrice de cette opposition. Voyez-vous, Popper... – Au revoir, Monsieur le Président, et vive Popper ! »

5 MARS 1982

Michel Jobert, à propos du voyage mouvementé[1] que Mitterrand est en train d'effectuer en Israël : « Mitterrand avait hâte de s'en débarrasser. Il me l'avait dit. Il voulait réaliser ce voyage au plus vite, l'avoir derrière lui. L'occupation du Golan était, certes, pour lui une bonne occasion de remettre à plus tard cette visite, à un an par

---

1. Le 4 mars 1982, le président Mitterrand a prononcé un discours devant la Knesset, souhaitant en conclusion « longue vie aux peuples d'Israël », et s'attirant une violente réplique du Premier ministre israélien, Menahem Begin.

exemple. Mais, précisément, c'est ce qu'il ne voulait pas. Il avait décidé, comme malgré lui, de le faire, par devoir, non par conviction. »

Jobert déplore à mi-mot le double, voire le triple langage tenu par Mitterrand, Cheysson, Mauroy et d'autres ministres, non seulement dans le domaine diplomatique, mais aussi en beaucoup d'autres : « Mitterrand est d'accord avec eux, mais cela ne l'empêche pas ensuite de les engueuler ! Il a, par exemple, de sérieuses algarades avec Cheysson, même quand celui-ci prend les positions, fait les déclarations qu'il lui a demandées. Mais c'est ainsi, et il gardera Cheysson. C'est encore trop tôt pour que j'intervienne auprès de Mitterrand et que je le mette en garde. C'est quand les choses iront plus mal que je le ferai. Je ne pense pas que toutes ces contradictions puissent servir le gouvernement. Ce qui m'a étonné dans le voyage de Mitterrand en Israël, c'est que le Président, qui fait tant de cas de la laïcité, ait pris un si grand soin des rabbins ! ...

« Savez-vous que Mitterrand a voulu que je l'accompagne ?, me dit encore Jobert. Il y avait dans la délégation française beaucoup de juifs. À ses yeux, j'aurais fait contrepoids. J'ai été inscrit dans la délégation sans même que l'on prenne mon avis, sans même qu'on me demande, par un simple coup de téléphone, si j'étais libre. Or, il se trouvait précisément que j'avais un voyage aux États-Unis prévu au même moment. Je l'ai fait aussitôt savoir à l'Élysée. En même temps arrivait à l'Élysée la protestation des Israéliens contre ma présence dans la délégation française. Tout cela est une bien curieuse façon d'agir... »

20 AVRIL 1982

« Je viens de dîner avec Chirac, m'apprend Olivier Guichard. Nous n'avons parlé que des futures élections régionales. Pour lui, une seule chose importe : compter ses voix par rapport à celles de Giscard, démontrer la suprématie du RPR sur l'UDF Il n'y a que cela qui l'intéresse. Que veux-tu, tout continue : Chirac n'a en tête que d'en finir avec Giscard !

« Quant à moi, voici ma position : je les déteste autant l'un que l'autre. Mais nous n'avons pas le choix. Il faudrait que l'un des deux disparaisse. Il faudrait tuer l'un des deux. N'importe lequel, cela m'est égal. Il faut que l'un des deux s'efface avant l'élection présidentielle, si nous ne voulons pas la perdre de nouveau. Mais comme ils se maintiendront tous les deux, eh bien, je voterai pour celui qui aura le plus de chances de gagner, mais avec quelle tristesse !

« Tu me dis que Giscard n'a pas pris la peine de répondre à tes demandes de rendez-vous. Il est ainsi. Il se rend haïssable. Il est haïssable. Mme de Laboulaye, l'épouse de notre ambassadeur aux États-Unis sous sa présidence, me racontait que, lors de son dernier séjour à Washington, Giscard lui avait déclaré un matin : "J'inviterai au dîner cinq ou six amis... ou peut-être trente. Je vous le dirai cet après-midi." Et encore : "Je me baignerai peut-être dans la piscine de l'ambassade. Interdisez-la pendant mon séjour..." Incroyable, non ? »

Puis Olivier me rapporte les confidences de Peyrefitte lui révélant que « tout s'était arrangé au cours d'une conversation "à la loyale" entre Chirac et lui. "À la loyale", quand il s'agit de Chirac, et dans la bouche de Peyrefitte ? Ah ! qu'il est bon de rire... Avec Chirac, en réalité, aucun contact personnel n'est possible. Il ne se montre amical, humain, que s'il y a intérêt. Gentil, oui, certes, mais uniquement avec ses électeurs de Corrèze ou de Paris ».

27 AVRIL 1982

Alain Peyrefitte pense que s'il y avait aujourd'hui de nouvelles élections législatives, leur résultat serait sans doute à l'avantage de la droite. Il estime qu'en élisant Mitterrand, les Français n'ont pas choisi le socialisme. Tout montre bien en effet, selon lui, que la France ne veut pas du socialisme et que plus de la moitié des Français sont aujourd'hui navrés de ce qui se passe. « En votant pour Mitterrand, me déclare-t-il, les Français ont seulement voté pour le changement, c'est-à-dire pour le départ de Giscard qu'ils ne pouvaient plus supporter. En France, aucun président ne peut faire plus de sept années consécutives. Même de Gaulle, après six années, a été mis en ballottage.

« Il y a eu un phénomène de rejet portant sur Giscard personnellement, poursuit Peyrefitte. Un phénomène naturel, donc, quoique injuste. Je suis sûr que l'Histoire retiendra de ce septennat un bilan positif et honorable. Giscard a dû faire face à une terrible crise mondiale (deux chocs pétroliers qui ont mis à bas toute sa politique économique et sociale) et il est demeuré au pouvoir alors que, chez tous nos voisins, les dirigeants cédaient la place les uns après les autres. Sa politique économique, financière, sociale, sa politique de défense, sa politique étrangère, tout cela était dans la bonne ligne. Non, les Français n'ont pas voté contre sa politique, mais contre l'usure du pouvoir, contre l'homme et ses manières. Il y a chez Giscard une volonté de domination et un instinct de mépris tout à fait étranges. »

Peyrefitte analyse longuement sa « réconciliation » avec Chirac : « Oui, insiste-t-il, j'ai eu une explication à la loyale. Je ne lui ai rien caché : "Tu as trahi Chaban, lui ai-je dit. Tu as trahi Giscard. Tu as amené les socialistes au pouvoir..." Chirac m'a répondu : "Je ne regrette rien. Je ne pouvais pas faire autrement. En 1974, il fallait à tout prix empêcher Mitterrand d'arriver au pouvoir. Chaban ne faisait pas le poids. Mais je ne savais pas que Giscard était fou !" »

Peyrefitte assure qu'ils se sont réconciliés, mais que leurs positions respectives restent les mêmes. Il pense que Chirac demeure politiquement dangereux. D'ailleurs, malgré leur réconciliation apparente, Chirac continue à tenir Peyrefitte éloigné du RPR. Il a refusé, lors des assises de Toulouse, qu'il monte à la tribune. « Tu vas te faire siffler », lui a-t-il dit. Et Chirac s'oppose toujours à son entrée au Conseil national du mouvement.

Pour terminer, Peyrefitte m'annonce qu'il entend mettre un terme à une campagne de calomnies déclenchée par *Le Canard enchaîné*, selon laquelle il n'aurait pas écrit ses livres, *Quand la Chine s'éveillera* et *Le Mal français*, et emploierait des nègres. Il n'attaquera pas le journal (« C'est dangereux de s'en prendre au *Canard* et il ne faut pas porter atteinte à la liberté de la presse »), mais règlera son compte à un malheureux garçon qui, à Provins, pendant la campagne électorale partielle, a distribué des tracts à ce sujet. Il ne lui demandera que le franc de dommages-intérêts. L'affaire passera au tribunal de grande instance de Melun le 14 mai. Il y aura, selon lui, beaucoup de monde. « Je commence, me dit-il, à être exaspéré par les ravages de cette calomnie. Alors, je viendrai au tribunal avec tous mes manuscrits : le premier jet dicté, puis toutes les séries successives surchargées de corrections et de rajouts écrits à la main. Je suis décidé à confondre mes accusateurs. Savez-vous que, cette année, lors de son examen de droit, mon fils a été apostrophé en ces termes par son examinateur : "Vous êtes le fils d'un faussaire ! Votre père n'écrit pas ses livres. Il ne fait que les signer !" »

3 MAI 1982

Conversation avec Maurice Couve de Murville. Nous évoquons l'affaire des Malouines[1] : « Je ne suis pas intervenu, je n'ai pas fait de déclaration sur cette affaire parce que je n'ai rien à dire, me confie-t-il. C'est une affaire triste et lamentable, un conflit qui risque de durer et d'aller en pourrissant. Je n'ai d'ailleurs pas grande confiance dans les capacités militaires des Anglais. Pour nous, Français, c'est l'occasion de penser à "nos Malouines" et de prévenir pareille affaire qui pourrait nous arriver un jour. C'est ainsi qu'il faut redonner à Madagascar les quelques îlots que nous possédons au large de ses côtes, qui ne nous servent à rien, sinon à faire plaisir à notre marine et à nos députés de la Réunion. De même, il faut donner aux Comores l'île de Mayotte, que nous avons gardée stupidement sous le prétexte d'une consultation populaire qui ne voulait rien dire (les habitants de Mayotte, totalement illettrés, ont voté comme leur ont dit de le faire quelques personnes influentes du cru, qui avaient avantage à ce que Mayotte restât française). Pour les Antilles, il faudra un jour ou l'autre leur donner plus d'autonomie. La Polynésie pose des problèmes similaires. Pour Saint-Pierre-et-

---

1. Le 3 avril 1982, les troupes anglaises ont débarqué sur ces îles de l'Atlantique sud pour en reprendre possession après que le gouvernement argentin, qui les revendique de longue date, a tenté de s'en emparer.

Miquelon, aucun problème ne devrait se poser, car nous pouvons toujours nous entendre avec les Canadiens. Reste la Guyane, affaire pratiquement insoluble avec ces quelques milliers de "sauvages" disséminés dans la forêt et qui ne demandent rien.

« Notre politique étrangère est dans l'ensemble, et sur les grands sujets, pareille à la précédente, poursuit Couve. Mais dire qu'elle est "gaulliste", parce qu'elle se base sur une force de frappe et une défense indépendante, est une idiotie. Il n'y a pas de politique "gaulliste" en matière de Défense (ou ailleurs), mais une politique française qui ne peut être autre. Cela dit, notre politique étrangère dérape dans ses applications. Les socialistes impliquent sans cesse la politique intérieure dans leur politique étrangère. Ils sont beaucoup plus atlantistes que Giscard, pour se faire pardonner, auprès des Américains, la présence des ministres communistes. Mais, en même temps, ils soutiennent la guérilla du Salvador pour bien rappeler que la France est socialiste. Nous accumulons les bêtises en Afrique. Giscard avait commis la sottise de soutenir, au Tchad, Hissène Habré. Pourquoi Mitterrand commet-il aujourd'hui celle de soutenir son ennemi Goukouni ? C'est si simple de ne pas prendre parti dans pareille affaire !

« Et puis, notre président voyage trop. Cela ne rime plus à rien : aucun impact à l'intérieur et on se moque de nous à l'extérieur. Abuser des voyages est une faute grave, parce qu'un tel abus les rend bien sûr inopérants. Mitterrand peut maintenant aller où il veut : cela n'a ni signification ni importance. Cela fait sourire. »

Enfin, nous en venons comme toujours à parler de Jacques Chirac. « Chirac, bien sûr, n'est pas gaulliste, me dit Couve sur le ton de l'évidence. Et je lui suis reconnaissant de ne pas se proclamer gaulliste. Le gaullisme ne signifie plus rien depuis la mort du général de Gaulle. Il n'y a plus de gaullisme. Chirac a bien fait de supprimer les croix de Lorraine et les portraits de De Gaulle et de Pompidou dans les réunions du RPR. S'il lui arrive de se dire "gaulliste" ou de se réclamer du "gaullisme", c'est seulement quand cela lui sert sur le plan électoral ! »

6 MAI 1982

Entretien avec Michel Debré. « Je mets Giscard et Mitterrand dans le même sac, me dit-il. Ils se ressemblent. Ils ne sont pas inspirés par les grands intérêts du pays. Ils sont tous deux essentiellement des hommes politiques. Mais Mitterrand est beaucoup plus intelligent, plus habile que Giscard... Mitterrand ne pense qu'à une seule chose : conserver l'unité du parti socialiste, tâcher de le renforcer pour laisser, après lui, un parti socialiste unifié. Giscard, lui, a fait le contraire : au lieu de rassembler à tout prix les forces de sa majorité, c'est-à-dire d'amener à lui les gaullistes (ce qui était une entreprise facile, la majeure partie des gaullistes l'ayant rallié pour éviter Mitterrand en 1974), eh bien, il a choisi la politique contraire, il a suivi une autre route, un rêve absurde du côté des centristes. Dès lors, son échec était prévisible !

« Les séances de l'Assemblée donnent un triste spectacle, me raconte Debré. Les débats sont interminables, en présence de quelques députés seulement. Ne croyez pas que les débats se prolongent sans fin parce que l'opposition veut faire traîner les choses. En vérité, le pouvoir a tous les moyens légaux pour accélérer les discussions. Ces moyens, nous, nous les avons employés quand nous étions au pouvoir. Il y a un arsenal formidable pour cela dans la Constitution et le règlement de l'Assemblée. Les socialistes ne l'emploient pas parce qu'ils ont le goût des palabres qui n'en finissent pas et, aussi et surtout, parce que la lenteur des débats, la longueur des discussions diminuent les risques de mésentente entre socialistes et communistes, comme entre les différentes factions du parti socialiste.

« La France est en plein déclin. Le déclin partout, en tout. Le lent déclin. La déclaration solennelle de Mitterrand sur les Malouines[1] a été affligeante. Personne, je vous dis bien personne, à l'étranger, ne l'a écoutée ni même entendue ! »

Au détour de notre conversation, Debré revient brièvement sur

---

1. Soutenant l'intervention anglaise décidée par Margaret Thatcher.

l'affaire de l'Observatoire[1] qui a failli anéantir la carrière politique de Mitterrand en 1959 : « J'étais Premier ministre alors et c'est Edmond Michelet[2] qui, sans prévenir le Général ni moi, a fait arrêter les poursuites. J'ai été furieux contre lui. Il m'a alors répondu : "Qu'est-ce que cela peut faire ? Quelle importance ? Ce pauvre Mitterrand est fini !" »

19 MAI 1982

Jobert me confie que, lors d'un récent Conseil des ministres, Mitterrand a lancé, en évoquant les difficultés de l'Europe des Dix : « De Gaulle a eu raison en 1966[3] ! »

Puis il me parle de nouveau des communistes, « plus rampants que jamais, avalant leur chapeau chaque jour, se reniant, prêts à tout pour demeurer au gouvernement. Ah ! il faut les voir et les entendre en Conseil des ministres ! On n'en croit ni ses yeux ni ses oreilles...

« Je suis le seul, m'affirme-t-il, à pouvoir parler librement dans mes articles et dans mes interviews. Je dis ce que je pense. Et, croyez-moi, le Président me lit. Je le sais... Mitterrand n'est plus du tout le même depuis qu'il est à l'Élysée. L'Élysée a changé tous les hommes dès leur arrivée. Même Pompidou, qui marchait les pieds en dedans et le dos raide ! Il n'y en a qu'un qui est demeuré le même, c'est-à-dire modeste, c'est le général de Gaulle. Non ! Ce n'est pas une boutade ! Il écoutait toujours attentivement les autres, parce qu'il avait le respect des autres, même quand il les jugeait idiots. Plus

---

1. Le 15 octobre 1959, François Mitterrand est « victime » d'une tentative d'attentat dont l'auteur, Robert Pesquet, élu poujadiste de Seine-et-Oise, affirme après coup qu'elle a été manigancée en accord avec le sénateur de la Nièvre. Ce dernier est inculpé deux semaines plus tard, après la levée de son immunité parlementaire.
2. Alors ministre de la Justice, gaulliste de sensibilité démocrate-chrétienne.
3. En 1966, la France a cessé sa politique de la « chaise vide » et réintégré la Communauté européenne après avoir obtenu à Bruxelles un accord avec ses partenaires sur la politique agricole. Mais peut-être le président Mitterrand fait-il plutôt allusion ici au veto, confirmé par de Gaulle à cette date, à l'entrée de la Grande-Bretagne au sein de la CEE...

exactement, il avait le respect de leurs titres, de leurs fonctions, de ce qu'ils représentaient au sein de l'État. Il avait du respect pour n'importe quel imbécile à condition qu'il fût ministre. Il traitait avec une grande considération n'importe quel haut fonctionnaire, directeur, parce qu'il incarnait l'État.

« Mitterrand, lui, n'écoute plus personne aujourd'hui. Il n'interroge plus ses ministres, ne les entend plus. C'est lui qui disserte. Il parle, il parle et on l'écoute. Oui, Mitterrand a changé le jour où il a pénétré dans l'Élysée : la démarche, le masque, la voix, le regard. Il est autre. Il est devenu impérieux.

« Mitterrand adore les voyages. Aucun ne le rebute. Aucun ne le fatigue. Il est manifestement enchanté et touché par les fastes, les honneurs, le décorum, le protocole. Le soir, on a peine à lui faire quitter les réceptions : il parle, il n'en finit pas de parler. Un jour à Hambourg, le lendemain à Londres, le surlendemain partant pour l'Afrique, avec une escale à Alger ! On l'annonce maintenant en Hongrie. Pourquoi la Hongrie ? À Tokyo, où ce n'était pas gai, il était pourtant enchanté. Ah ! ce voyage... Les Japonais ont dit : "Nos conversations avec M. Mitterrand ont été intéressantes... sur le plan philosophique." Bien entendu, sur le plan commercial, il était stupide d'en attendre quelque chose ! » (Jobert rit quand je lui rapporte la boutade du *Monde* : « Le Président Mitterrand effectuera un voyage à Paris les 13 et 14 juin prochains. »)

« Oui, je tente d'élargir le gouvernement vers le centre gauche, m'avoue ensuite Jobert. Mais c'est une entreprise très difficile. Les communistes le savent et ne peuvent supporter cette idée. Quant aux socialistes – impérialistes dans les affaires de l'État –, ils n'en veulent à aucun prix. Mais le Président, qui est plus intelligent qu'eux, le souhaite et me laisse faire. Les socialistes ne doutent de rien. Ils croient avoir la science infuse. Mais ils commencent maintenant à douter un peu d'eux-mêmes, disons un jour sur deux. Oui, c'est cela : ils ont la science infuse un jour sur deux. C'est un progrès. »

À la fin de notre entretien, je l'interroge sur ses relations actuelles avec la famille Pompidou. « Je ne vois plus Mme Pompidou, me répond-il, elle est complètement sous la coupe de Chirac. Je sais qu'elle veut faire publier des notes de son mari sur la période où il était à Matignon, en 1958, en tant que directeur de cabinet du général de Gaulle, et aussi quelques pages relatives à l'époque où il était Premier ministre. Balladur n'est pas très chaud pour cette publication et retarde l'affaire. Les jugements portés sur certains sont, en effet, féroces ! »

8 juillet 1982

Rencontre avec Raymond Barre. Comme toujours, depuis qu'il a quitté Matignon, il me reçoit dans son bureau du boulevard Saint-Germain, voisin du Flore. « Nous sommes encore sur la queue de la comète, de la comète de Gaulle, et la France tient encore grâce à cela, me dit-il. Certes, nous sommes retombés dans la IVe, mais pas complètement : il y a les institutions, il y a certains aspects de la politique étrangère, il y a des lambeaux de l'héritage qui demeurent. C'est cela qui nous permet encore de tenir. Mais nous nous enfonçons dans l'abîme et, croyez-moi, nous irons jusqu'au fond. Voyez-vous, ce qui me frappe le plus chez nos dirigeants actuels, c'est qu'ils sont des idéologues (Mitterrand est d'abord un littéraire) et des incompétents d'une incompétence totale.

« Politiquement, le régime tiendra aussi longtemps que la coalition socialo-communiste tiendra. Communistes et socialistes sont prisonniers les uns des autres. Ils ne peuvent se dissocier pour le moment, sauf, évidemment, s'il y a cassure sur le plan international. Nous sommes d'ailleurs actuellement bien vus à l'étranger, notamment parce que nous sommes redevenus atlantistes et que nous avons rompu l'équilibre européen en faisant stupidement une politique antisoviétique, en nous brouillant gratuitement avec les Russes, sans aucune raison valable (il ne faut pas confondre morale et politique), et en laissant, dans les relations avec les Soviets, le terrain libre à l'Allemagne et bien entendu aux Américains qui, eux, ne se brouilleront jamais avec Moscou.

« Quant à mon propre avenir, il y a Chirac, il y a Giscard, les cases sont prises. Je ne peux rien faire. Du haut de ma montagne, j'assiste aux joutes. Pour l'instant. Mais je ne reste pas inactif et me manifeste ponctuellement sur les grands sujets, quand je sens qu'il faut le faire.

« En décidant la création de vingt mairies d'arrondissement à Paris, poursuit Raymond Barre, les socialistes viennent de marquer un point contre Chirac. C'est bien joué. Le pouvoir financier de la mairie de Paris est purement et simplement scandaleux. C'est un gigantesque fromage RPR. Chirac y place tous ses amis. C'est d'abord pour mettre fin à ce scandale que le gouvernement a pris cette décision.

« Chirac ? Je ne crois pas à son parcours. C'est l'homme des coups. Il n'y a, chez lui, aucune ligne politique. Croyez-moi, je suis à Lyon, je parcours la France, je vois énormément de monde : Chirac n'inspire pas confiance. Chirac, c'est la droite. Il ne peut pas réussir. J'ai été indigné de son discours à l'Assemblée lors du débat sur la motion de censure. Comment pourrait-il descendre encore plus bas ? Ah ! quelle bassesse ! Se réclamer aujourd'hui de notre politique – qu'il a combattue pour abattre Giscard !

« D'ailleurs, sa trahison commence à se faire jour. Oui, Chirac a rencontré les socialistes avant l'élection présidentielle. Il a rencontré notamment Mitterrand. Je sais tout sur ces tractations. Il a dit à Mitterrand : "Je battrai Giscard au premier tour. Si je ne le bats pas, je le ferai battre au second…" Tout ceci sera connu et les socialistes détiennent là une arme terrible contre lui. »

Barre ne parle pas de Giscard. Mais il est évident que son allégeance à l'ancien président est terminée et que ce dernier se trouve aujourd'hui en travers de sa route. Il assure que sa politique étrangère, hésitante au début, a été authentiquement gaulliste sur tous les sujets (tiers-monde, Proche-Orient, relations avec l'URSS et les États-Unis…), bien plus que celle de Pompidou « qui a fait entrer la Grande-Bretagne dans le Marché commun », me répète-t-il.

Raymond Barre revient sur l'état de la France : « Ce qui est grave, me dit-il en conclusion, c'est l'immense déception, non pas de ceux qui ont rejoint la gauche le 10 mai et qui nous sont déjà tous revenus, mais d'une partie de la gauche, de milliers et de milliers de socialistes et de communistes, aujourd'hui déçus (nous le constatons chaque jour) et demain désemparés. Où iront-ils ? Que feront-ils ? De ce fait, voilà le pays atteint dans ses profondeurs, voilà la fibre nationale touchée. La dramatique situation économique dans laquelle ils laisseront le pays, ce n'est pas grave ! L'économie, ça se répare toujours ! Mais, devant la désespérance de ces Français de gauche, que ferons-nous ? »

Barre m'a paru égal à lui-même : rond et joyeux, serein et malicieux. Au-dessus de son bureau digne d'un président de grande société bancaire, un portrait du Général. Sur une petite table, tous les journaux du jour, soigneusement étalés. Dans l'appartement du boulevard Saint-Germain où il a installé son « antenne », beaucoup d'agitation : des secrétaires traversent l'antichambre, de jeunes énarques vont, viennent, entrent et sortent. « Et vos vacances ? – Eh bien, me répond-il, j'irai chez moi à Saint-Jean-Cap-Ferrat. Ma femme s'y trouve déjà. Venez donc me voir. Tout le monde vous indiquera le chemin de ma maison. Mais je vous avertis : vous êtes sûr de me trouver dans ma piscine ! »

22 juillet 1982

Déjeuner de presse avec Gaston Defferre, le ministre de l'Intérieur. Avalant ses fins de phrase avec les crudités et le loup braisé qui a suivi, il parle d'abord un peu de lui. L'homme se montre prudent, attentif à ce que vous lui dites, sympathique, mais surtout las, fatigué, manifestement éreinté.

Depuis quatre ans, nous apprend-il, il s'est mis à la chasse en faisant d'abord beaucoup de ball-trap. Hélas, il n'a le temps de profiter ni de Chambord ni de Marly ni de Rambouillet « où les faisans ne sont pas si faciles que cela à tirer ». Ce qu'il aime tirer, « c'est le canard, pas les grosses bêtes ». Les Yougoslaves – il rentre d'un voyage à Belgrade pour resserrer les liens entre policiers français et yougoslaves dans la lutte contre le terrorisme international – ont voulu organiser une chasse en son honneur. Il a refusé. « Pendant le séjour, ils ont insisté : "Venez tirer un daim, il y en a pour une heure." J'ai refusé une nouvelle fois. Je ne suis pas Giscard. Pas de chasse pendant les voyages officiels ! »

Il évoque, à ma demande, le sort de Chapour Bakhtiar, le dernier Premier ministre du chah, que je connais bien, aujourd'hui réfugié en France : « Je viens de lui couper avant-hier le téléphone, me répond-il. Il fomentait depuis son appartement, avec le monde entier, des complots contre Khomeyni, mettant ainsi en danger les Français qui sont restés à Téhéran. Je ne pouvais supporter cela... »

Il aborde alors la situation internationale : « Ce qui est grave, ce n'est pas ce qui se passe au Liban[1], c'est ce qui se passe en Iran. Si l'Irak cède, si Khomeyni est vainqueur[2], ce sera alors le déferlement de sa révolution islamique partout au Proche-Orient, à commencer par les États du Golfe, puis au Maroc où les choses sont avancées, et en Syrie. » Au sujet du Liban, il assure que, quelle que soit la situation, les attentats dans ce pays – et ailleurs, c'est-à-dire en France aussi – continueront. « Même s'il y a un accord entre le Liban, Israël et l'OLP, les attentats se poursuivront parce que les extrémistes palestiniens ne respecteront pas cet accord... »

Je suis assis à la gauche d'Edmonde Charles-Roux. Un journaliste du *Monde*, Jean-Pierre Peroncel-Hugoz – en saharienne et avec de grosses moustaches noires –, est à sa droite. Il est malheureusement marseillais et, soucieux de faire plaisir à Defferre, il l'incite à d'interminables développements sur la situation locale. Les voisins de Defferre sont Maurice Siégel[3] à sa droite – vieux copain de la Résistance, ils se tutoient – et Roger Thérond[4], qui tutoie Edmonde qui tutoie tout le monde, y compris moi.

Avant le repas, Defferre a évoqué les récents attentats à Paris. On le sent angoissé par ce problème. Celui qui s'est produit devant un café du Quartier latin et que l'on avait officiellement imputé aux Arméniens, a, en fait, selon lui, l'extrême droite pour auteur. Je le questionne sur ceux qui ont plastiqué l'appartement de Régis Debray et qui prétendent être aussi les auteurs de l'enlèvement de Jean-Edern Hallier. Mais il coupe court : « Je ne peux pas vous répondre. »

Dans un aparté, aussitôt après le déjeuner, Gaston Defferre me

---

1. Le 6 juin 1982, l'armée israélienne a attaqué le Sud-Liban.
2. L'Irak a déclaré la guerre à l'Iran en septembre 1980.
3. Fondateur, entre autres, du magazine VSD.
4. Le directeur de *Paris-Match*.

confie que le gouvernement a fait une « immense bêtise » en s'en prenant à Chirac à propos du statut de la mairie de Paris[1]. « C'est la faute de Mauroy, me dit-il. J'ai déjà présenté deux fois ma démission. Je l'aurais fait encore une fois, mais les choses sont allées trop vite. Alors il a fallu faire machine arrière. » Je sens qu'il n'aime pas Mauroy. Parmi ses adversaires politiques, il apprécie Debré – « Nous sommes amis » – mais déteste Chirac. Il dément au passage ce que m'avait dit Barre au sujet des contacts entre Mitterrand et Chirac avant l'élection présidentielle : « Nous n'avions pas besoin de cela. »

À travers ses silences, je sens un homme très découragé, triste, accablé même par la virulence de l'opposition, par l'hostilité haineuse de beaucoup, par les maladresses aussi, les faux pas de certains socialistes : « Personne – dans la presse – ne soutient plus le pouvoir, constate-t-il. *Le Monde* nous a lâchés. Je regrette le départ de Fauvet[2]. Les difficultés sont là, l'atmosphère générale est affreusement éprouvante. »

Pendant le repas, il a aussi évoqué la dureté physique de sa tâche à l'Intérieur, mais en précisant bien qu'il ne se plaignait pas. « Je passe trois jours à Marseille chaque semaine. À Paris je ne quitte pas le ministère. Edmonde et moi nous y sommes installés. Nous n'y sommes pas trop mal... Comment se plaindre ? Nous sommes dans un hôtel "quatre étoiles"... Nous n'avons apporté avec nous rien de personnel. Seulement nos affaires indispensables. Des changements ? Pourquoi ? Non... D'ailleurs, le Président a fait passer une circulaire qui interdit aux ministres habitant des logements de fonction d'entreprendre des travaux, d'apporter la moindre transformation... Habiter le ministère est plus pratique pour la sécurité et je gagne quelques minutes de sommeil... Quand j'en aurai terminé avec la décentralisation, cela ira peut-être un peu mieux... »

Edmonde – élégante, moins mondaine dans son ton et faisant bien moins âgée que sur ses photos, mais sûre d'elle et autoritaire, « en mettant plein la vue » manifestement à Gaston – nous fait part avant

---

1. La réforme instituant les mairies d'arrondissement dans la capitale vaut aussi... pour la mairie de Marseille.
2. Jacques Fauvet, jusque-là directeur du *Monde*, à qui a succédé André Fontaine.

le déjeuner des lettres anonymes qu'elle reçoit chaque jour, des lettres de menaces immondes (« Tu vas être veuve ») les condamnant tous deux à mort. Edmonde souligne la haine dont le nouveau pouvoir est entouré et se demande pourquoi, tout en répondant aussitôt à sa propre question : « C'est parce que l'on touche aux puissances de l'argent. » Elle raconte qu'elle a pris ce matin son petit déjeuner avec la représentante du *Times* à Paris et que celle-ci lui a fait part des « horreurs » qui se colportent dans le monde parisien au sujet du gouvernement. « Est-ce vrai que les robinets des cabinets de toilette que vous avez fait installer au Grand Trianon pour le "Sommet[1]" sont en or massif ? », lui a-t-elle demandé. Tout au long du déjeuner, j'ai senti Gaston et Edmonde atteints au plus profond par la violence de l'opposition, qui va jusqu'à faire paraître dans la presse marseillaise des encarts publicitaires appelant les anciens paras à descendre dans la rue. « Jamais, ajoute Edmonde, jamais dans l'histoire de notre pays on n'a vu de pareilles infamies. »

9 SEPTEMBRE 1982

Député du Calvados, Olivier Stirn m'annonce qu'il sera reçu prochainement à l'Élysée à la demande du Président. « C'est important pour moi qu'il tienne à me consulter, me dit-il. Je vous tiendrai au courant. Je suis dans l'opposition, mais dans une opposition constructive.

« Chirac mise sur des élections générales dans les deux ans, parce qu'en fait il ne peut attendre six ans. Il souhaite réaliser dans l'intervalle l'unité de l'opposition sous sa houlette. Or, si nous voulons remporter la prochaine élection présidentielle, il faut une majorité nouvelle fondée sur l'éclatement du parti socialiste, du RPR et de l'UDF. Cette majorité sera donc formée d'une partie des socialistes (tendance Rocard, que je vois de temps à autre), d'une partie de l'UDF (tendance "démocrate", c'est-à-dire CDS et radicaux) et

---

1. Le 4 juin 1982 s'est tenu à Versailles, non sans faste, le sommet des sept puissances les plus riches du monde.

d'une partie du RPR. Je suis en liaison permanente avec certains gaullistes. Guéna était hier ici, dans mon bureau, à votre place. Il viendra à ma réunion du 2 octobre au Sheraton. Cointat[1], Charbonnel[2], les gens de "Nouvelle Frontière[3]" marchent avec moi. Quant à la tendance Giscard, elle pourra très bien soutenir cette nouvelle majorité. Elle en sera, en fait, l'aile droite. En fin de compte, nous ferons ce que Giscard a envisagé. Mais il ne pourra pas en être le leader pour des raisons que je vais vous exposer plus loin.

« Après les élections législatives[4] – sans doute perdues pour les socialistes – il restera à Mitterrand dix-huit mois à tenir. Il pourra alors soit former un gouvernement "technique", soit abréger son mandat en déclarant qu'il dissout, soit encore former un gouvernement d'union tel que je le préconise.

« Et Giscard ? Si Giscard devait apparaître dans trois ou quatre ans comme le meilleur candidat, il est évident que je le soutiendrais, me dit encore Stirn. Mais c'est précisément parce que je ne le crois pas que je cherche d'autres voies. Je lui ai exposé mon analyse. Je lui ai dit qu'il avait trois handicaps insurmontables : a) il a été battu, et il est toujours difficile de se représenter à un poste où on a été battu ; b) il est le plus mal placé pour récupérer l'électorat gaulliste qui lui sera nécessaire pour être élu ; c) il est également mal placé pour récupérer les socialistes déçus. Appeler ces derniers à voter Giscard, ce serait beaucoup leur demander !

« Giscard est mal conseillé. Son entourage lui dit : "Il n'y a que vous", et il en est persuadé. Alors qu'il devrait plutôt penser : je n'ai plus d'ambition personnelle, je ne suis plus dans la course, et de prendre ainsi de la hauteur pour mieux préserver son avenir...

« Chaban voit avec sympathie ce que nous faisons, ajoute Stirn. Il enverra un message à notre réunion du 2 octobre, dont je donnerai lecture. Il cautionne notre tentative de nouvelle majorité (Simone Veil est pour nous, Edgar Faure aussi). Cela dit, Chaban ne veut pas

---

1. Michel Cointat, député RPR de la Mayenne.
2. Jean Charbonnel, gaulliste de gauche et député RPR de la Corrèze, maire de Brive.
3. Revue proche des gaullistes de gauche.
4. Prévues pour 1986.

s'engager avant les municipales. Il ne veut pas se lancer trop vite. Je l'ai vu récemment. Il a une analyse différente de la mienne. Il m'a dit textuellement : "Pour moi, dans quatre ans, ce sera fini. Je serai trop vieux. Ce à quoi je peux encore servir, c'est à prendre la tête d'un gouvernement d'union si l'opposition gagne les législatives." Chaban joue cette carte. Il ne brigue pas autre chose. Il m'a répété ce que lui avait dit Mitterrand après son élection : "Si Pompidou t'avait écouté[1], je ne serais pas là." Aujourd'hui, les chances du centre peuvent venir après l'échec de la droite (c'est fait) et de la gauche (ce sera bientôt fait). »

Pour finir, Stirn m'assure sans rire que « dans l'entourage de Chirac, certains préparent un coup d'État. Vous savez, quand Mitterrand a été sifflé sur les Champs-Élysées, le soir du défilé du 14 Juillet, ça a été très loin, insiste-t-il. Beaucoup plus loin qu'on ne le croit. Il y a eu des sifflets jusque dans la tribune des femmes d'officiers. Le pouvoir a eu un moment de panique. Je le sais par la police. Ils se sont interrogés : "Et s'ils essayaient d'aller jusqu'à l'Élysée ?" »

« Le coup d'État auquel certains pensent au RPR (estimant que Chirac n'a de chances réelles de revenir au pouvoir qu'en 1983) visera à reproduire le scénario de 58, m'assure-t-il : après l'avoir laissé faire, sinon encouragé en sous-main, Chirac stoppera à temps la tentative de putsch et, comme de Gaulle, sera porté massivement au pouvoir pour "sauver la République". Je sais de source sûre que tel est le plan de certains dans l'entourage de Chirac. Mitterrand est au courant », me glisse-t-il pour finir.

16 SEPTEMBRE 1982

« Mauroy n'est plus l'homme de la situation, m'explique Edmonde Charles-Roux. Il l'a été au début. Il ne l'est plus maintenant. Son langage est trop mou, trop flou. Il faudrait le remplacer avant les municipales[2]. C'est l'avis de Gaston. Je crois que Mitterrand a envisagé cette

---
1. À propos du combat de Chaban pour une « Nouvelle Société ».
2. Prévues pour le mois de mars 1983.

solution, qu'il hésite peut-être encore. Mais je pense que, finalement, il gardera Mauroy jusqu'aux municipales, et même après. De toute manière, nous serons fixés rapidement car, si changement il doit y avoir, celui-ci interviendra avant la fin du mois.

« Je suis frappée de la hargne de la droite contre nous, me répète-t-elle. C'est affreux. On croirait retrouver l'extrême droite d'avant guerre, les ligues, la Cagoule. Nous savons que Chirac est prêt à tout. Hélas, c'est lui le véritable chef de l'opposition. Mitterrand, c'est vrai, a tenté de le ménager au début, comme s'il voulait s'attirer ses bonnes grâces. Mais, depuis un certain discours de Chirac à l'Assemblée, où il traînait les socialistes dans la boue et assurait qu'ils ne resteraient pas longtemps au pouvoir, c'est fini, croyez-le bien. Mitterrand a compris. La réforme du statut de Paris, c'est Mitterrand qui l'a lancée, et Mauroy a immédiatement suivi.

« Gaston est frappé par ce déchaînement de haine contre lui. Le Président lui conserve toute sa confiance, toute son affection. Si vous saviez comme il est gentil avec lui dans le privé, affectueux, attentionné, allant jusqu'à déplacer les cartons pour qu'il ait une meilleure place à table. Mitterrand, c'est la passion de Gaston ! Mitterrand, ou plus exactement l'homme qui a remis sur pied le socialisme, qui a recréé le parti socialiste. Si vous saviez ce que M. X[1] a souffert avec Guy Mollet, les couleuvres qu'il a avalées au temps de la SFIO ! Le socialisme, c'est tout pour lui. »

28 SEPTEMBRE 1982

Olivier Stirn me rapporte son entretien récent avec Mitterrand : « Il ne se passera rien pendant les quatre années à venir, lui dit le Président. Chirac est pressé, il veut ma place. Mais je ne dissoudrai pas l'Assemblée. Pourquoi le faire ? J'ai la majorité. Je l'ai même avec les seuls socialistes. Ce qui peut se passer après les élections est une autre affaire. Mais, bien évidemment, de toutes les manières, je

---

1. Ainsi se fit appeler Gaston Defferre, candidat potentiel à l'élection présidentielle de 1965, soutenu par *L'Express*.

resterai, je veux dire même si la majorité est battue. Je ferai alors une majorité avec ceux qui accepteront bien d'y entrer. Ce que vous représentez, ce que vous êtes m'intéresse. Oui, c'est intéressant. Ce que vous voulez faire est une hypothèse. Continuez. D'ailleurs, je souhaite vous revoir. Nous nous reverrons en janvier. En tout état de cause, il n'y aura pas de majorité sans les socialistes, et c'est bien comme cela que vous l'entendez. »

« Le Président m'a paru en excellente santé, en très bonne forme, me raconte Stirn. Sympathique, calme, très ouvert. Il a pleinement les dimensions d'un homme d'État. En arrivant, je lui ai dit : "Je viens en député de l'opposition. Puis-je donc critiquer votre politique ? – Mais c'est comme cela que je l'entends, m'a-t-il répondu. C'est bien pour cela que j'ai demandé à vous voir." Je suis resté une heure et demie avec lui. L'huissier est venu, à un moment, lui apporter la fiche du visiteur suivant. Il a dit : "Faites-le attendre dans la bibliothèque..." Ce n'est qu'à la fin que nous avons abordé la politique intérieure.

« L'intelligence de Mitterrand a été, bien sûr, de me recevoir. Il en a eu tout le bénéfice politiquement. Moi, aucun. Je suis plus en porte-à-faux que jamais et, curieusement, je suis plus en porte-à-faux vis-à-vis de l'opposition, c'est-à-dire de mes amis, que du côté du pouvoir. Ah ! Si vous voyiez les égards dont m'entourent les ministres, les députés socialistes depuis que j'ai été reçu par Mitterrand ! Je me sens dans une position ambiguë. Je le suis depuis que j'ai déclaré que la majorité d'hier (Chirac et Giscard) ne pouvait plus revenir au pouvoir et qu'il fallait trouver autre chose : la social-démocratie, le centre, formé des réformistes et de tous les socialistes déçus.

« Vous savez, l'UDF se "droitise" de plus en plus et j'y suis de plus en plus mal à l'aise, m'avoue Stirn. La droite voudrait que l'on soit automatiquement contre tout ce que fait la gauche. Ne rien lui reconnaître. Chaque fois que je propose un amendement, chaque fois que je prends une position raisonnable, je suis traité de traître par mes amis de l'opposition. Mais cela m'est égal. Je continue dans la voie que je me suis tracée, parce que je pense que c'est la meilleure. »

11 octobre 1982

Christian Bonnet, ancien ministre de l'Intérieur de Giscard, est résolument favorable à Raymond Barre dans la course à la présidence.

« Depuis le 10 mai, me dit-il, je n'ai vu qu'une seule fois Giscard. (Il s'en montre manifestement amer.) C'était avant les élections cantonales. Je lui ai franchement dit que je n'approuvais pas sa candidature en Auvergne[1], et exposé dans le détail mes raisons. Une telle candidature ne pouvait que lui nuire. Savez-vous ce qu'il m'a répondu ? "Au lendemain des cantonales, la presse étrangère titrera : Giscard élu. Il n'y a que cela qu'ils retiendront." Alors, que voulez-vous ? Quand on entend de pareilles choses !

« De grâce, de grâce, qu'il arrête !, s'exclame Christian Bonnet. Que son entourage lui dise : "Monsieur le Président, votre intérêt est de demeurer silencieux..." Giscard ne sera pas réélu à l'Élysée. Et Chirac ne le sera pas non plus. Il lui manquera toujours les voix des irréductibles de l'UDF qui ne lui pardonneront jamais, vous entendez bien, jamais sa trahison à l'égard de Giscard. Vous savez, la lutte qui oppose ces deux hommes, qui se haïssent, ne se terminera jamais. Aujourd'hui, il y a l'union des deux grands partis à la base, réclamée justement par notre électorat. Nous ne pouvons pas nous permettre le moindre signe de divergence entre le RPR et l'UDF. Mais, derrière cette union, se dresse toujours la lutte éternelle, implacable entre les deux hommes.

« Il reste donc Barre, manifestement parti avec sagesse, avec prudence dans la course à la présidence. Giscard doit être furieux. Je pense que Barre a toutes ses chances. De jour en jour il est meilleur. De jour en jour il s'impose. Savez-vous que dans tous ses voyages à travers la France, il rencontre un extraordinaire succès et arrive à rassembler de véritables foules ? »

Christian Bonnet ne croit pas à des élections législatives anticipées. « Nous irons jusqu'au bout des échéances normales, me déclare-t-il.

---

[1]. Valéry Giscard d'Estaing s'est fait élire conseiller général du canton de Chanonat, dans le Puy-de-Dôme.

Peut-être en eût-il été autrement si les socialistes avaient suivi la pente de leur première année au pouvoir et continué à accumuler leurs gaffes inimaginables, leurs bêtises stupéfiantes. Alors, tout aurait pu arriver. Mais ils ont compris. Ils ont compris qu'ils ne pouvaient pas mettre en œuvre leur programme. Ils ont changé. Ils ont redressé la situation. Ils ont pris toute une série de mesures, dont certaines courageuses, qui leur permettront certainement de tenir jusqu'à la fin de la législature.

« Savez-vous que, maintenant, dans la lutte contre les abus, notamment ceux des faux chômeurs, les socialistes prennent des mesures que nous n'aurions jamais osé prendre, et qu'il fallait prendre. Ils mettent maintenant tout en œuvre pour gagner et se montrent sans pitié. C'est une effrayante politique d'inquisition, une lutte sans merci – que vous ne pouvez imaginer –, ce sont de véritables abus de pouvoir, ce sont d'abominables méthodes. Les petits commerçants notamment (ils n'ont pas à les ménager, ils votent contre eux) sont les victimes de cette nouvelle politique draconienne. Chez moi, dans le Morbihan, les agents de l'État envahissent les magasins, ouvrent les livres de comptes, terrorisent littéralement leurs propriétaires. Je connais des gens au bord du suicide. Les socialistes, comme ils sont durs, brutaux, intransigeants, implacables sur le plan humain, sur celui du cœur, précisément ! Comme ce que fait la gauche ne correspond pas à sa réputation ! »

Christian Bonnet s'en prend vivement à Pierre Joxe, à Quilès, à Mermaz[1] qu'il assimile à Robespierre. En revanche, il me parle gentiment de Defferre – son successeur à l'Intérieur (« un ancien de la SFIO ») qu'il voit souvent à l'Assemblée et avec qui il plaisante et parle amicalement dans les couloirs. « Contrairement à Peyrefitte, je ne m'en suis jamais pris nommément à mon successeur, me dit-il. Il ne faut jamais critiquer celui qui est en charge du ministère que vous avez dirigé. Entre Defferre et moi demeure une certaine complicité. » Cela dit, il critique avec force la politique de décentralisation, montre en quoi elle est néfaste et inapplicable, et prédit que

---

1. Les dirigeants socialistes perçus comme les plus orthodoxes, notamment depuis le congrès du PS à Valence.

Defferre ne restera pas longtemps au gouvernement, ne serait-ce qu'à cause de son âge et de sa « fatigue ».

Enfin, s'agissant de la présence de communistes au gouvernement, Christian Bonnet se dit convaincu de leur intention d'y rester. « Le parti se fiche des élections. Il se fiche de perdre des militants. Ce qui compte pour lui, c'est de s'infiltrer partout, c'est de noyauter l'État dans tous ses rouages. C'est bien ce qu'il fait maintenant et sur une échelle que vous ne pouvez imaginer. On assiste à la mise en place de tout un appareil communiste. »

7 NOVEMBRE 1982

Le général Billotte m'entretient longuement et en détail de la carrière de François Mitterrand :

« Mitterrand, je vais vous raconter son histoire, m'annonce-t-il. Avant la guerre, il était aux Faisceaux[1], une organisation fasciste. Il jugeait les Croix-de-Feu pas assez à droite. Il subsiste un doute sur son évasion pendant la guerre. À la vérité, les Allemands lui ont confié une mission. Puis il est arrivé chez Pétain. En décembre 1942, il écrit dans *France*[2] un article appelant les Français à collaborer avec l'Allemagne. Pétain l'a nommé délégué national aux Universités[3] et lui a remis la francisque personnellement, en présence des représentants de Doriot et de Brinon[4]. On a la photo, elle est chez Roger Frey. Lorsque Mitterrand comprend enfin comment le vent va tourner, il s'envole pour

---

1. François Mitterrand a adhéré en 1935 aux Volontaires nationaux du colonel de La Rocque, organisation ultra-nationaliste et antirépublicaine, mais qui ne se réclamait pas du fascisme.
2. *France, revue de l'État nouveau*, dirigée par un proche de François Mitterrand, Gabriel Jeantet.
3. François Mitterrand n'a occupé qu'une fonction officielle à Vichy : celle, de janvier 1942 à janvier 1943, de chef adjoint du service de presse du Commissariat au reclassement des prisonniers. Mais la francisque lui fut remise au printemps 1943, au titre, apparemment fictif, de « délégué à la Jeunesse étudiante ».
4. Comme en témoigne la fameuse photo rendue publique en couverture du livre de Pierre Péan, *Une jeunesse française*, Fayard, 1994.

Alger où de Gaulle lui dit : "Pour vous racheter, je vous offre d'aller vous battre ou de revenir en France faire de la résistance." Il refuse les deux propositions. De Gaulle m'a raconté la scène. Puis Mitterrand a vu Michel Caillau[1], le neveu du Général, qui lui a demandé d'enlever sa francisque et Mitterrand, là encore, a refusé : "Je ferais trop de peine au Maréchal." Puis il est revenu en France en tant qu'agent anglais[2]. À la Libération, Mitterrand est entré au PRL[3], un parti de droite qui a vite sombré, puis, estimant plus utile d'aller à la gauche, il a rejoint l'UDSR[4], parti gaulliste...

« Allez donc faire un tour à la Bibliothèque nationale. Vous pourrez y voir le numéro spécial d'un journal édité par Pierre Lazareff en 1965. Tout ce que je viens de vous dire sur Mitterrand s'y trouve. Mitterrand est un ex-collabo qui a un peu trahi. C'est un homme sans aucune conviction.

« Mitterrand a été insultant à l'égard du Général, ajoute Billotte. Il l'a été en des termes méchants, affreux. Il a été horrible. Giscard l'a été lui aussi, mais en des termes plus polis et courtois. »

Billotte n'est guère plus tendre à l'égard de Chirac : « Ce n'est pas un homme d'État, me lance-t-il. Il en a peut-être les capacités, mais pas le comportement. Un chef d'État doit réfléchir, méditer. Lui ne fait que courir et en insultant la terre entière ! Quand Mitterrand fait quelque chose de bien, il faut le reconnaître. L'opposition systématique de Chirac se retournera contre lui. Tel qu'il est aujourd'hui, je ne le vois pas président ! Il a des impulsions mauvaises. S'il continue à se laisser aller, il est perdu.

« Vous voyez ce vieux canapé où je suis assis... Eh bien, le monde entier s'y est assis : de Gaulle, Nixon, Giscard, Eisenhower, etc.,

---

1. Animateur d'un réseau de résistance et responsable du Mouvement de résistance des prisonniers de guerre et déportés, rival de celui dont s'occupait François Mitterrand.
2. « Morland » – le nom de code de Mitterrand dans la Résistance – était proche de l'ORA, l'organisation de renseignements « giraudiste », rivale du BRCA, d'essence purement gaulliste, dont Billotte était l'un des principaux dirigeants.
3. Le Parti républicain de la liberté.
4. L'Union démocratique et socialiste de la Résistance, animé notamment par René Pleven.

ajoute Billotte avec une modestie sans égale. Vous savez, je connais tous les chefs d'État depuis toujours. C'est toujours moi qui suis allé les trouver. À la fin de la guerre, j'étais le seul à pouvoir entrer en liaison avec Staline. J'avais toutes les qualités pour voir Eisenhower, que je connaissais très bien. J'ai rendu beaucoup de services entre 1946 et 1979.

« Une idée sur deux de De Gaulle venait de moi, m'assure-t-il encore. C'était mon métier que de lui en fournir. De Gaulle m'a donné quatorze fois raison contre Pompidou. Mais il faut vous dire aussi que je suis un scientifique, que j'étais même, au gouvernement, le seul scientifique[1]. Mes notes étaient prises au sérieux... Il faut être capable de comprendre les savants, de comprendre la nature de l'homme, les interactions de l'homme et de l'environnement, l'évolution de la cellule moléculaire, la gravitation universelle, l'astrophysique, la biologie, les intégrales triples. Actuellement, j'aide le pape. Mitterrand, rappelez-vous, était le dernier de sa classe en mathématiques.

« Un jour, de Gaulle, qui avait pris une fois de plus mon parti contre Pompidou, s'est exclamé : "Billotte, c'est différent ! Lui, je l'aime !" »

« J'ai inventé le Pacte atlantique ! », me lance-t-il pour finir.
Sic.

8 NOVEMBRE 1982

Plutôt indulgent à l'égard du gouvernement de gauche il y a un an, Couve de Murville ne tarit plus aujourd'hui de critiques, de griefs, d'anathèmes.

« Nous ne sommes plus considérés dans le monde s'écrie-t-il. Nous ne sommes plus pris au sérieux. Nous n'existons plus sur le plan international. Comment un pays qui vient de dévaluer deux fois

---

1. Spécialiste des questions militaires, Pierre Billotte a été ministre d'État chargé des Départements et Territoires d'outre-mer dans le gouvernement Pompidou du 8 janvier 1966 à mai 1968.

et que l'on soupçonne de vouloir dévaluer à nouveau pourrait-il avoir quelque force, quelque poids ? Nous ne compterons plus tant que nos finances et notre économie seront dans l'état où elles se trouvent.

« D'ailleurs, M. Mitterrand n'a pas de politique, à part celle, idiote, de se balader aux quatre coins du monde, soupire-t-il. Dites-moi quelle est notre politique étrangère ? Tout stagne, tout est inconsistant, avec seulement – et, hélas, en dépit des gadgets de notre politique en Amérique centrale, dus à Mme Mitterrand, amie de Régis Debray – un atlantisme marqué un peu partout, notamment au Proche-Orient où nous nous sommes placés à la remorque des Américains.

« Ce manque de considération à notre égard de la plupart des nations se traduit quelquefois par de cruelles rebuffades. Ainsi le roi du Maroc décommande, sans crier gare, la visite de Mitterrand à Rabat, sous le prétexte qu'il va voir M. Reagan, et l'Iran repousse notre nouvel ambassadeur à Téhéran après l'avoir agréé. Au Quai – où il y a peu de socialistes –, cette situation est cruellement ressentie. »

Notre conversation s'était ouverte sur les Mémoires posthumes de Pompidou[1] : « Mme Pompidou est bête, voilà la vérité, me dit-il une fois de plus. Bien sûr, Pompidou n'aurait jamais publié ces notes. Il était bien trop malin, lui, pour cela... Avez-vous remarqué que le titre n'est pas : *Pour rétablir la vérité*, mais *Pour rétablir une vérité*... la vérité de M. Pompidou ! Cela est d'autant plus triste qu'il ne s'agit probablement que d'une question d'argent. On m'a assuré que Flammarion avait donné 300 000 francs au fils de Pompidou pour la publication de ces Mémoires, 300 000 francs en plus des droits d'auteur. Alors, il n'aurait pas résisté.

« Mes relations avec Pompidou n'ont jamais été très bonnes, ajoute Couve. Nous ne nous aimions pas. L'homme n'était pas bon. Il n'aimait pas le Général et les choses entre eux se sont profondément détériorées dès 1965, quand Pompidou a espéré que de Gaulle ne se représenterait pas. D'ailleurs, ce livre n'est-il pas une

---

1. *Pour rétablir une vérité*, Flammarion, 1982.

vengeance de sa famille ? Et Pompidou n'a-t-il pas commencé lui-même à se venger du Général dès son arrivée au pouvoir, en faisant entrer l'Angleterre dans le Marché commun ? »

10 NOVEMBRE 1982

Pierre Lefranc mise sur un départ des ministres communistes pour permettre à Mitterrand de faire appel aux gaullistes de gauche.

« Il faut analyser le dernier scrutin de l'élection présidentielle, me dit-il. Il y a une masse importante de l'électorat gaulliste – environ un million de voix – qui s'est portée sur Mitterrand au second tour, et 900 000 voix qui n'ont été ni sur Giscard ni sur Mitterrand. Voyez Goguel[1] : il a scientifiquement analysé tout cela. Il y a donc en tout 1 900 000 voix. Cette masse importante – et flottante – de l'électorat gaulliste n'est pas négligeable, loin de là. À cela, il faut ajouter tous les gens qui ont voté pour Debré : 1,5 % du corps électoral, soit 300 000 à 400 000 personnes. Ce n'est pas négligeable non plus. Donc beaucoup de gaullistes d'une part ne sont pas chiraquiens – cela va sans dire – et, de l'autre, n'ont jamais accepté le ralliement du gaullisme à Giscard. D'ailleurs, de Gaulle a toujours été soutenu par des gens de gauche à chaque élection, à chaque référendum, quand il remportait 65 à 70 % des suffrages.

« Ces gaullistes attendent le départ des communistes, poursuit Lefranc. Moi, je suis certain qu'ils vont partir. Je peux me tromper, mais c'est mon analyse. Mitterrand n'aura plus alors avec lui que 35 % de l'opinion française et cessera d'être majoritaire dans le pays. Il ne pourra donc gouverner qu'avec une autre tranche de l'opinion publique. Soit avec les centristes : Stirn, Lecanuet et les autres, qui n'attendent que cela. Soit avec les gaullistes, ceux dont je viens de vous parler, qui sont plus faits que les centristes pour s'entendre avec les socialistes.

« Je sais que les chiraquiens qui se sont opposés à Giscard après l'avoir fait élire, et que les "barons" qui ont poussé en avant Debré

---

1. François Goguel, politologue, membre du Conseil constitutionnel.

contre Chirac, voient dans ce ralliement à Mitterrand une trahison. Mais où est la trahison ? De Gaulle n'a-t-il pas gouverné avec des gouvernements de coalition ? Pour moi, pour nous, gaullistes de gauche, Mitterrand est préférable à Giscard, ne serait-ce que parce que, tout en ayant toujours été un adversaire du Général, lui au moins ne l'a pas trahi. Peut-on en dire autant de Giscard qui a été à l'OAS [1] et qui, après avoir été ministre du Général, a voté contre lui au référendum de 1969 et contribué ainsi à son échec, donc à son départ ? »

18 NOVEMBRE 1982

Michel Jobert ne cache pas un pessimisme extrême quant à la situation économique due, selon lui, à la mauvaise politique du pouvoir. Mais, sur le commerce extérieur dont il a la charge, avec ses cent millions de déficit à la fin de l'année, il fait remarquer, d'une part, que le chiffre était déjà bien mauvais en 1980, dernière année de Giscard et de Barre, et, d'autre part, que « le tissu industriel de la France est complètement troué depuis très longtemps ».

« L'année 1983, me dit-il, sera très dure à passer. Je n'ai que la triste satisfaction de dire aux socialistes : "Je vous avais bien prévenus que vous faisiez fausse route." J'ai tiré très tôt la sonnette d'alarme, mais sans avoir été écouté – ce qui me donne aujourd'hui un certain poids, une certaine marge de manœuvre, une certaine liberté. Quant à mon "avenir ministériel", je ne le connais pas. Seul le président de la République le connaît. Il est incertain par nature et je ne m'en préoccupe nullement. »

La plus grande partie de notre conversation, très rapide – j'ai été reçu avec retard et deux autres visiteurs attendent –, porte sur des sujets personnels qui, manifestement, offrent quelque brève détente à Jobert. Il me parle du tirage de son roman *La Rivière aux grenades* (40 000 exemplaires), dont il se félicite et me dit qu'il a laissé son argent à son éditeur pour qu'il l'investisse dans une nouvelle

---

1. Sans jamais avoir appartenu à l'OAS, Giscard était proche des milieux pro-Algérie française.

campagne publicitaire (« Comme cela, je n'aurai pas à le donner aux impôts »). Il me parle de Pompidou, de ses souvenirs du temps de l'Élysée. Sur le livre publié par Mme Pompidou, il me dit n'avoir pas été consulté et me confirme que Balladur a tout fait pour empêcher cette publication. « Balladur m'a dit, précise-t-il, qu'il restait des tas et des tas de notes, toutes comportant des jugements sur les uns et les autres, si terribles, si affreux qu'il a jugé ces notes impubliables... Mais Mme Pompidou a l'intention de les publier. Nous verrons... »

En réponse à une question plus politique, il me confirme qu'il voit « beaucoup de gens », sans, bien sûr, que Mitterrand, qui est prêt, selon lui, à « élargir sa majorité », lui ait confié la moindre mission –, des « gens » prêts à rejoindre un jour le pouvoir. Il cite au hasard Gabriel Péronnet[1], Edgar Faure, Aymar Achille-Fould[2], Paul Dijoud[3]...

Couplet enfin sur le « gaullisme » de Mitterrand en matière de Défense, avec la mise en chantier d'un nouveau submersible nucléaire (mais Jobert ne résiste pas au plaisir de me rappeler que l'actuel président s'était, jadis, opposé à l'établissement d'une force nucléaire française), et sur le maintien de l'indépendance française contre l'hégémonie américaine.

En partant, je lui dis : « Je ne reviendrai plus maintenant que vous êtes ministre. Vous avez trop à faire. Je vous fais perdre votre temps... » Il me répond : « Si, revenez, c'est moi qui vous le demande. – Quand ? – Disons tous les trois mois. – Alors, comme dirait Jean d'Ormesson, au revoir et merci, Monsieur le ministre. »

19 NOVEMBRE 1982

Conversation à bâtons rompus avec Louis Joxe :

1- De Gaulle et Pompidou : « "Il n'y a plus de général de Gaulle. Maintenant, c'est moi qu'il faut suivre..." C'est ce que m'a déclaré

---

1. Député radical de l'Allier.
2. Député radical de Gironde.
3. Député radical des Hautes-Alpes.

Georges Pompidou en mai 1968, à son retour d'Afghanistan, me raconte-t-il. Comment l'oublierais-je ? Nous étions en voiture et c'était à propos de l'ouverture de la Sorbonne. Je lui faisais part du désir du Général de ne pas céder aux étudiants. J'étais atterré...

« Bien sûr, le Général n'avait plus en main la situation, concède Joxe. Bien sûr, il ne comprenait plus les choses. Bien sûr, il n'était plus à la hauteur de la situation. Bien sûr, il était comme perdu. En réalité, il était trop vieux... Il fallait donc simplement l'aider, le soutenir. Mais pas le trahir, pas l'abandonner, comme a fait Georges Pompidou. Car le lâcher ainsi, c'était bien le trahir. Et la trahison a d'ailleurs continué avec les déclarations de Rome et de Genève. Pompidou n'a fait que se servir du Général. C'était un affreux personnage.

« L'affaire Markovic ? Il n'y a jamais de fumée sans feu. Jamais, croyez-moi. Les amis de Pompidou, ces mannequins, ces petites comédiennes, ces acteurs, ces artistes, tout son petit monde, c'était la lie, c'était la pègre ! Comment un Premier ministre a-t-il osé recevoir chez lui les gens qu'il a reçus ? Comment a-t-il pu seulement les voir, tellement ils étaient compromettants ? Un Rothschild – j'ai oublié lequel – m'a dit qu'un soir, quai de Béthune, où Pompidou et ses invités étaient tous assis par terre, il avait été tellement indigné de la présence de certains des invités qu'il était reparti sur-le-champ. Pompidou était comme grisé par le monde parisien – par ce qu'il croyait être le monde parisien –, par l'argent, par les Rothschild. Comment a-t-il pu prendre de tels risques ? Eh bien, il les a pris et quand on fréquente la pègre, il faut savoir où cela peut mener : à l'affaire Markovic.

« Mme Pompidou dans tout cela ? Pompidou l'aimait bien, je crois. Mais s'il était plein d'attentions pour elle, c'était pour la protéger d'elle-même. Quand il veillait sur elle, c'était pour qu'elle ne commette pas trop de gaffes.

« Pompidou avait une véritable haine pour tous ceux qui venaient de la France libre et de la Résistance, ajoute Louis Joxe. Il haïssait notamment Debré, son prédécesseur à Matignon. Un jour, il m'a dit : "Dites-moi, Joxe, qu'est-ce que c'est que la Résistance ? Expliquez-moi ça..."

« Ses amis, au gouvernement et dans le monde politique, c'étaient les Ortoli, les Chirac, les Chalandon... Mais nous, les gaullistes, il nous détestait. Couve m'a dit un jour de Pompidou : "C'est le plus affreux salaud que j'aie connu..." »

2- La situation politique présente : « Les ministres socialistes sont tous complètement inexpérimentés, me dit Joxe. Ils souffrent tous d'un manque incroyable de connaissances, à l'exception de Rocard[1]. Il n'y a, dans ce gouvernement, aucune vue d'ensemble. Ils se disputent entre eux. La maison n'est pas tenue. Ils ne s'en tireront pas parce qu'ils n'apprennent rien, parce qu'ils ne se soutiennent pas eux-mêmes.

« Vous me demandez s'il faut jouer la politique du pire ? Non, bien sûr. La politique du pire ne réussit jamais. Le président de la République est là pour sept ans... Il ne serait pas normal, sur le plan démocratique, que l'on fasse tout pour empêcher les socialistes de gouverner. Pourquoi le faire, d'ailleurs ? Ils ne savent pas gouverner. Leur incompétence est stupéfiante...

« L'attitude de Giscard à l'égard du Conseil constitutionnel[2] est purement et simplement scandaleuse, ajoute-t-il. On est dans le Conseil ou en dehors. Mais, en venant quand il lui plaît, c'est-à-dire pour examiner seulement les sujets qui lui paraissent importants, il politise le Conseil. C'est une attitude inadmissible.

« Roger Frey ? Il est fini, au bout de son rouleau, exténué. Il faut, avec beaucoup de douceur, de délicatesse, d'affection, le soutenir, l'aider jusqu'à son départ de la présidence du Conseil constitutionnel en mars prochain. Son successeur ? Je n'en sais rien. On parle d'un ancien président de la Cour de cassation ou de Badinter, sinon de Defferre – qui pourrait très bien garder en même temps la mairie de Marseille... »

---

1. Michel Rocard est ministre d'État, ministre du Plan et de l'Aménagement du territoire dans le gouvernement Mauroy.
2. Dont celui-ci est membre de droit en tant qu'ancien président de la République.

16 DÉCEMBRE 1982

Petit déjeuner avec Jean-Pierre Chevènement, ministre de l'Industrie et de la Recherche scientifique.

« Au parti socialiste, le système est un système contradictoire, m'explique-t-il. Les lignes de pensée doivent s'exprimer, et elles s'expriment. François Mitterrand s'est borné jadis à décourager les expressions trop vives : celles de Guy Mollet, du CERES[1] – j'en sais quelque chose –, de Rocard et de Mauroy. C'est un système de compétition négociée. Autrement dit, la régulation l'emporte sur les éléments de contradiction. Il faudrait un enjeu politique extrêmement grave pour que le parti socialiste se déchire à nouveau. Extrêmement grave parce que les socialistes, aujourd'hui, sont unis par la volonté de réussir. Cela dit, le prochain congrès ne sera pas – du moins c'est mon avis – unanimiste. C'est d'ailleurs le désir de François Mitterrand, qui obligera chacun à s'exprimer. Après la compétition viendra le temps de la négociation... »

Cette mise au point vise bien évidemment les rumeurs actuelles d'une véritable rupture au sein du parti socialiste. (« Le grand problème de Mitterrand, m'a déclaré récemment François Goguel – qui se dit très bien renseigné –, ce n'est pas les communistes, c'est la division profonde des socialistes entre crypto-communistes, utopistes et réalistes. »)

« Les éléments auxquels vous vous référez – démission de Jean-Pierre Cot[2], colloque sur les nationalisations, opposition entre "réalistes" et "utopistes" –, eh bien ce sont des bulles, reprend Chevènement. Cot avait avec François Mitterrand des relations altérées en raison de son ralliement à Rocard en 1978. Cot était court-circuité par Guy Penne[3], mais aussi par la direction des Affaires culturelles du Quai d'Orsay, par la rue Monsieur[4]... et enfin, et surtout par François Mitterrand lui-même qui, après avoir été si longtemps

---

1. Le courant politique animé par Jean-Pierre Chevènement au sein du PS.
2. Le ministre de la Coopération, qui vient de démissionner pour cause de désaccord avec le chef de l'État sur la politique africaine de la France.
3. Conseiller du président de la République pour les « Affaires africaines ».
4. Où se trouve le ministère de la Coopération.

ministre de la France d'outre-mer[1], connaît à fond l'Afrique et beaucoup de ses dirigeants, notamment Houphouët-Boigny. Jean-Pierre Cot utilisait d'autres critères que ceux de François Mitterrand. »

J'interroge Chevènement sur l'héritage qu'il a trouvé au ministère de l'Industrie et de la Recherche. « C'était le laisser-aller, me répond-il. Les problèmes n'étaient pas traités. Cela dit, des choses se sont faites. Il y a eu de grands plans, de grandes réalisations, dans les filières électronucléaires, dans les communications, l'aéronautique, l'espace. Pour le reste, Dieu reconnaîtra les siens. L'accord de 1976 sur l'informatique avec la firme américaine Honeywell a été catastrophique et nous a coûté des milliards ! En réalité, tout le tissu industriel a été affaibli. L'accord concernant la Compagnie électromécanique est critiquable. Le problème de l'industrie automobile dans son ensemble se trouve posé de façon aiguë. Dans tous les secteurs de base touchés par la crise, rien n'a été fait. Il n'y a pas eu de plan de modernisation pour la sidérurgie. Même chose pour la chimie lourde, l'aluminium. On s'est laissé vivre. Maintenant, l'effort est plus difficile en raison de la stagnation mondiale, la plus forte, la plus dramatique que nous ayons connue depuis les années trente.

« Le laisser-aller a été le même pour la Défense. Pompidou et Giscard n'ont certes pas remis en cause l'héritage du général de Gaulle, mais, croyez-moi, ils l'ont dévoyé, insiste Chevènement. Ils ont cessé d'innover. Ils ont géré plus qu'ils n'ont réalisé. Pompidou et Giscard ont tout au plus laissé le moteur continuer sur son erre. »

Je demande à Chevènement ce qu'il pense de l'éventualité d'un élargissement politique. « L'élargissement, quel élargissement ?, s'exclame-t-il. Des opérations menant au gouvernement Edgar Faure, JJSS ou Olivier Stirn seraient pour nous de mauvaises opérations. Les socialistes n'y ont aucun intérêt. Ils ne feraient que ternir leur image. Je n'aime pas Edgar Faure. C'est une girouette, et quelle girouette ! Vous évoquez son voyage en URSS. Mais François Mitterrand ne lui a rien demandé ! Faure lui a dit : "Je vais aller voir les Russes. – Bonne idée, lui a dit le Président. Allez-y..." Peut-être a-t-il

---

1. De juillet 1950 à janvier 1952.

ajouté : "Eh bien, dites-leur ceci et cela..." Mais ça n'a pas été plus loin.

« Les Russes, je viens d'ailleurs de les voir, ajoute Chevènement. Le temps ayant passé depuis notre arrivée au pouvoir, Brejnev étant mort, une nouvelle équipe[1] étant là, nous avons le désir de donner une orientation nouvelle à nos relations. Pendant mon séjour, j'ai vu des gens nouveaux, plus jeunes, plus sérieux, plus "économistes", plus soucieux de relever le niveau de vie de leur pays. Mon voyage avait pour seul but d'examiner les problèmes de coopération industrielle avec les Soviets, coopération sur laquelle nous ne tolérerons jamais que les Américains puissent avoir le moindre contrôle, c'est évident. »

---

[1]. Celle dirigée par Iouri Andropov, qui compte en son sein un certain Mikhaïl Gorbatchev.

QUAND DROITE ET GAUCHE SE DISPUTENT L'HÉRITAGE DU GÉNÉRAL

(1983-1984)

Raymond Barre : « Je suis un homme seul, comme le général de Gaulle » – Hubert Védrine : « Nous sommes alliés avec les États-Unis, mais nous gardons notre indépendance totale : c'est la politique du général de Gaulle » – Michel Jobert : « Le personnage de Mitterrand est devenu un peu extravagant » – Yves Guéna : « C'est la panique au RPR, à cause de Barre » – Le comte de Paris : « Je peux sauver la France » – Michel Debré : « Après Mitterrand, nous aurons Chirac. »

1983

19 janvier 1983

Le général de Bénouville[1] me raconte le déjeuner qu'il a organisé chez Drouant avec Chirac et Giscard pour amener les deux hommes à « une réconciliation publique, indispensable dans la conjoncture actuelle. Ils ont été tous deux très naturels et détendus au cours de ce repas, me dit-il, et ont reconnu leurs torts réciproques, leurs torts à égalité, si j'ose dire, le dernier tort revenant à Giscard qui, au lieu de choisir Barre, aurait dû prendre pour Premier ministre l'un des nôtres, c'est-à-dire un RPR.

« Mais l'essentiel n'était pas là, poursuit Bénouville. Je leur ai soumis mon plan, un plan qu'ils ont approuvé et que je vous expose à vous... parce que c'est vous. La situation empire tellement, le pays se trouve face à de tels dangers qu'il faut tout faire pour qu'il ne plonge pas au fond de l'abîme. Il faut arrêter cette course à l'abîme. Il faut sauver les choses tant qu'il en est temps. C'est vous dire que l'on ne peut attendre les élections générales de 1986. Là-dessus, Giscard et Chirac sont tout à fait d'accord. À la prochaine grande alerte, à la prochaine dégradation spectaculaire de la situation, tous les députés RPR et UDF, je dis bien *tous* les députés de l'opposition démissionneront, et sans exception, croyez-moi. Cette démission collective obligera le président

---

1. Député RPR de Paris, second de Marcel Dassault à la tête de son groupe de presse. Depuis toujours un intime de François Mitterrand.

Mitterrand à organiser de nouvelles élections. Il est au courant de ce plan qui aura également l'avantage de laminer les communistes.

« Ces nouvelles élections, gagnées par la droite, permettront à Mitterrand de faire, avec un autre Premier ministre, la politique que, manifestement, il ne répugne déjà pas à faire, comme l'indiquent les signes qu'il adresse parfois à l'opposition.

« Le Premier ministre, qui demeurera en place jusqu'à l'élection présidentielle, est déjà désigné et a déjà l'accord de Mitterrand, m'assure Bénouville. C'est Messmer, tout indiqué en raison de son "passé socialiste". Souvenez-vous qu'il a été le directeur du cabinet de Gaston Defferre à la France d'outre-mer. Souvenez-vous qu'il a été nommé gouverneur par les socialistes[1]. Ainsi tout pourra être sauvé. La barre sera redressée et Mitterrand gouvernera jusqu'à l'élection présidentielle de 1988 avec un Premier ministre qui sera des nôtres. Après ? Eh bien, on verra. »

Bénouville souhaite en tout cas que ce futur chef de gouvernement ne soit ni Giscard ni Chirac. Il juge ce dernier d'une ambition dévorante et le tient pour responsable de l'arrivée des socialistes au pouvoir. (Je lui fais remarquer qu'il vient de l'appeler « cher ami », à l'instant, devant moi, au cours d'une longue conversation téléphonique qui a porté sur la cuisine électorale des municipales parisiennes. « Mais cela ne veut rien dire », me fait-il remarquer avec raison. Il mise sur un troisième homme, mais sans savoir lequel.)

« Oui, la responsabilité de Chirac est grande, insiste-t-il. Sa faute majeure a été de nommer Philippe Dechartre[2] secrétaire général adjoint du RPR. Dechartre a volé le fichier du RPR et il a envoyé à tous ceux qui y figuraient, entre les deux tours de l'élection présidentielle, ordre de voter Mitterrand au second tour. J'avais alors demandé à Chirac qu'il rende l'affaire publique. Il s'y est refusé, et Mitterrand a été élu. »

---

1. Pierre Messner a été nommé en 1954 gouverneur du Cameroun.
2. Gaulliste de gauche.

27-29 JANVIER 1983

À notre arrivée à Rabat[1], le déjeuner « privé » au Palais des Hôtes, la résidence de Mitterrand, a presque entièrement été occupé par un dialogue entre le Président et moi. Ma présence lui a donné l'occasion de retracer très longuement et dans le détail (il avait demandé à Edmonde Charles-Roux, qui présidait la table, de me placer à ses côtés pour m'avoir en face de lui) la traversée de François Mauriac dans sa vie. Il l'a fait chronologiquement, avec application : « François Mauriac connaissait ma mère, m'a-t-il rappelé. Quand je suis parti pour Paris, ma mère m'avait donné quatre noms (il les désigne et les situe), dont celui de François Mauriac. Est-il besoin de vous dire que seul votre père m'a intéressé, que c'est lui seul que je suis allé voir et auquel j'ai continué de rendre visite... »

Il évoque le 104, rue de Vaugirard[2], ses rencontres avec mon père à Paris, l'époque de « France-Maghreb » et leur lutte commune en faveur de l'indépendance marocaine (il souligne au passage qu'il avait démissionné du gouvernement Laniel pour protester contre la déposition du sultan[3]), leurs dîners en tête à tête chez Prunier-Trakhtir. Puis arrive la Ve République. Mitterrand ironise alors sur le gaullisme de François Mauriac et – au passage – sur le mien, l'air de dire : vous étiez entré en religion et il n'y avait plus rien à faire. À un moment, il rappelle que mon père l'avait décrit, lui, Mitterrand, comme « l'escabeau d'Edgar Faure ». « Pas content du tout, ajoute-t-il, je m'étais vengé en écrivant dans un article qu'il était un écrivain régionaliste. Votre père avait semblé offensé gravement par cette qualification, et il me la rappellait à chacune de nos rencontres : "Ah ! Je suis un écrivain régionaliste !" » Je fais alors rire Mitterrand en prenant à mon tour une attitude offensée et en lui marquant que

---

1. François Mitterrand avait demandé à Jean Mauriac de l'accompagner pendant sa visite officielle à Rabat, en tant qu'invité personnel.
2. Comme François Mauriac en 1907, le provincial François Mitterrand fut hébergé à son arrivée à Paris en 1934 dans cette institution tenue par les pères maristes.
3. En septembre 1953. Il s'agit de Mohammed V, père de Hassan II, qui fut exilé à Madagascar sur ordre du gouvernement français.

cette « qualification » sévère et injuste me fait, à moi, son fils, aussi mal aujourd'hui qu'hier à mon père. « J'aime, me dit-il, vous voir le défendre ainsi ! »

Je demande à Mitterrand quels sont, à son avis, les écrivains régionalistes. Il cite Mistral. Je cite Giono, et il commente : « Comme votre père, il a dépassé les frontières du régionalisme. » J'évoque encore Chardonne, et lui Alphonse Daudet.

Il parle si longuement de François Mauriac – ne s'adressant qu'à moi seul – que je suis gêné vis-à-vis des autres convives : la demi-douzaine d'invités personnels et quelques collaborateurs qui écoutent, muets, à l'exception de Jean Daniel, manifestement enchanté du sujet de cet échange.

Notre dialogue prend d'ailleurs un ton de plus en plus personnel, puisque Mitterrand m'interroge maintenant sur mon travail à l'Agence France-Presse, ma santé, le sort de Vémars[1] et de Malagar. « Il ne faut pas vendre Malagar, insiste-t-il. Si aucun d'entre vous ne peut le garder, il faut trouver un moyen. – Oui, mais l'État n'en peut plus de prendre en charge les vieilles pierres. – Certes, mais il y a la région, Bordeaux, la Gironde, l'Aquitaine. Eux pourront faire quelque chose[2] ! »

---

1. L'autre résidence familiale de François Mauriac.
2. Donné par la famille de François Mauriac au conseil régional d'Aquitaine en 1985, Malagar a été ouvert au public en juillet 1997 après d'importants travaux de restauration et d'aménagement. Sous l'impulsion d'Éric des Garets, alors directeur du Centre régional des lettres, le lieu est programmé pour être « le site de la mémoire mauriacienne » : un véritable centre culturel à vocation documentaire et pédagogique. Dans les années suivantes, l'évolution du Centre vers une formule d'animation et de spectacles a été ressentie par Jean Mauriac comme un détournement de l'esprit de la donation. Celui-ci a vivement réagi à ce sujet dans la presse nationale, dénonçant l'absence sur place d'un « conservateur du Patrimoine » et jugeant « tout simplement odieux » de voir les responsables de Malagar « monter à grands frais des spectacles vulgaires et désolants au lieu d'organiser des expositions régulières » autour de François Mauriac. Le programme culturel de l'année 2006, qui montre de jeunes artistes juchés dans les arbres de Malagar, allongés sur le tapis de la chambre de François Mauriac ou dans sa baignoire, dépasse pour lui « les limites de la décence. Aujourd'hui, on y lit même en public des textes obscènes. On ne voit cela dans aucune autre résidence de grand écrivain, s'indigne Jean Mauriac. La Région Aquitaine se sert de François Mauriac plus qu'elle ne sert sa mémoire ! »

Il me parle longuement de quelques connaissances communes : Jacques Duhamel, dont il dit du bien, et surtout Georges Izard[1] qu'il a tant aimé. Il relate avec émotion ses souvenirs de week-end à Morsang[2] et, là, le dialogue s'anime encore. Je lui rappelle le tennis, la pétanque, nos bains dans la Seine (« Ce n'était pas prudent, remarque-t-il. – Mais, à cette époque, il n'y avait pas de pollution ! »), la joie de vivre de Georges et de sa famille. Sa nostalgie se fait alors plus grande : il parle des Izard comme d'une famille anéantie, disparue d'un seul coup, frappée en plein bonheur après la disparition subite de Georges à la suite d'une crise cardiaque. Je lui apprends la mort – l'été dernier – de Madeleine, l'une de ses filles. Il m'interroge à ce sujet, me demande des précisions. Il semble affecté par cette nouvelle et s'enquiert alors du sort de Catherine Izard, femme du grand avocat.

Tout cela est dit si simplement que je finis par oublier que j'ai devant moi le chef de l'État. Et, en quittant la table, comme je m'inquiète auprès de lui du ton peut-être un peu trop détendu et familier qui a été le mien, il me rassure : « Mais non, mais non, au contraire ! ... »

Aucune allusion à l'actualité politique pendant ce déjeuner. À un moment, je l'ai interrogé sur la mort, l'avant-veille, du général Dlimi[3], mais il a éludé la réponse. Devant cette réserve, je me suis bien gardé de lui poser d'autres questions. Dès qu'il s'agit de son voyage, des retards incessants et scandaleux du roi, qui l'ont obligé à l'attendre sans cesse, des problèmes marocains ou de l'ensemble du Maghreb, j'ai remarqué qu'il baissait la voix comme s'il craignait d'être entendu ou se méfiait de possibles micros...

Je devais m'entretenir avec Mitterrand à plusieurs reprises par la suite : une fois, rapidement, seul à seul, à sa résidence, où il m'a notamment reparlé de mon père, puis au moment du départ pour la

---

1. Jacques Duhamel était député du Jura et ministre des Affaires culturelles dans le gouvernement Chaban-Delmas. Georges Izard était avocat et académicien.

2. Propriété que Georges Izard avait achetée sur les bords de Seine, au sud de Paris.

3. Adjoint puis successeur du général Oufkir, impliqué mais objet d'un non-lieu dans l'affaire Ben Barka, l'ex-« homme de confiance » du roi du Maroc, Ahmed Dlimi vient de disparaître dans un étrange accident de la route.

visite du mausolée de Mohamed V et au retour de cette visite, où quelques-uns de ses invités personnels prirent place autour de lui. Notre dernière conversation eut lieu sous la grande tente, avant le spectacle de la fantasia, alors qu'il était assis, face au paysage enneigé de l'Atlas, sur un petit canapé d'osier à deux places. Jean Daniel se trouvait dans un autre fauteuil à sa droite. Comme j'allais m'asseoir dans un fauteuil sur sa gauche, il m'invita à prendre place à ses côtés, serré contre lui sur ce petit canapé.

À un moment, je rappelai à François Mitterrand que notre dernier voyage remontait à très loin dans le temps : c'était à Tunis, au milieu des années cinquante, lors d'une manifestation qu'il dut quitter pour protester contre la présence, dans la tribune officielle, de représentants du FLN algérien. Mitterrand se mit alors à évoquer longuement l'affaire : « Bourguiba était assez machiavélique pour m'avoir placé, contrairement à ses promesses, près des gens du FLN. Je quittai la tribune dès la fin de la manifestation et décidai d'écourter mon séjour, respectant les instructions que j'avais reçues du gouvernement. C'est alors que, comme vous venez de le rappeler, je vous ai invité à rentrer à Paris dans mon avion. » J'en profite pour lui demander s'il a vu Bourguiba récemment, et comment il l'a trouvé. « Mal, très mal..., me répond-il. Je compte aller en Tunisie avant la fin de l'année... »

Le dernier soir de sa visite au Maroc, Mitterrand sera contraint de décommander le dîner privé avec ses invités personnels pour se rendre à une invitation royale de dernière minute. Nous sommes déjà installés dans le DC 8 présidentiel quand, à 23 h 30, il monte à bord et gagne directement sa cabine où il s'allonge aussitôt. Les ministres participant au voyage sont là, devant nous : Alain Savary[1], avec une curieuse casquette de pêcheur (comme Mitterrand jadis), Michel Jobert qui n'a pas desserré les dents de tout le séjour, Pierre Bérégovoy[2], aimable et souriant, Jacques Delors[3], manifestement ravi, le visage toujours épanoui, Claude Cheysson qui se couche à

---

1. Le ministre de l'Éducation nationale.
2. Le ministre des Affaires sociales et de la Solidarité nationale.
3. Le ministre de l'Économie et des Finances.

même le sol dans l'avion, avec quelques coussins, contre la paroi de la cabine présidentielle. J'ai profité de la présence de Cheysson pour avoir avec lui, la veille, une conversation au palais royal de Marrakech où nous attendions le roi, en retard de plus d'une heure, comme à l'accoutumée, et l'interroger sur divers sujets : entre autres, ces incroyables retards – toujours volontaires – du roi, le sens de ce voyage au Maroc, qu'il « fallait faire, mais qui n'est agréable à personne », son propre voyage dans les jours prochains à Moscou où il n'aura « rien à dire à Gromyko », la situation au Proche-Orient « qui risque de se régler le plus tragiquement possible, c'est-à-dire par la disparition complète du Liban... » Notre conversation a été interrompue par l'arrivée d'Hassan II, accompagné par les prières psalmodiées de ses serviteurs, longue plainte qui retentit chaque fois sur son passage, tandis que la fanfare de la garde royale éclate dans le patio du palais sous la nuit étoilée. Voici notre hôte dans sa djellaba, plus dieu qu'homme pour ses sujets, salué par ses ministres et ses collaborateurs pliés en deux qui s'approchent furtivement pour lui baiser la main.

15 FÉVRIER 1983

Entretien avec Raymond Barre :
« Si je proclame souvent et publiquement que le président de la République ne pourra pas coexister avec une assemblée où il n'aura pas la majorité après les prochaines élections législatives, c'est uniquement pour des raisons politiques, me confie-t-il. Car ce que je crains le plus, après ces élections, c'est une alliance entre Chirac et Mitterrand, une entente de Mitterrand avec le RPR. Le danger, le grand danger est là. La seule échéance qui compte, c'est l'élection présidentielle. Il n'y en a pas d'autre. Je n'attends rien des législatives qui, comme je viens de vous le dire, peuvent aboutir à cette collusion. D'autre part, grâce à la proportionnelle, nous allons trouver une assemblée type IVe République, avec les petits partis charnières et les jeux d'autrefois, qui permettront à Mitterrand de tenir jusqu'à l'élection majeure.

« Le plus inquiétant pour moi, dans l'immédiat, c'est la démobilisation des Français. Oui, la route sera longue pour eux. Et pour moi aussi. Mais je continuerai inlassablement mon chemin, c'est-à-dire que je continuerai de faire ce que j'ai fait jusqu'à maintenant (sous-entendu : et qui ne m'a pas si mal réussi...) : répondre aux invitations qui me seront adressées, aller voir les Français partout où ils demanderont à me voir, sillonner encore et toujours le pays. Je ne perdrai jamais courage. »

Barre insiste alors sur le fait qu'il n'appartient à aucun parti et n'est qu'apparenté au groupe UDF : « Il faut, me dit-il encore, que je sois en dehors, au-dessus des partis. Le général de Gaulle ne serait jamais revenu au pouvoir en 1958 si le RPF n'avait pas échoué, c'est-à-dire s'il était resté à la tête de ce mouvement qui fut une erreur. Vous savez, les Français sont monarchistes. Aujourd'hui, ce à quoi ils tiennent par-dessus tout, c'est à l'élection du président de la République au suffrage universel. Mitterrand n'a pas encore touché à la Constitution. Je ne pense d'ailleurs pas qu'il y touchera. Ainsi voit-on l'auteur du *Coup d'État permanent*[1] se faire le premier défenseur de cette Constitution tant honnie jadis. Oui, heureusement que nous l'avons, même avec Mitterrand. Songez à l'état dans lequel serait la France aujourd'hui si elle n'existait pas ! »

Barre évoque longuement les sondages actuels, qui lui sont favorables : « Je dépasse Giscard, fait-il remarquer, et même Chirac. Vous savez, Giscard continue à croire qu'il a toutes les chances contre Chirac pour la prochaine élection présidentielle. Tous ceux qui le voient me le rapportent. Le duel Giscard-Chirac, camouflé par leurs derniers et fameux déjeuners, va reprendre immanquablement. »

Puis, en réponse à une question, il en vient à Chirac : « Je pense qu'il n'a aucune chance. Je vous l'ai toujours dit. Pourquoi ? Parce qu'il s'appuie sur un parti, parce qu'il est sans mesure, outrancier, parce qu'il fait peur par son agressivité, parce qu'il déçoit ses propres amis (si vous saviez tous les membres du RPR qui viennent me faire part de leurs appréhensions à son égard, des craintes qu'il leur ins-

---

1. Ouvrage dans lequel François Mitterrand dénonçait alors le pouvoir selon lui exorbitant du chef de l'État (Plon, 1964).

pire !). Parce qu'il ne peut pas être autrement que lui-même... Non, n'ayez aucune crainte, il ne peut pas être président de la République. Le prochain sera un socialiste (sous-entendu : ou moi).

« Je continuerai donc ma route, ajoute Barre. J'irai partout. Je vais vous donner un exemple. J'ai été à Dax et à Béthune. Jamais un Premier ministre ou un ancien Premier ministre n'a été à Dax ni à Béthune ; 3 000 personnes ici, 500 là. Mais ce n'est pas le nombre qui compte. Ce qui compte, c'est le contact. C'est la discussion d'homme à homme. Même pour 100 personnes, cela vaut le coup. J'arrive seul, sans escorte, sans service d'ordre. Je parle et je réponds à toutes les questions. C'est chaque fois un entretien, une conversation. Et, croyez-moi, j'en ai fait l'expérience : rien de ce que je dis n'est oublié. Je ne hausse pas la voix. Jamais d'attaques personnelles, jamais d'outrances. Un ton tranquille et naturel. Et aussi la reconnaissance de ce que les socialistes font de bien. C'est ce que j'ai fait pour le gazoduc de Sibérie[1]. C'est ce que je viens de faire pour le discours de Mitterrand à Bonn sur la défense atlantique à l'occasion de l'anniversaire du pacte franco-allemand. Cela dit, dans le fond, je resterai un adversaire déterminé, constant, implacable de la gauche, parce qu'elle mène le pays à l'abîme. Ce qui est dramatique, c'est que les socialistes ne comprennent pas les problèmes actuels. Ils gouvernent comme au XIXe siècle, parce que ce sont des idéologues. Ils n'ont pas compris que tout, je dis bien tout, a changé depuis 1974, c'est-à-dire depuis le premier choc pétrolier. Nous sommes alors entrés dans un autre monde. Nous avons quitté l'abondance, la facilité. »

Suit alors un très long développement sur ce thème et sur l'incapacité congénitale des socialistes à affronter ces problèmes nouveaux qu'ils n'évoquent même pas. Quoi qu'ils fassent, selon lui, les socialistes ne peuvent réussir, parce qu'ils n'ont pas intégré cette mutation du monde. Ils traitent des questions qui ne sont pas les vraies questions. Ils sont donc condamnés à accentuer leurs erreurs et leurs incohérences. C'est pourquoi, aux yeux de Barre, le seul devoir de l'opposition est de les combattre sans pitié. Et il me déclare ne pas

---

1. Accord gazier passé avec l'URSS sous le gouvernement socialiste.

me comprendre quand je lui dis que je m'abstiendrai aux prochaines élections municipales « pour ne pas faire le lit de Chirac ». Il m'explique alors longuement que voter pour l'opposition ne signifie pas automatiquement amener Chirac au pouvoir.

« Je suis un indépendant, un paysan du Danube, conclut-il, un homme seul. Comme le général de Gaulle ! »

21 FÉVRIER 1983

Roger-Gérard Schwartzenberg, le président des Radicaux de gauche, ne croit pas à la mainmise des communistes sur l'appareil d'État. Pour lui, leur situation est, au contraire, plus incertaine que jamais. « Ce qui est vrai, me déclare-t-il, c'est que les communistes baissent régulièrement dans les sondages, parce que Mitterrand les force à manger leur chapeau, chaque matin, en les obligeant à brûler ce qu'ils ont adoré, notamment en matière de Défense. Je pense que Mitterrand les laissera au gouvernement tant qu'ils préserveront la paix sociale. Mais je crois que leur participation, à l'avenir, peut aller en s'amenuisant.

« Ce que nous faisons au MRG ? En deux mots, nous voulons remettre l'aiguille au milieu du compteur, car elle est trop à gauche. Nous voulons donc un recentrage de la majorité présidentielle ou, si vous préférez, un "réaxage" (sic). Ensuite, nous souhaitons une réorientation de la politique économique. Comme Mendès, nous sommes pour le réalisme, le pragmatisme économique, donc aujourd'hui pour la rigueur. D'autre part, nous sommes pour une gauche non étatiste, non dirigiste. Nous ne disons pas, comme les socialistes : hors de l'État, pas de salut ! Non, nous ne voulons pas étendre à l'excès le rôle de l'État. Nous faisons confiance à l'initiative, à la responsabilité personnelle, à l'esprit d'entreprise. Pas de contrôle tatillon, mais des initiatives sur le plan économique.

« En fait, ajoute Schwartzenberg, le parti socialiste creuse la tombe de la majorité présidentielle. Les socialistes font tout pour leur parti, sans tenir compte des autres. Vous savez, je suis comme de Gaulle pendant la guerre, qui luttait à la fois contre les Alliés et contre les Allemands. Je lutte à la fois contre l'autoritarisme des socialistes et l'intolérance de l'opposition. »

22 FÉVRIER 1983

Ladislas Poniatowski[1] à propos des relations Giscard-Chirac : « Ce qui est sûr, c'est qu'il y aura une primaire, dans l'opposition, à l'élection présidentielle de 1988, affirme-t-il. Ce qui est sûr, c'est que Chirac sera à cette primaire. Ce qui est aujourd'hui possible, c'est que Barre y soit aussi, et ce qui est enfin très probable, c'est que, dans ce cas, Giscard soutienne Barre à fond.

« Giscard demeure hostile à Chirac, non seulement pour des raisons personnelles, pour des motifs de rancune, mais parce qu'il considère simplement que Chirac n'est pas un homme d'État (je vous dirais, moi, au passage, que je considère Mitterrand meilleur homme d'État que Chirac). Il n'y a donc rien de changé dans les relations entre les deux hommes. Ces déjeuners de "réconciliation" (auxquels personne ne croit, même en province, sur le "terrain") étaient absolument nécessaires sur le plan de la tactique en prévision des prochaines élections municipales[2]. C'est tout.

« Giscard affirme volontiers qu'il ne veut pas se représenter, qu'il n'y pense pas, que ce n'est aujourd'hui ni son but ni son propos. Mais il est vrai que toutes ses interventions, sa façon d'être démentent ces déclarations. Ceci dit, l'homme a changé. On peut aujourd'hui lui parler, l'interrompre, lui dire des choses "qui ne lui font pas plaisir". Il les accepte. Il a mis près d'un an à reconnaître ses erreurs, ses fautes, à faire une analyse serrée et sans complaisance de son échec. Je peux vous le dire, car je l'ai vu souvent ces derniers temps, jouant au tennis avec lui et Patrice Duhamel[3] au Roret, le château de mon père – que ce dernier a loué pour deux ans – dans les environs de Grasse. (Il l'a loué parce que c'était, au Roret, le soleil et la Provence,

---

1. Fils de Michel Poniatowski, député UDF de l'Eure.
2. En mars 1983.
3. Journaliste politique de la télévision.

mais aussi parce qu'il pouvait y recevoir dans la discrétion des gens de passage à Nice, comme Kissinger, par exemple.)

« Le "côté facho" de Chirac est actuellement souligné par la télévision, indique pour finir le fils de Michel Poniatowski. Jamais la télévision ne nous montre Chirac dans une simple conversation avec un journaliste, mais toujours hurlant et gesticulant devant des foules. Les socialistes font aujourd'hui avec Chirac ce que nous faisions hier avec Marchais : montrer le côté odieux et dangereux du personnage. »

10 MARS 1983

Rendez-vous avec Hubert Védrine, toujours intelligent et d'une grande clarté : « La politique étrangère de la France échappe seule à la vague de mécontentement actuelle, observe le conseiller du Président. Il y a eu des "votes-sanction", qui se sont additionnés, dans la plupart des domaines. Mais la politique étrangère est restée en dehors. Dans l'ensemble, elle est approuvée par les Français et c'est la raison pour laquelle l'opposition est demeurée muette à son sujet pendant la campagne des municipales.

• 1er axe : les relations France-États-Unis

« Nous sommes arrivés à un point d'équilibre après un temps d'interprétations contradictoires, m'explique-t-il. On nous a accusés d'être trop proaméricains parce que Mitterrand allait voir souvent Reagan et appuyait trop ostensiblement sa politique, notamment dans l'affaire des missiles[1], et sur l'ensemble du problème de la défense atlantique. Bref, nous étions trop "atlantistes". On nous a accusés aussi d'être trop antiaméricains dans notre politique à l'égard du tiers-monde, notamment en Amérique centrale. Mitterrand a réussi à se faire comprendre : nous sommes alliés avec les États-Unis, mais nous gardons notre indépendance totale. C'est la politique du général de Gaulle. Comme au temps du Général, les États-Unis ont

---

1. Le président américain plaidait pour un accord avec l'URSS sur la réduction, de part et d'autre, du nombre de missiles.

fini par comprendre : notre indépendance nous donne plus de force. Nous sommes devenus des alliés utiles. Notre volonté d'indépendance et la compréhension, l'acceptation américaines de cette politique ont été marquées lors des visites à Paris du secrétaire d'État[1], en décembre dernier, et de George Bush[2] en février. Cela a été très net. Nous ne soutenons ni ne critiquons automatiquement les Américains. Nous examinons et réglons les problèmes au cas par cas, avec comme seul critère les intérêts de la France. Cela a été bien compris à Washington. »

• 2e axe : les relations avec l'URSS

« Il s'agissait de faire comprendre que la pratique giscardienne, dans ce domaine, était devenue une perversion. C'était une légitimation permanente de la politique de l'URSS, une sorte de caution automatique. Le Président a voulu interrompre cela et il s'y est employé de mai 81 à février 83. J'appellerai cette période une "cure de désintoxication". De désintoxication soviétique. Cette cure terminée, il fallait recommencer à parler, mais sans être complaisant, sans garder l'automatisme d'avant, c'est-à-dire notamment les rencontres régulières entre ministres des Affaires étrangères. Ayant décidé de mettre fin à l'automatisme, nous recommençons à nous parler. Mais quand nous le désirons. Nous gardons le choix du moment. Cheysson a été excellent pendant son dernier voyage : il a tenu des propos très clairs, très nets. La bonne recette avec les Russes est d'ailleurs de toujours parler sans détour. »

• 3e axe : l'Afrique

« Nous assumons pleinement l'héritage. Nous conservons, cela va de soi, des relations privilégiées avec l'Afrique. Nous avons gardé un conseiller spécial, en la personne de Guy Penne, auprès du chef de l'État. Nous avons conservé un ministre de la Coopération. En matière de coopération et d'aide, nous donnons priorité à l'Afrique. Le Président a entrepris la visite de tous nos anciens territoires. Le

---

1. George Schultz.
2. Alors vice-président des États-Unis et futur successeur de Ronald Reagan.

changement, dans ce domaine, c'est que nous tenons à avoir de meilleures relations avec les États dits "progressistes" : Guinée (Sékou Touré a été reçu à Paris), Bénin et Congo-Brazzaville (où le Président a reçu un accueil triomphal), Madagascar. On a réussi à faire rentrer dans notre giron ces États progressistes, et on l'a fait – il est important de le souligner – à la demande des États africains modérés. Cette nouvelle politique s'est traduite non seulement par les voyages successifs du Président, mais aussi par une aide accrue et des invitations à participer à la Conférence franco-américaine annuelle. Cette aide, aujourd'hui, est plus une aide de développement que de prestige, comme naguère. On s'emploie à faire évoluer l'Afrique vers un développement agricole. »

- 4e axe : équilibre au Maghreb

« Cette politique d'équilibre a été perturbée, au début, par le parti socialiste dont les vues proalgériennes et prosarahouies sont connues. Mitterrand, lui, voulait avoir les meilleurs rapports avec les trois pays du Maghreb, et c'est ce à quoi il s'emploie. Il a commencé par l'Algérie, parce que c'était avec ce pays que le passif historique était le plus grand et les relations les plus détestables par la faute de Giscard. Mitterrand a ensuite réussi le rétablissement marocain, rendu difficile par le rétablissement algérien. Mais le voyage au Maroc a été une grande réussite, malgré de grandes difficultés que vous connaissez bien. Le roi du Maroc avait mis au courant Mitterrand de sa rencontre avec le président algérien, qui a suivi de peu notre voyage à Rabat. En outre, Mitterrand se rendra en Tunisie avant la fin de l'année. Notre nouvel ambassadeur à Tunis, Gilbert Pérol[1], qui vient de prendre son poste, est arrivé là-bas porteur d'un message personnel chaleureux au président Bourguiba. »

- 5e axe : le Proche-Orient

« Notre politique est bien comprise. Si vous le remarquez, elle n'est plus critiquée depuis longtemps. Est-il besoin d'en rappeler les grandes lignes tant elles sont connues ? Droit d'Israël à exister dans

---

1. Ancien chef du service de presse de l'Élysée sous le général de Gaulle.

des frontières sûres et reconnues, droit des Palestiniens à une patrie, droit du Liban à recouvrer son unité, droit de tous les peuples de la région à vivre en paix, etc. Pour progresser vers cette paix, le Président ne s'enferme dans aucune formule. Il veut être pragmatique et œcuménique. Chercher dans les possibilités des uns et des autres ce qui peut être utile à tous. »

• 6ᵉ axe : l'Europe

« C'est là le plus difficile. Aucun problème n'est résolu. Aucune solution n'avance. La question du budget de la Communauté, le renforcement de la Politique agricole commune, l'élargissement de la Communauté, tous ces problèmes se posent toujours de manière lancinante : chaque Conseil les examine et les passe au Conseil suivant. La France n'a pas réussi à relancer l'Europe communautaire comme elle le souhaitait. On a peut-être réussi à éviter que les choses empirent... mais nos ambitions étaient plus vastes ! »

18 MARS 1983

Couve de Murville en est convaincu : « Mitterrand se représentera. Ne serait-ce que pour inaugurer l'exposition du bicentenaire de 1789, me dit-il. Ce qu'il va faire maintenant ? Il ne le sait pas lui-même. Il ne le sait pas parce que, étant tout à fait dans l'ignorance des problèmes – il ne les étudie pas et donc ne les connaît pas –, il est inapte à faire un choix. Alors, on dit : "C'est la faute de l'Allemagne. Tout dépend des Allemands !" Affirmation littéralement stupéfiante que tout le monde encaisse sans broncher, sans se rendre compte de son caractère aberrant, je dirais scandaleux. Mais l'Allemagne n'y est pour rien ! C'est parce que nous ne savons pas quoi faire que nous osons dire et faire croire que c'est la faute de l'Allemagne. Ce qu'il faut faire ? Nommer un Premier ministre qui en soit un. Mais où Mitterrand pourrait-il le trouver ? Il n'y a personne au parti socialiste. Vous voyez quelqu'un qui pourrait aller à Matignon ? Moi, personne. Mauroy est vraiment un imbécile. Inutile de le démontrer. Delors est dépourvu de toute autorité politique. Il n'est rien. Il ne représente rien. Or, un bon ministre des Finances, c'est quelqu'un qui, d'abord, doit avoir une grande autorité politique, avec, à ses côtés, toute une équipe d'experts et de financiers.

« Ce qu'il faut, insiste Couve, c'est un Premier ministre et un ministre des Finances qui annoncent une politique digne d'inspirer la confiance, c'est-à-dire une politique draconienne n'ayant qu'un seul but : la réduction des déficits les uns après les autres. Cette politique est possible. Tout peut être redressé. Tous les déficits peuvent être réduits. »

Bien sûr, nous en venons à parler de l'opposition : « Chirac est un prodigieux animal politique, constate Couve. Mais ce n'est qu'une locomotive électorale. Il n'y a que les élections qui le passionnent. C'est tout. Pour le reste, les problèmes l'indiffèrent et c'est la raison pour laquelle il ne les connaît pas. Giscard ? À mon avis, personne ne peut plus le sentir. Il est fini et rien de ce qu'il dit ou qu'il fait n'intéresse personne. Le seul qui s'impose, c'est Barre, sans aucun doute. Cela étant, la question ne se posera que sitôt après les législatives de 1986. Qui ne vous dit pas que, d'ici là, un quatrième aura surgi ? Pour l'instant, l'opposition n'a pas un leader, elle n'a que deux leaders à la tête de deux partis distincts. Ce qui est vrai, c'est que le RPR, parti de militants, est beaucoup plus fort que l'UDF, parti de notables. Mais le R.P.R. commence aussi à devenir un parti de notables... »

L'opinion de Couve sur notre politique étrangère n'a guère varié depuis notre dernier entretien. « Vous savez, toute diplomatie est toujours fonction de la situation intérieure sous tous ses aspects, en particulier de la situation économique et de la monnaie. C'est vous dire que la nôtre ne pèse pas lourd. On compte très peu auprès des Russes et des Américains. Pour eux, il n'y a que les Allemands !

« Le pauvre Cheysson n'a pas la tâche facilitée, il est vrai, avec tous ces ministres qui sillonnent le globe sans arrêt, ajoute Couve. Jamais on n'a assisté à un tel spectacle, qui est un scandale. Un ministre en exercice ne va pas faire des conférences à l'étranger. Je vous le demande, qu'est-ce que va faire ce ministre, M. Ralite[1],

---

1. Alors ministre de la Santé.

communiste de surcroît, aux États-Unis ? Ce n'est pas son rôle. L'autre jour, je quittais Singapour où arrivait le ministre du Logement. À l'escale du Caire, je tombais sur le ministre de l'Agriculture, flanqué d'une suite pléthorique. Savez-vous que, quand j'étais ministre des Affaires étrangères, pas un seul membre du gouvernement ne quittait le territoire national sans mon autorisation ? C'est vous dire qu'aucun ne l'a jamais fait, sauf, bien sûr, le ministre des Finances, à l'occasion des rencontres internationales, celui de l'Agriculture pour aller à Bruxelles, et, naturellement, celui du Commerce extérieur. Ce laxisme est stupéfiant. Scandaleuses aussi sont toutes ces nominations à des postes nouvellement créés. Scandaleux encore, le nombre de ministres qui accompagnent Mitterrand lors de ses voyages à l'étranger, sans compter les membres de son entourage, ses "invités personnels" et ses chargés de mission dont le nombre croît de mois en mois. Heureux de profiter des avantages du pouvoir, ils le sont aussi d'en faire profiter le plus grand nombre possible. Il y a là un gaspillage critiquable. À la vérité, l'ivresse du pouvoir et de ses avantages leur fait oublier tout le reste !

« Cancún n'a rien donné, poursuit Couve. C'est fini, malgré quelques déclarations folles de Jack Lang. Notre politique tiers-mondiste est d'ailleurs abandonnée dans sa totalité et cet abandon a été illustré par le départ de Cot. On en est revenu à la tradition : l'Afrique francophone à l'Élysée – entre les mains du dentiste Penne[1] – et à la Coopération, le tiers-monde au Quai. Mitterrand revient aux réalités.

« Mais pourquoi tant de zèle à l'égard des Américains, comme si nous voulions toujours nous faire pardonner la présence de ministres communistes ? Oui, le complexe des ministres communistes est à l'origine du zèle atlantiste de Mitterrand. La position proaméricaine qu'il a prise lors de son discours de Bonn[2] est excessive. Il est bizarre que la France prenne, dans cette affaire des missiles, des positions si rigides, alors qu'elle se refuse à avoir des missiles américains sur

---

1. Le conseiller du chef de l'État pour les Affaires africaines.
2. Le 21 janvier 1983, François Mitterrand a plaidé devant le Bundestag à Bonn pour un équilibre stratégique Est-Ouest impliquant l'installation de missiles nucléaires en Allemagne fédérale.

son territoire. Nous devrions être plus discrets... Sans cesse nous intervenons, faisons des affirmations catégoriques au sujet de questions sur lesquelles nous ne pouvons rien. Même chose à propos de la Pologne : déclarations fracassantes, mais aucun autre contact. Même verbalisme au sujet de l'Afghanistan. Notre politique à l'égard des Russes est d'ailleurs stupide. Nous sommes la seule nation occidentale à avoir renoncé à des relations avec Moscou à un haut niveau parce que les Russes ont envahi l'Afghanistan ! Mais, que je sache, me répète-t-il, nous n'avons pas interrompu nos relations avec les États-Unis lors de la guerre du Vietnam ! »

20 MAI 1983

Michel Jobert, qui vient de démissionner du gouvernement[1], croit ferme, tout comme Maurice Couve de Murville, que François Mitterrand non seulement ira jusqu'au bout de la législature et de son septennat, mais aussi qu'il songe dès maintenant à se représenter : « J'observe que, depuis son arrivée à l'Élysée, il n'a jamais, je dis bien jamais, rappelé sa promesse de ne faire qu'un seul septennat, me dit-il. C'est l'une des raisons pour lesquelles il a décidé d'user Mauroy. Il sait en effet que Mauroy n'a qu'une idée en tête, celle de lui succéder en 1988. Or, il n'aime pas Mauroy, pour bien des raisons internes au parti socialiste, mais aussi parce qu'il se pose comme successeur, ce qui lui déplaît souverainement : on n'aime jamais ses successeurs ! S'il a repris Mauroy[2], malgré tous les inconvénients politiques évidents de cette reconduction, c'est pour mieux l'écarter plus tard. C'est aussi parce que cet homme est moins dangereux à Matignon que caracolant à l'extérieur dans les mois qui précéderont le prochain congrès du parti socialiste. C'est enfin parce que les communistes – qui ne voulaient à aucun prix de Delors ou de Béré-

---

1. Remplacé par Édith Cresson comme ministre du Commerce extérieur dans le troisième gouvernement Mauroy. Les raisons de son départ apparaissent clairement dans son entretien avec Jean Mauriac.
2. Reconduit comme Premier ministre en mars 1983.

govoy – l'ont imposé à Mitterrand, l'ont exigé. Mauroy, qu'il le veuille ou non, est l'homme des communistes.

« Mitterrand a considérablement changé depuis son arrivée à l'Élysée, me raconte Jobert. Ce n'est plus le même homme. Peut-être redevient-il le même quand il rencontre ses amis à dîner chez Goldenberg ou d'autres copains, d'autres soirs, au restaurant ou chez les uns ou les autres ? Mais, pour le reste, le personnage est devenu un peu extravagant par sa froideur, l'extraordinaire distance qu'il établit entre lui et son interlocuteur, l'impassibilité du masque qu'il s'est mis sur le visage, une pose permanente, ses silences glaciaux ou, au contraire, ses monologues qui n'ont rien à voir avec le sujet abordé, la façon qu'il a de ne jamais répondre à vos questions, de fuir, de parler d'autre chose. À l'évidence, il s'est créé un personnage. Il est autre. L'Élysée, ses fonctions l'ont transformé. »

Je l'interroge sur la santé du Président – sujet qui alimente de nombreuses rumeurs. « La seule chose que je puisse vous dire, parce qu'il me l'a dit, c'est qu'il s'est fait mal au dos en jouant au golf, me répond Jobert. Il n'a jamais voulu que cela se sache[1]. Il a tenu secrète la cause de cette douleur. Mais il a souffert affreusement, marchant difficilement. Il a, pendant plusieurs mois, fait montre d'un grand courage, surtout dans ses voyages à l'étranger, notamment lors de la conférence de Cancún.

« Vous me dites qu'il m'en veut d'avoir démissionné ? C'est possible... mais c'est surtout moi qui lui en veux de ne pas avoir tenu ses promesses. C'est lui, n'est-ce pas, qui est venu me chercher. Il m'a fait venir rue de Bièvre[2] pour me demander de faire partie du gouvernement. "Il n'y a que vous, Defferre et moi qui avons quelque expérience ministérielle, gouvernementale, m'a-t-il dit à ce moment-là. Il est donc indispensable que vous acceptiez." Il a insisté. Il a acquiescé à toutes mes demandes. J'ai cédé.

« En fait, mon ministère n'a jamais existé. Je n'ai jamais eu la possibilité d'exercer mes fonctions de ministre du Commerce

---

[1]. Les bulletins de santé du Président parlent d'un état satisfaisant, malgré la découverte de son cancer de la prostate en novembre 1981. Seuls quelques initiés sont alors informés de la réalité du mal dont souffre le chef de l'État.
[2]. Le domicile parisien de François Mitterrand.

extérieur. Rien ne dépendait de moi, malgré mes demandes répétées de restructuration de ce ministère, malgré les sonnettes d'alarme que je tirais sans arrêt, malgré mes avertissements incessants, dont beaucoup ont été rendus publics par mes soins. J'ai eu avec Mitterrand, à la fin de décembre dernier, un long entretien où je lui ai laissé entendre que j'allais démissionner. Il était donc au courant. Rien n'a servi. Mon successeur, Édith Cresson, n'existe pas davantage ! Elle ne commande rien. Elle ne fait qu'exécuter les directives du ministère des Finances.

« Je reviens du Maroc, ajoute Jobert, où j'ai séjourné depuis mon départ du gouvernement. J'ai écrit un nouveau roman et ma seule tristesse, aujourd'hui, est d'avoir quitté mes personnages, de ne plus vivre avec eux. Tous les Marocains que j'ai rencontrés sont sûrs que Dlimi a été exécuté sur ordre du roi. C'est aussi ma conviction, puisque chez Hassan II – comme chez tous les souverains marocains depuis la nuit des temps –, c'est pratique courante. Seulement, beaucoup de Marocains pensent que Hassan II a fait exécuter Dlimi par les services secrets français, et notent que Marenches[1] se trouvait précisément au Maroc le jour de la mort de Dlimi.

« Les Marocains sont stupéfaits de l'élection de Mitterrand. J'ai dit à leur ambassadeur : si vous étiez venu me voir, je vous l'aurais annoncée. Les Marocains ont absolument voulu que je vienne leur rendre visite, dès juin 1981, pour établir de bonnes relations avec les socialistes. Je leur ai conseillé de faire venir Bérégovoy. Ils ont écouté mon conseil. Bérégovoy a été reçu au Maroc : tapis rouge et banquets. Il est revenu à Paris enchanté, et tout se passe bien maintenant entre Mitterrand et le roi. Le voyage du Président au Maroc, il est vrai, a aussi aidé à arranger les choses. »

Enfin Michel Jobert m'entretient de ses projets personnels. « Je vais maintenant reprendre contact avec les uns et les autres, me dit-il. Je compte émerger. Je suis libre et, bien sûr, ne regrette en rien ma vie ministérielle, pour les raisons que je viens de vous indiquer :

---

1. Alexandre de Marenches, le très controversé directeur du SDECE sous Pompidou et Giscard. Il a quitté son poste le 12 juin 1981, restant un consultant apprécié en France et à l'étranger.

pas de ministère, donc pas de ministre. Je vais participer au débat des *Dossiers de l'écran* après la projection du film de Lefranc et Flohic sur l'affaire de Baden-Baden. Balladur, qui avait été invité, m'a demandé d'y aller à sa place. J'ai accepté. Mais on devine ce que sera le film quand on en connaît les auteurs ! Ce sera la thèse absurde défendue par les gaullistes : le coup de la ruse ! Vous savez, j'étais directeur du cabinet de Georges Pompidou en mai 1968 et je sais bien des choses que je n'ai jamais dites : ce n'est pas seulement le Général qui a voulu partir, mais Pompidou aussi ![1] Il avait contacté Poher, Mitterrand, Mendès au sujet de son départ... J'ai dit là-dessus certaines choses dans *L'Autre Regard*[2], où j'ai écrit que je n'aimais pas "les palais officiels, dans ces instants où l'Histoire devient furtive et haletante, où glissent des ombres, des peurs, et où les visiteurs sont déjà des fantômes précautionneux...". »

21 SEPTEMBRE 1983

« Mitterrand est descendu si bas dans les sondages qu'il ne peut plus s'en sortir, prédit Yves Guéna. 28 %, cela ne s'est jamais vu ! Dans les moments les pires, Giscard avoisinait les 35 %... Dans l'opposition, les analystes les plus mesurés, les moins passionnés, estiment que Mitterrand sera obligé d'aller à des élections anticipées, parce qu'il ne pourra pas se sortir d'une situation qui ira en empirant.

« Chaban m'a dit que "ça" pourrait craquer en 1984 parce qu'il y aura alors l'addition des mécontentements de toutes les classes sociales, et que nous serons sous la tutelle absolue du Fonds monétaire international. Il croit, lui aussi, que Mitterrand pourra être contraint de dissoudre l'Assemblée nationale l'année prochaine et est convaincu – comme tout le monde dans l'opposition – que les élections législatives seront perdues pour la majorité de gauche.

---

1. Cette affirmation est pour le moins surprenante, tant elle contredit tout ce que l'on sait du comportement de Georges Pompidou en mai 68. Peut-être résulte-t-elle, chez Michel Jobert, d'une certaine aigreur à l'égard de son ancien mentor...
2. Grasset, 1983.

« Chirac, cette année, n'est plus en vogue, constate encore Guéna. Il est dans une mauvaise phase du fait de la montée de Barre, plus raisonnable, plus malin, plus intelligent. Chirac ne dit que des choses péremptoires sur un ton péremptoire. Ce qu'il dit ne passe plus et passera de moins en moins. Je ne crois pas – je vous dis cela aujourd'hui – qu'il puisse jamais être élu. S'il a fait battre Giscard, c'est parce qu'il savait qu'il ne tiendrait pas le long parcours de sept années. En faisant élire Mitterrand, il pensait qu'il n'aurait pas sept années à attendre. Ce calcul sera peut-être juste, mais en partie. Car le jour où Chirac se présentera, il aura toute la gauche contre lui, mais aussi une partie de la droite qui lui rappellera alors qu'il a fait battre Giscard. Cette trahison, personne n'en parle aujourd'hui. Tout le monde en parlera le jour venu, et c'est elle qui le perdra.

« Nos relations personnelles sont inexistantes. Il y a sept, huit mois, j'ai fait la paix avec lui. J'ai fait la paix comme Guichard, comme Peyrefitte, parce que je ne pouvais pas rester isolé dans mon parti. C'est tout. Il a longtemps dit : "Guéna m'a trahi", à quoi je répondais : "Non, c'est Chirac qui m'a trahi." Et puis il a laissé entendre qu'il me reverrait volontiers... Et puis on s'est revus... mais mes reproches allaient surtout à ces misérables Juillet et Garaud.

« Savez-vous que c'est la panique au RPR, à cause de Barre ? Je vous le dis : la panique !, insiste Guéna. Chaque fois que je vois Pons, il ne me parle que de Barre. Oui, ils sont très inquiets. Barre le sait, bien sûr. Il paraît, selon les gens à qui il se confie, qu'il passe son temps à déblatérer contre Chirac, à afficher son mépris à son égard. À la vérité, Barre n'est pas un homme commode. L'un de ses anciens collaborateurs, du temps de Bruxelles, me disait que trois choses le caractérisaient : une ambition effrénée, une méchanceté sans égale, et un intérêt profond pour les questions matérielles. »

30 SEPTEMBRE 1983

Déjeuner avec le comte de Paris – yeux bridés, cheveux pommadés, petite moustache, élégance désuète – dans le patio du George V : « J'ai bien connu jadis François Mitterrand, me raconte-t-il. Nous nous sommes toujours beaucoup vus. J'ai toujours considéré qu'il avait la stature d'un homme d'État. Il est, il m'est sympathique. Je ne suis pas un partisan : sur le plan international, je vous dis donc que sa politique est bonne, très bonne. Je ne vous dirai pas la même chose de sa politique économique ! Mais enfin, il a pris la France en état de crise : crise internationale et crise intérieure. Il a hérité du passif de Giscard. Ce dernier, soit dit en passant, n'a pas rempli son rôle comme il l'aurait dû.

« La dernière fois que j'ai vu Mitterrand – il y a presque un an –, je lui ai fait part de mes inquiétudes : cette France coupée en deux, cet affrontement permanent, sans espoir parce que sans fin. Il m'a interrogé : "Alors, que faire ?" Je lui ai répondu : "Je pourrai peut-être un jour être l'arbitre..." Mais, manifestement, il croit en son succès, du moins qu'il s'en sortira. Ce que je pense aujourd'hui, il le sait : je lui ai envoyé les "bonnes feuilles" de mon livre[1]. Il n'est donc sans doute plus pressé de me revoir.

« Vous savez, je crois que Mitterrand ne peut être l'arbitre comme il devrait l'être à la place où il est, parce qu'il n'a pas de légitimité, malgré le suffrage universel – je veux dire : parce qu'il n'a pas une légitimité suffisante, souligne le comte de Paris. Il aurait fallu qu'il abandonne son parti, qu'il ne fasse pas entrer les communistes dans le gouvernement. Oui, je regrette, pour la France, qu'il soit resté l'homme d'un parti. Il est le président de la gauche. Je vous le dis d'autant plus volontiers que je suis un homme de gauche (la droite m'en a toujours voulu de mes positions : j'ai toujours senti les problèmes sur le plan humain), que j'ai parlé de l'association capital-travail bien avant le général de Gaulle, et que je ne suis pas effrayé par la politique de gauche, bien au contraire ! Mais je ne comprends pas cette bride lâchée sur les communistes.

« Giscard ? Il a de la mémoire, mais pas d'intelligence. Il est d'une vanité sans borne. Un jour, il m'a demandé : "J'aimerais savoir comment je descends de Louis XV." Je lui ai répondu : "Par les femmes, vous savez, les descendances sont nombreuses..." Et j'espère que vous ne me ferez pas l'injure de croire que ce jugement sur Giscard puisse être influencé par l'horrible attitude qu'il a eue au

---

1. *Lettre aux Français*, Fayard, 1983.

moment de l'affaire de Thibault, mon malheureux fils[1]. Sa faute – une faute de jeunesse – valait-elle cette mise en prison, cette condamnation, cette publicité ? Non, je l'affirme parce que je le sais : Giscard voyait en moi, sur le plan politique, quelqu'un de dangereux. Il s'est acharné sur mon fils pour m'écarter plus sûrement.

« Barre est raisonnable et a du bon sens. Il n'est pas un politicien dans le vrai sens du terme. Il a suivi une carrière universitaire. Il a une connaissance approfondie de l'économie. Il peut être le Pinay de demain. Il rassure les Français. Mais je ne sais pas s'il a l'étoffe d'un homme d'État. La démonstration n'a pas encore été faite, quoi qu'on dise. Écoutez : Barre c'est Colbert, c'est-à-dire qu'il n'est rien sans son roi.

« Mon livre, *Lettre aux Français*, exprime une inquiétude profonde, poursuit le comte de Paris. J'ai voulu montrer aux Français le drame dans lequel nous étions plongés. Les institutions brisent le cadre de la Nation. L'alternance droite-gauche est dramatique pour la France. Nous allons au-devant de graves affrontements. Nous n'en pouvons plus. Mitterrand n'a aucun projet pour sortir de cette division. Il a espéré trouver, un jour, un centre. C'est trop tard. Il s'est coupé de tout avec la participation du parti communiste. Je l'ai écrit : "Nous voici, une fois encore, devant la tentation du désespoir." Désespoir, parce qu'il n'y a pas d'issue à cet affrontement, parce qu'il n'y a pas de solution : la gauche est aujourd'hui au pouvoir ; la droite reviendra et se vengera, et les têtes tomberont. À son tour, la gauche voudra revenir pour faire tomber les têtes de la droite et détruire ce qu'elle a fait. Et ainsi de suite. C'est l'autodestruction de la France. Écoutez-moi bien : je ne suis pas sûr que le pays puisse résister à la tentation de la violence. Mais si nous continuons cette alternance de haine et de rancœur, la France est fichue, il n'en restera rien. Je peux sauver la France (il me le dit, mais par devoir, car manifestement il ne le croit plus). L'exemple de Juan Carlos est là (sous-entendu : mais que la France ne passe pas par la dictature avant de faire appel au comte de Paris !). Il faut créer des "délégués du peuple". Il y a quand même une espérance ! Refaire le tissu, refaire l'unité nationale !

---

1. Impliqué dans son affaire financière.

« Le grand responsable de cette bipolarisation, c'est de Gaulle, ajoute le comte de Paris. Ce qu'il a voulu faire avec moi, le saurons-nous jamais ? Contrairement à son image officielle, l'homme était hésitant, sans certitude, perméable à son entourage (à ses Premiers ministres de droite, notamment, qui ont fait la politique la plus réactionnaire, la plus antisociale qui puisse être). En 1965, de Gaulle voulait m'amener au pouvoir par le suffrage universel, il a renoncé à son projet. Pourquoi ? Sous l'influence de Debré ? Parce que, comme me l'a dit Boissieu, il savait que mon fils aîné, le comte de Clermont, était incapable, totalement incapable de prendre après moi la tête de la Maison de France ? Peu importe. Il a renoncé, et cela en a été fini de lui, de Gaulle, et, hélas, des institutions de la Ve République. Le ballotage, au premier tour[1], l'a mortellement atteint (et Mai 1968, moins de trois ans après – que j'avais prévu, que j'aurais peut-être évité – l'a achevé). De Gaulle a eu recours aux partis, à un parti pour se faire élire. Dès lors, il était prisonnier. Le bipartisme s'est instauré. Tout a été perdu. »

La plus grande partie de la conversation a porté sur les problèmes personnels du prince : la direction de ses fondations (l'une culturelle, la Fondation Saint-Louis, rassemblant les affaires de Dreux et d'Amboise ; l'autre, la Fondation Condé, à Chantilly, qui accueille les personnes âgées), la mise en vente prochaine de Cœur-Volant, la propriété où il résidait à Louveciennes, son installation à Chantilly (il a une petite chambre à la Fondation, mais habite chez des amis)... Son grand problème – le plus douloureux (la mort récente de son fils Thibault en Centrafrique mise à part) – est causé par l'attitude du comte de Clermont, son fils aîné, donc le dauphin, avec qui il n'a plus de relations. Celui-ci, incapable de tout à ses yeux, a abandonné sa femme (qui l'aime toujours) et, ce qui est pire, ses enfants, dont deux sont des handicapés profonds. Le comte de Clermont ne renonce pas, malheureusement, à ses droits successoraux. Le comte de Paris a reporté tous ses espoirs sur deux de ses petits-fils, Jean et Eudes, fils du comte de Clermont, pour reprendre le flambeau de la monarchie, une monarchie dont il est sûr qu'à un moment le général de Gaulle a voulu le

---

1. En 1965, le Général n'a remporté l'élection présidentielle qu'au second tour.

rétablissement et à laquelle aujourd'hui, lui, comte de Paris, ne croit plus.

10 octobre 1983

Nouvel entretien avec Michel Jobert. Mitterrand est devenu son sujet de prédilection. « Il est de plus en plus autoritaire, me confirme-t-il. Je ne le vois plus, mais c'est ce que me rapportent ceux qui le rencontrent. Il est solitaire au milieu d'un entourage qui est une cour approbatrice. Ses décisions sont sans appel. Mais l'homme est terriblement hésitant. Ainsi, il tranche, décide, un soir. Mais, la nuit venant, avec ses conseils, il dit le lendemain matin le contraire de ce qu'il a décidé la veille, ne cachant pas son mécontentement des décisions prises pourtant sur son ordre.

« Je ne pense pas qu'il soit habile de s'insurger, comme il l'a fait, contre une politique qui est pourtant la sienne, ni de critiquer la dureté des décisions fiscales qu'il venait lui-même de prendre. Aussi, quand il annonce l'allègement de la fiscalité pour l'année prochaine, personne ne le croit plus. C'est porter atteinte lui-même à la confiance des Français. Et c'est ce qu'il y a de plus grave pour lui : le manque accru de confiance.

« Tactiquement, Mitterrand donne l'impression de s'éloigner des dogmes de gauche, de renoncer à la "lutte des classes", de composer avec la droite. Je vous dis : tactiquement... Mais, sur le fond, je suis sûr que rien n'est changé et qu'il veut toujours aller jusqu'au bout de la politique d'union de la gauche, c'est-à-dire de faire "rendre gorge" aux "possédants".

« Ce que je crois le plus, c'est ce que m'a dit l'un de ses intimes : Mitterrand voulait être président de la République à tout prix. Il y est arrivé. Il est au pouvoir, comme un sphinx, mais flottant, solitaire, habile et soucieux d'avoir le champ libre pour pouvoir employer ses dons de tacticien, déployer ses manœuvres. Il est heureux d'être là, sur le plan de son histoire personnelle. Il est parvenu à ses fins.

« Mais les difficultés s'amoncellent, constate Jobert. Vous me parlez de politique étrangère. Bien sûr, jamais je n'aurais laissé la France participer à cette force multinationale – qui n'en est pas une – au Liban. Bien sûr, jamais je n'aurais livré cinq Étendards à l'Irak (je me serais contenté de soutenir ce pays comme nous faisions jadis et comme d'autres puissances le font). Bien sûr, je ne serais jamais, je dis bien jamais, intervenu au Tchad. Songez que nous avons mis, depuis l'indépendance du Tchad, vingt ans, vous entendez, vingt ans, à quitter ce pays. Nous y sommes enfin arrivés le 17 mai 1980. Mitterrand arrive au pouvoir et nous revoilà au Tchad, nous revoilà dans l'affreux guêpier ! Ce qu'il fallait faire quand Kadhafi a envahi le Tchad ? Eh bien, surtout rien, c'est-à-dire laisser l'armée libyenne occuper N'Djamena et attendre qu'elle s'en retire, comme elle l'avait fait en novembre 1981. Mais le véritable ennemi des États africains, ce n'est pas Kadhafi, c'est la contestation qui ronge chacun de ces États, y compris la Côte d'Ivoire[1] où le vieil Houphouët ne sait pas comment assurer sa succession.

« En intervenant partout, Mitterrand s'éloigne de ses convictions. Oui, ce sont les socialistes qui envoient partout des troupes outre-mer. Et la décision de Mitterrand et d'Hernu de mettre sur pied une force d'intervention permanente de 150 000 hommes est bien alarmante – car comment ne seraient-ils pas tentés de s'en servir ? Nous voici au Tchad, par une cruelle erreur, à la remorque de la politique américaine. Nous voici acceptant une partition de fait au profit de Kadhafi et consacrant ainsi son rôle dans le monde islamique. Nous voici amenés à négocier et sans savoir où mènera cette négociation. »

Puis Jobert revient à la politique intérieure : « Pourquoi Barre – qui a échoué dans sa politique économique, qui a été le Premier ministre le plus impopulaire qui puisse être – a-t-il réussi une telle remontée dans les sondages ?, demande-t-il. C'est parce qu'il ne s'appuie sur aucun parti. C'est la force de Rocard dans la mesure où il est rejeté par les socialistes. C'est celle de Simone Veil. Ce fut celle de Georges Pompidou en 1969, qui prit le soin d'annoncer sa candidature avant que l'UDR ne s'en empare pour la présenter.

---

1. Peu d'observateurs l'avaient perçu à cette époque, la Côte d'Ivoire étant considérée comme l'un des pays les plus stables de l'Afrique.

« Moi, je suis mon destin, ajoute Jobert. Je m'occupe à la Cour des comptes. Je dirige le Mouvement des démocrates dans la mesure où ce mouvement veut bien exister. Je me manifeste dans la presse... hélas, seulement dans la mesure où elle me le demande. Quant à la télévision, je n'y passe jamais... Mais, vous savez, l'âge est là, c'est-à-dire la retraite. Je suis aujourd'hui un haut fonctionnaire, comme je l'ai été auparavant, à qui il ne reste plus que deux ans à parcourir. Ma carrière politique n'a été qu'un accident. Si Pompidou ne m'avait pas demandé d'être son ministre des Affaires étrangères, jamais je n'aurais fait de politique. La politique a bien été pour moi un des hasards de l'existence. Ce qui me reste à vivre, eh bien, je suis heureux de le vivre là où je suis. »

Je lui demande pour finir s'il ne craint pas que l'on dise de lui, maintenant qu'il s'oppose à Mitterrand : « Jobert crache dans la soupe. – À ceux qui vous disent cela, vous répondrez : pour Michel Jobert, il n'y a pas de soupe ! », me rétorque-t-il aussitôt.

14 OCTOBRE 1983

Raymond Barre me fait part de son profond pessimisme. Il est persuadé que « nous allons connaître des jours durs, très durs ». Sur le plan politique, il ne se montre guère plus confiant :

« Bien sûr que la droite va cohabiter avec M. Mitterrand après les élections législatives, m'affirme-t-il. Tous, le RPR comme l'UDF, n'attendent que cela. Chirac n'est pas à une trahison près et ce ne sera que la troisième ! Et je vous dis ce qui risque de se passer : M. Mitterrand se mettra en retrait. Ce sera son gouvernement (où vous retrouverez Chirac et tous les autres ou leurs représentants) qui devra se mettre en avant, faire la politique la plus impopulaire qui puisse être, dans la situation politique la plus imprévisible, la plus folle. Bref, M. Mitterrand fera porter au gouvernement la responsabilité de tout. Et Chirac – qui croyait toucher au but, qui pensait se servir de la situation comme d'un ultime tremplin pour enfin arriver à l'Élysée – ne fera que récolter les fruits de cette nouvelle trahison et échouer une fois de plus, et, avec lui, l'opposition tout entière.

« Ne vous y trompez pas, nous allons vers la IVe, avec une nouvelle loi électorale[1] et ce sera la seule façon pour M. Mitterrand de tenter de ne pas perdre la prochaine élection présidentielle : laisser à l'opposition d'aujourd'hui la responsabilité de l'affreuse situation qui s'instaurera tout naturellement entre les élections législatives et l'élection présidentielle.

« Je ne participerai pas à cette forfaiture. Je les laisserai y aller en me tenant en dehors de tout, en dénonçant leurs méfaits, et en demeurant un homme seul. Vous savez, les Français, aujourd'hui, ne s'y trompent pas. Ils savent que je ne suis ni avec Chirac ni avec Giscard. Ils savent que je ne les approuve ni l'un ni l'autre. Ils savent que je me tiens en dehors de tout. Je n'ai pas besoin de le leur faire savoir.

« Chirac, c'est un pantin désarticulé, ajoute-t-il, qui réagit sans jamais réfléchir, à tout bout de champ et toujours sur-le-champ. Il ne sait rien de M. Mitterrand. »

24 OCTOBRE 1983

Pierre Lefranc, ancien collaborateur du Général, aujourd'hui la figure de proue de la gauche gaulliste, pense que « la situation politique de François Mitterrand est bien moins mauvaise qu'on ne le croit. En dépit des mauvais sondages et de la série d'élections partielles qui lui ont été défavorables, il garde en main toutes les cartes du jeu et d'un jeu qui peut, d'un seul coup, s'améliorer pour lui », me déclare-t-il.

« Comment ? Mais par le départ des ministres communistes, qui est certain, qui est politiquement inscrit dans les faits. Le fossé entre socialistes et communistes se creuse chaque jour davantage. Ces derniers partiront le jour où ils le décideront ou, mieux, le jour où Mitterrand le décidera. Ce ne seront pas les motifs qui lui manqueront, depuis la politique économique jusqu'aux missiles, au Liban, à

---

[1]. L'instauration de la proportionnelle aux élections législatives. Elle sera décidée par le gouvernement Fabius en 1985.

la Pologne... Je ne sais plus qui vient de dire : Mitterrand est plus soutenu par l'opposition que par sa majorité. Les communistes partiront certainement dans les trois ans qui viennent, c'est-à-dire avant les élections législatives, parce que leur départ rendra Mitterrand populaire dans la plus grande partie de l'opinion (les communistes ne représentant plus grand-chose), renforcera donc sa position personnelle et lui amènera un nombre considérable de voix du centre gauche, du centre tout court et même d'ailleurs. Croyez-moi, Lecanuet et ses amis s'engouffreront aussitôt dans la brèche, viendront tous à Mitterrand dès lors qu'il aura chassé les communistes et se montrera sous son vrai jour. Mitterrand, c'est un vieux radical, c'est Herriot. Vous me dites que Chirac viendra aussi à lui. Pourquoi pas ? Cela ne m'étonnerait pas. D'ailleurs, Chirac a déjà complètement renversé la vapeur et joue la carte de la cohabitation après avoir assuré qu'elle était impossible. Et, curieusement, c'est Raymond Barre qui, après avoir été "mou" sur cette question, est aujourd'hui le seul à refuser toute collaboration avec Mitterrand.

« Pourquoi Mitterrand ne réussirait-il pas une opération que Ramadier[1] a réalisée dans des conditions mille fois plus difficiles, avec un parti communiste à l'apogée de ses voix et une CGT toute-puissante, alors qu'aujourd'hui le PC est sur le déclin et la CGT aussi ? Le départ des ministres communistes lui ouvrira un extraordinaire champ d'action où le vieux radical qu'il est pourra déployer à loisir ses extraordinaires dons de manœuvrier. »

9 NOVEMBRE 1983

La cohabitation serait-elle déjà sur les rails ? Après Barre et Lefranc, Olivier Guichard m'en parle à son tour : « Mitterrand ne s'en cache pas auprès de certains de ses visiteurs, me dit-il. Il a parlé de ses plans à Chalandon, à Lecanuet, par exemple. Il ne sera pas question pour lui, bien évidemment, de quitter l'Élysée en cas de

---

1. Paul Ramadier, président du Conseil sous la IVe République. En 1947, il a écarté les ministres communistes de son gouvernement.

victoire de l'opposition aux législatives. Après la défaite de sa majorité, dont il ne doute pas, il formera un gouvernement de centre en renvoyant les communistes (c'est la raison pour laquelle il les garde si précieusement maintenant), en gardant les deux tiers des socialistes et, bien entendu, une très grande partie de l'opposition actuelle : CDS[1] de Lecanuet et Stasi, UDF de tout genre, RPR aussi, bien entendu, et pas seulement du type Chaban, mais également de nombreux chiraquiens qui n'attendent que cela. Bref, il pourra gouverner au centre avec la majeure partie des socialistes et une partie de l'opposition actuelle. Ce ne sera pas complètement le retour de la IVe, car la Constitution de la Ve restera en place. Mais enfin, ne nous faisons pas d'illusions, on ne sera pas très loin d'un régime d'assemblée. Quant à moi, je préfère carrément la situation actuelle à ce retour type troisième force, et, bien entendu, ne me joindrai pas à ceux de mes amis qui iront à Mitterrand.

« Chirac et Giscard d'un côté, Barre de l'autre ont tous raison quand ils disent, les premiers que Mitterrand pourra rester en place, le second qu'il ne le pourra pas après la victoire de la droite aux législatives. Les premiers ont raison sur le plan de la Constitution, Barre sur celui des réalités. La même question s'est posée à Pompidou qui, pragmatique, s'est toujours refusé à y répondre. Comment pouvoir décider à l'avance ? Il disait : "Je verrai bien..."

« Barre a fait jusqu'à maintenant un étonnant parcours sans faute. Non, une cependant : sa haine extraordinaire contre Chirac, qu'il n'arrive ni à dominer ni à cacher.

« Chirac ne change pas, constate Guichard au passage, c'est-à-dire qu'il continue à changer sans cesse d'avis, à tenir un langage complètement différent d'un mois à l'autre, à se démentir sans vergogne, avec une désinvolture et un aplomb incroyables. Mais il vient d'être assez malin pour dicter un livre à Thierry Desjardins, tout à sa gloire. Ce livre[2], c'est : Chirac par lui-même ! »

---

1. Le Centre des démocrates sociaux.
2. *Un inconnu nommé Chirac*, La Table ronde, 1983.

1984

7 MARS 1984

Guichard, comme moi, n'exclut pas que Mitterrand soit malade. Sur quoi se base-t-il ? Sur sa physionomie hiératique, immobile, la lenteur de sa démarche, de ses gestes, cette façon de se blottir sur le canapé de l'Élysée, face à son visiteur, le fait qu'il n'est plus ce qu'il était auparavant. Le poids des années, l'onction du suffrage universel, la fonction présidentielle ne peuvent expliquer à eux seuls ce changement. Mitterrand vient de décider d'abandonner la rue de Bièvre. Il habitera désormais l'Élysée. Pourquoi cette décision ? « Pour les commerçants et les habitants de ma rue, dit-il, à qui je rendais la vie impossible. » Pour des raisons de sécurité aussi, le réseau des assassins potentiels se faisant de plus en plus serré et ces quatre allées et venues quotidiennes, par des itinéraires qui ne pouvaient guère être différents, devenant de jour en jour plus dangereuses. À quoi s'ajoutent sans doute des raisons de santé et de vie privée.

20 MARS 1984

Dîner chez Michel Debré dans sa petite maison balzacienne au fond d'une cour pavée de la rue Jacob. Ma femme et moi sommes les seuls invités. « Chirac est sûr d'être élu à la présidence de la

République en 1988, me déclare-t-il. Pourquoi ? Parce que les Français voteront "utile". Ils voteront automatiquement pour celui qui aura le plus de chances de battre le candidat de gauche. Et ce ne peut être que Chirac. Giscard, toujours odieux, n'a aucune chance et verra d'ici là décroître celles qu'il a pu garder. Barre ne peut indéfiniment refaire ses tours de France, en demeurant hors de la politique et en parlant indéfiniment d'économie. Il va maintenant s'appuyer sur les socio-professionnels. Mais après ? Il reste Chirac, seul et triomphant. Ne vous faites pas d'illusions : l'année 1984 sera une "année Chirac" avec la victoire probable de la liste de droite aux élections européennes [1], qui est "sa" liste [2]. Simone Veil – qui portera tort à cette liste auprès de beaucoup d'électeurs de droite – ne comptera pas. Le victorieux, celui qui ramassera la mise, ce sera Chirac. »

Debré fait cette constatation avec résignation et la plus grande tristesse. Il critique avec vigueur la composition de la liste unique de la majorité pour les élections européennes en raison du changement complet des positions du RPR sur l'Europe et de la collaboration de ce parti avec les « européens » de l'UDF.

Les positions antichiraquiennes de Michel Debré semblent demeurer vives, mais plus empreintes de fatalisme : « Après Mitterrand, nous aurons Chirac », répète-t-il. Cela dit, c'est bien sûr la gauche qui reste l'adversaire à ses yeux : « Elle détruit la France. C'est la désintégration de tout. Le pays est atteint par la politique menée par M. Mitterrand dans ses profondeurs vitales : il n'y a plus d'enfants et c'est le fait le plus grave, le problème n° 1, juste avant celui du renoncement à toute éducation de la jeunesse. Nous constatons que l'État aide les jeunes à ne plus avoir d'enfants en favorisant l'union libre par des lois, en incitant les jeunes à ne pas se marier (il y a peu d'enfants naturels). D'autres exemples de la désintégration de l'État ? Les panneaux indicatifs routiers en Bretagne sont aujourd'hui écrits en breton... La langue occitane est prônée et apprise dans les écoles du Midi. Non seulement on cède sur tout, mais on aide, on favorise les "forces mauvaises", on suit une politique qui va

---
1. Prévues le 17 juin 1984.
2. Liste d'union RPR-UDF conduite par Simone Veil et Bernard Pons.

contre la moralité alors même que cette moralité sert les intérêts du pays. »

Michel Debré déplore ensuite « la faculté d'oubli de l'opinion : les fautes, les erreurs se bousculent dans le temps, et on n'y pense plus. Le pouvoir lance sans cesse les pires accusations contre l'opposition, ces accusations occupent toute l'actualité, puis, brusquement, plus rien, le silence, sans que jamais l'opinion demande de comptes... Mais, quelquefois, tout le monde n'a-t-il pas intérêt au silence ? À la vérité, constate Debré, c'est presque toujours le petit jeu du "je te tiens par la barbichette", autrement dit : si tu sors un scandale, j'en sors un autre... ».

Michel Debré pense enfin que Mitterrand gardera les communistes et que, si ces derniers, un jour, quittent le gouvernement, ce sera de leur initiative et non de la sienne. « Instruit par les inepties de Giscard qui a voulu changer de majorité en faisant une politique pour laquelle il n'avait pas été élu, Mitterrand se gardera bien de commettre une telle erreur : d'où sa volonté de continuer la route avec les communistes et de demeurer le plus possible à gauche. »

Au dessert, la main de Debré tremble et il a du mal à se servir. Mme Debré demande à ma femme de l'aider. Voici donc Debré malade à son tour.

21 MARS 1984

Michel Jobert est convaincu que Mitterrand a déjà fait son deuil des futures élections européennes. « Elles seront perdues pour les socialistes, m'affirme-t-il. Il ne s'en occupera donc pas, ou feindra de ne pas s'en occuper, tentant seulement de montrer qu'elles ne doivent en aucune façon être considérées comme un test sur le plan national. Toute son attention est fixée sur 1986, et davantage encore sur la suite, car il sait que les élections législatives seront elles aussi perdues.

« La suite ? Tout son scénario est prévu : Mitterrand mettra les communistes (10 % de l'électorat) dehors, ramènera à lui un tas de gens qui ne pouvaient, avant, répondre à son appel "à cause des communistes", et gouvernera "à la Guy Mollet". Le seul risque qu'il prend est que les communistes, s'opposant maintenant de plus en plus à sa politique, franchissent le fameux "seuil" qui leur est soi-disant permis, et l'obligent à se débarrasser d'eux avant les élections. Aussi s'apprête-t-il à avaler beaucoup de couleuvres pour les garder coûte que coûte...

« Mitterrand apparaît de plus en plus hermétique, froid, distant, impénétrable, inatteignable, insondable à ses collaborateurs et à l'ensemble de son entourage, poursuit Jobert. Rien ne semble l'atteindre. Les nouvelles les plus mauvaises ne paraissent l'émouvoir en rien. Il est imperméable à tout, au chaud, au froid, au bonheur, au malheur. Le visage glabre reste froid. Rien ne peut avoir prise sur lui. On est, à l'Élysée, stupéfait, médusé d'une telle attitude, et l'on se pose des questions : comment peut-il être ainsi ? Comment peut-il garder un tel calme devant les calamités qui s'amoncellent, afficher une telle indifférence ? Cette indifférence, il l'a montrée, par exemple, à l'égard de la récente grève des fonctionnaires, en ayant des mots très durs à leur endroit – du genre : "Les fonctionnaires ? Je n'en ai rien à faire..." – et en sachant très bien qu'ils seraient répétés. Beaucoup de choses se savent par les secrétaires de l'Élysée... C'est ainsi que l'on sait, par exemple, que toute l'attention du Président se trouve concentrée sur une secrétaire du service de presse pour laquelle il ne cache pas ses goûts et son assiduité...

« Non, contrairement à vous, je ne pense pas qu'il soit malade, ajoute-t-il. Il a eu de gros ennuis de vertèbres au début de son septennat, après avoir joué au golf, et c'est terminé depuis longtemps. C'est la fonction présidentielle qui l'a changé, et non des ennuis de santé. Il a pris un masque. Il a adopté une démarche. Il pose. Il vit avec gravité, avec componction. S'il était malade, il ne pourrait pas faire tous ces voyages qui ne servent à rien, sinon à déranger ceux qui le reçoivent ! »

Je lui dis avoir été choqué par la présence de Debré, suspendu au bras de Chirac, pendant la manifestation de Versailles en faveur de l'école libre [1]. « Mais Debré n'a pas le choix, me répond Jobert. Son

---

[1]. Le 4 mars 1984, à Versailles, le défilé des partisans de l'école privée a rassemblé plus de 800 000 personnes contre le projet de création d'un « grand service unifié et laïque de l'Éducation nationale » lancé par Alain Savary. Projet qui sera retiré par le président Mitterrand.

investiture pour les prochaines élections législatives ne dépend que de Chirac (le RPR tient toutes les ficelles politiques à la Réunion[1]), comme celles de Couve, de Messmer et même de Chaban à Bordeaux. Ils doivent donc tous filer droit. Ainsi Chirac peut-il se prévaloir d'avoir avec lui tous les anciens Premiers ministres du général de Gaulle et de Pompidou. Quel atout à l'égard de son électorat gaulliste ! Tous sont rentrés dans le bercail chiraquien... Bien obligés ! Rares sont ceux qui peuvent se passer de Chirac et continuer à lui tenir tête – tel Guichard, grâce à une extraordinaire et toute personnelle implantation régionale.

« Chirac s'apprête en outre à célébrer le dixième anniversaire de la mort de Georges Pompidou, me confie encore Jobert. Il a mis la main sur sa mémoire... Il s'identifie à lui. Qui peut l'en empêcher ? Personne. Personne, non plus, ne peut empêcher Mme Pompidou de publier un second tome[2] des soi-disant Mémoires de son mari, qui ne sont, cette fois, que des fonds de tiroir non destinés à être publiés et qui vont jeter un grand trouble dans beaucoup d'esprits. C'est un ancien collaborateur de Pompidou, un normalien, qui est chargé de mettre en forme ces documents épars. Mais, cet homme mis à part, tous les anciens collaborateurs de l'ancien Président sont opposés à cette publication, comme ils étaient contre la première – y compris Balladur. Bien sûr, je ne parle pas de Chirac, qui se fait en toute occasion le défenseur de Mme Pompidou. Cette dernière n'hésite pas à flirter avec les socialistes qui, profitant de l'occasion, vont célébrer, eux aussi, le 2 avril prochain, la mort de Pompidou. De même que Giscard qui détestait Pompidou. Ainsi va l'Histoire... »

L'essentiel de notre conversation a porté ensuite sur ses souvenirs du temps de Pompidou. Sur la maladie du Président : « Il ne voulait pas céder sa place, parce qu'il se croyait indispensable. » Sur la promesse (non tenue) faite par le professeur Vignalou[3] à Édouard Balladur de dire la vérité au pays, après accord de Pompidou, sur la

---

1. Michel Debré est député de la Réunion.
2. Ce second tome ne verra jamais le jour.
3. Le médecin personnel de Georges Pompidou. L'échange eut lieu dans l'avion ramenant la délégation française d'un voyage officiel en URSS.

gravité de l'état de santé de ce dernier. Sur le fait que jamais Pompidou n'a fait part à Jobert de ses inquiétudes à ce sujet, sauf une fois : Jobert avait proposé une présidence tournante de l'Europe – d'abord Heath, puis Brandt, puis Pompidou. Celui-ci avait alors dit tristement : « Pour moi, c'est impraticable ! »

Nous parlons aussi de Mmes Dupuy et Servais, qui s'étaient rendues insupportables au Président. « Débarrassez-m'en ! », me disait Pompidou. « C'est ainsi que Mme Dupuy fut envoyée au Conseil d'État... Quant à Mme Servais, Pompidou ne la voyait plus qu'une fois par mois. Elle l'assommait ! »

Jobert évoque encore tous les dîners mondains aux chandelles qui se déroulaient à Matignon et toutes les « soirées-cinéma », rue de Lubeck[1]. « Les invités de Georges Pompidou étaient les invités du monde parisien, me rapporte-t-il à son tour, le monde de l'argent, les acteurs, les vedettes, bref, tout ce qu'il y a de plus frelaté, de plus méprisable... et de plus dangereux pour sa réputation. Petit provincial aux origines modestes, Pompidou était en fait ébloui par le "Tout-Paris". » (Je proteste un peu mollement, ma femme et moi ayant été quelquefois invités par les Pompidou à ces soirées).

Le Président avait un jour montré à Jobert une lettre de la chanteuse Régine se terminant par ces mots : « Je crois en vous ! » « Elle croit en moi ! », disait-il, ravi, enchanté. Un autre de ses intimes, Guy de Rothschild, consacre, dans son livre de souvenirs[2], des pages intéressantes à ces soirées – où trônait aussi Guy Béart, ami des Pompidou, devenu aujourd'hui assidu des Mitterrand. Le Général, bien entendu, n'ignorait rien de tout cela. Un samedi matin, il demande à parler à Pompidou. Réponse de Jobert : « Il n'est pas là. » Quelques minutes après, l'aide de camp rappelle : « Le Général demande où il est. » « En province », précise Jobert. Rappel de l'aide de camp : « Le Général demande chez qui. » « En Alsace », ajoute Jobert. À la vérité, de Gaulle en savait déjà assez : Pompidou chassait chez Jean de Beaumont[3] que le Général détestait...

---

1. Au 12, siège du Centre national de la cinématographie.
2. *Contre bonne fortune*, Belfond 1983.
3. Le président du Cercle interallié et de la banque Rivaud.

18 mai 1984

Pour Maurice Couve de Murville, les élections européennes « n'ont aucune signification sur le plan européen. Autrement dit, cette Assemblée de Strasbourg, dépourvue de tout pouvoir, ça n'est rien, moins que rien. Et on entretient autour de ce rien une agitation illusoire !

« Pour nous, Français, ajoute-t-il, ces élections ne représentent qu'un enjeu de politique intérieure. Elles vont marquer une dégringolade des socialistes, une non-victoire de l'opposition et un renforcement très sensible de la liste Le Pen. Je prévoyais pour l'opposition 42 %. Mais j'étais optimiste ! Plus les jours passent et plus Simone Veil – une brave femme – s'empêtre et perd des voix. Je pense aujourd'hui que sa liste fera moins de 42 %[1].

« On peut déplorer le caractère commun – RPR-UDF – de cette liste. Mais avions-nous réellement le choix ? Vous savez, il faut connaître la volonté d'union qui existe à la base, chez nos électeurs. Je le constate à Paris, et tous mes collègues en province aussi. Établir deux listes, c'eût été officialiser la désunion et faire rebondir la querelle des chefs. La liste unique nous a été imposée par nos électeurs. Cela étant, je partage votre avis : la querelle continue et continuera, et l'apparence de paix ne pourra être longtemps sauvegardée. À la vérité, nous n'avons pas de leader, mais des chefs de clan.

« Je garde une totale indépendance vis-à-vis de tous, donc de Chirac. Je ne le vois jamais en tête à tête. Je n'ai que peu de contacts avec lui : dans des rencontres officielles seulement... »

Je demande à Couve s'il a lu le livre d'Éric Roussel consacré à Pompidou[2], où il est mis en cause par la veuve de l'ancien Président au sujet de l'affaire Markovic. « Il faut ignorer tout cela, me répond-il. Pompidou ne laissera aucune trace dans l'Histoire. Il n'était qu'un provincial monté à Paris, un parvenu qui s'est laissé séduire par les

---

[1]. La liste Veil obtiendra moins de 43 % des suffrages, le 17 juin, celles du PS et du PC totaliseront 32,5 % des voix. La véritable surprise viendra du score du Front national : 11 %.
[2]. *Georges Pompidou*, Lattès, 1984.

attraits du monde parisien. Il fréquentait ce qu'il y a de plus inqualifiable dans ce monde-là. »

Puis il change de sujet, me parle de son propre livre, *Une politique étrangère*[1], qui vient de paraître : « Il s'agit, me dit-il, de l'explication de la politique étrangère du général de Gaulle pendant les dix années où j'ai dirigé le Quai d'Orsay. Ce ne sont donc pas des Mémoires. En écrirai-je ? Je ne le sais pas. Peut-être plus tard, encore qu'il soit ridicule de dire "plus tard" à mon âge. D'ailleurs, je n'ai pris aucune note après mes conversations avec le Général. Eût-il été convenable de le faire ? Je ne le pense pas. J'ai tenté de dissuader le Général de faire le référendum d'avril 1969. Il était en effet sûr, quelques mois auparavant – au moins à partir de son discours de Quimper[2] –, qu'il serait perdu. Mais, au Général qui me demandait plus tard mon avis, j'ai dit : "Maintenant vous ne pouvez plus reculer." C'était vrai, parce qu'il aurait perdu tout prestige. En fin de compte, j'avais tort quand je demandais au Général de renoncer à son référendum, et raison quand je lui ai dit ensuite qu'il n'avait plus le choix. Il ne pouvait, et à tous les points de vue, espérer meilleur départ. Il est parti comme il le fallait. Mais, vous savez, de toutes les manières, ce qu'on lui disait à ce propos ne comptait pas. Depuis Mai 68, il était déterminé à faire ce référendum, considérant que les législatives de juin n'avaient pas été sa victoire et qu'il ne pouvait continuer qu'avec l'assentiment des Français à sa personne et à elle seule. Ah ! Comme il est bien parti... et comme il est bien mort ! Il ne faut rien regretter, même pas l'interruption de ses *Mémoires*, car le premier tome n'était pas bon, surtout quand on le compare aux *Mémoires de guerre*. »

Je l'interroge, comme chaque fois, sur la politique étrangère de Mitterrand. « Il a mal choisi la date de son voyage en URSS avec l'affaire Sakharov[3], me répond-il. Mais je ne vous dis pas qu'il ne doit pas aller en Union soviétique en raison de cette affaire. Non !

---

1. *Une politique étrangère, 1958-1969*, Plon, 1984.
2. Le 2 février 1969. C'est le dernier discours public du Général, dans lequel il annonça le référendum du 27 avril.
3. Les 21, 22 et 23 juin 1984. Le Président évoquera ouvertement, devant les dirigeants du Kremlin, le cas de ce dissident prestigieux, persécuté par le régime, condamné à la relégation.

Je dis seulement que cette affaire complique son voyage. Le plus grave, c'est qu'il a sollicité ce déplacement et que cette démarche trahit un complet revirement de sa politique à l'égard de l'URSS. Personne n'a oublié ce qu'il a dit en 1981 : qu'aucune rencontre de haut niveau n'aurait lieu avec les Russes tant que les problèmes d'Afghanistan et de Pologne n'auraient pas été réglés. Et, bien entendu, l'installation des Pershing II[1] en Europe occidentale n'a en rien modifié les choses, elle n'est qu'un prétexte au changement d'attitude de M. Mitterrand. C'est d'ailleurs très bien ainsi. L'idiotie était de ne plus avoir de relations avec les Soviétiques parce qu'ils s'étaient mal conduits en Afghanistan et en Pologne (comme s'ils ne se conduisaient pas toujours mal et partout !), alors que tout le reste du monde continuait à avoir avec le gouvernement soviétique des relations d'État à État. Ce qui compte maintenant, c'est de ne pas aller à Moscou en solliciteurs. Hélas ! ... »

6 JUILLET 1984

« Si j'étais Mitterrand, me dit Olivier Guichard, je ferais un référendum sur la réduction du mandat présidentiel à cinq ans. Ce référendum serait aisément remporté. Dans la foulée de la victoire, je dissoudrais l'Assemblée pour provoquer de nouvelles élections législatives. Mitterrand étudie actuellement toutes les possibilités pour ne pas perdre, du moins ne pas trop perdre ces élections. Nous ne connaîtrons pas la nouvelle loi électorale avant la fin de 1985. Il est possible que Mitterrand choisisse un système de proportionnelle par département, qui risque de tout bouleverser.

« Ce qui se passera après les élections dépend de l'ampleur de la victoire de la droite, poursuit Olivier. Cette ampleur est assurée aujourd'hui. Mais qu'en sera-t-il dans deux ans, avec la nouvelle loi électorale ? Il est permis de penser à l'heure actuelle qu'on va vers

---

1. La France soutient l'installation de fusées Pershing en Allemagne fédérale, destinées à riposter au déploiement des missiles soviétiques sur les territoires est-allemand et tchèque.

un gouvernement centriste de type Chaban (ou de type Chirac, car il n'est pas exclu qu'il puisse s'y prêter s'il estime que c'est son intérêt). Chaban est officiellement candidat à Matignon. Il ne pense qu'à cela, convaincu qu'il a sa place entre le candidat de la gauche et celui de l'opposition, et qu'il peut donc être un "candidat d'union". Je l'ai rencontré cette semaine à dîner. Je lui ai fait promettre de ne se prêter à aucune alliance avec les socialistes...

« Reste Le Pen. Nous savons tous que c'est la gauche qui travaille au renforcement du Front national, parce que Le Pen sert considérablement ses intérêts en divisant la droite. Mais de quoi ne sera pas capable le RPR pour reprendre les voix de Le Pen ?

« Barre n'attire toujours pas les sympathies, conclut Olivier. Il n'est pas aimé dans le monde politique. Aucune communication n'est possible avec lui : sourire glacé, courtoisie appuyée. Il ne se livre jamais. Il n'est pas atteignable. Aucune fissure dans son armure. Il paraît qu'il a une vieille mère avec qui il habite dans le Midi, très autoritaire, à qui il obéit au doigt et à l'œil, qui lui dit : Mets la table, fais ceci, ne fais pas cela ! »

26 JUILLET 1984

La situation politique actuelle met Raymond Barre hors de lui : « Quelle indignité, s'exclame-t-il. Quel délire ! Au milieu de cette abominable cacophonie dont nous sommes les spectateurs à l'Assemblée (ah ! si vous voyiez le spectacle, c'est ahurissant...) et à la télévision, je n'ai pas d'autre choix que de me taire. Je pars demain pour Saint-Jean-Cap-Ferrat. J'ai eu la tentation de faire publier, avant mon départ, un article dans *Le Monde*. Mais je ne le ferai pas. À quoi bon intervenir dans ce délire, me joindre à ce Poher[1] qui propose et dispose comme s'il était le chef de l'État, ou à ce Chirac qui hurle et dont je ne comprends jamais très bien le but !

« Dans cette cacophonie, un seul s'est montré digne : Mitterrand.

---
1. Le président du Sénat

Son discours du 12 juillet[1] était bon. Le ton juste. Je vous dis cela en tenant compte du côté manœuvre, disons plutôt tactique de l'affaire. Hélas, dans le personnage qui vient de bien jouer, demeure l'équivoque. Toujours l'équivoque ! C'est cela qui me gêne le plus.

« Et comment oublier cette attitude à l'égard de Savary et de Mauroy, cette façon de les désavouer[2] ! Ils ont eu, tous deux, la seule réaction sage, celle de démissionner. À la place de Mitterrand, je serais allé jusqu'au bout dans cette affaire de l'école libre. Il ne fallait pas retirer le projet de loi. Il fallait le faire voter. Mitterrand ne risquait rien, puisqu'il savait que le Conseil constitutionnel aurait arrêté les frais en déclarant le projet anticonstitutionnel dans ses aspects essentiels. Ainsi, il n'aurait pas eu à désavouer, de la façon dont il l'a fait, ses amis socialistes : il avait une porte de sortie toute trouvée...

« Oui, ce qui se passe partout, au pouvoir comme dans l'opposition, est dégradant ! Le Sénat, qui est à l'origine de bien des choses, est mené par un "truand", Charles Pasqua[3]. Voilà que cette Assemblée, après avoir demandé un référendum sur l'école libre, alors que la Constitution interdit ce genre de référendum, s'y oppose maintenant qu'on s'efforce de permettre une telle procédure ! Le Sénat risque de devoir faire face à une situation difficile...

« Vous savez, ce qui me frappe le plus, c'est le manque de sérieux, la méconnaissance des problèmes, des choses qui, réellement, comptent pour l'avenir, ajoute Barre. Moi qui, depuis l'automne 1981, me balade à travers tout le pays, je sais ce qui compte, je sais ce qui préoccupe les Français. Il suffit de se donner la peine de les voir, de les écouter. Or, sur tous les problèmes qui engagent le pays : rien, rien, pas une étude sérieuse, au pouvoir comme dans l'opposition, pas une idée, pas le moindre esprit de recherche ! »

Le « manque de sérieux », insiste Barre. Le général de Gaulle ponctuait souvent ses phrases par une formule similaire : « Soyons

---

1. Dans lequel il annonce le retrait du projet Savary.
2. Alain Savary et Pierre Mauroy en tireront les conséquences, démissionnant tous deux dans la foulée.
3. Président du groupe RPR au Sénat, Charles Pasqua y jouit à ce titre d'une influence certaine.

sérieux. » Après avoir écouté Barre, je me dis qu'il y a décidément « du De Gaulle » dans cet homme-là.

18 septembre 1984

Olivier Stirn me raconte les contacts politiques qu'il noue en ce moment tous azimuts : « Je vois Fabius cet après-midi, me confie-t-il. J'ai vu Barre – joyeux, détendu, aminci – la semaine dernière. Barre pense que Chirac est gravement déstabilisé : une partie de son électorat est parti chez Le Pen ; une autre chez lui, Barre. La marge de manœuvre de Chirac se rétrécit : ou bien il mollit, et son électorat sera de plus en plus acquis à Le Pen, ou bien il se durcit, et il ira vers Barre.

« J'ai dit à Raymond Barre que la meilleure alliance serait celle qui irait des socialistes jusqu'à lui. Il m'a répondu : "Nous allons vers une *terra incognita*. Je reste ouvert..." Il n'a donc pas démenti et m'a même encouragé à continuer. Il m'a assuré qu'il ne gouvernerait pas avec Chirac, pour qui il a le mépris le plus total, et qu'il serait content de pouvoir compter, à travers moi, sur une aile gauche. Il m'a invité à venir le voir régulièrement, au moins une fois par mois.

« En dépit des prises de position récentes de Barre, foncièrement antisocialistes, je n'exclus nullement que, le moment venu, le pays ait le choix, d'une part, entre Chirac et son équipe, et, de l'autre, une formule comme celle que je préconise, poursuit Olivier Stirn. Si Fabius réussit (et pourquoi en rejeter l'hypothèse ?), si les socialistes ne s'en tirent pas trop mal aux prochaines élections (et pourquoi pas avec le scrutin proportionnel ?), ces derniers seront peut-être assez forts pour tenter une alliance avec d'autres, et pourquoi pas avec Barre ? *Terra incognita*...

« Certes, Barre, sur le fond des choses, est rétrograde et conservateur – pour la peine de mort, contre l'émancipation des femmes et la cinquième semaine de congés payés... – mais son conservatisme est compensé par son ouverture d'esprit personnelle. »

26 SEPTEMBRE 1984

Guichard m'assure que Barre va partout répétant que Giscard a une seule chose en tête : devenir le Premier ministre de Mitterrand après les élections législatives. « Ce qui est une hypothèse crédible, après tout, si l'on se place, ironise Olivier, dans la psychologie de Giscard et sa stratégie visant à reconquérir, échelon après échelon, le poste suprême !

« Nous sommes déjà entrés, bien entendu, dans la campagne pour les législatives, constate-t-il. Pour les milieux politiques, il n'y a plus qu'un seul sujet qui éclipse tous les autres : la prochaine loi électorale. Je ne pense pas, comme Barre le croit, que les socialistes vont vers la proportionnelle intégrale : quand on n'a plus que 20 % des voix, ce serait trop dangereux. Jamais ils ne prendront ce risque. On va, et cela est certain, vers une voie mixte : mélange de proportionnelle et de majoritaire. L'intéressant sera de savoir le pourcentage, les modalités (un ou deux tours), le découpage, etc. Tout est là. Mais une chose est certaine : quelle que soit cette loi, au scrutin majoritaire ou avec une dose de proportionnelle, la droite sera victorieuse. Mitterrand aura donc à gouverner avec une majorité et un Premier ministre qui ne seront plus les siens. La position de Barre réfutant que M. Mitterrand puisse rester à l'Élysée après une telle défaite est indéfendable et insoutenable. Tout simplement parce que la Constitution prévoit le contraire ! Barre sera obligé de revenir sur sa théorie.

« Ce que je ferais en cas de victoire de l'opposition aux législatives ?, s'interroge Olivier. Bien sûr, je participerais à un gouvernement type Giscard, type Edgar Faure, type centriste, dès lors que les socialistes n'y seraient pas. J'accepterais également d'être le Premier ministre (toujours dans le jeu des hypothèses) d'un gouvernement dont les ministres seraient seulement issus de l'ancienne opposition. Quant à Mitterrand, il ne ferait pas autre chose, dans cette hypothèse, que ce qu'il fait aujourd'hui avec Fabius[1] : manger son chapeau, démentir quotidiennement sa propre politique... Il

---

1. Premier ministre depuis le 17 juillet 1984.

continuerait à faire la politique de la droite, comme disent les communistes, et le gouvernement, de son côté, veillerait à ne pas revenir immédiatement sur les nationalisations, à ne pas supprimer tout de suite, brutalement, ce qui a été réalisé. Ce serait une affaire de circonstances...

« Pour le reste, eh bien, d'ici aux prochaines élections, ça continuera dans l'incohérence, dans l'absurdité ! L'impuissance des socialistes est totale : les lois ne sont plus appliquées, et même sont purement et simplement annulées sans que l'on sache comment ni pourquoi. Les journalistes me disent que les conférences de presse de Fabius sont devenues de véritables attractions : interrogé, pressé de questions, il ne peut arriver à donner des réponses cohérentes, tant il est toujours et totalement démenti par les faits. C'est bien le règne des reniements, de l'impuissance la plus totale.

« Dans les prochains mois, Mitterrand ne fera rien, poursuit Guichard. Tout continuera et empirera. À moins qu'il tente de nouveau de frapper un grand coup avec un référendum – un vrai, cette fois, un référendum conforme à la Constitution...

« Chirac est mal parti, conclut-il. Son image se défait, surtout parce qu'il est à la tête d'un parti – de plus en plus divisé – qui n'en est pas un. Le RPR, c'est une bande, c'est un gang dont la seule mission est de faire élire Chirac à la présidence de la République. Ce n'est rien d'autre. Chirac est de plus en plus nerveux, donc de plus en plus antipathique. Il se montre chaque jour sous un jour plus mauvais. »

20 OCTOBRE 1984

Chaban me dit avoir mis en garde Chirac, l'autre jour : « Si vous continuez à vous éloigner du gaullisme, à tout renier, si vous continuez à faire du RPR une machine électorale seulement destinée à vous faire élire, nous partirons ! C'était une menace, me glisse Chaban. Mais vous avez vu son effet immédiat lors des dernières journées parlementaires, et le tournant "gaulliste" que Chirac a aussitôt pris. Mais un tournant provisoire : il reviendra vite à ses errements et à son antigaullisme. Chirac n'est pas gaulliste. Il l'a dit : "Je suis pompidolien."

« Barre est celui qui se rapproche le plus du gaullisme, et c'est la carte gaulliste qu'il joue dans cette affaire de la cohabitation, me dit encore Chaban. Il était pour lui nécessaire, je dirais indispensable, qu'il se démarque des deux, Chirac et Giscard, unis aujourd'hui contre lui, et qu'il adopte cette attitude olympienne. "Prenez de l'altitude, disait le Général, vous n'y rencontrerez plus personne."

« Il y a une seule certitude : Mitterrand restera après la victoire de l'opposition aux législatives. L'inconnue demeure le degré de cette victoire. Selon ce degré, dix, vingt scenarii sont possibles. Or, parmi ceux-ci, pourquoi n'y en aurait-il pas un ou deux ou trois qui rendraient possible une réussite de la cohabitation ? À la vérité, aucune hypothèse n'est simple, et Barre joue peut-être à quitte ou double.

« Je verrai Mitterrand le 11 au soir à Bordeaux, me confie enfin Chaban. Tout n'est pas mal dans ce que fait la gauche. Jamais je ne m'alignerai sur l'intolérance, le sectarisme affreux des leaders de l'opposition. Il faut se voir, il faut causer. Je suis toujours prêt à être le Premier ministre de Mitterrand, mais, bien sûr, à condition de pouvoir mettre en œuvre toute la politique pour laquelle nous aurons été élus. Je suis en très bonnes relations avec les socialistes d'Aquitaine : c'est ma politique depuis toujours. »

RAYMOND BARRE
SEUL CONTRE TOUS

(octobre 1984-février 1986)

Raymond Barre : « Le cadavre de Giscard, ce n'est pas moi qui le piétine, ce sont les Français » – Michel Jobert : « M. Mitterrand laissera venir la droite et organisera une cohabitation à son profit » – Chaban à propos de l'affaire du Rainbow Warrior *: « Chirac et Giscard ne veulent pas déstabiliser Mitterrand, au risque de rendre la cohabitation impossible » – Raymond Barre : « Vous ne savez pas le degré de bassesse, d'abjection que je trouve dans les milieux politiques. »*

3 OCTOBRE 1984

Selon Michel Jobert, il y a aujourd'hui deux chemins pour accéder à la présidence de la République : celui du refus de la cohabitation ou celui de son acceptation. « Barre a choisi le premier, me dit-il, Chirac, le second. Chirac s'est d'ores et déjà porté candidat au poste de Premier ministre de Mitterrand dans l'hypothèse de la victoire de la droite aux législatives. Il l'a fait parce qu'il estime – et il a sans doute raison – que ce poste reste incontournable pour accéder à la présidence de la République. Et, quelles que puissent être les péripéties que connaîtra le Premier ministre jusqu'à cette élection, quels que soient les aléas du poste et les inconnues de l'expérience – cohabitation réussie, cohabitation chaotique, cohabitation impossible, peu importe ! – je vous assure que Chirac mettra toutes les chances de son côté à Matignon en vue de la présidentielle.

« Quant à M. Barre, poursuit Jobert, il fallait qu'il se démarquât de M. Chirac. C'est fait. Il traverse peut-être maintenant une petite phase difficile. Mais elle sera de courte durée. La cohabitation est à la mode aujourd'hui[1]. Mais toute mode passe. Il y en a pour quelques jours. Très vite une autre mode, un autre thème, un autre mot

---

1. Le 16 septembre 1983, Édouard Balladur a publié à la une du *Monde*, avec le probable assentiment de Jacques Chirac, un article plaidant pour une cohabitation entre « un président d'une tendance et une assemblée d'une autre ».

viendront remplacer celui de cohabitation. Et M. Barre pourra poursuivre le chemin intelligent qui est le sien.

« Chirac aura un concurrent pour Matignon, ajoute Jobert : c'est Chaban qui a fait déjà, et officiellement, acte de candidature lui aussi. Ah ! Si vous saviez avec quel mépris – un mépris total, affreux – Mitterrand m'a parlé un jour de Chaban ! "Chaban ? Mais je le connais, m'a-t-il dit. C'est rien, c'est moins que rien. Je vous le dis, il est nul, nul, mais nul !" Sous-entendu : comment avez-vous pu soutenir un si triste sieur en 1974, comment avez-vous pu vous tromper à ce point, au lieu de me soutenir, moi, Mitterrand ?

« Nous assistons à un spectacle étrange : celui d'une opposition qui a aujourd'hui les faveurs du public et qui prend chaque jour le risque de les perdre. Quelle magnifique scène, n'est-ce pas, que celle de M. Chirac serrant très fort la main de M. Giscard d'Estaing, lors de son grand retour à l'Assemblée, devant un Barre impénétrable ! Spectacle tout aussi étrange de l'autre côté, avec les déchirements des socialistes...

« Mes anciens collègues socialistes du gouvernement, je ne les vois pas, me précise encore Jobert. Je n'ai eu aucune réaction de leur part au sujet de mon livre *Par trente-six chemins*[1]. Je ne sais pas si M. Mitterrand l'a lu. D'ailleurs, je n'ai envoyé ce livre à personne dans le monde politique. Sauf à Chevènement avec qui je dois déjeuner. Je verrai bien s'il m'en parle. »

Après *La Rivière aux grenades*, ce beau roman pourrait suffire à ouvrir le chemin de l'Académie française à Michel Jobert. Mais le souhaite-t-il ? Nous n'en avons jamais parlé. Jobert est peut-être trop intelligent pour entrer dans ce club de droite qu'est l'Académie. En fait, au cours de ces trente-six promenades, Jobert n'y va pas par quatre chemins pour dire ce qu'il pense de la politique. Il m'écrit sur la page de garde : « À J. M., cette forêt gaullienne dont il fut l'explorateur passionné et reconnu. »

« Ce qui m'a le plus ahuri, ces derniers temps, a été le voyage du Président à Ifrane, reprend Jobert. Ahuri, parce que ce voyage est proprement ahurissant ! L'entourage de Mitterrand fait dire mainte-

---

[1]. Grasset, 1984.

nant que le Président n'a pas mesuré les conséquences d'une telle visite sur les relations franco-algériennes. Et le voilà obligé d'aller rencontrer Chadli[1] à Alger. Il avait dit aux Algériens : "Je dois me rendre prochainement en Afrique et je m'arrêterai à Alger pour m'entretenir avec vous." Les Algériens lui ont répondu : "Non, nous voulons un voyage spécial pour cet entretien. Nous ne nous contenterons pas d'une escale." Mitterrand s'est incliné... Ah ! Rêvons d'un monarque allergique aux vols aériens...

« C'est à Latche que le malheureux Cheysson a appris que Mitterrand allait partir pour Ifrane ! Il a aussitôt bondi : "Mais, monsieur le Président, vous allez rendre les Algériens fous ! – Mais non, je vous assure, lui a répondu Mitterrand. – Mais vous tomberez sur le jour de la ratification du traité lybo-marocain ! – Mais non, mais non, je m'arrangerai pour ne pas être au Maroc ce jour-là." Incroyable, n'est-ce pas ? Comme si on pouvait être officiellement absent du Maroc le jour de cette ratification, alors qu'on s'y trouve depuis la veille et de nouveau le lendemain...

« À la fin de mon livre, j'ai fait allusion, conclut Jobert, à un scandale : à celui de l'argent étranger que reçoivent les partis politiques français, surtout le RPR et les socialistes. Bongo les inonde d'argent, Mobutu aussi, l'Arabie saoudite et d'autres pays du Moyen-Orient également, surtout l'Irak. Personne n'a relevé l'allusion et, pourtant, c'était assez clair... »

22 OCTOBRE 1984

Pierre Lefranc estime qu'en préparant l'avènement d'une nouvelle majorité, depuis le départ des communistes, Mitterrand ne fait que mettre en pratique la formule du Général : « La politique, c'est l'art des réalités. »

« Pour former cette nouvelle majorité, Mitterrand ne gardera pas Fabius – Premier ministre intérimaire – jusqu'aux élections

---

1. Le président algérien, successeur de Boumediene.

législatives, assure-t-il. Je pense qu'il nommera Jacques Delors – ou un homme de ce profil – quelques mois avant les échéances. Delors formera alors une sorte de cabinet d'union nationale avec Chaban (et pourquoi pas Guichard ?) et tous les gens possibles et imaginables, centristes de droite (Edgar Faure) et de gauche (Maurice Faure), anciens MRP, techniciens de tout poil, personnalités célèbres "au-dessus des partis", bref, cohabitants en tous genres, qui seront trop heureux d'entrer dans un gouvernement qui précédera et préparera cette nouvelle majorité. Voilà ce à quoi pense Mitterrand... Ou plutôt voilà ce que je ferais si j'étais à sa place !

« La cohabitation, il n'y a pas à être pour ou contre. Elle existera puisque Mitterrand, Dieu merci, demeurera au pouvoir comme la Constitution le lui prescrit. Et il "cohabitera" d'autant mieux qu'il aura changé de politique et de majorité. Mitterrand n'est déjà plus socialiste. La cohabitation ira donc de soi et fonctionnera très bien jusqu'à l'élection présidentielle. »

9 NOVEMBRE 1984

Près de cinq heures de face à face avec Philippe de Gaulle dans le train des « Compagnons de la Libération » qui nous conduit à Colombey, en ce quatorzième anniversaire de la mort du Général, puis nous ramène à Paris.

Première impression : l'amiral de Gaulle me semble prêt à faire quelque chose sur le plan politique, à intervenir d'une manière ou d'une autre publiquement, et sans doute avant les élections. Je tente de le pousser dans ses retranchements, mais il est fuyant comme une anguille. J'ai toujours pensé qu'une fois la retraite venue, l'amiral de Gaulle « ferait de la politique ». En fait, il ne pense qu'à ça. J'en ai confirmation aujourd'hui. Comment entend-il s'engager ? En se présentant aux législatives ? En disant tout haut ce qu'il vient de me dire tout bas, plusieurs heures durant, sur le pouvoir actuel ? En appuyant, de toute son autorité filiale, un parti politique ? Si c'est cela, ce sera le RPR et son chef. Sans les avoir désignés une seule fois par leurs noms, c'est manifestement à eux que vont ses suffrages.

L'amiral est chiraquien, hélas ! « Qui voyez-vous d'autre ? », me dit-il.

Je m'indigne que le RPR ait, pour la première fois, déposé une couronne sur la tombe du général de Gaulle aux côtés de celle du président de la République. « Pourquoi ?, me répond-il, irrité. C'est tous les ans ainsi. – Mais non... – Mais je vous dis que oui, et c'est à moi seul qu'il revient de décider sur ce sujet. C'est "ma" tombe, n'est-ce pas ? – Mais c'est la couronne d'un parti ! – Eh bien, que les socialistes viennent eux aussi déposer leur couronne, ce sera très bien... »

En réalité, Micheline Chaban-Delmas et le général Simon m'ont dévoilé le fond de l'affaire. Pons est venu le matin même apporter cette gerbe cravatée au nom du RPR. Contrarié, le général Simon, chancelier de l'ordre de la Libération – averti la veille –, a aussitôt téléphoné à Chirac qui, hypocritement, lui a certifié « n'être au courant de rien ». Sur instruction de Simon (qui m'a bien assuré, contrairement aux assertions de Philippe, que c'était la première fois qu'une gerbe du RPR était déposée le 9 novembre, jour du pèlerinage des Compagnons de la Libération), la gerbe a été retirée, puis remise par des militants RPR furieux. L'affaire en est restée là. Simon m'a prié de la tenir confidentielle en me donnant l'assurance que cet incident ne se reproduirait pas l'année prochaine. Chaban, est-il besoin de le dire, partage mon avis et s'étonne, comme moi-même, de la présence dans le train des Compagnons, pour la première fois, de gens tels que Pasqua – à qui j'ai dû serrer la main malgré sa mine patibulaire...

Ce qui m'a frappé ensuite chez Philippe de Gaulle, c'est son opposition totale, sans faille, violente, presque haineuse par moments, à l'égard des socialistes. Philippe connaît ses dossiers. Il dénonce avec véhémence le marxisme, « philosophie la plus idiote, la plus démodée, la plus inapplicable en cette approche du XXIe siècle ». Il stigmatise avec une violence inégalée la politique judiciaire de Robert Badinter. Tous les thèmes de l'extrême droite sont repris : on ne punit pas ; nous nous promenons au milieu des assassins et des voleurs ; on donne une prime à la grande criminalité ; il faut rétablir les quartiers de haute sécurité de manière à isoler les délinquants les plus dangereux, qui contaminent les autres prisonniers ; il faut construire des prisons pour y mettre tous les malfaiteurs encore en liberté ; il faut... il faut... Je lui demande pourquoi il ne dit pas cela au pays, avec le poids, l'autorité qui sont les siens. C'est alors qu'il me répond : « Oui, justement, je le ferai peut-être... »

Sur l'immigration, il redouble de virulence. Le Pen est un premier communiant à côté de Philippe ! Il m'assure que si des dispositions ne sont pas prises de façon urgente pour remédier à une situation aberrante (dont il situe les origines à l'époque de Pompidou, et les développements à celle de Giscard « qui a fait une politique de gauche sous le vocable "libéral" »), nous allons au-devant d'émeutes dont le pays aura du mal à se relever. En résumé, il faut « les » renvoyer chez eux. D'abord les « familles » qu'on a eu le malheur de faire venir alors que, du temps du Général, les ouvriers maghrébins pouvaient rentrer chez eux deux fois par an. Ensuite, tous ceux qui se prétendent Français parce qu'ils sont nés en France (« Ma sœur Anne serait-elle libanaise sous prétexte qu'elle est née au Liban ? ») et qui n'ont pas fait leur service militaire en France... « Dehors ! dehors ! dehors ! Sans quoi le pays sombrera ! » Il me raconte des anecdotes stupéfiantes sur les stratagèmes employés par les Algériens pour tricher sur leur entrée en France, sur leur identité, leur nationalité, la façon dont ils vont, viennent sans le moindre contrôle. « Un exemple, me dit-il : un jour, à mon arrivée à Nouméa, on fouille mes valises, on timbre mon passeport, on me fait passer sous le détecteur d'armes à feu, tandis qu'à côté de moi, Sidi ben Ahmed, Boudiaf ben Bibi, Mohamed ben Zaza et autres loqueteux passaient les contrôles comme si de rien n'était, au vu de petits bouts de carton crasseux... »

Philippe se déchaîne en outre contre la politique de l'actuel pouvoir en matière fiscale : les impôts, les rappels, les droits de succession, les soldes des amiraux et leurs frais de représentation, leurs retraites... et j'en passe. Il juge l'impôt sur la fortune inique, y voit une insupportable « sanction ». Il proteste contre les prélèvements sur les droits d'auteur qu'on lui impose de payer. Il affirme que les limites du tolérable ont été dépassées.

Puis il évoque La Boisserie : « Il n'est pas dit qu'un jour je ne reprenne pas mes billes. La Boisserie est demeurée à moi, n'est-ce pas ? L'État règle les impôts, le chauffage, l'entretien, le gardiennage de la maison et du jardin, et empoche une partie des droits d'entrée. Et moi, l'autre. Mais la maison est à moi. Elle est ma propriété. Je reste chez moi. Je peux y revenir demain. C'est d'ailleurs ce que j'aimerais faire : y résider comme un gentleman-farmer et prendre le train pour aller à Paris... mais il y a la famille, ma femme qui ne veut pas y vivre... » Philippe me dit combien c'est dur, combien c'est triste de voir cette maison transformée en musée. Mais ce n'est pas son genre de s'appesantir sur les chagrins. Dans sa famille, on ne s'épanche guère. Il me confie simplement : « En fait, je n'y vais plus... »

Je lui confie être en pleine transaction avec la région Aquitaine pour lui faire don de Malagar, et la signature de la donation doit avoir lieu l'année prochaine à Bordeaux, à l'occasion du centenaire de la naissance de mon père. Seuls quelques détails restent à régler. Il s'insurge aussitôt contre une pareille décision. « Vous me voyez vendre Colombey ?, s'indigne-t-il. Si je le faisais, je trahirais la mémoire de mon père. Colombey restera toujours dans ma famille. » Je lui réponds que Malagar n'est pas Colombey. « Vous vous trompez, me dit-il, c'est la même chose. Faites avec la région ce que vous voulez. Mais ne vendez jamais Malagar ! »

Puis, je l'interroge sur le *De Gaulle* de Jean Lacouture, qui vient de paraître. Je le sens sensible à ce sujet, à vif. Je lui dis qu'il faut aider Lacouture, qu'il s'agit de la première et, peut-être pour longtemps, de la dernière grande biographie sérieuse du Général. Il sursaute, conteste cette assertion : « Non, non, elle reste à écrire, elle sera écrite. Mais ce ne sera pas celle de Lacouture ! Ce travail ne lui revient pas. – Alors, Amiral, pourquoi pas vous ? Vous m'avez toujours dit que, la retraite venue, vous écririez un livre sur le Général. » Sa réponse est embarrassée et confuse : « Oui, c'est à moi qu'il revient d'écrire quelque chose de définitif, parce que je suis le seul à pouvoir le faire. Oui, je ferai un ouvrage. Mais rien ne presse... » Puis il me parle du livre de Lacouture : « C'est un livre de journaliste et non d'historien. Il y a des erreurs historiques. – Des erreurs historiques ? – Des ragots, si vous préférez. » (À titre d'exemple, il me cite le chapitre consacré à Verdun, à la blessure du Général – à la cuisse et non à la fesse –, aux conditions de sa capture.)

« Rien n'est vrai, m'assure-t-il : la date, le lieu, etc. C'est le livre d'un socialiste. Blum, le colonel Mayer[1] tirent la couverture à eux. Vous savez, le colonel Mayer... » Il me fait aussi état d'« un usage choquant des *Lettres, notes et carnets*[2], dans la mesure où Lacouture n'indique pas suffisamment l'origine des citations ». Là, je sens qu'il est profondément peiné, indigné, presque douloureux. On a touché à la chair de sa chair, à son œuvre à lui, à ses textes à lui, qui sont sa propriété, qui ont été publiés grâce à lui. « Ainsi, me dit-il, le lecteur découvre ces textes chez Lacouture alors qu'ils ont été publiés dans mes *Lettres, notes et carnets*. » Je lui rétorque qu'on va précisément mieux connaître ces admirables textes du Général grâce au livre de Lacouture. L'amiral hoche la tête. Non, il demeure choqué de leur emploi. Mais, à mon initiative, il finit par admettre que la biographie est plutôt « bienveillante » à l'égard de son père.

« Lacouture n'est pas gaulliste, lui dis-je, mais, en écrivant son livre, il a été envoûté par le Général ! Comme stupéfait devant l'immensité du monument qu'il décrivait ! Maintenant, Lacouture "aime" le Général. Vous lui feriez plaisir en lui disant que vous avez apprécié sa biographie, car je pense qu'il attache du prix au jugement du fils du général de Gaulle ! – Eh bien, soit, je vais lui écrire ! », me répond Philippe.

Dernier sujet de conversation : la publication de *Lettres, notes et carnets*, précisément. Philippe compte publier trois ou quatre volumes dans les deux ans qui viennent. Il ne reconnaît aucun des textes – notamment les centaines de discours prononcés au cours des voyages du Général en province entre 1959 et 1969 – qui ont été recueillis ici et là, entre autres par André Passeron[3] et publiés dans les deux volumes de son *De Gaulle parle*[4]. Le fait que les discours du Général aient été pris en sténo par les services des préfectures ou des mairies ne les authentifie, selon lui, en rien. Les sténos ont pu

---

1. Ami d'avant guerre de Charles de Gaulle, dont il partage le combat en faveur de l'arme blindée.
2. Publiés chez Plon, sous la direction de Philippe de Gaulle, depuis 1980.
3. Journaliste au *Monde* accrédité à l'Élysée. L'amiral de Gaulle a entamé un procès contre lui.
4. Plon, 1962 et 1966.

commettre des erreurs. Seuls les textes relus et corrigés par le Général et publiés dans ses *Discours et messages* ou recueillis dans *Lettres, notes et carnets* sont authentiques. Tous les autres, le Général lui-même a bien dit qu'il ne les reconnaissait pas. « Ils sont donc à jeter, me dit Philippe. Personne ne peut s'en réclamer comme venant de lui. » Comme je m'indigne d'un tel point de vue et assure qu'il est historiquement indéfendable – ce qu'a dit le Général ne saurait être tenu pour apocryphe –, Philippe commence à s'irriter, comme souvent dès lors qu'il est contredit un peu brutalement. « Eh bien, me dit-il, si vous voulez vous servir de ces textes, mettez-les au conditionnel ! »

29 NOVEMBRE 1984

La nomination de Jacques Toubon au secrétariat général du RPR est commentée en termes assez ironiques par Olivier Guichard : « Aucun contact avec lui n'est envisageable, me dit-il tout simplement. Toubon n'appartient pas à notre monde, ne parle pas la même langue. Je parle du monde gaulliste : le mien et celui de mes amis. Nous n'avons rien à voir avec lui. Au moins Pons avait été ministre. Il était de notre génération. C'était un vieux pompidolien. Avec Pons, on pouvait parler. Mais Toubon ! Né de Chirac, vivant par Chirac, travaillant pour Chirac et mentant comme Chirac. Toubon, c'est un étranger. »

Puis Olivier me parle de la prochaine présidentielle. Il ne croit pas que Giscard songe à se présenter. « Non, il ne sera pas candidat, m'affirme-t-il. C'est le sentiment qu'il m'a donné l'autre jour quand il m'a invité, avec Peyrefitte, à une réunion de son "Conseil pour la France". Ce qu'il veut, c'est parler, briller, faire son numéro, se montrer époustouflant. C'est bien ce qu'il a fait hier, à l'Assemblée nationale, au sujet de la situation en Nouvelle-Calédonie[1]. Ah ! ce ton, cette articulation, ce zozotement ! Pour dicter des proverbes

---

1. En proie à de violentes tensions entre partisans et adversaires de l'indépendance.

canaques ! Pour rappeler les grandes heures de ses voyages en Nouvelle-Calédonie alors qu'il était président de la République ! J'en retire une impression détestable, mais encore plus sur le fond : il a mis à côté de la plaque. Sa proposition de départementalisation n'est pas défendable. Tout ce qu'il a dit a été choquant. Nous allons en Calédonie vers un bain de sang, je veux dire : nous allons vers l'instauration d'un pouvoir blanc – appuyé par les 20 % d'Asiatiques – qui va écraser les Canaques. Ça va être la Rhodésie et rien d'autre, et cela, en dépit de l'"instruction" qu'une douzaine de leaders canaques ont reçue chez Kadhafi et sans doute aussi des armes que les Canaques doivent obtenir de lui et d'autres. Le drame est que la Nouvelle-Calédonie est un pays sans métis.

« Mais hier, à l'Assemblée, le plus choquant n'est pas venu de Giscard, mais de Pierre Joxe[1], quand il a osé présenter comme une victoire du gouvernement le fait qu'il ait pu s'entretenir téléphoniquement avec le malheureux préfet de Lifou, grâce à la permission des Canaques qui le tenaient toujours sous la menace de leurs armes. Qu'il ait pu se vanter de ce coup de téléphone dépasse l'imaginable. C'est au-delà de tout. »

13 DÉCEMBRE 1984

Yves Guéna me fait part de sa position au sujet de la Nouvelle-Calédonie : « Primo, me dit-il, le problème a été aggravé par les déclarations imprudentes de Mitterrand relatives à l'indépendance du territoire, faites avant son accession au pouvoir, et par la remise en question des élections qui viennent de se dérouler. Deuxio, M. Pisani[2] est là-bas. Il ne faut pas le contrarier dans sa mission. Je dirais plus : il faut l'aider. Nous connaissons Edgar Pisani : c'est un homme responsable. Notre estime devrait donc lui être acquise. C'est pourquoi l'attitude du RPR est stupide. Le RPR a

---

1. Ministre de l'Intérieur et de la Décentralisation dans le gouvernement Fabius.
2. Le négociateur mandaté par le gouvernement.

tort d'avoir ainsi, sans réflexion, pris les positions[1] qu'il a prises. Le voyage sur place de Pons, pour contrecarrer les efforts de Pisani, pire, pour l'attaquer ouvertement, est scandaleux. Quant aux positions de Stirn en faveur de l'indépendance, elles me paraissent dénuées d'importance par le seul fait qu'elles viennent de lui. C'est un homme complètement déconsidéré aussi bien par son score lamentable aux élections européennes – il ne représente réellement personne – que par ses changements politiques si nombreux que personne ne pourrait vous dire où il se situe aujourd'hui et quel est seulement le nom du nouveau parti qu'il vient de créer. »

---

1. En faveur des anti-indépendantistes.

1985

4 FÉVRIER 1985

Michel Guy, ancien secrétaire d'État aux Affaires culturelles du gouvernement Barre, craint de voir se réaliser le Grand Louvre et la pyramide de Pei : « Mitterrand, qui a échoué dans tant d'entreprises, entend réussir ses grandes opérations parisiennes pour laisser sa "marque", comme Pompidou a laissé la sienne à Beaubourg, me dit-il. Jusqu'à la fin de son mandat, il a donc le temps de mettre les choses en marche de façon irréversible. Notre seul but, à nous les adversaires du Grand Louvre, est donc de gagner du temps, de gagner du temps à tout prix. Mais je suis pessimiste aussi en raison de l'attitude de la droite. Chirac – qui, en son for intérieur, est bien sûr contre le Grand Louvre – a pris position en sa faveur. Pourquoi ? Parce qu'il a reçu Pei et s'est laissé convaincre. Et surtout, comme toujours lorsqu'il s'agit de lui, parce que des questions électorales ont joué. L'homme est foncièrement calculateur. Il s'est déclaré pour la pyramide de Pei parce qu'il veut se montrer moderniste, allant dans "le sens de l'Histoire", parce que, à l'image de Pompidou, il veut apparaître comme un supporter de l'art contemporain, des idées nouvelles. Le pire, pour lui, serait de se faire traiter de conservateur, d'antiréformiste, de vieille barbe ! Chirac, avec tout le poids du Conseil de Paris, de son immense mairie, est donc favorable à cette pyramide monstrueuse qui défigurera un site architecturalement achevé, qui constituera une agression majeure contre le site historique du Louvre. »

8 FÉVRIER 1985

Raymond Barre est plus que jamais hostile à la cohabitation qui semble s'annoncer. « L'affligeant spectacle que donne l'opposition, et plus particulièrement les leaders de l'opposition, je veux dire Giscard et Chirac, fait courir au pays un grand risque : celui de dégoûter une fraction importante de nos électeurs et de les mener sans détour à Le Pen, fulmine-t-il. Tel sera le résultat des manœuvres sur le thème de l'union et de la cohabitation auxquelles nous assistons : le renforcement du Front national, qui risquera de remettre bien des choses en question.

« Si la victoire de la droite aux élections législatives n'est pas décisive, comme tout le laisse prévoir, et si donc Mitterrand peut rester à l'Élysée parce qu'il n'aura pas suffisamment été désavoué, l'intérêt de la droite serait bien évidemment de refuser toutes les offres de désignation d'un Premier ministre issu de ses rangs. C'est, bien entendu, ce que l'opposition ne fera pas, et tant mieux pour moi ! Je peux vous assurer que M. Chirac hésite, se tâte, partagé qu'il est entre le désir de prendre Matignon et la crainte d'entrer dans une spirale complètement inconnue où il risquerait de perdre tout contrôle sur des événements aujourd'hui imprévisibles parce que sans précédent. Je peux vous assurer que M. Giscard d'Estaing, lui, ne se tâte pas, et demandera à M. Chirac de lui laisser la place. Essayez d'imaginer ce que sera cette candidature de l'ancien chef de l'État au poste de Premier ministre d'un président de la République socialiste qui, il y a cinq ans, l'a battu dans les conditions que nous savons... Souvenez-vous de la scène du départ de l'Élysée, qui nous meurtrit encore le cœur[1] ! Tout cela est si peu digne qu'on a quelque mal à le concevoir. Mais, voyez-vous, M. Giscard d'Estaing, à ce sujet – comme pour s'excuser – rappelle que le général de Gaulle

---

1. L'ancien Président avait quitté l'Élysée à pied sous les huées de la foule.

a bien été le chef du gouvernement de M. René Coty ! Comme s'il pouvait y avoir quelque similitude entre les deux cas ! Ce qui se passera alors, je vous l'annonce : M. Mitterrand laissera s'écouler quelques mois, puis dissoudra l'Assemblée dès qu'il en aura le droit, et fera de nouvelles élections législatives. Ces élections, après cette expérience où l'opposition d'aujourd'hui, devenue majorité, aura perdu non seulement sa dignité, mais aussi son âme, seront remportées par la gauche. Celle-ci sera ainsi bien placée pour remporter l'élection présidentielle qui suivra !

« En 1978, me raconte Barre, Valéry Giscard d'Estaing m'avait dit : "Si je perds les élections législatives, je me retirerai à Rambouillet où je signerai tout – décrets et nominations –, mais sans participer à rien. Au bout d'un an, je dissoudrai et je remporterai les élections..." Eh bien, c'est le plan de Mitterrand. Si Giscard veut prendre le poste de Premier ministre de Mitterrand, c'est pour avoir l'Élysée de nouveau. Avez-vous lu dans l'article de Jean-Marie Colombani, "Deux contre un[1]", au sujet de la collusion Giscard-Chirac contre moi, la déclaration de Giscard selon laquelle j'aurais piétiné son cadavre alors que je lui devais tout ? Je lui dois tout ? Vraiment ? Mais ce n'est pas moi qui décide, ce sont les Français ! Si je suis premier dans les sondages et non Giscard, est-ce de mon fait ? Si les Français viennent à moi et non à lui, est-ce de ma faute ? Le cadavre de Giscard, ce n'est pas moi qui le piétine, ce sont les Français !

« Vous avez raison de craindre un faux pas de ma part ! Comment ne risquerais-je pas de le faire ? Tous les matins, je demande l'aide de Dieu pour ne pas commettre une erreur. Dois-je parler ? Dois-je réagir ? Ou bien dois-je me taire et laisser dire ? Vous me reprochez d'avoir signé le communiqué des anciens Premiers ministres sur la Nouvelle-Calédonie[2] ! Mais j'ai réfléchi et je l'ai signé en raison de sa modération. Et puis, sur la Nouvelle-Calédonie, remarquez bien que je me suis tu, alors que les autres se déchaînaient de la manière la plus excessive, la plus indigne qui puisse être. Ils se sont saisis d'un

---

1. *Le Monde*, 3-4 février 1985.
2. En faveur d'une solution négociée.

problème concernant l'avenir d'un territoire d'outre-mer à des fins partisanes ! Cela, n'est-ce pas, est inqualifiable !

« Voyez-vous, ajoute Raymond Barre, je suis aujourd'hui un pôle d'attraction. Ceux qui refusent le fait de cohabiter dans l'indignité se regroupent autour de moi. Quand j'étais à Matignon – à une époque où Giscard et moi faisions front contre Chirac, alors qu'aujourd'hui tous deux sont ligués contre moi –, j'incarnais aussi ce pôle d'attraction. Un pôle d'attraction dans l'impopularité, certes ! mais une impopularité qui est à la base de ma popularité d'aujourd'hui. À cette époque, les Français me tombaient dessus, mais ils savaient que ce que je faisais était bien. Ma force est d'être sans parti. Ne croyez pas ceux qui vous disent que, dans la dernière phase de mon parcours, il me manquera l'infrastructure d'un parti. C'est idiot. C'est une idée toute faite, comme celle de "Matignon, tremplin de l'Élysée". Gardez-moi d'un parti ! Et, surtout, laissez-moi agir et penser comme de Gaulle ! »

19 FÉVRIER 1985

« Aujourd'hui, les ciseaux sont largement ouverts, constate Michel Jobert. Mais, d'ici aux élections législatives, l'écart diminuera progressivement, en partie grâce à une situation économique qui ira en s'améliorant. Les cantonales[1] vont donc être perdues de manière catastrophique pour la gauche. Les législatives le seront aussi, mais de façon moindre (45-55 %). Ainsi Mitterrand sera-t-il en mesure d'assumer une cohabitation dont, au fond, il a toutes les chances de bénéficier. Il lui suffira de demeurer à l'Élysée en sachant tirer parti de la situation. Les risques, croyez-moi, seront beaucoup plus grands pour la nouvelle majorité au pouvoir avec un président socialiste, que pour ce président socialiste avec la nouvelle majorité de droite. D'ailleurs, je vous le demande, qu'est-ce que ce gouvernement fera d'autre que ce que M. Fabius fait aujourd'hui ? M. Fabius ne fait-il

---

1. Les 10 et 17 mars 1985, la droite obtiendra aux élections cantonales 53,5 % des suffrages.

pas "la politique de la droite" ? Les socialistes ne sont-ils pas devenus des sociaux-démocrates très proches des libéraux ? Je vous le dis, M. Mitterrand laissera venir la droite et organisera une cohabitation à son profit.

« La Nouvelle-Calédonie a été un lièvre soulevé par M. Mitterrand, me déclare ensuite Jobert. Emmanuelli – un sectaire – et Lemoine[1] ont accumulé les gaffes. Ce n'est pas un problème de décolonisation, parce que les Français y sont plus nombreux que les autochtones. Voyez ce qui s'est passé en Afrique du Sud, en Australie, en Nouvelle-Zélande. Mitterrand a trahi tout le monde lors de son passage à Nouméa. On parle d'indépendance un jour sans en parler le lendemain. Pisani est complètement paumé, perdu, totalement déconsidéré. Mais M. Mitterrand ne peut plus le renvoyer depuis que le RPR et les Caldoches ont exigé son départ. Reste l'opposition qui se sert de ce grave problème à des fins électorales ! Quel tableau ! L'affaire paraît aujourd'hui sans solution, parce que l'indépendance ne veut rien dire. »

26 FÉVRIER 1985

Chaban a du mal à dissimuler ses ambitions réelles : « Ne vous imaginez pas que j'aie envie d'être Premier ministre pour être Premier ministre, me dit-il. Qui peut aujourd'hui souhaiter d'y aller ? Qui peut savoir quelle sera alors la situation ? Qui peut en mesurer les risques, qui seront sans doute effroyables ? Cela dit, il faut d'abord que l'on me demande d'y aller. Mais si on me le demande et si je juge que, dans la situation du moment, je ne peux pas refuser, si j'ai la certitude d'une véritable efficience (contrairement à ma première expérience), alors j'irai, j'irai certainement à Matignon.

« L'étape suivante ? Eh bien, je peux vous confier que mon échec de 1974, je l'ai toujours là, en travers de la gorge. Alors, vous comprenez... Mais ceux qui parleraient de visées présidentielles parce que je

---

1. Respectivement député des Landes et secrétaire d'État aux DOM-TOM

prendrais Matignon me rendraient le plus mauvais service. L'Élysée est un mot que je ne prononcerai pas. Ni mes amis non plus ! »

20 MARS 1985

Olivier Guichard n'approuve pas Raymond Barre sur le problème – « le faux problème » – de la cohabitation. Il m'explique que, sur le terrain, dans son département de Loire-Atlantique, lors de la campagne pour les législatives, ses électeurs ne comprendront pas s'il leur dit : « Élisez-moi, voici mon programme, voici ce que je ferai. Mais si M. Mitterrand demeure à l'Élysée, vous m'aurez élu pour rien, parce que je ne participerai pas au gouvernement issu de notre victoire. » Il ne pense pas que pareille attitude soit raisonnable, logique !

« Cela dit, pour nous gaullistes – ou plutôt pour moi, gaulliste, car où sont les autres ? –, il est évident qu'il ne saurait y avoir participation dans un cas au moins, précise-t-il. Le cas où, grâce au degré d'"instillation" de proportionnelle, M. Mitterrand arriverait à avoir ce qu'il souhaite : une assemblée où ni le parti socialiste seul, ni le parti socialiste avec les communistes, ni le RPR et l'UDF seuls ou ensemble – bref, où aucun parti ne pourrait avoir la majorité. Il est évident que, dans une telle situation, les gaullistes – les gaullistes comme moi – n'auraient pas leur place au gouvernement.

« Nous saurons dans quinze jours quelle sera la nouvelle loi électorale. À mon avis, elle se rapprochera de celle proposée par Giscard – bien imprudemment – dans son livre [1]. Ainsi risquons-nous d'avoir une Assemblée élue pour les trois quarts à la proportionnelle et pour un quart sur la base de la loi actuelle. Nous verrons bien si une telle loi aboutit à cette Chambre sans majorité que recherche Mitterrand. Dans ce cas, ce sera le retour aux poisons et aux délices du régime d'assemblée, où tout dépend des partis charnières : pour François Mitterrand, ce sera le retour à l'UDSR !

---

1. *Deux Français sur trois*, Flammarion, 1984.

« Et ne te fie pas aux apparences, me prévient Olivier. Le gagnant sera M. Mitterrand. Il remportera la victoire qu'il avait perdue en 1958. Il aura atteint le but qu'il s'était fixé, cette année-là, après l'instauration de la nouvelle Constitution : la détruire. Il aura profité pendant sept ans de cette Constitution et, au moment de quitter le pouvoir, il aura anéanti la Ve République, atteignant ainsi ses objectifs initiaux. Et pour moi qui suis un vieux, qui aie été le témoin de la IVe, et dont tout l'engagement politique, en 1947, a été motivé par la lutte contre ses institutions, il n'y a rien de pire, rien de plus affreux pour le pays que la valse des gouvernements. »

5 SEPTEMBRE 1985

En pleine affaire du *Rainbow Warrior*[1], je demande à Olivier Guichard son sentiment sur l'origine du scandale et les responsabilités réelles au plus haut niveau de l'État. « Je peux te dire que je sais que ce sont Hernu[2] et l'amiral Lacoste – dirigeant de la DGSE – qui ont décidé tous les deux la destruction du navire et donné l'ordre de le couler. Oui, l'ordre est venu d'eux, d'eux seuls, directement, insiste-t-il. Dans l'opposition, nous le savons de façon sûre, certaine. C'est un fait indubitable. D'ailleurs, comment pourrait-il en être autrement ? Comment, pour l'exécution d'une affaire aussi importante, la destruction d'un bateau étranger dans un pays étranger, l'ordre ne viendrait-il pas du ministère de la Défense ? Nous ne savons rien, en revanche, de ce qui concerne l'engagement personnel de Mitterrand. Mais je pense, je ne mets pas en doute que le chef de l'État soit aussi dans le coup, c'est-à-dire qu'Hernu, en raison d'une affaire d'une telle importance, lui ait exposé les choses au préalable. Mitterrand a donné son aval. Mais là, nous n'avons aucune preuve et n'en aurons sans doute jamais.

---

1. Consécutive à la destruction, en juillet 1985, d'un navire de Greenpeace, association écologiste militant contre les essais nucléaires français dans le Pacifique. Le *Rainbow Warrior* a été coulé dans le port d'Auckland en Nouvelle-Zélande, par les services secrets français sur ordre de Paris, causant un mort.
2. Le ministre de la Défense, contraint à la démission le 20 septembre 1985.

« Le premier résultat de cette affaire est une sorte de scission au sein du gouvernement, poursuit Olivier. D'un côté, Mitterrand et d'autres ministres décidés à sauver Hernu (sans doute en raison de relations franc-maçonnes) ; de l'autre, les réalistes, plusieurs membres du gouvernement, dont Joxe, déchaîné, enragé contre Hernu, paraît-il, violent, suivi de Fabius et de Badinter. Ceux-là pensent qu'il n'y avait qu'un seul moyen pour sortir le pouvoir de ce mauvais pas, et sauver Mitterrand. Car l'affaire, pour eux, est grave d'abord à l'égard d'une partie de leurs militants, de leur électorat, de leurs pacifistes en tous genres, de leurs idéologues, qui ne peuvent concevoir que leurs chefs aient pris une telle responsabilité, aient commis un véritable acte de guerre ! Ce moyen, c'est de sacrifier Hernu. Joxe a insisté. Pour lui et ses amis, la dénonciation de l'erreur, de la faute commise par Hernu, pouvait non seulement les sauver, mais satisfaire les Néo-Zélandais, couper court à tout, bref, permettre de classer rapidement l'affaire. Mitterrand s'y est opposé. Ce n'est pas facile de juger les choses : mais mon avis est que Mitterrand a eu tort et que le sacrifice d'un ministre (quels que soient les liens personnels qui l'unissent à lui) s'imposait. Il fallait qu'il désavoue Hernu, dénonce sa responsabilité et le limoge. Il ne l'a pas fait[1]. Sans doute ne le pouvait-il pas.

« Alors, si rien ne se passe, la date du 4 novembre, où commencera l'instruction du procès des deux saboteurs d'Auckland, apparaît comme bien inquiétante pour le pouvoir. Car le pouvoir ne doit pas ignorer, je pense, que les Néo-Zélandais détiennent probablement la preuve accablante que ce sont bien les équipes de la DGSE qui ont posé les mines... Attendons donc le 4 novembre pour voir ce que fera le gouvernement, et qui sera sacrifié. »

J'interroge Guichard sur le rôle joué par Bernard Tricot[2], chargé par le pouvoir de la rédaction d'un rapport qui a conclu à la non-responsabilité des services secrets français. « Eh bien, Tricot n'a publié ce rapport complice qu'en échange de la vice-présidence du

---

1. Il le fera le 19 septembre après un certain forcing de son Premier ministre, Laurent Fabius, et les révélations de la presse sur la présence d'une « troisième équipe » d'agents français en Nouvelle-Zélande.
2. L'ancien secrétaire général de l'Élysée sous le général de Gaulle.

Conseil d'État, me répond Guichard sans hésiter. Tu en doutes ? Attendons là aussi pour voir si les événements confirment ou non ce marchandage. En tout état de cause, Tricot n'a lu que les papiers qu'on lui a montrés (comme si, d'ailleurs, un tel ordre pouvait figurer quelque part par écrit), des comptes rendus de commissions sans intérêt. Il n'a entendu que ce qu'on a bien voulu lui dire. Il n'a rencontré que les gens qu'on a bien voulu lui présenter. Il a répété sa leçon. Il a donc mal agi, et d'autant plus mal qu'il s'est servi de son crédit de gaulliste.

« Cette affaire met l'opposition dans une situation délicate, ajoute Olivier. Elle n'a pas pu s'en servir contre le pouvoir, car, en fait, ce qui est en cause, c'est l'existence même de la DGSE. Et c'est peut-être cela qui est le plus grave pour le pays. Aujourd'hui, notre service de renseignements existe-t-il encore ? Je peux t'assurer que la DGSE sort de cette affaire plus divisée que jamais, écartelée, démantelée, pantelante, déchiquetée, et je ne vois pas quand nous pourrons avoir avant longtemps un service de renseignements digne de ce nom. Alors, comment veux-tu que nous exploitions cette affaire, quand nous savons bien que, de retour au pouvoir, il nous faudra remettre sur pied une DGSE blessée à mort ?

« Ce que je crois, moi, mais sans en avoir la preuve, c'est que la DGSE a été très agitée, très ébranlée par toute la série de changements intervenus à sa tête, et surtout par toute une série d'échecs cuisants intervenus au Liban où tout ce qu'elle a entrepris a foiré. Ils ont donc voulu se rattraper avec le sabotage du *Rainbow Warrior*, prendre leur revanche sur l'adversité, connaître enfin un succès après une série d'échecs. C'est ainsi que l'amiral commandant la DGSE a été trouver Hernu pour lui dire : "Il faut couler le *Rainbow Warrior*..." Hélas ! »

11 SEPTEMBRE 1985

Visite à Michel Jobert à qui le scandale du *Rainbow Warrior* inspire aussi quelques commentaires assassins : « Je ne partage pas du tout les réactions apparemment approbatives au voyage de Mitterrand à

Mururoa[1], me déclare-t-il d'entrée de jeu. S'il n'y avait des motifs évidents de politique intérieure dans cette période électorale, je vous dirais que ce voyage a quelque chose de ridicule. A-t-on jamais vu un chef d'État prendre ainsi des écologistes au sérieux et, par là, leur donner une importance qu'ils n'ont en aucune façon ? Comment peut-il aller là-bas ? Comment les écologistes et leur "Greenpeace" sont-ils assez forts pour obtenir un tel voyage ? Je vous le dis : ce voyage aura des conséquences contraires à nos intérêts, sauf, éventuellement, à ceux de Mitterrand sur le plan de la politique intérieure.

« Du temps du général de Gaulle et après, il y a toujours eu des *Rainbow Warrior*, des "Greenpeace" qui allaient se balader autour des atolls, ajoute Jobert. Juste avant les expériences, après le *"notam"*, nous les tenions éloignés jusqu'à ce que tout danger de radiation soit écarté, puis on les laissait aller. Ils n'avaient aucune importance, puisqu'on ne leur en donnait aucune. Ils apparaissaient comme des gens originaux et sympathiques, parce que nous les présentions comme tels. Mais, dès lors que l'on coule leurs bateaux et que le président de la République lui-même se déplace pour affirmer notre présence contre eux, évidemment cela change tout !

« Quant à Tricot, poursuit Jobert, c'est un homme qui a toujours été dans le renseignement, qui a fait du renseignement, quels que soient les postes qu'il a occupés. Je suis persuadé que c'est la DGSE qui l'a choisi parce qu'elle le tient, parce qu'il ne pouvait rien contre ses membres, étant au fond l'un des leurs ! Donc Tricot n'a pas eu le choix. Il n'a pas pu refuser cette mission et, l'ayant acceptée, il ne pouvait que tenter de dédouaner la DGSE[2], tout en se gardant une porte de sortie au cas où les preuves de son implication dans le coulage du *Rainbow Warrior* pourraient être un jour apportées par les Néo-Zélandais, ce qui n'est pas sûr. Pourquoi n'est-ce pas sûr ? Parce que les Néo-Zélandais ont besoin de la France pour continuer

---

1. Le Président s'y rendra le lendemain, en compagnie de Charles Hernu dont il se montre encore solidaire.
2. Dans son rapport, remis le 25 août, il a dégagé la responsabilité des services français... mais sans exclure, face aux médias, d'avoir pu être « berné » par ses interlocuteurs.

à exporter leur beurre en Europe, et cela, contre tous les règlements communautaires. Vous en doutez ? Mais vous vous trompez. Le Premier ministre néo-zélandais, M. Lange, qui a beaucoup parlé et gaffé, l'a dit lui-même : dans cette affaire, a-t-il précisé, nous ne devons jamais perdre de vue le problème, vital pour la Nouvelle-Zélande, de ses exportations dans les pays de la Communauté européenne.

« J'ai été au pouvoir. J'ai tenu les mêmes postes que M. Tricot sous le général de Gaulle et sous M. Pompidou. Je sais donc exactement comment, dans un tel domaine, les choses se passent et ne peuvent pas ne pas se passer. L'affaire du *Rainbow Warrior* ne pouvait pas exister sans l'aval du ministère des Armées. Jamais pareil ordre ne pouvait être donné sans le consentement de M. Hernu. C'est tellement évident que cela n'a pas besoin d'être dit. Écoutez, au pire, voilà comment, quelquefois, les choses se passent : "Monsieur le Ministre, dit le patron de la DGSE, je ne vous ai rien dit, bien sûr, mais voilà ce que nous allons faire..." »

Jobert se montre réservé, en revanche, quant à la possibilité, pour Tricot, de prendre la vice-présidence du Conseil d'État en échange de son rapport, ne serait-ce qu'en raison de son âge et de la limite d'âge qui vient précisément d'être apportée aux hauts fonctionnaires.

3 OCTOBRE 1985

« Je pense que l'affaire Greenpeace va se terminer, me confie Chaban. Pourquoi ? Parce que Giscard et Chirac en ont décidé ainsi. Si vous l'avez remarqué, ils se sont toujours montrés très réservés à ce sujet. Silencieux, même. Il y a eu, certes, quelques petits dérapages – celui de Chinaud, notamment, qui a évoqué le départ du président de la République –, mais indépendants de leur volonté.

« Chirac et Giscard ont gardé le silence parce qu'ils savaient que, si l'affaire continuait, elle allait directement là où elle ne pouvait pas ne pas aller, c'est-à-dire à l'Élysée. Or ils ne veulent pas déstabiliser Mitterrand, au risque de rendre la cohabitation impossible (donc donner tort à leurs thèses et raison à celle de Barre). Qui plus est, le départ du président de la République signifierait l'élection de Raymond Barre. Ils savent bien, en effet, que Barre a aujourd'hui et dans les mois qui viennent toutes les chances d'être élu s'il y a une élection présidentielle, et que c'en sera alors fini pour eux deux, et peut-être de manière définitive. Giscard et Chirac font tout en conséquence pour que cette affaire Greenpeace s'apaise de façon à permettre à Mitterrand de rester en place et à la cohabitation de se réaliser. Pour le moment, ils parent au plus pressé : écarter Barre, donc garder Mitterrand.

« Quant à moi, je l'ai dit et redit : je ne demande rien, m'assure Chaban. Je ne suis candidat à rien. Mais si je peux servir le pays, je ne me déroberai pas. Cela veut dire : Matignon, et pour les raisons que je viens de vous exposer. Cela ne veut pas dire l'Élysée, et pour une raison très simple : si d'aventure j'y songeais, je serais trop vieux. En 1988, j'aurai 73 ans. Vous savez, en 1981, j'aurais très facilement pu, si je l'avais voulu, m'aligner sur les "trois[1]" et être le quatrième. Il aurait suffi de quelques télévisions, mais je ne l'ai pas voulu. »

La suite de la conversation ne va pas tarder à montrer le contraire. Chaban, certes très prudent sur ce sujet, semble heureux quand je lui dis, carrément flatteur : « Mais pourquoi ne seriez-vous pas demain ce quatrième homme ? Tout pousse à ce que vous le soyez : votre passé "historique", votre gaullisme, votre place dans les rangs de l'opposition, mais aussi vos affinités avec la gauche, enfin et surtout votre projet de "Nouvelle Société" qui a échoué par la faute de Pompidou et qui, si elle avait réussi, nous aurait peut-être évité la gauche (Chaban boit du lait et opine). Bref, tout cela fait que vous pourriez précisément être le seul homme susceptible d'être accepté des deux côtés. Il faut donc être prêt pour l'Élysée plus que pour Matignon. Et il faut veiller à ce que Matignon – si Matignon il y a – ne puisse pas compromettre vos chances pour la présidentielle... » Manifestement, ces paroles recueillent son approbation. Mais, manifestement aussi, l'Élysée est un sujet « interdit ». Nous passons à autre chose.

---

1. Giscard, Chirac et Debré. Chaban oublie ici, sans doute sciemment, le quatrième candidat de droite... Marie-France Garaud.

« Quand vous le voudrez, enchaîne-t-il, je vous raconterai, pour l'anecdote, comment j'ai trouvé la voix socialiste qui m'a permis d'être élu à la présidence du conseil régional d'Aquitaine ! Cela en vaut la peine ! Je suis à la présidence jusqu'en mars. Après, nous verrons... Où serons-nous en mars ? Oui, pour moi, ça a été une joie de retrouver cette présidence... Vous me comprenez, n'est-ce pas ? Ne serait-ce que pour le panache ! »

8 OCTOBRE 1985

Olivier Stirn est heureux, comblé depuis son ralliement à Mitterrand : « Je ne me suis personnellement jamais aussi senti à l'aise qu'aujourd'hui, me dit-il, là où je suis, non pas à gauche, mais chez les sociaux-démocrates. En 1981, jamais je n'aurais rejoint les socialistes, d'abord parce qu'ils étaient liés aux communistes, ensuite parce que bon nombre d'entre eux étaient marxistes. Maintenant la situation est autre. Même Jospin[1] s'avoue social-démocrate. Oui, tous sont des sociaux-démocrates ! Aujourd'hui, donc, rien ne me choque chez les socialistes, parce qu'il y a eu chez eux une évolution formidable ! Je vous le dis : je n'ai aucune hésitation, car moi je n'ai pas changé. Je ne fais que suivre la voie que j'ai toujours suivie. C'est la raison pour laquelle j'ai quitté Chirac au moment de l'affaire de la mairie de Paris, puis Giscard quand il s'est allié de façon si misérable avec Chirac (vous vous souvenez de cette scandaleuse réconciliation chez Drouant devant les photographes, de ce ridicule "Jetons la rancune à la rivière") ? Aujourd'hui, Giscard paie cher son erreur : le voilà trahi par Chirac qui refuse les listes communes[2] alors qu'il les lui avait promises. Le voilà dans l'impossibilité d'obtenir Matignon après les législatives (la victoire du RPR sur l'UDF paraissant acquise), alors que seul le poste de Matignon pouvait – au moins dans son optique – lui laisser quelques chances pour l'élection

---

1. Le premier secrétaire du PS.
2. Pour les futures élections législatives prévues en 1986.

présidentielle. Oui, Giscard a perdu par sa faute, en accumulant les erreurs. Une fois de plus, il a été joué par Chirac !

« Je vois souvent Mitterrand, me raconte Stirn. Je vois Barre également et nous parlons de tout cela. Son refus de la cohabitation est purement tactique. De son point de vue, il a raison. C'est pour lui le seul moyen de remporter l'élection présidentielle. Mais cette élection est loin d'être jouée. Nous aurons en 1988, au second tour, ou bien Fabius contre Barre, ou bien Rocard contre Barre. Or nos deux sociaux-démocrates ont toutes leurs chances, surtout Rocard ! Ce sera dans tous les cas serré. »

17 OCTOBRE 1985

Pour Raymond Barre, si « l'affaire Greenpeace s'est arrêtée brusquement après le sacrifice d'Hernu », c'est en raison d'« un accord entre le maire de Paris et M. Mitterrand. M. Chirac a décidé de stopper l'affaire, d'abord pour ne pas porter à l'armée un coup trop dur. (Le général Saulnier, chef de l'état-major particulier du président de la République, est l'un de ceux qui ont donné l'ordre de couler le *Rainbow Warrior*.) Ensuite, il s'agissait de sauver la cohabitation. Car, vous le savez comme moi, M. Mitterrand s'est engagé à prendre M. Chirac comme Premier ministre.

« M. Mitterrand avait bien sûr été mis au courant – ainsi que M. Fabius – de la décision de couler le bateau de "Greenpeace". Le Président a été informé et, une fois informé, il a donné son accord. C'est ce que j'ai voulu dire quand j'ai parlé des "sables mouvants de l'équivoque".

« Je ne pense pas, ajoute Barre, que les choses bougeront après les élections législatives, puisqu'il y a entente entre M. Mitterrand et l'opposition sur la cohabitation. Seul un raz de marée – mais il est vrai que cela n'est pas du tout exclu, nous verrons bien – pourrait mener le président de la République à quitter ses fonctions, par dignité. Sinon, vous verrez, ils se coucheront tous. Et cela profitera à Le Pen (on m'a dit qu'il avait été excellent, hier, à la télévision). Nous aurons donc M. Chirac qui s'entendra avec M. Mitterrand le temps que l'un ou l'autre jugera nécessaire à ses intérêts, jusqu'à l'élection présidentielle. M. Mitterrand mettra alors M. Fabius sur les rails, par aversion pour Rocard d'abord, ensuite parce qu'il pense que c'est lui, Fabius, qui, après Rocard, aura le plus de chances contre moi. »

À ma question : « M. Chirac fera-t-il voter pour vous ? », Barre me répond : « Non, bien sûr que non. Il ne dira rien. Et le RPR préférera faire élire les socialistes. M. Chirac ne fera jamais voter pour moi. Il agira comme en 1981 à l'égard de Giscard. – Et M. Giscard d'Estaing, précisément ? – Il m'a assuré qu'il ferait voter en ma faveur. C'est tout ce que je puis vous dire. Mais cela ne veut pas dire qu'il le fera. Je n'ai plus confiance en lui.

« Vous ne savez pas le degré de bassesse, d'abjection, que je trouve dans les milieux politiques, me confie encore Raymond Barre. À la vérité, ces milieux ne m'ont jamais pardonné mon entrée dans la vie politique en 1976 à Matignon, puis quand je me suis présenté à Lyon... »

Au passage, Raymond Barre critique les mœurs, les privilèges des partis, souligne la décadence de la classe politique française et me fait part de la tristesse, du mépris, de l'horreur que lui inspire tout ce monde-là. Il se moque des journalistes qui font tous payer leurs notes d'avion, d'hôtel, par des hommes politiques qui les invitent à « couvrir » leurs discours, leurs réunions ou les manifestations qu'ils président en province. « Comment pourrais-je adopter pareilles mœurs ?, s'exclame-t-il. Aux journalistes qui expriment le désir de m'accompagner dans mes tournées dans le pays, je dis seulement : mais venez, venez, c'est avec joie ! » (Ce thème était l'un des sujets favoris du Général : « Et je te donne une invitation par ici... Et je te donne une invitation par là... Les journalistes ? Tous achetés », l'ai-je souvent entendu dire ! D'ailleurs, sur certains sujets, Barre s'exprime exactement comme de Gaulle !)

Je reviens à l'affaire « Greenpeace » pour lui faire remarquer que si lui n'a rien dit, Philippe Mestre, son premier lieutenant, lors de son récent passage au Grand Jury de RTL, a au contraire vigoureusement réattaqué en démontrant que M. Mitterrand était directement responsable. « Je pense, lui dis-je, que M. Mestre s'est exprimé en votre nom et avec votre assentiment, autrement dit que vous lui avez fait déclarer tout haut ce que vous pensez tout bas. – En effet, je pense comme M. Mestre, me répond-il. Mais comment pouvez-vous imaginer un seul instant que M. Mestre puisse me soumettre ce qu'il va dire ? Il n'en est rien. Mes collaborateurs sont libres. Ils peuvent dire ce qu'ils veulent. Ils n'engagent qu'eux-mêmes. C'est, pour moi, un principe absolu. Je suis, politiquement, un homme seul : je ne revendique que ce que je dis ou écris. Personne n'a jamais écrit ou parlé en mon nom. Tout ce que j'écris, je l'écris moi-même. Vous n'entendrez ni ne lirez jamais une phrase de moi dont je ne sois l'auteur. Je rédige tous mes discours. Je corrige toutes mes interventions avec un soin extrême ! » Décidément, toujours de Gaulle !

La fin de l'entretien approche. Voici quelque temps déjà que la fiche du visiteur suivant lui a été apportée. Tout le début de notre conversation avait été consacré à l'évocation de François Mauriac à l'occasion du centenaire de sa naissance et du roman de mon père que préfère Raymond Barre, *Le Désert de l'amour*. « Ce choix, lui ai-je dit, fait de vous un vrai mauriacien... »

Au moment de se séparer, Barre me montre le dernier numéro de *Paris-Match*. Il me lit plusieurs passages d'un article le concernant. Son contentement et sa joie sont manifestes. Il jubile en me citant le mot attribué à Mitterrand : « Barre est le seul leader qui se méfie vraiment de moi. C'est pourquoi il campe sur des positions imprenables ! Il n'a peut-être pas tort... » Et Barre de commenter : « Vous comprenez, il est important pour moi de lire des choses comme celles-là, parce que c'est vrai et, surtout, parce que ça me fait plaisir... »

3 DÉCEMBRE 1985

Brève rencontre avec Albin Chalandon. « De deux choses l'une, me déclare-t-il : ou bien l'opposition actuelle n'a la majorité que grâce au Front national, et alors Mitterrand est maître du jeu, il fait ce qu'il veut et nous sommes perdus. Ou bien notre victoire est telle que nous nous passons largement du Front national, et alors c'est

Mitterrand qui est perdu. Dans cette hypothèse – qui doit être la bonne – il ne peut que démissionner, et très rapidement, car l'épreuve de force sera immédiate : tout opposera dès les premiers jours Matignon à l'Élysée, le Premier ministre au chef de l'État sur tous les problèmes. Chirac sera donc celui qui aura obligé Mitterrand à démissionner... Ainsi aura-t-il toutes les chances, alors, d'être élu président de la République... »

9 DÉCEMBRE 1985

Maurice Couve de Murville a échoué dans ses pourparlers avec Chirac pour figurer sur la liste parisienne aux élections législatives. Il envisage maintenant de se présenter au Sénat. « J'aurais pu, certes, étant donné mon âge – 78 ans –, me retirer purement et simplement de la vie publique, prendre ma retraite, me dit-il. Si je ne le fais pas, si j'ai décidé d'aller au Sénat – une Assemblée pour laquelle je n'ai aucune inclination particulière –, c'est pour rester encore un peu dans le coup, c'est pour ne pas abandonner complètement le jeu politique. Et puis, je vais vous dire le fond de ma pensée : pourquoi ne reviendrais-je pas un jour à l'Assemblée nationale ? Je pourrai toujours me représenter à la prochaine élection législative si elle a lieu dans les deux ans qui viennent...

« Sous le règne du général de Gaulle, j'avais institué à l'Assemblée un débat de politique étrangère, régulièrement deux fois par an, me rappelle Couve. C'était une nouveauté. Sous la IVe et même sous la IIIe, il n'y avait un tel débat que "ponctuellement", comme on dirait aujourd'hui. Je suis arrivé à maintenir ce débat sous Pompidou, Giscard et Mitterrand. Mais j'assommais tout le monde ! Dans la majorité comme dans l'opposition, on ne s'intéresse pas à la politique étrangère. Vous verrez, moi parti, si on continuera d'en parler...

« La visite de Jaruzelski[1] à Paris me rend perplexe, ajoute Couve. Personne, je dis bien personne, n'a compris. Pourquoi Mitterrand

---

1. Le chef du gouvernement communiste polonais a été reçu à Paris le 4 décembre. Cette visite a provoqué des remous au sein du gouvernement, le Premier ministre allant jusqu'à manifester son désaccord en se déclarant « troublé ».

l'a-t-il reçu, mais pourquoi ? Ce n'est pas explicable et c'est indéfendable. Je vous donnerai la seule raison valable : l'improvisation. Car, au rythme où M. Mitterrand mène les affaires de l'État, quand prendrait-il le temps de la réflexion ? Et je ne pense pas du tout qu'il ait pu y avoir, comme vous le dites, quelque marchandage et qu'en échange de sa visite à Paris M. Jaruzelski fera quelques concessions chez lui. Cela est totalement impossible.

« Mais, en politique étrangère, le pire n'est pas cette visite. Le pire, c'est l'affaire tchadienne et la rencontre Mitterrand-Kadhafi[1]. Que de mensonges, que de mensonges ! Les Libyens sont bel et bien installés dans le nord du Tchad, c'est-à-dire là où ils voulaient être (et non dans le sud du pays : qu'iraient-ils faire chez les Nègres ?). Et, je vous le dis, les Libyens y resteront et nous ne pourrons pas les en déloger. Alors ?...

« Et puis, il y a le Liban. Nous nous sommes accrochés aux Américains. Nous n'avons pas eu de politique. Nous avons failli à notre mission. Et le Liban est aujourd'hui en péril de mort.

« Vous savez, notre politique étrangère se déploie seulement entre deux pôles : un anticommunisme primaire et un atlantisme ouvert. Nous voilà retombés dans la politique intérieure. Il n'y a plus de politique étrangère. »

---

1. En novembre 1983, à Héraklion, après l'accord franco-libyen sur un retrait mutuel du Tchad – accord que Kadhafi s'empressera de ne pas respecter.

1986

16 JANVIER 1986

Je pense que la décision de Pierre Lefranc de se présenter aux élections (il conduira une liste à Paris) risque de déchaîner une tempête à l'Institut Charles-de-Gaulle. Pierre Lefranc, fondateur, vice-président et secrétaire général de cet Institut, a dû renoncer à toutes ces fonctions provisoirement, c'est-à-dire tant qu'il sera pris par l'action politique. Il a cependant l'intention de récupérer son poste à l'Institut dès que cet engagement cessera, c'est-à-dire juste après les élections, puisqu'il est évident que sa liste – présentée par le Comité qu'il vient de créer, le « Comité de conciliation nationale pour la sauvegarde des institutions » – n'a pas la moindre chance d'avoir un élu.

Or, depuis son départ, c'est un véritable complot qui est ourdi contre lui à l'Institut, un complot mené par les membres appartenant à l'aile droite, c'est-à-dire essentiellement au RPR. Ils accusent Lefranc d'avoir nui à l'Institut en se jetant dans la lutte politique. Ils lui reprochent de faire le jeu de Mitterrand en s'étant allié à deux mouvements de la majorité, le « Mouvement gaulliste populaire » et le « Mouvement des démocrates » de Michel Jobert, et surtout en appuyant la thèse de la gauche au sujet de la cohabitation : la réalité du pouvoir, selon la Constitution, demeure à l'Élysée. Ils lui en veulent d'éparpiller les voix gaullistes. Bref, la droite de l'Institut

Charles-de-Gaulle entend se débarrasser de Lefranc et lui interdire tout retour.

Mais Lefranc n'est pas seul. En effet, lors de la première réunion de son Comité, le 16 janvier, étaient présents de vieux et importants gaullistes comme les deux anciens secrétaires généraux de l'Élysée, Étienne Burin des Roziers et Bernard Tricot, et Henri Duvillard, ancien ministre des Anciens Combattants – tous trois jouant un rôle très actif à l'Institut – auxquels s'étaient joints toute une bande de vieux « fidèles » parmi lesquels Jacques de Montalais, ancien rédacteur en chef à *La Nation*, l'amiral Sanguinetti, Raymond Offroy et, bien sûr, Simone Servais. Il est certain que cette aile gauche de l'Institut, soutenant Lefranc, ne restera pas inactive devant le « complot » de l'aile droite. Ainsi l'Institut, où régnait, apparemment du moins, le calme et l'entente, est à son tour saisi par les démons de la division et emporté par la tourmente électorale.

Dans ses explications, Lefranc a fait valoir que tous les partis sans exception étaient hostiles à la cohabitation, puisque ceux qui la prônent veulent en même temps mettre le président de la République dans un placard. Or cette « conception de placard » marque un retour à la IVe République et porte donc gravement atteinte à des institutions qui ont fait du Président la clef de voûte du système.

Lefranc estime que les derniers sondages ont bien montré que les Français veulent la cohabitation à une très forte majorité. Les Français, selon lui, souhaitent que les deux prochaines années du mandat du chef de l'État ne soient pas deux années de conflit durant lesquelles seraient compromis la situation économique, les marchés extérieurs et la position de la France dans le monde.

29 janvier 1986

On peut souligner les points suivants au sujet des conversations privées, donc confidentielles, que Raymond Barre tient avec ses amis et ses collaborateurs :

1- Il se montre plein de « dégoût » face aux attaques personnelles dont il est l'objet de la part de nombreux leaders de droite, en raison de ses prises de position contre la cohabitation. Ces attaques l'atteignent au plus profond de lui-même.

2- S'il garde confiance, c'est uniquement dans le peuple de France. Comme de Gaulle, il se tourne vers les Français et pense qu'ils constituent un peuple au jugement sûr, qui saura où sont les intérêts du pays. Il estime donc que celui-ci, dans ses profondeurs, le suivra, parce qu'il a du bon sens et qu'il est patriote. Le peuple sait que l'avenir de la France n'est pas dans la cohabitation criminelle qui mettra fin aux institutions, ramènera le jeu des partis, bref réinstallera la IVe République avec son impuissance, sa déliquescence et la honte pour notre pays.

3- Ce qui surprend le plus Barre, c'est que, précisément, ce sont les gaullistes de toujours, des anciens de la France libre, des anciens ministres du Général, des hommes qui ont longtemps servi, suivi de Gaulle, qui aujourd'hui défendent des thèses si opposées aux siennes.

4- Barre, enfin, trouve l'explication : la politique corrompt tout. C'est un thème qu'il déploie souvent en privé : depuis qu'il est entré dans l'arène politique, peu de temps après son départ de Matignon, il s'en est vite aperçu : la politique, c'est d'abord la corruption par l'argent et par l'ambition.

30 JANVIER 1986

Le torchon brûle toujours entre Pierre Lefranc et l'Institut Charles-de-Gaulle. Selon ses membres appartenant à l'aile chiraquienne, de nombreuses lettres arrivent, faisant état du « malaise », du « trouble » des gaullistes devant cette situation. Ce malaise et ce trouble gagneraient les anciens de la 2e DB et de l'Association des Français libres.

Comme Lefranc ne sera certainement pas élu, on s'interroge à l'Institut sur les conditions de son retour, que l'on juge difficiles, sinon impossibles. Sa position, dit-on, sera de toutes manières « ambiguë ».

Dans cette affaire, les querelles personnelles resurgissent : Burin des Roziers est traité de socialiste, l'amiral Sanguinetti de dangereux gauchiste. Quant à Tricot, on rappelle combien « il est malheureux depuis le suicide de sa fille ».

Enfin, il ne faut pas écarter de ce remue-ménage celui causé par les candidatures de deux petits-fils du Général : Jean, chiraquien, aux élections législatives, Charles, barriste, aux régionales.

19 FÉVRIER 1986

Conversation avec Jacques Chaban-Delmas :
« Je suis tête de liste pour les élections régionales, m'annonce-t-il, donc je me présente à la présidence de la région Aquitaine... à moins qu'il y ait changement d'aiguillage.
« — Changement d'aiguillage ? Vous voulez dire sur Matignon ?
« — J'estime mes chances à une sur cinq.
« — Alors, vous êtes le Premier ministre de Mitterrand ?
« — Mais non, mais non, comment pouvez-vous dire pareille chose ? Je ne serai pas le Premier ministre de Mitterrand. Je serai le Premier ministre désigné par Mitterrand et à mes conditions. À mes conditions, c'est cela qui est important. Je serai le chef du gouvernement, et cela pour la première fois depuis la naissance de la Ve République. C'est donc jouable et, d'ailleurs, nous n'avons pas le choix. Mais, comprenez-moi bien : pour moi, l'important, c'est de ne pas être candidat. Je ne suis candidat à rien. Chirac et Giscard, eux, sont perdus parce que, en se portant candidats, ils se mettent dans les mains de Mitterrand. Ces deux années qui viennent seront cruciales pour la France. Il n'est pas possible de les placer entre parenthèses sous prétexte d'élection présidentielle. Les Français, et avec raison, ne le comprendraient pas. Deux ans, c'est long. Il ne faut pas que les problèmes stagnent ou soient compromis gravement. Il faut penser au pays, c'est-à-dire à la situation économique et sociale et à la place de la France dans le monde. Il faut tout de suite redresser la situation ou tenter de le faire. »

26 FÉVRIER 1986

Guichard, comme toute la classe politique, est obsédé par l'issue des prochaines élections législatives[1] et la nouvelle configuration institutionnelle qui en découlera.

« Faisons de la prospective, me dit-il. Que peut faire Mitterrand après le second tour ? Ou bien il décide de passer deux ans tranquillement à l'Élysée, ou bien il va jusqu'au bout de son fantasme.

« La première solution est la plus simple et, à première vue, la plus vraisemblable. Son problème sera de durer pour tenter de remporter l'élection présidentielle deux ans plus tard. Le problème de Chirac sera exactement le même. L'attelage peut donc fonctionner pendant cette période, puisque les deux hommes sont au moins d'accord sur ce point essentiel.

« La seconde solution aurait mes faveurs, poursuit Olivier. Mitterrand est-il un homme à jouer une cohabitation peu glorieuse et fort risquée ? À mon avis, soucieux de son personnage et surtout de celui qu'il laissera dans les manuels d'histoire, il préférera écrire une plus belle page. Je pense donc qu'il ira jusqu'au bout de sa démarche entreprise à l'arrivée du général de Gaulle au pouvoir, quand il a refusé de voter pour lui en 1958 et publié *Le Coup d'État permanent*. Ainsi voudra-t-il justifier sa position en changeant de régime. Il en aura la possibilité. Il lui suffira de présenter, pendant deux ou trois mois, des Premiers ministres qui soit se récuseront, soit accepteront, mais sans arriver à former de gouvernement (type Simone Veil) ou qui se feront renverser (type Delors). Alors, devant le blocage des institutions – dont il lui sera facile de faire porter la responsabilité aux autres –, devant une situation qu'il s'ingéniera à rendre inextricable – et cela lui sera d'autant plus facile que l'opposition achèvera de se diviser dans cette cascade de péripéties –, il constatera que la Constitution ne peut plus répondre à une telle situation. Il se tournera alors vers le peuple indigné par les jeux stériles des deux mois écoulés et déclarera : "Je vous propose un changement de régime",

---

[1]. Prévues pour mars 1986.

c'est-à-dire un retour au scrutin majoritaire et à l'établissement d'un mandat ramené à cinq ans. Ainsi la boucle sera bouclée, son rêve de 1958 réalisé et sa grande page d'histoire écrite. Crois-moi, cela vaut mieux pour lui qu'une cohabitation minable de deux ans avec Chirac, où il devra prendre de grands risques. »

LE PIÈGE DE LA COHABITATION

(mars 1986-1987)

Raymond Barre : « La cohabitation, c'est Munich » – Philippe Séguin : « Le gouvernement est déjà à la dérive » – Robert Badinter : « Ce à quoi nous assistons aujourd'hui est trop triste, trop affreux » – Pierre Juillet : « Je suis scandalisé, indigné, ahuri par la situation de notre pays » – Olivier Guichard : « Le Pen souhaite la réélection de Mitterrand. »

23 mars 1986

Selon ses proches, Raymond Barre se repose dans le Midi, chez lui, à Saint-Jean-Cap-Ferrat. Il reviendra à Paris pour l'ouverture de la session parlementaire, le 2 avril[1]. Ce qu'il pense ? Il pense que les Français ont voulu la cohabitation, c'est-à-dire le retour de la droite tout en gardant Mitterrand à l'Élysée. Ils sont légitimistes, ils ont voté pour la légitimité. M. Barre constate que ses mises en garde ont été inopérantes, même à Lyon. Dont acte. Il pense que le spectacle surréaliste d'aujourd'hui dépasse, et de loin, toutes ses craintes. Il suffirait, pour s'en convaincre, de regarder les images du premier Conseil des ministres : dire que l'on n'en croit pas ses yeux est en dessous de la vérité ! On se demande littéralement si on ne rêve pas. Maintenant, il convient de garder le silence devant ce retour à la IVe, ce jeu vaudevillesque.

Aujourd'hui, Raymond Barre, conscient d'avoir rempli son rôle en ayant prévenu et mis en garde les Français, est prêt à une traversée du désert. « Je prends le risque de tomber à zéro dans les sondages, a-t-il dit à ses collaborateurs. Les résultats des élections ont prouvé que l'opinion publique n'était pas prête à entendre le langage que je

---

1. Lors des élections législatives du 16 mars 1986 qui se sont déroulées, pour la première fois sous la Ve République, à la proportionnelle, l'alliance RPR-UDF a remporté 291 sièges, la gauche 242, et le Front national, 33.

tenais. Et les heures qui ont suivi ont montré des états-majors politiques, toutes tendances confondues, y compris le CDS, se battant comme des chiffonniers pour avoir des postes ministériels ! »

17 AVRIL 1986

Michel Jobert me livre son opinion sur le gouvernement que vient de constituer Jacques Chirac sous la présidence de François Mitterrand : « Le choix de Balladur comme vice-Premier ministre[1] est excellent, me dit-il. J'ai bien connu cet homme qui était mon adjoint à l'Élysée. Ce n'est pas un génie – c'est peut-être le seul reproche que l'on puisse lui faire –, mais c'est un homme qui a toutes les qualités, et elles sont très grandes, pour le poste qu'il occupe. Il a d'abord la qualité d'être paresseux. Il ne travaille pas beaucoup mais il s'entoure admirablement et, chose très rare, il sait faire travailler les autres. C'est un extraordinaire coordonnateur et il fera merveille là où il est, à cheval sur quatre postes : les Affaires économiques et les Finances, la Privatisation et le Commerce extérieur. C'est un homme qui a le talent d'aller à l'essentiel, de rendre tout clair, d'une façon si remarquable que, quelquefois, il simplifie un peu trop les choses. Et c'est un homme courageux, qui ne cède jamais, qui dira toujours à Chirac ce qu'il pense. Il ne s'encombre de rien. Quand j'ai quitté le secrétariat général de l'Élysée pour les Affaires étrangères, il était naturel que ce soit Balladur, secrétaire général adjoint, qui me remplace. Eh bien, précisément à cause de son autorité, tout l'entourage de Pompidou s'est élevé contre sa nomination pour pousser en avant un "béni-oui-oui", M. Bernard, conseiller technique. Il a fallu toute mon insistance auprès de Pompidou pour qu'il prenne Balladur. C'est Chirac qui a été le chercher aujourd'hui, et il ne pouvait pas faire meilleur choix.

« Jean-Bernard Raimond[2] est le diplomate classique qui rassurera le Quai – lequel en a bien besoin – et qui reviendra à une politique

---

[1]. Seul ministre d'État du gouvernement Chirac, Édouard Balladur est chargé de l'Économie, des Finances et de la Privatisation.
[2]. Le nouveau ministre des Affaires étrangères.

classique, elle aussi, et traditionnelle. La déviation sous Roland Dumas a été abominable. Lui et Mitterrand menèrent une diplomatie parallèle, sans rien dire ni aux autres ministres, ni aux hauts fonctionnaires du Quai. Tous deux ont passé leur temps à désigner des émissaires qu'ils envoyaient secrètement dans tous les endroits du monde et qui rédigeaient à leur retour des rapports tout aussi secrets. Il était temps que de telles pratiques prennent fin !

« Vous évoquez le Tchad ! reprend Jobert. Je sais que le problème n'est pas facile. Comme Messmer l'a rappelé, le Tchad n'existe pas. C'est une création artificielle française, qui avait un semblant d'unité grâce à l'administration coloniale. Pendant que les Américains bombardent la Libye du Nord, il ne faut pas que nous soyons leur piétaille au sud pour contenir Kadhafi. Je l'ai dit à Kadhafi : "Si j'étais le gouvernement français, je vous laisserais les mains libres, je vous laisserais aller jusqu'à N'Djamena parce que vous ne pourriez pas y rester." Kadhafi m'a répondu : "Croyez-vous que je serais assez bête pour aller à N'Djamena ?"

« Ce n'est pas en bombardant la Libye que les Américains feront cesser le terrorisme. Pourquoi ne bombardent-ils pas le Liban, la Syrie, l'Iran qui forment beaucoup plus de terroristes que la Libye ? Ce qu'il faut, c'est comprendre le terrorisme et identifier ses origines et ses causes. Ses origines ? Elles sont lointaines : ce sont les Israéliens qui, les premiers, ont commencé le terrorisme[1]. Pourquoi ? Pour avoir un pays qu'ils ne pouvaient avoir autrement. C'est ce que font les Palestiniens aujourd'hui. C'est ce que font les Arméniens, depuis le génocide de 1915 dont le but était de les anéantir. C'est ce que font les Kurdes. C'est ce que font les Érythréens. C'est ce que font les gens du Timor-Oriental. Et les terroristes d'Irlande, vous êtes-vous posé la question à leur sujet ? Les terroristes catholiques d'Irlande du Nord ne sont-ils pas soutenus par les Américains dans leur lutte contre les Anglais ? Il faut donc examiner les causes et bien y réfléchir. Mais il ne faut pas bombarder ! Parce que Kadhafi retournera assurément la situation en sa faveur, et surtout parce qu'il

---

1. Lors de la création de l'État hébreu.

est l'allié indirect des Américains en tant que diviseur du monde arabe, et un véritable "repoussoir". Il ne faut pas toucher à Kadhafi !

« Les causes du terrorisme, c'est l'impossibilité pour certains de se faire entendre, ce sont les bâillons qui les étouffent, le mépris qui les humilie. Je vous le répète : allez voir les Kurdes, les Arméniens, les Palestiniens et tous les autres. Et c'est aussi la présence occidentale au Proche-Orient qui, pour beaucoup, après ce qui a été fait, n'est plus supportable. »

22 AVRIL 1986

Pour Olivier Guichard, le nouveau gouvernement est d'abord « un gouvernement de janissaires, présidé par Chirac et ne comprenant, aux postes essentiels, que des chiraquiens. Oui, tout est bien dans les mains de Chirac, me dit-il. Il y a là-dedans quelques personnalités "impossibles" : Gaston Flosse[1], par exemple, personnage on ne peut plus douteux, et Mme Michaux-Chevry[2]. Il y en a quelques-unes nommées pour de bas motifs politiques : Jean Arthuis[3], par exemple. Il y a surtout le fait que les giscardiens n'ont aucun poste. Car les deux seuls postes de quelque importance confiés à l'UDF l'ont été à un MRP, M. Méhaignerie, ministre de l'Équipement, du Logement, de l'Aménagement du territoire et des Transports, et à un léotardien, M. Léotard, ministre de la Culture et de la Communication. Mais enfin, ces réserves faites – et d'autres ! – ce gouvernement n'est pas si mal...

« En ce qui me concerne, il n'a jamais été question que j'y entre, me précise Olivier. D'abord parce que je suis un vieux, un ancien, et que ce gouvernement est un gouvernement de jeunes et de nouveaux (à l'exception d'André Giraud[4] et d'Albin Chalandon[5], mais ce

---

1. Le secrétaire d'État auprès du ministre des Départements et Territoires d'outre-mer, chargé des problèmes du Pacifique sud.
2. Le secrétaire d'État à la Francophonie.
3. Secrétaire d'État auprès du ministre des Affaires sociales et de l'Emploi.
4. Ministre de la Défense.
5. Ministre de la Justice.

dernier a été nommé en tant qu'homme d'affaires qui avait distribué beaucoup d'argent quand il était à la tête d'Elf-Erap). Ensuite parce que mes relations personnelles avec Jacques Chirac sont ce qu'elles sont, c'est-à-dire pas bonnes !

« L'affaire importante dans tout cela, insiste Olivier, c'est l'absence de Giscard et de ses amis. Je pense que Chirac a eu tort de ne pas accepter la candidature de Giscard à la présidence de l'Assemblée. D'abord, parce qu'en l'acceptant, il lui liait les mains et le neutralisait. Ensuite parce qu'au lieu d'en faire un "martyr", il le déconsidérait en accédant à sa demande d'aller présider une assemblée parlementaire après avoir présidé le pays.

« En fait, Chirac s'est fait un peu avoir par Chaban. Mitterrand avait pressenti ce dernier pour Matignon à condition qu'il s'arrange avec Chirac et ses amis du RPR. On connaît l'histoire : Chaban s'est précipité à l'Hôtel de Ville et a dit à Chirac : "C'est moi, je suis pressenti. – Pas question, lui a dit Chirac, Matignon, c'est pour moi !" Saisissant la balle au bond, Chaban lui a répondu : "D'accord, mais alors je veux l'Hôtel de Lassay." Pris de court, et sans doute assez heureux de se débarrasser de la candidature de Giscard à la présidence de l'Assemblée, Chirac lui a dit : "C'est entendu[1] !" »

Guichard ne croit pas que la cohabitation puisse durer jusqu'à l'élection présidentielle : « Elle cessera le jour où l'un des deux protagonistes le jugera utile, estime-t-il. Tout est donc affaire d'occasion. La situation, embarrassante pour Mitterrand, qui règne au sein du parti socialiste, ou une gaffe, qui n'est jamais à exclure, de M. Chirac, peut, par exemple, inciter le Président à démissionner et à se représenter aussitôt, dès lors qu'il pensera que le moment est venu de le faire. Même raisonnement pour M. Chirac qui guettera lui aussi le moment opportun pour se retirer et provoquer une élection anticipée. Ce qui montre bien, en passant, que nous sommes revenus à la IVe République, non par la faute de Chirac, mais par celle de Mitterrand qui a rétabli la proportionnelle.

---

1. D'autres versions existent de cet entretien. Voir *Jacques Chirac*, de Franz-Olivier Giesbert, *op. cit.*

« À la vérité, conclut Guichard, Chirac se trouve dans une situation difficile, parce que totalement imprévisible. Et ce n'est pas l'administration, demeurée entièrement socialiste ni la télévision ni la radio, aux mains des mêmes, qui l'aideront. »

6 mai 1986

Rencontre avec Raymond Barre pour la première fois depuis la cohabitation. Il ne décolère pas : « Je vous citerai un mot : Munich !, s'exclame-t-il. C'est Munich qui caractérise, à mes yeux, la situation actuelle. C'est l'esprit de démission qui prévaut. Aujourd'hui il y a un noyau dur de Français contre la cohabitation – dont vous êtes, dont je suis – que j'estime à 20 %. Le reste, qui ne veut pas d'histoires, d'ennuis, de complications, est heureux de la pause actuelle. Mais cette masse est fluctuante, oscillante. Elle se ressaisira un jour. Oui, le ressaisissement viendra plus tard. Aujourd'hui, les Français pensent aux ponts du mois de mai et à leurs vacances prochaines. Pas à autre chose. Nous verrons à la rentrée.

« L'élection présidentielle n'aura pas lieu à la date fixée, dans deux ans, mais bien avant, poursuit Barre. Nous en avons encore pour un an. Mais la cohabitation n'ira pas au-delà du printemps prochain. C'est Mitterrand qui est maître du jeu, pas Chirac. C'est Mitterrand qui est le plus fort et, croyez-moi, à l'étranger personne ne s'y trompe. Il n'y a qu'à attendre. Attendre une erreur de Chirac, qui viendra sûrement en son temps. Mais Chirac ne sera pas le seul à donner à Mitterrand une telle occasion. La division de la droite l'y aidera. Vous en voyez les inimaginables prémices aujourd'hui. Suivez de près l'action de Giscard. Allez à l'Assemblée pour vous rendre compte des extraordinaires ferments annonciateurs d'explosion ! Cela, c'est pour l'avenir. Mais le présent, symbolisé par les sondages déjà en hausse pour Mitterrand, ne se suffit-il pas à lui-même ? Je vous le dis : c'est Mitterrand qui sera réélu. Je vais vous faire une confidence : je ne voterai jamais pour Chirac ! Aujourd'hui, c'est de Mitterrand que tout dépend, et non de Chirac et de son gouvernement. Et le Président demeure en position de force malgré l'épreuve qu'il traverse. Je me suis trompé sur un point : je n'avais pas prévu qu'il serait à ce point dépossédé de ses attributions, dépossédé de tout, au point de devoir peut-être un jour signer la dénationalisation de tout ce qu'il a nationalisé. Et ceux qui sont au gouvernement aujourd'hui osent se dire gaullistes et faire référence à de Gaulle !

« Ce qui me frappe le plus dans ce gouvernement de cohabitation, c'est son immobilisme. Il ne fait rien. Il ne fera rien, car il ne peut rien faire. Et cela, sur les questions les plus importantes : il n'y a pas eu libération des prix pour les entreprises, comme il s'y était engagé. Le gouvernement fera peut-être cette libération un jour, mais ce sera trop tard, et l'inflation sera revenue. C'est aujourd'hui, tout de suite, qu'il fallait le faire ! L'autorisation administrative préalable de licenciement ? Ils ont renoncé à sa suppression alors qu'elle était une des conditions essentielles, primordiales de la reprise d'activité de nos entreprises. La privatisation ? Mais la dénationalisation n'est pas possible ! Voyez donc les syndicats. Interrogez-les. Ils sont ravis. M. Séguin[1] les a rassurés sur tout : rien ne sera fait, sauf en apparence.

« Ce qui me frappe aussi, ajoute Raymond Barre, c'est l'affreux spectacle que nous donnons à l'étranger, dont la conférence de Tokyo[2] a été l'illustration. M. Chirac a commis une erreur, une lourde faute en y allant. Il ne fallait surtout pas qu'il s'y rende, mais qu'il se fasse représenter par son ministre des Affaires étrangères, comme cela a toujours été le cas en pareilles circonstances. Mais il n'a pas résisté à l'envie de marquer un point – du moins a-t-il cru le faire – contre M. Mitterrand. Seulement, sa présence l'a desservi. Et, ce qui est plus grave, elle a desservi la France. Croyez-vous que les porte-parole américains ne font pas exprès de se tromper dans les titres et dans les fonctions de M. Mitterrand et de M. Chirac, comme s'ils ignoraient qui est qui ? Oui, le spectacle de la cohabitation à l'étranger abaisse la France. Avez-vous vu sur les photos de la conférence la mine souriante, triomphante de Chirac devant un Mitterrand impassible ? Avez-vous vu la danse du Premier ministre

---

1. Le ministre des Affaires sociales et de l'Emploi.
2. Où les deux têtes de l'exécutif ont donné le spectacle de leur rivalité dans la conduite de la délégation française.

devant le Président ? Ne vous y trompez pas, c'était la danse de la souris devant le chat. Je ne donne pas cher de M. Chirac... »

14 mai 1986

Entretien avec André Giraud, le ministre de la Défense. Je l'interroge en premier lieu sur les suites de l'affaire « Greenpeace » – mais il reste volontairement flou : « Quand je suis arrivé au ministère de la Défense, il n'y avait plus de dossier sur cette affaire, m'assure-t-il. Il avait disparu. Je le reconstitue. Nous garderons le silence à ce sujet tant que les deux prisonniers de Nouvelle-Zélande ne seront pas revenus. Sur l'exécution même de l'opération, je pense que plus rien ne sera jamais dit. Je peux simplement vous préciser que la plupart des "révélations" parues dans la presse sont inexactes. Beaucoup sont d'origine néo-zélandaise : des manœuvres des services secrets de ce pays pour brouiller les pistes et surtout pour ridiculiser la France. L'affaire "Greenpeace" a été montée et exécutée beaucoup mieux qu'on ne le croit. Dans l'esprit des Français, en tout cas, c'est une affaire réglée, sur laquelle il n'y a pas à revenir, sauf le jour où nous annoncerons le retour en France des époux Turenge. Sur ce point, les négociations continuent. »

André Giraud se plaint des obstacles permanents auxquels les nouvelles autorités se trouvent confrontées. « L'action gouvernementale est paralysée par l'administration, me dit-il, ou par la façon que les Français ont toujours de peaufiner indéfiniment les décisions prises, de vouloir les améliorer, d'en ajouter d'autres, bref, d'entretenir un débat sans fin où, très vite, personne ne reconnaît plus rien. C'est ce qui arrive aujourd'hui. Il fallait être clair et aller vite. Raymond Marcellin disait toujours : "Il ne faut pas raffiner !" Or, que faisons-nous aujourd'hui ? Nous raffinons, nous raffinons indéfiniment alors que, précisément, nous devrions aller vite et frapper fort. Et cela, notamment, en raison de la situation difficile créée par la cohabitation, des Conseils des ministres – ceux de l'Élysée – au déroulement toujours imprévisible, de la précarité de notre majorité, qui tient à trois voix, et de l'ignorance de ce qui se passe dans la tête de M. Mitterrand (mais lui-même est dans l'ignorance des projets de Chirac). Au premier Conseil des ministres, nous n'avons été que trois à mettre le gouvernement en garde contre les risques de l'inaction : Chalandon, Méhaignerie et moi. Les trois plus anciens. Hélas, tous les autres se perdaient déjà dans les tours, détours, contours de notre administration et voulaient indéfiniment améliorer les projets présentés et en présenter d'autres au cas où...

« Je pense aussi qu'il ne faut pas laisser traîner les choses à l'Assemblée, que le gouvernement n'a que trop tardé à user du 49.3 et que rien ne pourra être fait tant que l'Assemblée n'aura pas rapidement voté l'instauration du nouveau scrutin. C'est la priorité : vite supprimer la proportionnelle et rétablir l'ancienne loi électorale. »

Nous abordons pour finir le sujet d'actualité le plus commenté en ce moment : l'interdiction du survol du territoire français par les avions américains chargés de bombarder la Libye. Sur cette question, la mise au point de Giraud paraît très claire : « Il n'y avait vraiment aucune nécessité technique à ce que les appareils américains survolent notre territoire, m'explique-t-il. À la vérité, la demande américaine n'était qu'une opération politique : ils voulaient nous mouiller vis-à-vis de la Libye, c'est-à-dire nous forcer à nous aligner sur leur position et à nous mettre aux avant-gardes du front anti-libyen. Ils ont d'ailleurs parfaitement compris notre refus, d'autant qu'ils n'avaient pas pris la peine de nous renseigner sur leurs objectifs, renseignement pourtant indispensable à une éventuelle acceptation (il est vrai que nous nous sommes bien gardés de le leur demander). Ni le président américain ni le général Walters[1] ne se sont indignés de notre position. C'est la presse américaine qui a pris feu et flamme contre nous et qui a obligé les dirigeants des États-Unis à changer d'attitude à notre égard ! »

---

1. Vernon Walters, ancien patron de la CIA, ambassadeur des États-Unis à Bonn (plus tard à Paris).

23 mai 1986

Un article de *Libération* évoque aujourd'hui une possible démission de Philippe Séguin, le ministre des Affaires sociales. Selon les confidences que m'a faites un de ses proches, le ministre serait en proie à une grande morosité, et ses commentaires sur la situation pourraient se résumer de la manière suivante :

« Le gouvernement est déjà à la dérive. Chirac dérape actuellement en cherchant à accélérer sa politique, au risque de mécontenter tout le monde, à l'exception bien entendu de la tendance ultra de son gouvernement. Hélas, c'est cette tendance qui va gagner.

« Aucune mesure prise n'est entrée en application. En deux années, il est vrai, on ne peut réussir. Il faut cinq ans pour agir sur les chiffres. Tout ce que l'on fait ne sert à rien. Rien ne peut être efficace.

« Chirac a tort de brusquer l'affaire de la suppression de l'autorisation administrative de licenciement. Il a détérioré le climat social pour rien. Car cette suppression, en réalité, ne changera rien et n'aura aucune répercussion sur l'emploi. En fait, ce n'est qu'une affaire à caractère politique, et une affaire majeure. Mitterrand ne s'y est pas trompé. Il a pu dire : "Voilà la première grande faute de ce gouvernement de droite !"

« Mitterrand ne signera jamais le projet de loi sur le changement de la loi électorale. D'ailleurs, il mettra fin à la cohabitation en février prochain, car il estimera alors que le moment est venu de faire le pays juge des résultats de la plate-forme RPR-UDF. »

Oui, Philippe Séguin a pensé à démissionner. Il y pense encore.

27 mai 1986

« Ce qui est très grave pour Chirac, c'est que les Français savent maintenant que le Premier ministre ne peut même pas nommer un ambassadeur !, soupire Olivier Guichard. L'affaire de Tunis[1] est, de

---

1. En visite à Tunis, Jacques Chirac a refusé de rencontrer l'ambassadeur de France, Éric Rouleau, dont il exige le remplacement, le jugeant trop proche des socialistes. Le Premier ministre finira par obtenir gain de cause. Éric Rouleau deviendra un « ambassadeur itinérant » à la demande du chef de l'État.

ce point de vue, révélatrice : Chirac n'a même pas pu remplacer Éric Rouleau ! J'ai toujours pensé que la cohabitation achopperait non pas sur les grands problèmes intérieurs ou extérieurs, mais sur les petites questions, et notamment sur celles de personnes : cette affaire en est un exemple parfait. Et cela ne fait que commencer.

« La seconde affaire qui m'inquiète, c'est la grave désorganisation à l'intérieur du gouvernement. Un exemple : je téléphone hier à Madelin[1] pour une question extrêmement importante concernant les Chantiers navals à Saint-Nazaire. Madelin me répond : "Je suis au courant, mais je ne peux rien faire. C'est une affaire qui ne me regarde pas, car c'est un problème de caractère interministériel. Je vous recevrais avec grand plaisir, mais je vous ferais perdre votre temps : je ne peux rien en ce domaine !"

« Ce que je critique à ce sujet, c'est la toute-puissance, dans ce gouvernement, des "Parisiens" et, parmi eux, des "financiers". Chirac (Cour des comptes) et Balladur (Conseil d'État) sont sous la coupe des inspecteurs des Finances. Ils sont entre leurs mains, comme fascinés par eux. Nous sommes dirigés par des Heilbronner et des Friedmann[2]. Le gouvernement, c'est eux, et c'est cela qui est néfaste. »

4 JUILLET 1986

Entretien avec Robert Badinter[3].

« Le président Mitterrand a décidé de visiter tous les hauts lieux littéraires de la France, me raconte-t-il. C'est ainsi que nous revenons de la maison de Tocqueville en Normandie. Nous avons aussi été à Guernesey et à Nohan. Puis nous nous sommes rendus à Montaigne et, pour finir, à Malagar.

« C'est le 10 mai dernier, jour anniversaire de l'accession au pouvoir du Président, que nous avons effectué cette dernière visite. J'ai

---

1. Le ministre de l'Industrie.
2. Le premier est directeur adjoint du cabinet du Premier ministre. Le second, un des conseillers personnels de Jacques Chirac.
3. Devenu président du Conseil constitutionnel depuis le 4 mars 1986.

téléphoné le matin au gardien pour le prévenir de notre arrivée vers 16 heures en précisant – pour garder le secret – que je venais seul avec une femme. Je vous enverrai des photos du Président sur le banc où s'asseyait votre père. Le Président a beaucoup aimé la maison en raison de son authenticité. Bien sûr, il n'y a pas de fauteuils Directoire ni de trumeaux XVIIIe, mais des meubles de famille. Le Président a dit : "C'est comme chez moi en Charente (il devait penser : modeste), mais quelques degrés au-dessus." Nous sommes restés deux heures... »

Je demande à Robert Badinter de m'accorder une interview pour *Paris-Match*. Il refuse catégoriquement : « Vous n'y pensez pas ! ... Je ne pardonnerai jamais à *Match* ce qu'il m'a fait. C'est horrible ! Du temps où j'étais place Vendôme, *Match* ne parlait que de sang répandu, soulignait indéfiniment les assassinats de vieilles dames. Avez-vous lu le dernier papier de Jean Cau ? C'est ignoble. Ignoble ! Ce qu'il a osé écrire des prisons est simplement atroce. Ah ! Tant d'inhumanité, comment cela est-il possible ? Je voudrais que Cau se retrouve dans une cellule, entassé avec dix détenus, par plus de trente degrés ! Non, jamais, jamais je ne donnerai une interview à *Match* !

« C'est d'ailleurs l'inhumanité des gens actuellement au pouvoir qui me frappe. Ce à quoi on assiste est tout simplement horrible. C'est une épreuve de tous les instants...

« Comprenez-moi, ajoute Badinter d'une voix presque lasse, je n'aspire maintenant qu'au silence. J'ai souffert de trop de bruits, de trop d'injustices et de trop d'iniquités, ces dernières années. J'ai la chance maintenant de pouvoir vivre, revivre et être tranquille. J'ai la chance de pouvoir me balader avec le Président, rencontrer mes amis, me promener avec qui je veux, mener enfin ma vie d'homme. Et il est temps ! Car le temps passe et je ne suis plus jeune ! Je suis trop heureux de ne plus être ministre. Je suis trop heureux de ne plus pouvoir jamais être avocat – car quand on a été ministre, on ne peut plus plaider. Je suis trop heureux de ne pas être député, car ce spectacle de l'Assemblée où aucune voix de gauche ne s'est fait entendre lors du débat sur la politique de M. Chalandon m'a navré. Ce à quoi nous assistons aujourd'hui est trop triste, trop affreux ! Je vous le répète, c'est la déshumanisation.

« Et avez-vous vu ce qui se passe aux États-Unis ? Le déferlement de cette monstrueuse vague de puritanisme ! ... Oui, avez-vous vu que la fellation est un délit relevant de la justice ? Nous ne pouvons maintenant plus faire ce que nous voulons sous nos draps ! »

18 septembre 1986

Michel Jobert pense que les derniers attentats à Paris[1] sont directement liés à notre politique au Proche-Orient et, plus précisément, à notre présence au Liban.

« Au fil des années, sans doute depuis le général de Gaulle, cette politique est devenue illusoire, dangereuse et inconséquente, estime-t-il. On ne doit pas être surpris d'en éprouver les effets. Elle n'aura procuré à la France ni bénéfice ni considération, ni perspective, non plus, de contribuer à la paix. L'agitation et la manœuvre n'ont jamais remplacé une analyse exacte et équitable. De cela il faudra enfin prendre conscience. Quelle est notre politique, en fin de compte ? Elle est alignée sur celle des Américains, qui est elle-même alignée sur celle d'Israël. Voilà ce que nous reprochent les poseurs de bombes !

« Notre présence au Liban, ajoute-t-il, n'a plus de sens. Il faut quitter le Liban. D'abord militairement. Ce sera le premier acte de notre nouvelle politique. Jamais, depuis 1958, la France n'aurait dû envoyer un seul soldat au Liban. Successivement, Giscard et Mitterrand ont commis cette faute monumentale et enregistré un pitoyable échec. Nous avons commencé à évacuer le Liban dans des conditions lamentables, humiliantes, parce que nous avons commencé trop tard, à chaud. Souvenez-vous du départ tragique du contingent français de la Finule, la force multinationale d'interposition, après le massacre de nos soldats du camp du Drakkar[2]. Il aurait fallu évacuer notre armée bien avant. Quand comprendrons-nous que plus aucun soldat français ne doit demeurer sur le sol libanais ? Quand

---

1. Le 17 septembre, un attentat a fait 6 morts et 51 blessés rue de Rennes, à Paris.
2. 58 soldats français y ont été tués lors d'un attentat, le 23 octobre 1983.

comprendrons-nous que l'occupation militaire d'un pays arabe est une absurdité ? Regardez les Anglais, les Allemands, les Italiens : y sont-ils ? C'est pourquoi nous devons évacuer sur-le-champ la force française de la Finule avant que l'irrémédiable ne s'accomplisse. Le fait que la Finule soit sous l'autorité des Nations unies ne nous empêche en rien de la retirer. Il suffit de le décider. L'ONU est incapable de rien organiser au Liban. Nous n'avons pas à être les otages et les victimes de la guerre civile libanaise.

« Bien sûr, poursuit Jobert, il y a d'autres raisons aux récents attentats à Paris que l'affaire du Proche-Orient. Il y a d'abord le laxisme de la politique socialiste, dans les premières années, et la lamentable situation, depuis longtemps, de nos services secrets. Le choix de M. de Marenches par Georges Pompidou a été un très mauvais choix. Je l'avais mis en garde. Marenches était l'homme des Américains. Le choisir, c'était mettre le SDECE dans les mains des Américains. Mais M. Pompidou voulait faire plaisir aux Américains. Et puis il a cédé à la "tympanisation" de Mme Dupuy, son directeur de cabinet, qui, chaque matin, entrait dans son bureau pour lui chanter les louanges de M. de Marenches. Nos services secrets n'ont rien fait pour prévenir le terrorisme. »

22 SEPTEMBRE 1986

« M. Barre sera candidat à l'élection présidentielle le jour où le siège sera vacant, m'annonce Philippe Mestre, bras droit de l'ancien Premier ministre. Il m'a autorisé, il m'a même chargé de le dire. Quant à sa rentrée politique, il n'y aura pas de "rentrée". Il a déclaré, au lendemain des élections législatives, qu'il demeurerait silencieux et qu'il observerait les choses. C'est bien ce qu'il fait. Ce qui ne l'empêchera pas, toutefois, de se manifester, à sa manière, de temps à autre, s'il le juge nécessaire, en fonction des événements.

« Bien sûr, plus la cohabitation marche bien, plus les chances de M. Barre, qui a annoncé son échec, diminuent, observe Mestre. C'est logique. Du moins apparemment, car je pense que les choses se joueront sur un autre plan : entre lui et les Français. Ne vous y trompez pas. Pour l'actuelle majorité, il n'y aura que deux candidats : Chirac et Barre. M. Giscard d'Estaing ne sera pas candidat. Il a compris qu'il représentait le passé et qu'il ferait un score ridicule. Nous ne lui demandons pas d'appuyer M. Barre. Nous lui demandons de ne rien faire et de ne rien dire. Pas plus.

« Oui, la cohabitation marche bien, sûrement mieux, dans tous les cas, que M. Barre ne l'aurait cru. Et elle risque de marcher jusqu'au bout, d'aller jusqu'à son terme, non seulement parce que M. Barre est là, qui leur fait peur à tous, mais aussi parce que le pli est pris, la voie tracée et, surtout, parce qu'elle plaît aux Français qui aiment toujours la facilité. Mais cette réussite ne compromet rien irrémédiablement. M. Barre garde toutes ses chances dans un premier tour face à M. Chirac. »

19 NOVEMBRE 1986

Rencontre avec Raymond Barre. Son jugement sur le gouvernement en place est d'une sévérité implacable : « Chirac finira très mal et il commence actuellement à mal finir, me déclare-t-il aussitôt. Observez-le : il est complètement déboussolé. Il craque. Il est comme un bourdon qui se cogne à toutes les vitres. Sa politique au Moyen-Orient est indigne. Comment la politique étrangère de la France peut-elle dépendre de la position des pays étrangers au sujet de nos otages[1] ? Chirac en est arrivé au point où ces pays nous dictent notre politique. C'est de la folie de faire dépendre notre politique étrangère d'une affaire d'otages !

« Le résultat de ce déboussolage est de faire apparaître M. Mitterrand responsable, calme et digne. À côté de l'agitation du Premier ministre – aiguille d'une boussole qui va dans tous les sens sans

---

1. Deux diplomates français, Marcel Fontaine et Marcel Carton, un journaliste, Jean-Paul Kaufman, et un sociologue, Michel Seurat, ont été enlevés au Liban en mars et mai 1985 par le Djihad islamique. Raymond Barre fait probablement allusion ici aux négociations plus ou moins secrètes avec Damas et Téhéran pour obtenir leur libération.

jamais pouvoir s'arrêter –, voici le Président dans toute sa majesté. M. Mitterrand profite de l'attitude de M. Chirac. M. Chirac est son faire-valoir.

« La cohabitation n'ira pas à son terme, continue-t-il d'affirmer. Regardez ce qui se passe. M. Chalandon me disait aujourd'hui : "La cohabitation est malsaine pour la France. Mais nous ne pouvons pas l'éviter." Malsaine, oui. L'éviter ? Je pense qu'on le pouvait.

« Indigne aussi est l'attitude de Léotard[1] et indigne encore plus cette appellation ahurissante de "bande à Léo". Les ministres de cette "bande", M. Chirac ne les a nommés au gouvernement que pour qu'ils trahissent l'UDF et servent le RPR. M. Léotard ? Je ne veux même pas en entendre parler. Lui et ses amis sont des salariés de M. Chirac. Leur ministère ? C'est leur salaire. Je vous le prédis : M. Léotard ne sera pas candidat à l'élection présidentielle, parce que M. Chirac lui proposera le poste de Premier ministre. Et si M. Chirac devait être élu à l'Élysée – ce que je ne crois pas –, eh bien, que M. Léotard sache que M. Chirac ne tiendra pas sa promesse et ne le nommera jamais à Matignon ! »

---

1. Le ministre de la Culture.

1987

21 janvier 1987

Olivier Guichard s'inquiète de la renaissance, un peu partout, de l'esprit de parti : « Le RPR ne pense qu'à la reconquête de l'Élysée, constate-t-il. Le CDS flirte avec des socialistes ou autres rocardiens. D'autres réclament la réduction du mandat présidentiel à cinq ans, le retour à plus de proportionnelle, la modification du fonctionnement du Parlement, bref, celle de la Constitution. Chirac met à côté de la plaque pour la simple raison qu'il programme sa carrière politique. La fin du régime représentatif se profile à l'horizon. Oui, je suis inquiet et pessimiste. »

3 février 1987

Michel Jobert me fait part de son opinion sur la situation politique actuelle, sur l'avenir des uns et le comportement des autres. Comme toujours, sa conversation est pleine d'esprit et d'intelligence, quoique un peu amère désormais :

« Pour une campagne présidentielle, il faut au moins vingt milliards d'anciens francs, me dit-il. Même beaucoup plus. Chirac dépassera quarante milliards. Et Barre ? Où trouvera-t-il de l'argent ? Ce qui lui manquera le plus, c'est un réseau à travers tout le pays, une organisation susceptible de rivaliser avec la formidable orchestration chiraquienne, ne serait-ce qu'à travers les infrastructures du RPR mises au service de sa campagne...

« Et puis, il y a une question essentielle qu'il faut poser à Barre : comment expliquez-vous que vous, le "gaulliste", qui allez visiter à Lille la maison natale du Général, qui ne parlez que du Général, qui faites référence sans cesse à l'orthodoxie gaulliste, vous fassiez appel à tout ce qui est, par définition même, antigaulliste, c'est-à-dire aux centristes, aux européens supranationaux, aux anciens MRP, aux anciens démocrates-chrétiens, bref, à tout un monde politique qui s'est toujours opposé au général de Gaulle ? Il y a là une incompatibilité profonde !

« Si Mitterrand est en bonne santé, poursuit Jobert, et s'il pense qu'il pourra être réélu, il se représentera sans l'ombre d'un doute. Comment imaginer qu'il puisse tranquillement aller s'enfermer à Latche et assurer l'élection de Rocard, Chirac ou Barre ? Ce n'est pas raisonnable de le penser.

« J'en veux à deux personnes, ajoute-t-il : à Mitterrand qui a été déloyal avec moi, et à Chaban qui a été ingrat. Mitterrand a été déloyal parce qu'il n'a pas tenu ses promesses. Quand il m'a proposé le poste de ministre du Commerce extérieur, j'ai accepté, comme je vous l'ai déjà dit, en posant mes conditions. Il m'a tout promis et il n'a rien tenu. J'ai dû occuper ces fonctions dans les pires conditions, c'est-à-dire dans celles qui, précisément, ne me permettaient pas de les occuper, jusqu'au moment où je me suis trouvé dans l'obligation de démissionner. Voilà les raisons de mes prises de position anti-Mitterrand après mon départ.

« Chaban, lui, est un ingrat. Je me suis engagé à ses côtés dans la campagne présidentielle, en 1974, parce qu'il était le candidat "gaulliste", parce que les gaullistes étaient derrière lui, parce qu'il s'opposait à Giscard. Je l'ai fait, comme tant d'autres certes, sachant fort bien que le combat était perdu et que Chaban serait battu. Après, je n'ai plus entendu parler de lui ! Duc d'Aquitaine, il demeurait puissant. J'ai espéré notamment la mairie d'Arcachon, je le lui ai fait savoir. Aucun écho. Je n'ai reçu qu'une lettre de lui, un jour, au ton pincé, parce qu'un des miens, du Mouvement des démocrates, s'était présenté en Gironde et que cela le gênait [1] »

Plus que jamais isolé au sein de la classe politique, Jobert me confie qu'un de ses seuls contacts, Édouard Balladur, l'a déçu à son tour : « Il vient de commettre avec moi un impair que je ne lui pardonne pas. Il m'a annoncé que le gouvernement allait me donner la plaque de commandeur de la Légion d'honneur, que j'avais déjà refusée et dont je ne veux à aucun prix ! J'ai remis trop de Légions d'honneur pour savoir ce qu'il en est et pour la désirer moi-même. Il le savait et il m'a blessé en croyant qu'il allait me faire plaisir. Au moins a-t-il eu la délicatesse de m'en parler avant, délicatesse qu'il n'a pas eue avec Antoine Pinay. Le refus de Pinay de recevoir la croix de chevalier n'est d'ailleurs pas si clair. Pinay aurait voulu que ce soit le Premier ministre qui la lui décerne, et non un ministre des Finances soucieux d'en tirer un profit personnel ! Enfin, bref, moi j'ai été prévenu à temps, ce qui m'a évité une situation embarrassante.

« Pierre Juillet, je pense, a définitivement quitté la politique, encore que rien n'est jamais sûr avec lui, poursuit Jobert. Quand il était au cabinet de Pompidou, il partait comme cela "pour toujours" et puis il revenait. Un jour, on a cru que son départ était cette fois définitif. Mais, après un an d'absence, juste un mois avant la mort de Pompidou, il est revenu pour "assurer les obsèques" et sans doute s'occuper de la succession du Président. Cela étant, je peux vous dire qu'il a aujourd'hui son bureau chez Marie-France Garaud, quai Anatole-France, et que, la semaine dernière, il recevait un journaliste en train d'écrire un livre sur Chirac.

« Marie-France Garaud, quant à elle, demeure silencieuse. Mais elle resurgira ! Quand on connaît le tempérament, le caractère d'un tel personnage, qui en douterait ? Pour l'instant, elle subit toujours les conséquences de son ridicule pourcentage, à Paris, aux élections législatives. Mais elle attend une occasion... Je suis persuadé qu'elle touche de l'argent des Américains. Je l'ai dit un jour à l'ambassadeur des États-Unis, qui ne m'a pas dit le contraire...

« Je ne demande rien à personne, conclut-il. Vous savez, je suis un haut fonctionnaire entré dans la politique par hasard. Après mon poste de secrétaire général de l'Élysée, je devais prendre la direction de Renault. C'était entendu et c'était ce que je désirais. Et puis

Pompidou m'a nommé ministre des Affaires étrangères. Giscard avait peut-être plus ou moins (avec lui on ne sait jamais) pensé à la SNCF pour moi. Quand Barre a été Premier ministre, je l'ai vu trois fois. À la seconde, il m'a assuré qu'il voulait m'employer, me confier une mission importante. "Faites-moi une proposition sous huitaine", m'a-t-il dit. Une semaine après, je le rappelle : "Ce qui m'intéresserait le plus, lui dis-je, c'est une étude sur les problèmes d'information et de communication. – Mais quelle bonne idée, répond-il. Je vais en parler au Président ! " Inutile de vous dire qu'en formulant une pareille proposition, je savais parfaitement qu'aucune suite ne pourrait y être donnée ! »

6 MAI 1987

J'exprime par téléphone à Pierre Juillet le souhait qu'il m'accorde, l'élection présidentielle se rapprochant, une interview pour *Paris-Match*. Je lui fais valoir qu'un grand entretien sur tous les sujets – l'élection présidentielle, la cohabitation, son opinion sur Chirac, Barre, Giscard, Léotard, mais aussi Pompidou et de Gaulle – recueillerait un très large écho après le long silence qu'il s'est imposé. Il me répond avec vivacité : « Si je parle un jour, ce ne sera sûrement pas dans *Paris-Match* ! Ce ne sera jamais dans ce journal tant que son directeur ne m'aura pas envoyé un petit mot. J'en veux à Roger Thérond et je ne lui pardonne pas son silence. Je lui ai rendu un grand service. Il sait parfaitement lequel. Et puis, un jour, je lui ai demandé un petit service précis. Savez-vous ce qu'il m'a répondu : Eh bien : non... non, tout simplement. M. Thérond est un homme qui ne renvoie pas l'ascenseur.

« Cela dit, ajoute-t-il, c'est vrai que je pense à intervenir prochainement tant je suis scandalisé, indigné, ahuri par la situation de notre pays. Mais ma décision n'est pas encore prise. Car à quoi cela servirait-il d'intervenir ? À rien, en vérité. Je réfléchis donc, j'attends encore un peu. Si je me décide à parler, sous quelle forme le ferai-je ? Eh bien, sans doute une interview de préférence à un article. Où ? Il n'y a plus un seul journal où l'on ait envie de s'exprimer. *Le Figa-*

ro ? Jamais. *Le Monde* ? Je ne le lis plus. Mon interview devra être brève : six pages dactylographiées au plus... et aérée. Je me dirigerai plutôt du côté des hebdomadaires, c'est-à-dire *L'Express* ou *Le Point*... Et pourquoi pas avec vous comme interviewer ? Je vous connais. Nous nous connaissons. Je sais votre honnêteté, votre loyauté, votre réputation... avec vous, il n'y a pas de danger.

« Cette interview, si je la donne, risquera de faire du bruit. Car ce que je dirai, personne ne l'a encore dit. Je n'épargnerai personne. J'irai très loin. Car je me sens au-delà de toute expression devant la situation catastrophique de notre pays. Je dirai ce que je pense de tout et de tous. Cela en étonnera plus d'un ! »

Suit alors une évocation de sa colère, de sa rage, notamment sur deux points. Le premier, l'affaire du retrait en Europe des missiles à moyenne portée : « En dépit des apparences, la France s'aligne sur les États-Unis. La France cède et, par là, signe l'arrêt de mort de toute l'Europe. C'est une politique de démission, de trahison. Et personne, en France, ne s'en rend compte. Personne ne réalise l'extrême gravité de cette "option zéro" qui livre l'Europe aux Russes. »

Le second point : le retour au régime des partis : « On s'installe dans le régime des partis au point que ce sont eux qui désigneront les candidats à l'élection présidentielle. Les partis sont revenus, dans toute leur horreur, comme sous la IVe ! »

22 juin 1987

Yves Guéna est tellement convaincu des chances de Raymond Barre à la prochaine élection présidentielle qu'il s'attend à un « vaste mouvement » en sa faveur : « Ce vaste mouvement surgira aussitôt après le premier tour, c'est-à-dire après l'échec de Chirac, estime-t-il. Car personne au RPR ne se fait plus d'illusion. Je peux vous assurer qu'à Matignon, aucun collaborateur de Chirac ne croit encore qu'il puisse être élu président l'année prochaine. Certes, l'homme est insubmersible. Plus les événements sont graves, plus il coule profond, plus il remonte, rejaillit à la surface. Nous l'avons vu après la défaite aux élections européennes. Nous l'avons vu après l'échec des dernières élections législatives. Nous l'avons encore vu après toute la série d'événements de la fin de l'année dernière. Chaque fois il réussit à regonfler les militants, à faire renaître la confiance au sein des instances du RPR et des électeurs. Mais, pour la première fois, il apparaît que cela ne marche plus. Voyez les militants, voyez les parlementaires, leur feu sacré est tombé, leur désillusion est totale.

« Il est curieux de constater qu'il n'y a pas encore longtemps, dès que vous prononciez le nom de Barre, c'était des "pouah !", c'était l'expression d'un sentiment d'animosité, de rejet. Barre ? Jamais ! Et puis – peut-être depuis le déjeuner Barre-Chirac –, les choses ont évolué sensiblement, les choses évoluent toujours et le nom de Barre peut être maintenant prononcé sans que se manifeste le moindre sentiment d'hostilité, la moindre marque de désapprobation. Le RPR, conclut Guéna, commence à accepter Barre parce qu'il a perdu confiance en Chirac. »

16 SEPTEMBRE 1987

Guichard me raconte le déjeuner récent entre Giscard et Chaban : « Le premier a dit au second : "Je ne me prononcerai ni pour Chirac ni pour Barre. Pourquoi voulez-vous que je choisisse entre mes deux anciens Premiers ministres ? Je ne me prononcerai qu'au second tour." À la vérité, il ne veut pas choisir parce qu'il déteste maintenant autant Chirac que Barre, commente Olivier. Mais enfin, on sera tout de même surpris qu'il ne choisisse pas Barre, qui a été son Premier ministre pendant cinq ans et a créé l'UDF dont il sera le candidat... Cela dit, la position de Giscard aujourd'hui n'intéresse plus personne et je suis sûr que Chirac comme Barre se fichent complètement de ne pas avoir son appui au premier tour.

« Chirac croit en son succès à l'élection présidentielle, ajoute Guichard. Mais son très gros problème aujourd'hui est la cohésion de son gouvernement, très mise à mal par de graves dissensions internes. C'est ainsi que Balladur et Séguin ne se parlent que par l'intermédiaire d'Ulrich, le directeur de cabinet de Chirac ! Ce qui subsiste de cohésion risque de se disloquer complètement, dans les mois qui viennent, au fur et à mesure que Barre prendra ses distances avec la politique du gouvernement – essentiellement en matière économique et sociale – et se démarquera de Jacques Chirac. Peut-être ne sera-ce pas forcément son intérêt de le faire. Mais, quand on connaît Barre, on sait qu'il n'y résistera pas. Attendons le budget !

« Je viens de voir Chaban à Ascain, poursuit Guichard. Je ne l'ai pas trouvé bien du tout. Sa double entorse, c'est de la blague. À la vérité, il a eu une blessure au pied, qui s'est infectée et qui a entraîné une infection générale. Plus de trois semaines d'antibiotiques. Il m'a dit : "Pour la première fois de ma vie, je suis fatigué..." Pareil aveu est révélateur de sa lassitude. Et c'est vrai que je l'ai senti découragé et démoralisé. "Si cela ne va pas, m'a-t-il dit, je démissionnerai de tout. Je ne bougerai pas d'Ascain. J'y attendrai la mort." C'est vrai que Chaban n'a jamais eu son âge. Et c'est sûr qu'il l'aura un jour ! »

15 OCTOBRE 1987

Nouvelle conversation à bâtons rompus avec Olivier Guichard. Nous parlons d'abord de l'affaire Chalandon[1] : « J'ai vu Chalandon ce matin, me confie Olivier. Je n'aimerais certes pas être à sa place. Mais il est confiant dans son action contre *Le Monde*. Il se battra. Il est sûr de son bon droit. La Banque de France, la Commission des opérations en Bourse sont venues à son secours pour bien montrer qu'il n'a rien fait contre la loi. C'est un premier point. Le second est plus important : l'opposition va mettre la pédale douce contre Chalandon. Les socialistes ont-ils intérêt à poursuivre leurs attaques ? Je ne le pense pas. Et nous savons pourquoi... D'ailleurs, elles cessent déjà. Mme Édith Cresson[2], cet après-midi, à l'Assemblée, avait annoncé qu'elle poserait une question orale sur l'"affaire Chalandon". Nous l'avons attendue vainement. Rien n'est venu.

---

1. Affaire relative au dépôt de bijoux qu'aurait effectué le ministre chez le joaillier Chaumet.
2. Député PS de la Vienne (Châtellerault).

« La campagne du *Monde* est ignoble, fragmentaire, allusive. Le journal parle de soixante-quinze personnes ayant des comptes courants rémunérés chez Chaumet. Ils n'ont désigné que Chalandon. Mais qu'ils donnent la liste complète, puisqu'ils l'ont en leur possession ! Nous l'attendons. Je serais curieux de voir tous les noms. Et je sais notamment que nous y trouverons celui de la mère de la fille de Mitterrand – elle s'appelle Mandarine (*sic*) –, que Mitterrand voit toujours régulièrement[1].

« Chalandon n'a commis aucune faute. Sa faute, c'est d'être riche. Et c'est vrai qu'il est riche et même très riche ! Et, ce qui est plus grave encore aux yeux de certains, c'est qu'il ne le cache pas. Il n'a fait que cela toute sa vie : gagner de l'argent. Et c'est cela qu'on ne lui pardonne pas. Pompidou me disait : "Il y a deux catégories de gens : ceux qui aiment dépenser leur argent et ceux qui n'aiment qu'en gagner. Moi, je fais partie de la première catégorie ; Chalandon, de la seconde." L'affaire Chalandon n'est pas importante. Elle passera. C'est l'écume de la vie politique... »

Nous évoquons aussi la montée en puissance du Front national, son rôle déterminant dans les prochaines échéances électorales. « À la vérité, me dit Olivier, je suis sûr que Le Pen souhaite la réélection de Mitterrand parce qu'il sait que Mitterrand, une fois réélu à la présidence de la République, fera revoter aussitôt la loi établissant la proportionnelle. C'est la seule chance pour le Front national de demeurer au Parlement. Le Pen est donc convaincu que l'avenir du Front national passe par le retour au pouvoir des socialistes. »

---

[1]. L'existence d'une fille de François Mitterrand ne sera révélée au grand public que sept ans plus tard par l'hebdomadaire *Paris-Match*. Jean Mauriac fait partie des quelques journalistes à en avoir été très tôt informé.

L'ÉCHEC DU RPR

(1988-1989)

Raymond Barre : « Ah ! Le RPR, je n'ai jamais vu un tel appétit de puissance, de volonté de tout accaparer ! » – Olivier Guichard : « Il y a actuellement un problème Chirac, c'est évident » – André Bord : « Le RPR n'a plus rien aujourd'hui de gaulliste » – Michel Jobert : « Balladur ne pense qu'à remplacer Chirac » – Marie-France Garaud : « Chirac est le fils naturel de Giscard et de Chaban » – Raymond Barre : « La réalité a dépassé la fiction. »

1988

13 janvier 1988

Je trouve Olivier Guichard plus désabusé que jamais à quelques mois de l'élection présidentielle : « Les candidats n'ont manifestement pas grand-chose à dire, observe-t-il. Pour le moment, c'est une campagne sans idées. Ce n'est qu'un terne débat médiatisé. Personne n'a encore abordé les problèmes de la société civile et de la société politique. Et moi, en tant que citoyen, je me sens floué et maltraité.

« Actuellement, en province, je note chez nos compatriotes une absence de goût pour la politique. C'est manifeste. Tout est inertie et indifférence. Je ressens de tous côtés, autour de moi, cet état d'apathie. Peut-être est-ce en raison de cette carence d'idées dans le débat ? Peut-être est-ce parce que l'on attend la campagne à la télévision ou, plus précisément, parce que l'on n'attend même pas cette campagne, tant on est choqué que l'élection d'un président de la République puisse ne dépendre que d'une bonne ou mauvaise médiatisation ? »

26 janvier 1988

Rencontre avec Michel Jobert. Il pense que Mitterrand se représentera, mais sans en être tout à fait sûr : « Actuellement, nous en sommes dans les sondages à 48 % pour le candidat de droite contre

52 % pour Mitterrand, constate-t-il. L'écart n'est pas grand et rien n'est joué pour ce dernier. Prendra-t-il le risque de se représenter si l'écart devait se réduire au cours de la campagne ? Toute la question est là. Car il faut aussi penser qu'un écart étroit risque de lui interdire des élections législatives anticipées, et donc le forcer à poursuivre une cohabitation hasardeuse.

« Il en est de même à droite. Je pense que Chirac atteindra exactement le résultat de Chaban en 1974, soit moins de 15 %. Pas plus. Je pense que Barre sera présent au second tour, mais de justesse, et encore, à condition que Chirac fasse la campagne qu'il va faire, c'est-à-dire en principe mauvaise.

« Mitterrand, s'il est élu, tiendra-t-il sept ans ?, se demande Jobert. Ou, plus exactement, pense-t-il qu'il tiendra sept ans ? C'est loin d'être sûr, et c'est certainement la première question qu'il se pose aujourd'hui. Souvenez-vous du général de Gaulle. J'avais conseillé à l'Élysée, en 1969, de faire savoir par avance que si de Gaulle remportait son référendum, il demeurerait au pouvoir seulement pour deux ans. Je suis sûr que si cette annonce avait été faite, il aurait gagné le référendum. C'est d'ailleurs ce qu'il avait l'intention de faire, puisque nous avons appris ensuite qu'il avait décidé de partir pour son quatre-vingtième anniversaire. Mais il ne l'a pas annoncé assez tôt. Aussi peut-on penser que devant un nouveau septennat incertain – c'est le moins qu'on puisse dire –, Mitterrand trouvera un moyen d'indiquer son intention de ne pas aller jusqu'au terme de son mandat.

« J'ai déjeuné l'autre jour avec Olivier Guichard, me raconte encore Jobert. Ah ! l'excellent Olivier ! Il m'a dit qu'il voterait pour Chirac au premier tour afin de rassembler autour de lui tous ses électeurs de Loire-Atlantique et de pouvoir mieux les regrouper autour de Barre au second tour. Il n'a pas tort : comment, en effet, un RPR pourrait-il faire autrement ? Au moins Olivier est-il digne dans son soutien à Chirac. Je ne dirais pas la même chose de Chaban dont le duo d'amour avec Chirac est peu convenable. Mais ne commence-t-il pas à entrer un peu de sénilité, dans son cas ? »

Puis, comme souvent, notre conversation dévie sur les années Pompidou et les derniers fidèles, réels ou présumés, de l'ancien président. « Chirac est sincère dans ses démonstrations d'affection, d'amour, de fidélité vis-à-vis de Pompidou et, partant, de Mme Pompidou, assure Jobert. Cela étant, je vous fais remarquer que beaucoup d'anciens pompidoliens – et je dirais même une grande partie des anciens collaborateurs – ont tourné le dos à Chirac. Combien de fidèles de Pompidou sont devenus antichiraquiens ? Juillet, Marie-France Garaud, moi-même ! Balladur, en revanche, est demeuré fidèle à la mémoire de Pompidou tout en restant le supporter de Chirac. "Vous ne pouvez vous imaginer, m'a-t-il déclaré sans rire, l'autre jour, comme Chirac a changé, comme il a gagné en profondeur..." Je n'ai apporté aucun commentaire. Bien sûr, Balladur ne dit jamais rien sur les chances réelles de Chirac. Mais qu'il se pose des questions, qu'il soit inquiet, cela est manifeste.

« Barre tiendra-t-il jusqu'à l'élection ?, s'interroge enfin Jobert. Il est parti très tôt et je suis stupéfait de la platitude de ce qu'il dit, de son manque d'idées nouvelles. Mais, en dépit de cela, je continue à penser qu'il battra Chirac au premier tour... à moins que celui-ci ait changé, en effet, du tout au tout. »

27 JANVIER 1988

Quatre ans après son départ du Conseil constitutionnel, Roger Frey m'apparaît politiquement fini, abandonné de tous. « C'est la présidence du Conseil constitutionnel qui m'aura complètement écarté de la vie politique, me confie-t-il. Je le savais avant d'y entrer. Quand, en 1974, Pompidou m'a demandé de prendre cette présidence, j'ai d'abord refusé : "Vous voulez m'enterrer !", lui ai-je dit. Pompidou s'est récrié : "Comment ? Je vous propose l'un des plus beaux postes de la République !" J'ai donc dû accepter. Ensuite, j'ai fait l'erreur de m'isoler pendant toutes les longues années passées à la tête du Conseil afin d'assurer pleinement l'impartialité de mon rôle. Je me suis beaucoup trop coupé du monde politique et, quand je suis parti, en 1984 – cruellement meurtri par le deuil que vous savez[1] et dont je n'ai jamais pu me remettre –, j'étais déjà hors jeu, oublié.

---

1. La mort d'une amie intime.

« J'ai demandé une investiture pour les élections législatives de 1986. À la vérité, j'aurais dû quitter la présidence du Conseil constitutionnel pour me présenter dès les élections de 1981. À moi qui, jadis, au ministère de l'Intérieur, ai donné tant d'investitures, on en refusa une ! Chirac me la refusa, même dans ce XIIe arrondissement où j'étais pourtant chez moi. Vous savez, il ne m'aime pas, pas plus qu'il n'aime Couve – dont il a réussi à se débarrasser à l'Assemblée –, Debré, Guichard, Chaban. Il nous déteste. Il ne veut plus nous voir. Mais Chirac aurait-il existé sans nous ? Ainsi j'aurais, après le Conseil constitutionnel, aimé reprendre ma vie politique : redevenir député et, peut-être, ministre. Cela n'a pu se faire. Tout est donc terminé. Je ne suis pas amer, mais j'en souffre. Tous les "barons" sont députés. Tous sont maires. Tous sont dans la politique active : Olivier, Michel, Jacques... Sauf moi. Je me suis sacrifié pour le Conseil constitutionnel dont je ne voulais pas. Alors je me suis reconverti maintenant dans le privé, prenant plusieurs présidences de conseils de sociétés. Et j'ai commencé à écrire mes Mémoires, hélas en panne depuis mon deuil.

« Je suis étonné de la conduite de Chaban, je veux dire : de l'étroitesse de ses relations avec Chirac, ajoute Frey. "Je fais table rase du passé", a-t-il déclaré. Je ne veux pas le juger, mais enfin ! Oui, Chaban est au mieux avec Chirac. Oui, il joue à fond avec lui et, le croirez-vous, il est au mieux aussi avec ses pires adversaires d'hier : Juillet et même Marie-France Garaud. Ce qui ne l'empêchera pas, pour le second tour, si Chirac est vaincu, d'être le premier des barristes. Bref, les deux tableaux ! Je ne rencontre plus grand monde. Chaban quelquefois, en raison du passé. Olivier Guichard n'est que deux jours par semaine à Paris. Debré m'a déçu, on ne se fréquente plus. Un jour, j'ai revu Pasqua[1] : "Je vais vous inviter", m'a-t-il dit. J'attends toujours. Il était, au début, démarcheur pour Ricard. J'ai fait sa carrière. Je me suis occupé de lui... Mais c'est un Corse et il ne se trouve bien qu'avec des Corses : c'est la bande des Romani, des Tiberi... »

Roger Frey entend néanmoins intervenir lors de l'élection présidentielle : « Je compte me manifester. Je suis contre Mitterrand et

---
1. Le ministre de l'Intérieur.

pour celui qui a le plus de chances de le battre. Si c'est Chirac, je suis pour Chirac », m'affirme-t-il pour finir, en dépit de tout.

5 FÉVRIER 1988

Selon Olivier Guichard, « la grande faiblesse de Barre, ce sont les partis. À part le CDS, les autres partis de l'UDF ne le suivent pas. Il paie là son attitude hostile, méprisante à leur égard. De Gaulle se comportait de la même manière, mais il prenait soin de nous laisser faire, et nous avons ainsi créé – malgré lui ? – l'UNR et l'UDR ».

9 FÉVRIER 1988

Brève entrevue avec Raymond Barre. Il tente de ne pas se laisser enfermer dans l'UDF qui n'est pas « son parti », c'est-à-dire de ne pas être appuyé seulement par une structure que, manifestement, il n'aime pas. Ainsi son entourage tente-t-il d'élargir ce cercle en faisant appel à un certain nombre de personnalités gaullistes de renom. Roger Frey a été approché. Mais, après avoir été favorable à cette idée, ce dernier semble se rétracter. Richard, ancien secrétaire général de l'UNR[1], a dit oui. Charbonnel est prêt à se déclarer pour Barre mais, député RPR de la Corrèze, il sera exclu de son parti s'il le fait. On pense également à Geneviève de Gaulle et au petit-fils aîné du général, Charles. Mais Barre a finalement refusé qu'on les sollicite : il ne veut pas « avoir l'air de riposter ainsi à l'engagement de Philippe de Gaulle auprès de Chirac, ni encourir le reproche de diviser la famille du Général ». Dans ces conditions, l'entourage de Barre n'a guère l'espoir d'arriver à une liste publiable, les gaullistes barristes – s'il y en a – n'ayant pas le courage de franchir le pas et de risquer la colère et la rancune de Chirac, et Barre ne voulant pas, de son côté, risquer d'être accusé de « débauchage »...
Je suis frappé par son calme absolu. Il m'assure qu'il a « tout

---

1. De 1959 à 1961.

son temps » et donne l'impression qu'il l'a, en effet. Sa sérénité et son fatalisme sont impressionnants. Il m'approuve quand je lui rappelle sa formule : « Ça passe ou ça casse ! »

Mais Barre ne parvient pas à dissimuler son dégoût, son horreur, son mépris pour Léotard, Giscard et Chirac. Sur le thème : « Je savais, en me présentant à l'élection, par où je devrais passer... eh bien, je me suis trompé ! Tout est encore plus abject que je l'aurais imaginé ! » Il n'a pas de mots assez durs pour qualifier ces trois personnages. Il les accuse d'avoir favorisé le retour au régime des partis, de s'être ligués contre lui pour l'empêcher de se présenter, les deux premiers continuant à le trahir ouvertement (ils travaillent, selon lui, pour Mitterrand), pendant que le troisième – Chirac – fait la campagne la plus délirante, la plus scandaleuse qui puisse être, et continue à virevolter (« Le voici anticohabitationniste, maintenant ! »). Au passage, Barre me réaffirme sa volonté de ne pas imiter Chirac dans cette stupéfiante campagne : « Les Français jugeront... » Mais c'est au sujet de l'entrée en lice de l'amiral de Gaulle que sa nausée semble la plus forte et que son indignation est la plus véhémente !

16 MARS 1988

Maurice Couve de Murville estime que Barre a tort de s'en prendre directement à Chirac avec tant de véhémence : « J'ai la certitude que Barre perdra des voix au premier tour s'il continue à être trop agressif à son égard, me dit-il. Les Français apprécient l'esprit d'union, et non seulement, bien entendu, l'union entre les deux concurrents de la majorité, mais même l'union entre la majorité et l'opposition. Ainsi ont-ils été favorables à la cohabitation. Ainsi M. Barre prend-il de gros risques en attaquant M. Chirac continuellement sur ce thème. »

Couve est en réalité convaincu que Mitterrand sera réélu grâce précisément à l'affrontement entre les deux candidats de droite : « A-t-on jamais vu la haine séparer deux hommes à ce point ? »

« J'ai été tout à fait ulcéré par la prise de position de l'amiral de Gaulle, ajoute Couve. Que le fils du Général se dise gaulliste et lève l'étendard des gaullistes est une énorme absurdité. Qu'il ose dire que Chirac est l'héritier du Général est tout à fait indigne ! Quand on est le fils du Général, on se tient tranquille. J'avais déjà été très choqué de son entrée au Sénat... Mais maintenant je suis tout à fait indigné. Cela dit, que M. Barre se rassure, toute prise de position de Philippe de Gaulle demeure sans effet.

« Je suis encore plus choqué par le livre de Giscard[1]. Je ne l'ai pas lu, parce que les extraits parus dans la presse me suffisent. Comment un chef d'État peut-il se laisser aller ainsi à révéler des secrets qui ne concernent pas seulement la vie du président de la République française, mais celle de ses hôtes étrangers – et officiels – du moment ? Le récit du malaise de Schmidt[2] à l'Élysée m'a stupéfié. Comment pareille entreprise est-elle possible ? À la vérité, Giscard a fait cela pour ne pas être oublié, pour demeurer à la surface. Sa hantise : qu'on ne parle plus de lui, qu'il disparaisse de la scène. On me dit qu'il est candidat à Matignon si Mitterrand est réélu ! Mais je n'arrive pas tout à fait à le croire... »

9 MAI 1988

Je rends visite à Raymond Barre au lendemain du deuxième tour de l'élection présidentielle qui a vu le triomphe de François Mitterrand sur Jacques Chirac[3].

Il me raconte qu'« une charmante femme inconnue » lui a écrit : « M. Barre, la porte du Ciel s'est fermée pour laisser place à un portail ! » – formule alambiquée qui manifestement le ravit. « L'important pour moi, enchaîne-t-il, était que l'écart me séparant de Chirac au premier tour soit faible[4]. C'est bien ce qui est arrivé. D'ailleurs, et vous le savez bien, j'aurais pu devancer Chirac si je

---

1. *Le Pouvoir et la vie*, Cie 12, 1988.
2. Le chancelier allemand.
3. Le président de la République sortant a été réélu le 8 mai 1988 avec 54,02 % des voix contre 45,98 % à Jacques Chirac.
4. Raymond Barre a obtenu au premier tour 16,54 % des voix et Jacques Chirac 19,96 %.

n'avais été la victime non pas seulement d'une campagne de faux sondages, mais surtout de celle, plus souterraine, qui a suscité les abandons et les trahisons politiques que vous savez. Mais ne regrettons donc pas cet échec, puisqu'il m'ouvre le portail du Ciel !... De toute façon, jamais, si j'étais arrivé au second tour, je n'aurais été élu contre Mitterrand, d'abord à cause du succès du Front national[1], ensuite parce que le RPR n'aurait jamais fait voter pour moi.

« Ah, le RPR !, s'écrie-t-il. Jamais je n'ai vu un tel appétit de puissance, d'autorité, de volonté de prendre tout, de tout accaparer, de tenir tous les leviers. C'est un parti affreux, horrible, abominable. Et quel cynisme ! Et tout cela au milieu d'un ruissellement, d'une débauche d'argent que personne ne peut imaginer. Les socialistes, à côté, ce n'est rien... Ce qui me fait le plus peur, c'est précisément cet aspect-là du RPR. "Ils" n'abandonneront jamais. "Ils" ne lâcheront jamais rien. Ce que je crains aujourd'hui, c'est l'instauration d'une droite en France extrêmement puissante, composée du Front national, de la partie la plus rigide du RPR avec Chirac, Pasqua et Balladur – oui, Balladur, l'âme damnée de Chirac, est bien plus brutal qu'on ne l'imagine –, et celle du PR conduite par Léotard, un Léotard qui aura du mal à se relever de tout ce qu'il a fait.

« Mon analyse de la situation, la voici, poursuit Barre. Nous jugerons M. Mitterrand non pas sur ses paroles – il est trop roublard pour que nous puissions le croire sur parole –, mais sur ses actes. Ou bien il s'appuie sur une nouvelle assemblée à majorité socialiste et refait du socialisme – même mou –, et alors je le combattrai. Ou bien il fait ce qu'il a dit pendant cette campagne, c'est-à-dire qu'il tentera de mettre fin à l'éternel combat droite/gauche en s'appuyant sur le centre, en appelant à lui tous ceux qui sont prêts à approuver cette grande politique que beaucoup ont tenté en vain avant lui, mais que lui peut réussir – eh bien, dans ce cas, je serai prêt à l'aider...

« Mais il ne faut pas se précipiter. Dans la mesure du possible, il faut rester en dehors de tout ce qui va se passer. Aujourd'hui, je me borne à demander à ceux qui m'ont soutenu au premier tour de demeurer unis. Unis pour l'avenir, c'est-à-dire pour ce que je peux

---

1. Jean-Marie Le Pen a obtenu 14,38 %.

être amené à faire et que j'ai indiqué le soir même des résultats : la constitution d'une "force politique solide et responsable, capable de soutenir une action républicaine libérale, sociale et européenne". Restons-en là pour le moment. »

Jamais, en fait, je n'ai vu un Raymond Barre aussi joyeux, aussi détendu, aussi heureux. Aussi rigolard, presque. Heureux parce qu'il considère que les choses ont finalement bien tourné pour lui, heureux parce que le cauchemar de la cohabitation est terminé et que son naufrage « effrayant » lui a donné raison, heureux enfin parce que Chirac et le RPR ont été défaits plus sévèrement qu'on ne le croyait et que ses concurrents du centre – Giscard, Léotard – sont aujourd'hui en bien mauvaise posture... Il m'écoute avec délectation quand je lui dis que j'ai voté Mitterrand au second tour et lui expose la raison principale de mon vote : la volonté d'en finir avec Chirac. Mon impression est que Barre est désormais tout à fait prêt à marcher dans la même direction – quitte à devoir rallier Mitterrand...

25 MAI 1988

« Les 19,5 % de Chirac à l'élection présidentielle ont été un choc physique pour les militants du RPR, me raconte Olivier Guichard. J'étais parmi eux quand le résultat est tombé et je t'en parle en connaissance de cause. Les militants se sont d'un coup rendu compte que Chirac ne serait jamais président de la République. Il y a actuellement un problème Chirac, c'est évident. Mais je ne veux pas aujourd'hui, avant le premier tour des élections législatives, entrer dans un tel sujet. Laissons cela pour après. Aujourd'hui, personne ne peut ni ne veut dire du mal de personne : pas plus de Chirac que des centristes. Nous avons besoin des voix de tous, nous devons être réélus. Nous sommes en campagne. Le problème Chirac se posera seulement après.

« Au RPR, depuis la dissolution de l'Assemblée nationale[1], c'est

---

1. Décidée après quelques hésitations par le chef de l'État dans les jours qui ont suivi sa réélection.

une pagaille épouvantable tant les gens sont pressés par le temps, me dit encore Olivier. Tout se passe dans une confusion qui n'est pas spécialement joyeuse. Le RPR, pas plus que l'UDF, n'a préparé, pour ses candidats, un seul dossier – alors que les socialistes paraissent bien armés. Nous avons été pris de vitesse. Nous n'avons que douze jours pour expliquer les choses à nos électeurs. Lorsqu'on sait qu'il faut leur répéter dix fois la même chose pour qu'ils comprennent, c'est évidemment bien peu !

« Le patronat, les milieux économiques pensaient que l'élection de Mitterrand, après tout, avec ses promesses, ce n'était pas si mal. Ils ont pensé cela jusqu'à l'annonce de la dissolution, qui les a étonnés et terrifiés. Jusque-là, je croyais moi-même que Mitterrand serait plus attaché à l'idée d'ouverture qu'au succès du parti socialiste. Cela dit, les plus déçus ont été les centristes. Ils ont considéré la dissolution comme une trahison à leur égard. »

2 juin 1988

Nouveau ministre des DOM-TOM[1], Olivier Stirn hérite du dossier explosif de la Nouvelle-Calédonie. Il me raconte sa passation de pouvoirs avec Bernard Pons, son prédécesseur :

« J'ai vu un type K-O, me dit-il. Il m'a accueilli sur le perron du ministère et nous nous sommes enfermés seuls dans son bureau. Je lui ai déclaré : "Tu as fait deux erreurs : imposer aux Canaques un statut sans en discuter avec eux, et organiser l'élection présidentielle et les élections régionales le même jour. C'était une provocation." Pons était presque en larmes. "Je ne sais plus où j'en suis, m'a-t-il dit. Oui, j'ai commis des erreurs[2]. Si tu as besoin de moi, pour tes entretiens avec les Caldoches par exemple, je peux t'aider..." À la vérité, je ne comprends pas le cheminement politique de Pons :

---

1. Dans le gouvernement Rocard formé le 10 mai 1988.
2. Entre autres, celle d'avoir donné l'ordre, le 5 mai 1988, de prendre d'assaut la grotte d'Ouvéa où les indépendantistes détenaient 23 otages. Deux militaires et dix-neuf Canaques y ont laissé la vie.

comment a-t-il pu se mettre ainsi aux ordres de Lafleur[1] ? Comment a-t-il pu à ce point se placer politiquement sous sa coupe ? Pons a perdu pied. À l'un de ses amis qui me l'a répété, il a confié : "Je suis médecin et je peux te dire que je suis devenu fou." Pons s'est trompé sur tout, me dit encore Stirn. Non seulement sur la politique à suivre en Nouvelle-Calédonie, mais aussi sur les élections. Imaginez-vous que, un mois avant le premier tour de l'élection présidentielle, il était persuadé que l'apport des voix des DOM-TOM assurerait le succès de Chirac. Or, Mitterrand a obtenu un triomphe outre-mer. C'est la première fois que le pouvoir en place perd à ce point dans les DOM-TOM (Giscard, souvenez-vous-en, avait eu la majorité). Comment Pons a-t-il pu en arriver là ? Je crois que la politique qui a été suivie par la droite en Nouvelle-Calédonie a heurté la sensibilité profonde des gens de l'outre-mer. »

29 JUIN 1988

Olivier Guichard : « C'est ainsi et il n'y a rien à faire : Chirac n'a pas la tête d'un président de la République. Alors, il perd les marges indispensables à la victoire. »

30 JUIN 1988

« Je sais par Balladur que Chirac a été complètement lessivé par son échec au deuxième tour de l'élection présidentielle, me rapporte à son tour Michel Jobert. Il a été défait et, chose grave, il a ensuite eu un esprit totalement défaitiste. Il ne croyait plus à son avenir politique. Le résultat des élections législatives l'a un peu encouragé, mais pas au point de lui redonner quelque ardeur. Il a dû partir pour Quiberon pour tenter de recouvrer ses esprits. Il ne s'attendait pas à pareil échec et il ne s'attendait pas non plus à l'impact de cet échec sur les militants du RPR qui, gonflés artificiellement à bloc,

---

1. Le leader antiindépendantiste et député RPR.

croyaient ferme en sa victoire. Pour l'instant, Chirac sait donc qu'à l'avenir, il lui sera difficile d'être à nouveau candidat. Il se replie sur sa mairie, bastion imprenable, qui lui permet politiquement et internationalement de demeurer présent sur la scène et au premier plan. Sans Paris, Chirac ne serait pour le moment plus rien. Avec Paris, il demeure dans toutes les courses, ce qui devrait lui permettre de ne pas perdre complètement espoir.

« "Rira bien qui rira le dernier" : M. Barre a indiqué à ses intimes la signification précise qu'il donne à cette formule, ajoute Jobert. Il n'a pas caché que ce qui lui importait avant tout, c'était de se venger de Chirac, que sa rancune et son mépris à son égard étaient sans bornes. La défaite de Chirac l'a comblé de joie. Et, bien sûr, il y a une grande part de vengeance aujourd'hui dans ses initiatives en faveur de l'ouverture. Je pense que, sauf imprévu, M. Barre se rapprochera de plus en plus de Mitterrand. Et personne ne peut exclure qu'il puisse être un jour – après Rocard – son Premier ministre. »

25 OCTOBRE 1988

Je fais part à Raymond Barre du désarroi de beaucoup de vrais gaullistes encore présents au sein du RPR. « Eh bien, qu'ils le quittent !, s'exclame-t-il aussitôt. Qu'ils démissionnent ! Certes, il faut peut-être du courage. Mais pourquoi n'en auraient-ils pas ? Ce n'est pas parce que Chaban, Lipkowski et Charbonnel s'en iront qu'ils ne seront pas réélus à Bordeaux, Royan et Brive ! Et Carignon aussi ! Et Michel Noir...

« Je ne regrette finalement pas de n'avoir pas été élu président de la République, m'assure-t-il, parce que, et je vous dis cela en pesant mes mots, le RPR ne m'aurait jamais laissé gouverner le pays. Le RPR aurait eu une action telle que j'aurais été dans l'impossibilité de remplir mes fonctions. "Ils" en avaient les moyens. Nous sommes en face d'un parti totalitaire. Il faut l'avoir eu contre soi, comme ç'a été le cas pour moi pendant la campagne présidentielle, pour savoir de quoi il retourne. Je l'ai vu à l'œuvre, et de près. J'ai vu cette machine extraordinaire. J'ai vu ces hommes en action et j'ai été le témoin de l'alliance étroite entre le RPR et le pouvoir de l'argent. Aujourd'hui, Juppé[1] dépasse tous ses maîtres : c'est un homme inquiétant, capable de tout, sans cœur. Il me fait regretter Chirac, qui, lui, peut avoir du cœur. Juppé, jamais.

« Je suis frappé du désintérêt des Français pour la chose publique, poursuit Barre. La politique, les affaires du pays ne les intéressent plus. J'ai fait ce que j'ai pu pour le référendum sur la Nouvelle-Calédonie[2] et je ne suis pas sûr d'intervenir d'ici la fin de la campagne. Quand on voit, dans l'opposition, des gens favorables au "oui", comme Chaban, parce que c'est selon eux – et ils ont raison – l'intérêt de la Nouvelle-Calédonie, l'intérêt de la France et la sauvegarde de la paix là-bas, et quand on les entend proclamer qu'ils vont s'abstenir parce que leur parti en a décidé ainsi, eh bien, c'est honteux, c'est scandaleux ! Comment osent-ils agir ainsi ? Comment personne ne proteste-t-il devant pareille attitude ? Voilà des hommes qui proclament – qui osent proclamer – qu'ils votent contre leurs convictions ! qu'ils votent contre leur conscience ! Voilà le régime des partis. Voilà où mènent les partis : aux reniements les pires.

« Nous allons, sur le plan politique, à un immense chambardement qui n'a pas encore réellement commencé, prédit Raymond Barre. L'UDF n'existe plus : les centristes vont partir, sont partis. Et les Républicains indépendants de Léotard aussi, pour aller rejoindre un jour le RPR. Ils formeront avec le RPR un parti dur, fasciste de droite ou d'extrême droite, si vous voulez. Giscard est trop intelligent pour ne pas voir cela, pour ne pas se rendre compte qu'il a échoué. Mais, que voulez-vous, il adore les présidences, il les collectionne : président de l'UDF (qui n'existe plus), président de la région Auvergne, président de la commission des affaires étrangères à l'Assemblée, maire de Chamalières et conseiller général de Chanonat...

« Quant à moi, je ne me détermine qu'en fonction de mes conceptions. Pas de celles d'un parti. Contrairement aux gens du RPR, je refuse l'opposition systématique dont ils ont fait, eux, une doctrine.

---

1. Nouveau secrétaire général du RPR depuis le 15 juin 1988.
2. En faveur du « oui ».

M. Mitterrand, après sa réélection, a sauvegardé un certain nombre de voies : nouvelle et sage politique économique, soutien aux entreprises, édification de l'Europe, politique de l'éducation, de la formation, de la recherche. Je l'ai dit et redit : je l'approuverai dès lors que je considèrerai que ce qu'il fait est bon pour le pays et correspond à mes attentes.

« Mais, cela dit, conclut Barre, nous sommes menacés par ce Mitterrand "deuxième manière" qui incarne une sorte de social-démocratie molle, alors que les Français, en fin de compte, ont rejeté aussi bien le socialisme que le libéralisme idéologique. »

8 novembre 1988

Guichard est très critique à l'égard de Raymond Barre et de son attitude compréhensive vis-à-vis du gouvernement de Michel Rocard :

« Barre, me dit-il, ne fait qu'appuyer la politique de Mitterrand. Bien sûr, il ne manque pas de dire que ce n'est pas lui qui a changé, mais les socialistes, que ce sont les socialistes qui sont venus à lui. Je n'en crois rien. Bien sûr, leur politique économique ne risque plus d'être celle de 1981, mais, comme le disait de Gaulle, il n'y a pas que l'économie ! Je pense, moi, que les socialistes n'ont pas changé : ils sont d'abord des idéologues, et l'idéologie socialiste demeure à la base de tout ce qu'ils entreprennent.

« Barre saura demeurer, grâce à sa grande habileté, sur la scène politique française parce qu'il y a sa place : celle d'un solitaire, libre de ses propos, bonhomme, talentueux pour beaucoup, ne ressemblant pas aux autres, truculent. Mais nous ne savons toujours pas ce qu'il veut ni où il va. Nous constatons qu'il dit rester dans l'opposition et, en même temps, qu'il apporte son appui à Mitterrand. »

23 NOVEMBRE 1988

Ancien secrétaire général de l'UDR, André Bord vient de quitter le RPR. Il s'apprête à tenir une conférence de presse pour expliquer les motifs de son départ. « J'énumérerai toutes les raisons qui font que le RPR n'a plus rien aujourd'hui de gaulliste, me dit-il. À la vérité, Chirac a délaissé résolument toutes les options d'un mouvement gaulliste qui doit être populaire et tourné vers le peuple. Chirac a aussi renié la décentralisation, si chère au général de Gaulle. Il a abandonné la manière de résoudre certains problèmes : la Nouvelle-Calédonie, par exemple, où la politique de force appliquée par le précédent gouvernement aurait pu avoir des conséquences explosives aux Antilles, à la Réunion, en Polynésie. Dans le domaine international, Chirac n'a plus suivi la politique de coopération avec l'Union soviétique, laissant bêtement, gratuitement, la place à l'Allemagne. Celle-ci a pris la première place, parmi les puissances occidentales, auprès de M. Gorbatchev, grâce à l'appui qu'elle lui a apporté dans sa politique de libéralisation du système communiste. Je pourrais ainsi vous citer des exemples dans tous les domaines.

« Mitterrand se trouve aujourd'hui un peu dans la situation de De Gaulle en 1958, me déclare encore André Bord. Il doit faire face à l'Acte unique européen de 1983, comme le Général à l'application du traité de Rome qui venait d'être signé. Il est confronté à un problème colonial – la Nouvelle-Calédonie – comme le Général l'était à celui de l'Algérie. Eh bien, le Général avait tenté d'affronter tous les problèmes avec un gouvernement de coalition comprenant les socialistes et, si les choses ne se sont pas déroulées comme il l'aurait souhaité, cela n'a pas été de son fait.

« Le RPR aujourd'hui devrait collaborer avec les socialistes. Il n'y a pas, à mon sens, d'autre voie. D'abord parce que les Français n'en peuvent plus d'une politique d'opposition systématique. Ensuite parce que sur tous les grands problèmes, le rapprochement des thèses est possible. Enfin et surtout parce que c'est l'intérêt bien compris de la nation. Je vous le dis, si le RPR continue sur la lancée de M. Juppé, il se retrouvera en chemise. C'est pourquoi je vais tenter de lancer des ponts entre les gaullistes et les socialistes, qui n'ont plus rien à voir avec ceux de 1981, comme chacun sait.

« Président de la commission interministérielle franco-allemande, je dépends directement de l'Élysée, c'est-à-dire de Mitterrand, ajoute Bord. Je travaille donc avec Jean-Louis Bianco[1], un homme remarquable et, sur le plan personnel, agréable et gentil. J'ai toute sa confiance et il a toute la mienne. Nous nous entendons merveilleusement. Au dernier sommet de Bonn – dont m'a échu la préparation –, Mitterrand m'a demandé si je voulais garder cette présidence. En dépit de quelques réticences chez certains socialistes, je pense donc que je la garderai après ce que Mitterrand a bien voulu me dire et de mon travail et des sentiments dans lesquels il me tenait.

« Serai-je suivi après mon départ du RPR – qui m'a coûté, croyez-moi : j'ai été ministre sous de Gaulle, sous Pompidou et sous Giscard – dans ma politique d'entente avec les socialistes pour "gouverner ensemble" ? Je devais déjeuner avec Chaban et Guichard le 22 octobre, lendemain du jour où j'ai annoncé ma démission. Ils se sont décommandés le jour même. Curieuse coïncidence... Chaban, qui appuie mes positions, m'avait conseillé d'attendre les municipales[2]. D'ailleurs, c'est ce qu'ils me disent tous : il faut attendre les municipales. C'est aussi le point de vue de Charbonnel, qui pourtant marche à fond avec moi. »

---

1. Le secrétaire général de l'Élysée.
2. Prévues pour mars 1989.

1989

2 février 1989

Commentaires d'Olivier Guichard sur les scandales financiers[1] qui éclaboussent en ce moment le pouvoir socialiste :

« Les rapports des socialistes avec l'argent ont toujours été difficiles, me dit-il. L'argent privé, ils le gagnent maladroitement. L'argent public, ils le dépensent largement, pour ne pas dire qu'ils le dilapident. Chez Mitterrand, j'ai toujours – de tout temps – observé l'habileté du personnage à vivre à proximité de l'argent sans jamais y toucher. Ses amis ont traité les problèmes d'argent pour lui : Bettencourt[2] au début, puis Roland Dumas[3]. Oui, sa maxime était bien : "Ne touchons surtout pas à l'argent, laissons faire Roland Dumas..." Les affaires auront-elles des répercussions sur les élections municipales ? Je crois que les gens sont scandalisés par ces histoires, mais qu'ils sont sans illusion : ils savent qu'il y a des délits mais qu'il n'y aura pas de coupables, que tout cela va traîner pour finir par s'évaporer. »

---

1. Deux proches du président Mitterrand sont soupçonnés de délit d'initiés depuis le 3 juin 1989.
2. André Bettencourt, ami de longue date du chef de l'État et ancien ministre de droite.
3. Vieux compagnon de route de François Mitterrand, il est pour l'heure ministre des Affaires étrangères.

15 FÉVRIER 1989

Michel Jobert est convaincu des grandes ambitions politiques d'Édouard Balladur et de son désir de supplanter Chirac, le moment venu[1] : « Balladur souhaite que Chirac occupe encore la place de leader du RPR, mais pour la garder au chaud. Il ne pense bien sûr qu'à le remplacer à la tête du grand parti unifié de l'opposition qu'il appelle de ses vœux, et, si ce parti ne voit pas le jour, à la tête du RPR, tout simplement – et cela, dans l'optique de sa candidature à la prochaine élection présidentielle[2]. Ce n'est un mystère pour personne, car Balladur lui-même ne le cache pas. De tous les hommes de l'opposition il est d'ailleurs le plus intelligent, de loin le plus capable. »

16 FÉVRIER 1989

Marie-France Garaud, que j'ai rencontrée aujourd'hui, pense, comme Michel Jobert, que Balladur vise le leadership de l'opposition et la place de candidat à l'élection présidentielle. Selon elle, tous au RPR – et notamment Pasqua – savent que le temps de Chirac est passé et que plus jamais il ne pourra être candidat. Marie-France estime que Chirac lui-même, depuis son dernier échec, a enfin conscience de ses insuffisances et du fait qu'il ne rassemble pas les qualités lui permettant de remporter cette élection. Mais, toujours selon elle, pour le moment et surtout en raison des échéances électorales lointaines, il n'y a pas d'autre possibilité pour le RPR que de maintenir Chirac en place et de faire... comme si.

Marie-France Garaud porte un jugement très sévère sur Chirac et son bilan : « Il a été un exécrable ministre des Relations avec le Parlement et a, de notoriété publique, complètement échoué à ce poste, me dit-elle. Il n'a pas mieux réussi à l'Agriculture où il n'a été

---

1. Ces ambitions mettront quelques années à s'affirmer au grand jour. Elles conduiront Édouard Balladur à entrer en compétition avec Jacques Chirac lors de l'élection présidentielle de 1995.
2. De fait...

que le ministre des agriculteurs – laissant dépérir l'agriculture française par démagogie. Il a été ministre de l'Intérieur (pour quelques semaines, en raison de la mort de Pompidou) par la seule volonté de Juillet (M. Pompidou n'en voulait à aucun prix) qui entendait à nouveau "tester" ses qualités politiques. » Elle m'affirme enfin que, contrairement à ce qui a souvent été dit, Georges Pompidou n'avait ni confiance ni estime particulière pour M. Chirac qu'il trouvait bruyant, agité et insuffisant : « Jamais je ne l'ai entendu dire de M. Chirac : "Mon bulldozer"... Ce mot est sûrement faux !, insiste-t-elle.

8 SEPTEMBRE 1989

Lipkowski me raconte son entretien inopiné avec Michel Rocard, le Premier ministre : « J'avais rendez-vous hier à Matignon avec son directeur de cabinet, Jean-Paul Huchon, et Rocard a brusquement surgi : "Je vous sais là et tiens à vous voir. Mais, dites-moi, qu'est-ce qui arrive à mon pauvre ami Chirac ? Comment peut-il se trouver dans une telle situation ? Je l'aime bien (ils ont fait l'ENA ensemble) et je suis vraiment désolé de tout ce qu'il subit..." Rocard est moqueur et sincère à la fois. C'est vrai qu'il aime bien Chirac, aussi gentil et sympathique dans les relations personnelles qu'il est odieux à la télévision et dans la vie publique.

« Rocard est inquiet pour son propre avenir : il craint d'être renversé à l'Assemblée, me confie Lipkowski. C'est pourquoi il me demande de lui amener quinze abstentions de députés de l'opposition pour voter le budget. Il faut que je les trouve. La mienne, avec celle de Barre, ça fait déjà deux... Bien entendu, tu gardes cela pour toi. Un mot, une indiscrétion, et tout est foutu !...

« Nous avons longuement parlé, Rocard et moi, poursuit-il. Il prolonge de quatre mois la mission en Extrême-Orient que m'avait confiée Chirac et qui me passionne. Ce n'est qu'après que se posera pour moi le problème de mon entrée au gouvernement, c'est-à-dire en janvier. Rocard m'a dit : "Pour un poste ministériel, nous verrons alors." Savais-tu que Rocard m'avait proposé le poste de Jean-Pierre

Soisson aux Affaires sociales ? C'est moi qui l'ai refusé, m'affirme Lipkowski. J'ai senti qu'ils aimeraient bien me voir prendre le poste de Rausch[1] au Commerce extérieur, un imbécile qui a complètement échoué et qui va être le premier à s'en aller au prochain remaniement. Rocard veut s'en débarrasser au plus vite. S'il me proposait aujourd'hui la Défense nationale (ce Chevènement[2] est épouvantable !), j'accepterais, sans réfléchir, sur-le-champ. Ou les Affaires étrangères. Mais, pour ce dernier poste, je n'ai aucune chance : Roland Dumas n'a aucune envie de partir. Sais-tu d'ailleurs qu'il est l'un de mes amis les plus intimes ? Durant la Résistance, mon père a été pendu pendant que le sien était fusillé.

« Entrer au gouvernement ou non, tel est mon problème », ajoute Lipkowski qui me demande conseil. Il craint de passer pour un traître s'il rejoint Rocard. « J'hésite, me dit-il, je vais réfléchir. Il va de soi que je me sens beaucoup plus près des socialistes (j'ai toujours été de gauche) que d'un RPR de plus en plus à droite, coincé qu'il est entre Le Pen et l'UDF.

« Chirac, lui, est ballotté entre le populiste Pasqua et l'orléaniste Balladur. Il n'arrive pas à se décider. Toute sa vie, d'ailleurs, il a été ballotté par ses conseillers, incapable de prendre seul une décision, d'arrêter une ligne de conduite et de s'y tenir. Sais-tu qu'il n'a jamais écrit un seul discours ? et qu'il ne relit même pas ceux qui ont été écrits pour lui ?

« Je pense que Chirac est fini, mais qu'il ne le réalise pas. Bien entendu, quand Pasqua, Balladur ou Juppé déclarent qu'il demeurera le leader du RPR et sera leur candidat à la prochaine élection présidentielle, c'est du bluff. Ils ne pensent pas un mot de ce qu'ils disent.

« Sa femme est parfaite, poursuit Lipkowski. Elle est au courant de toutes ses frasques, de toutes ses liaisons. Elle les accepte à condition qu'il mette les formes, c'est-à-dire qu'elle ne soit pas ridiculisée. Je me souviens d'un grand voyage officiel à New York où il était reçu en tant que maire de Paris. Brusquement, il a fait arrêter le

---

1. Il s'agit de Jean-Marie Rausch, député-maire centriste de Metz.
2. Alors ministre de la Défense nationale

cortège officiel pour aller téléphoner à une personne à Paris. Il fallait qu'il lui parle brusquement. Ça ne pouvait pas attendre. Les Américains en étaient stupéfaits... »

13 SEPTEMBRE 1989

Michel Jobert me parle à son tour de la vie privée des hommes publics[1], mais il s'agit cette fois de celle du président de la République. « L'incroyable, me dit-il, c'est que M. Mitterrand s'affiche souvent, le soir au restaurant, avec sa maîtresse, Mme Pingeot[2], qui a une situation au musée d'Orsay et dont vous pouvez voir les fonctions dans n'importe quel bottin administratif, et leur fille Mazarine, actuellement en classe de terminale. Celle-ci bénéficie d'ailleurs d'une protection policière : deux inspecteurs veillent en permanence sur elle pour éviter toute possibilité d'enlèvement. Le Président a-t-il d'autres maîtresses actuellement ? Je n'en sais rien. Ce que je sais, c'est que, lors de son premier septennat, le Président ne renonçait à aucune petite amie. Il semble avoir continué, puisqu'une ravissante jeune Suédoise[3], membre de son cercle intime, vient d'accoucher cette année d'un enfant qui, selon certains, serait son fils. Ce qui est sûr, c'est l'existence de Mme Pingeot et de Mazarine, tous les services de police vous le diront[4]. L'affaire a d'ailleurs été relatée en détail dans un livre de Jean-Edern Hallier[5] qui a été immédiatement saisi, comme vous le savez, et dont aucun exemplaire n'est aujourd'hui trouvable. »

Puis Jobert me fait part de ses inquiétudes sur des sujets plus graves pour l'avenir de notre pays : « Pour nous, Français, le danger aujourd'hui n'est pas l'immigration maghrébine ou africaine, mais

---

1. Un thème de plus en plus à la mode à partir de cette époque...
2. Anne Pingeot, conservatrice au musée d'Orsay.
3. Celle-ci a depuis lors raconté sa liaison avec François Mitterrand dans un livre.
4. La double vie du chef de l'État sera révélée par *Paris-Match* le 10 novembre 1994 – avec son accord tacite.
5. *L'Honneur perdu de François Mitterrand*, Le Rocher-Les Belles Lettres, 1996.

l'immigration européenne, estime-t-il. Nous avons vu ce qui vient de se passer avec l'Allemagne de l'Est – encore que cet exemple ne touche que l'Allemagne de l'Ouest, aucun citoyen est-allemand ne désirant aller ailleurs. Nous voyons ce qui se passe en Pologne – la malheureuse Pologne vouée à la cacophonie, au désordre, au chaos, pour la simple raison qu'elle est la Pologne –, où s'allongent déjà des files interminables devant les consulats français, anglais, américain, canadien et allemand. Comment voulez-vous qu'un pays libéral puisse enrayer cette hémorragie puisque, désormais, chacun, en Pologne, est libre de se rendre où il veut ? Et demain nous verrons ce qui se passera en Union soviétique quand, par millions, Russes, Ukrainiens, Transcaucasiens déferleront vers l'Occident dans l'espoir d'y trouver une vie meilleure.

« En France, sur le plan intérieur, les choses sont beaucoup plus inquiétantes qu'il y paraît. Un pays coincé entre des grèves qui ne s'éteignent que pour indéfiniment s'allumer ailleurs, où les juges – tenus au secret de l'instruction – dévoilent tout et paradent, en bras de chemise et col ouvert, comme des vedettes devant les caméras de la télévision, eh bien, un pays qui se comporte de cette façon-là est malade dans ses profondeurs ! »

6 OCTOBRE 1989

Raymond Barre n'est guère plus optimiste, qui porte aujourd'hui un jugement aussi sévère à l'égard de la droite que de la gauche : « C'est le règne de l'argent, me déclare-t-il. L'argent pourrit la vie politique française. C'est la corruption généralisée, chez les socialistes comme dans l'opposition. Il n'y a que deux hommes honnêtes : Rocard et moi.

« Moi, je ne possède rien en dehors de ma villa de Saint-Jean-Cap-Ferrat. J'ai acheté le terrain et ai fait construire. Mais la maison est hypothéquée et je n'ai pas fini de rembourser mon prêt. L'argent domine toute la vie politique. Mais il n'y a pas que les fausses factures et le financement des partis politiques. Il y a tout le reste. Savez-vous, par exemple, que M. Chirac a fait passer une loi à l'Assemblée, qui exclut la questure de la mairie de Paris de tout contrôle de la part de la Cour des comptes ?

« Rocard est bien, insiste Barre. Je l'approuve. Je l'appuie. Mais les Français vivent sans élan, sans enthousiasme, dans le renoncement à toute ambition nationale. C'est cela qui est triste.

« Vous le savez, j'avais annoncé un nouveau paysage politique dans lequel j'aurais pu jouer un rôle. Je n'avais pas prévu ce qui est arrivé : la réalité a dépassé la fiction. »

Index

Abelin, Pierre : 130.
Abetz, Otto : 83.
Achille-Fould, Aymar : 384.
Adenauer, Conrad : 72, 269, 287.
Ahidjo, Ahmadou : 182-3.
Alphand, Hervé : 55.
Amouroux, Henri : 116.
Andropov, Iouri : 389.
Ansquer, Vincent : 223, 240.
Arafat, Yasser : 165.
Argenlieu, amiral Georges Thierry d' : 286.
Arthuis, Jean : 482.

Badinter, Robert : 386, 445, 459, 477, 489-90.
Bakhtiar, Chapour : 369.
Balladur, Édouard : 61, 366, 384, 413, 428, 441, 480, 489, 497, 500, 503, 507, 512, 515, 522, 524.
Bardoux, Jacques : 254.
Barillon, Raymond : 141.
Barre, Ève : 307-9.
Barre, Raymond : 13-14, 17-18, 186, 188-92, 200-1, 207-10, 213-4, 216-8, 220-22, 224, 229, 231-2, 234, 237, 240-42, 244-7, 252-3, 258, 272, 274, 293-7, 299, 314-5, 319-20, 325, 330-32, 349-50, 354-5, 366-8, 370, 376, 383, 391, 393, 399-401, 403, 408, 414, 416, 419-20, 422-3, 425, 433-6, 438-9, 441-2, 452-5, 457, 462-3, 465-7, 471-2, 477, 479, 484-5 492-3, 495-6, 498-501, 503, 506-7, 509-13, 516-8, 523, 526-7, 529.
Baudouin Ier : 279.
Baudouin, Denis : 62, 89.
Baudrier, Jacqueline : 51.
Béart, Guy : 429.
Beaulaincourt, Xavier de : 33, 100.
Beaumont, Jean de : 429.
Bellanger, Claude : 51.
Ben Barka, Mehdi : 397.
Begin, Menahem : 357.
Bénouville, général Pierre de : 393-4.
Bérégovoy, Pierre : 398, 412.
Bernanos, Georges : 50.
Bernard, conseiller technique : 480.
Bertagna, docteur Louis : 195-7.
Bettencourt, André : 105, 521.
Beuret, Albert : 65, 76, 78, 197-8, 200-1.
Bianco, Jean-Louis : 520.
Bidault, Georges : 328.
Billecocq, Pierre : 127-9

Billotte, général Pierre : 65, 72-3, 80, 87, 318, 339, 378-80.
Blanc, Pierre-Louis : 32-3, 49, 53, 58, 61, 63, 67, 100.
Blum, Léon : 448.
Bockel, Pierre : 203.
Boislambert, Claude Hettier de : 54-6, 172.
Boissieu, Anne de : 24, 278.
Boissieu, Élisabeth de : 22, 23, 51, 58.
Boissieu, général Alain de : 11, 21, 24-5, 42, 87, 172, 270, 278, 286, 311.
Boissieu, Mme de : 281.
Bokassa, Jean-Bedel : 183, 297, 309, 315, 349.
Bongo, Omar : 183, 443.
Bonnet, Christian : 224, 243, 316, 376-8.
Bord, André : 177, 192-3, 218-9, 503, 519.
Boscher, Maître : 270.
Boulin, Bertrand : 293, 295-6.
Boulin, Colette : 293, 295.
Boulin, Fabienne : 295.
Boulin, Robert : 17, 105-6, 174-5, 177, 190-2, 205, 207-8, 212-3, 223, 229, 237, 246-8, 257, 274, 291, 293-8, 300, 317.
Boumediene, Houari : 123.
Bourdelle, Antoine : 269.
Bourges, Yvon : 163, 187, 300, 305, 307.
Bourgès-Maunoury, Maurice : 214.
Bourguiba, Habib : 398, 406.
Bouteflika, Abdelaziz : 123,
Bradley, général Omar : 279.
Brandt, Willy : 33, 45, 124, 429.
Braque, Georges : 68, 199.
Brassens, Georges : 38.
Brejnev, Leonid : 138, 154, 233, 389.
Bresson, Jean-Jacques de : 63.
Brinon, Fernand de : 378.

Broglie, Jean de : 316.
Brossolette, Claude-Pierre : 187.
Brouillet, René : 249.
Burin des Roziers, Étienne : 471.
Bush, George : 405.

Cailliau-de Gaulle, Marie-Agnès : 33.
Cailliau, Michel : 379.
Capitant, René : 103.
Caramanlis, Constantin : 167-169, 181, 336.
Carignon, Alain : 516.
Carter, Jimmy : 248, 301, 321.
Carton, Marcel : 493.
Cau, Jean : 336, 490.
Cayatte, André : 96.
Chaban-Delmas, Jacques : 11, 13-15, 17-18, 26, 30, 35-6, 40, 46, 52, 54, 61-62, 65, 73, 81, 88-91, 97, 104-110, 112, 114-16, 121, 126, 129, 131-4, 143, 145-8, 150, 152-3, 156-7, 162-4, 166, 173, 184, 186, 190-192, 207, 210, 222-3, 229, 232, 238, 241-6, 252-3, 256-8, 260, 262-3, 266, 279, 291, 294, 296-7, 310, 312, 314-6, 319-20, 325, 335, 337, 349, 354-5, 360, 372-3, 397, 413, 423, 428, 433, 437-9, 442, 444-5, 456, 462-3, 473, 483, 496, 500, 503, 506, 508, 516-7, 520, 529.
Chaban-Delmas, Micheline : 116, 445.
Chadli Bendjedid, colonel : 443.
Chagall, Marc : 199.
Chalandon, Albin : 40, 385, 422, 467, 482, 487, 490, 494, 501-2.
Charbonnel, Jean : 184, 372, 509, 516, 520.
Charles-Roux, Edmonde : 369-71, 373, 395.
Charpy, Pierre : 51.
Chassigneux, docteur Jacques . 195.

Chevènement, Jean-Pierre : 17, 339, 387-9, 442, 524.
Cheysson, Claude : 343, 345-6, 352-4, 358, 398-9, 405, 408, 443.
Chinaud, Roger : 183, 185, 216, 462.
Chirac, Bernadette : 273, 308.
Chirac, Jacques : 13-18, 38, 72, 126-7, 139-41, 143, 145-9, 151, 153, 155-8, 160-66, 170-75, 177, 179-80, 183-9, 191-3, 205, 207-224, 226, 229, 231-4, 237-8, 240-45, 248-54, 256-8, 260-67, 270-4, 277-8, 282, 291, 295-300, 302-308, 310-19, 323-31, 337-9, 343, 350, 352-6, 358-60, 362, 365-7, 370-71, 373-6, 379, 383, 385, 391, 393-4, 399-400, 402-4, 408, 414, 420-25, 427-8, 430, 433, 435-9, 441-2, 445, 449, 452-55, 462-6, 468, 473-4, 480, 482-9, 493-501, 503, 506-13, 515-7, 519, 522-4, 526, 529.
Chardonne, Jacques : 396.
Chou En-lai : 113.
Churchill, Winston : 50, 75, 83.
Churchill, Lady : 51
Clotis, Josette : 69, 198.
Cointat, Michel : 372.
Colombani, Jean-Marie : 454.
Coluche : 320.
Comiti, Joseph : 124, 146.
Cot, Jean-Pierre : 387-8, 409.
Coty, René : 454.
Courcel, Geoffroy de : 76.
Courteline, Georges : 196.
Courtray, Annick : 277.
Couve de Murville, Maurice : 13-14, 16, 19, 39, 41, 43, 48, 51-52, 65, 68, 71, 78, 82, 103-4, 120-21, 125-7, 129, 143, 148-9, 153-4, 165-6, 170-173, 180-2, 198, 233-4, 247-8, 260, 264, 272-4, 301-2, 322-3, 342-3, 352-3, 361-2, 380-1, 386, 407-410, 428, 430, 468, 508, 510.

Cresson, Édith : 184, 314, 354, 410, 412, 501.
Croÿ, princesse de : 200.

Daniel, Jean : 396, 398.
Daoud, prince Mohammed : 301.
Dassault, Marcel : 350, 393.
Dayan, Georges : 184.
Debray, Régis : 369, 381.
Debré, Michel : 11, 13-4, 17, 25-6, 30-1, 34, 39, 40-1, 46, 48, 51, 62, 71, 86, 94, 102-5, 119,121, 133-4, 143, 147-8, 152, 155-6, 160, 162-4, 166, 170-1, 174, 182, 185, 205, 208-11, 219, 232, 234, 246, 248, 257-8, 267, 272-3, 291, 304-6, 310-20, 222-4, 226, 229, 249, 363, 370, 382, 385, 391, 417, 424-8, 463, 508.
Debré, Madame : 103, 426.
Debré, Robert : 133, 318.
Dechartre, Philippe : 394.
Defferre, Gaston : 17, 341, 344-5, 368-71, 373-4, 377-8, 386, 394, 411.
Dega, inspecteur des impôts : 109.
Delon, Alain : 81.
Delors, Jacques : 90, 247, 398, 407, 410, 444, 474.
Deniau, Jean-François : 136, 139, 141.
Dennery, Étienne : 278.
Desgraupes, Pierre : 134.
Desgrées du Loû, Emmanuel : 35, 57, 60-2, 67, 87.
Desjardins, Thierry : 423.
Destremau, Bernard : 209.
Devaquet, Alain : 264, 299.
Dijoud, Paul : 384.
Dlimi, général Ahmed : 397, 412.
Dominati, Jacques : 219, 222, 360.
Doriot, Jacques : 378.
Doumergue, Gaston : 355.
Dreyfus, Alfred : 304.
Dreyfus, Pierre : 217.

Droit, Michel : 235.
Druon, Maurice : 51, 101, 167-8, 235, 244, 311-2, 324.
Dubuffet, Jean : 199.
Duhamel, Alain : 313.
Duhamel, Jacques : 26, 30, 74, 89, 105, 397.
Duhamel, Patrice : 313, 403.
Dulles, John Foster : 56, 57, 85.
Dumas, Roland : 481, 521, 524.
Dupuy, Anne-Marie : 61, 127, 243, 245, 429, 492.
Dutourd, Jean : 235-7.
Duvillard, Henri : 471.

Eden, Anthony comte d'Avon : 51.
Eisenhower, général Dwight D. : 55-6, 72, 85, 379-80.
Eisenhower, Mme : 51.
Elisabeth II, reine d'Angleterre : 51, 235, 277.
Emmanuelli, Henri : 456.
Escrienne, colonel Jean d' : 53, 76.
Estienne d'Orves, Honoré d' : 198.

Fabius, Laurent : 421, 435-7, 443, 450, 455, 459, 465-6.
Farge, Jean : 274.
Fanton, André : 161, 273.
Faure, Edgar : 72, 89, 95, 106, 108-10, 112, 132, 242-4, 246, 262, 297-8, 356, 372, 384, 388, 395, 436, 444.
Faure, Maurice : 444.
Fautrier, Jean : 68, 199.
Fauvet, Jacques : 370.
Fiterman, Charles : 341.
Flohic, commandant François : 31-2, 413.
Flosse, Gaston : 482.
Foccart, Jacques : 119, 147, 149, 182-3, 297, 318.
Fontaine, André : 370.

Fontaine, Marcel : 493.
Fontanet, Joseph : 30, 137, 153, 156.
Fouchet, Christian : 14, 41, 45, 82, 95, 119, 130-31, 153.
Fourcade, Jean-Pierre : 155, 188, 242.
Fourquet, général Michel : 55, 69.
Forêts, René-Louis des : 29.
Franco, général Francisco : 35, 58, 181.
François-Poncet, Jean : 256, 274, 302.
Frédéric-Dupont, Édouard : 278.
Frey, Roger : 16, 45-6, 72, 132, 152, 156, 162, 189-90, 192, 210, 216, 249-51, 294, 336, 378, 386, 507-9.
Friedmann, Jacques : 489.

Galante, Pierre : 77.
Galichon, Georges : 280.
Galley, Robert : 41, 48, 127, 188, 223, 309.
Gandhi, Indira : 77.
Garaud, Marie-France : 108, 131, 139, 151, 216, 234, 243, 245, 262-3, 273, 298, 320, 323, 353, 463, 497, 503, 507-8, 522.
Garets, Éric des : 4, 396.
Gary, Romain : 69, 202.
Gaulle, Anne de : 277, 280-1, 286, 446.
Gaulle, général Charles de : 4, 7, 9-16, 18-9, 21-37, 39-63, 67-84, 86-94, 99-103, 111, 114, 117-120, 148, 152, 157-8, 164-5, 169-70, 173-4, 183, 190, 197-9, 208, 212, 219, 226, 234-5, 238, 248, 256, 261, 265-6, 268-71, 277-290, 294, 300, 303, 311, 321, 324, 331, 334, 339, 343, 348-9, 353, 362, 364, 366, 368, 379-385, 391, 400, 402, 404, 406, 413, 415, 417, 421, 429, 431, 434-5, 438, 444-449, 455, 459, 461-2, 466-8, 472-4, 485, 491, 496, 498, 506, 509-11, 519-20, 529.

Gaulle Anthonioz, Geneviève de : 88, 288, 509.
Gaulle, Charles de (petit-fils du Général) : 473, 509.
Gaulle, Jean de : 473.
Gaulle, amiral Philippe de : 11, 32, 34-5, 42, 44, 51, 62, 65, 67, 70, 75, 81, 86, 92, 268-70, 279, 305-6, 444-5, 447-8, 509-11.
Gaulle, Yves de : 277, 282.
Gaulle, Yvonne de : 11, 13, 16, 75, 86, 97, 99, 268, 277-90, 529.
Genevoix, Maurice : 50.
Germain, Hubert : 129, 136.
Giesbert, Franz-Olivier : 187, 483.
Gillet, Robert : 57.
Giono, Jean : 396.
Giraud, André : 482, 486-7.
Giraud, général Henri : 152, 379.
Giroud, Françoise : 146, 222-3.
Giscard d'Estaing, Anne-Aymone : 224-6, 321, 335.
Giscard d'Estaing, Mme Edmond : 337.
Giscard d'Estaing, Henri : 224.
Giscard d'Estaing, Valérie-Anne : 146.
Giscard d'Estaing, Valéry : 12-4, 16-7, 26, 89, 94, 102,106, 109-11, 123, 126, 129, 132-4, 143, 145-59, 161-5, 169-75, 177, 179-93, 205, 208-214, 216-26, 229, 231-4, 237-8, 240-44, 246-8, 250-7, 259-61, 270, 273-4, 282, 291, 293-5, 297, 299-300, 302-4, 306, 310-15, 317-32, 334-7, 339, 342-3, 345-6, 348-50, 352, 354-6, 358-60, 362-3, 366-8, 372, 375-9, 382-3, 386, 388, 393-4, 400, 403, 405-6, 408, 412-6, 421, 423, 425-6, 428, 436, 438-9, 442, 446, 449-50, 453-5, 457, 462-6, 468, 473, 482-4, 491, 493, 496, 498, 500, 503, 510-11, 513, 515, 517, 520, 529.
Goguel, François : 249, 382, 387.

Gorbatchev, Mikhaïl : 389, 519.
Goukouni Weddeye : 362.
Gracq, Julien : 29.
Grimaud, Maurice : 344-5.
Gromyko, Andreï : 399.
Grossmann, Robert : 170.
Guéna, Yves : 13, 16, 136, 187214, 220, 229, 231, 241-2, 251, 262, 264-6, 291, 298,303, 305, 312, 318, 329, 350, 391, 413, 450, 499.
Guesde, Jules : 352.
Guichard, Olivier : 11, 14-7, 19, 28-9, 37-8, 46, 48, 51, 62, 86, 88, 97, 102, 109, 119, 126-8, 132, 134, 143, 145-7, 152-3, 155-6, 158, 164, 166, 170-1, 177, 179, 182, 184, 189-92, 205, 211-2, 216-8, 223, 226, 229, 232, 234, 240, 250, 253, 271, 291, 293, 297-8,302, 305-6, 310, 312-4, 316, 320-1, 324,326-9, 339, 341, 352, 355, 358, 414, 422-4, 428, 432, 436-7, 444, 449, 457-60, 474, 477, 482-4, 488, 495, 500-1, 503, 505-6, 508-9, 513, 515, 518, 520-1.
Guiringaud, Louis de : 229, 253-4.
Guitry, Sacha : 52.
Guy, Claude : 51.
Guy, Michel : 146, 452.

Habré, Hissène : 362.
Hallier, Jean-Edern : 369.
Harcourt, Emmanuel d' : 27-8.
Hassan II : 44, 59, 181, 235, 258, 260, 352, 395, 399, 412.
Hauteclocque, maréchale Leclerc de : 279.
Heath, Edward : 124.
Heilbronner, François : 489.
Hernu, Charles : 419, 458-62, 465.
Herriot, Édouard : 422.
Hitler, Adolf : 83.

Houphouët-Boigny, Félix : 182-3, 336, 388, 419.
Huchon, Jean-Paul : 523.
Hugo, Jean : 68.

Ionesco, Eugène : 232.
Izard, Catherine : 397.
Izard, Georges : 397.
Izard, Madeleine : 397.

Jaruzelski, général Wojciech : 353.
Jean XXIII, pape : 99.
Jeanneney, Jean-Marcel : 78, 95, 339, 348-9.
Jeantet, Gabriel : 378.
Jobert, Michel : 13-4, 17-8, 37, 82, 88, 105, 123, 126-7, 132, 136, 147, 149-50, 153-5, 157, 159, 163, 184, 191, 339, 351-2, 354, 357-8, 364-5, 383-4, 391, 398, 410-13, 418-20, 426-7, 429, 439, 441-3, 455-6, 461-2, 470, 480-81, 491-2, 495-7, 503, 505-7, 515-6, 522, 525.
Jonard, colonel : 55.
Jospin, Lionel : 464.
Journiac, René : 182.
Jouve, Pierre Jean : 90.
Joxe, Louis : 13-4, 39-40, 81-2, 339, 353-4, 384-6.
Joxe, Pierre : 377, 450, 459.
Juan Carlos Ier : 181, 416.
Juillet, Pierre : 14, 19, 36, 47, 131, 151, 157, 205, 209, 234, 243, 245, 262-4, 273, 323, 352, 477, 497-8.
Jullian, Marcel : 50-1, 58-9, 61, 67.
Juppé, Alain : 355, 517, 519, 524.

Kadhafi, colonel Mouammar el : 419, 450, 469, 481-2.
Kaspereit, Gabriel : 297.
Kaufman, Jean-Paul : 493.
Kennedy, John Fitzgerald : 175.

Kessel, Joseph : 50.
Khrouchtchev, Nikita : 72.
Khomeyni, ayatollah Ruhollah : 258-9, 369.
King, Harold : 51.
Kissinger, Henry : 165, 255, 404.

Labarrère, André : 257.
Labbé, Claude : 297, 317.
Laboulaye, Mme de : 359.
Lacoste, amiral Pierre : 458.
Lacouture, Jean : 447.
Lafay, Bernard : 221.
Lafleur, Jacques : 515.
Lagaillarde, Pierre : 328.
La Loyère, Arlette de : 35, 73.
La Malène, Christian de : 249, 251, 323-4.
Lang, Jack : 409.
Lange, David : 462.
Laniel, Joseph : 395.
La Rocque, colonel François de : 378.
Laroullière, Étienne de : 278.
Lazareff, Pierre : 51, 379.
Lecanuet, Jean : 62, 94, 102, 105, 146, 191, 222, 291, 327-8, 382, 422-3.
Lecat, Jean-Philippe : 138.
Lefebvre, Mgr Marcel : 287.
Lefranc, Pierre : 118-20, 279, 283-4, 311, 382, 413, 421-2, 443, 470-72.
Lemoine, Georges : 456.
Léotard, François : 482, 494, 498, 510, 512-3, 517.
Le Pen, Jean-Marie : 329, 430, 433, 435, 446, 453, 465, 477, 502, 512, 524.
Le Theule, Joël : 321.
Levron, Jacques : 335.
Lin Piao : 114.
Lipkowski, Jean de : 117-8, 121, 123-5, 136, 143, 150-1, 163, 177, 180, 184-9, 254, 296, 314, 516, 523-4.

Lon Nol : 171.
Luns, Joseph : 30.

MacArthur, général Douglas : 56.
Macmillan, Harold : 51, 72.
Malraux, Alain : 202.
Malraux, André : 13-14, 31, 45, 65, 68-71, 73-9, 83-5, 93, 102, 114, 195-203, 278-9, 289,529.
Malraux, Clara : 198, 202.
Malraux, Gauthier : 69, 198.
Malraux, Madeleine : 198, 202.
Malraux, Vincent : 69, 198.
Manac'h, Étienne : 112.
Mao Tsé-toung : 83-5, 97, 112-15, 117-8, 277.
Marcellin, Raymond : 103, 124, 486.
Marchais, Georges : 83, 95, 271, 325, 404.
Madelin, Alain : 489.
Marenches, Alexandre de : 412, 492.
Marette, Jacques : 273, 342.
Marin, Jean : 37, 51, 58, 114, 116, 141.
Markovic, Stevan : 14, 38, 81, 96, 102-3, 385, 430.
Masson, André : 199.
Mathé, Georges : 75.
Massu, général Jacques : 19, 25, 62.
Maulnier, Thierry : 51.
Mauriac, Caroline : 12.
Mauriac, Claude : 60.
Mauriac, François : 12, 17, 24, 29, 46, 51, 60, 225, 295, 347, 395-6, 467.
Mauriac, Jeanne : 60, 282, 395.
Mauroy, Pierre : 17, 341-3, 351, 358, 370, 373-4, 386-7, 407, 410-11, 434.
Mayer, colonel : 448.
Médecin, Jacques : 329.
Méhaignerie, Pierre : 482, 487.
Mendès France, Pierre : 402, 413.
Mermaz, Louis : 377.
Messmer, Pierre : 14, 19, 34, 39-41, 44-7, 91, 94, 102, 104-6, 111, 124, 126-9, 132, 137-9, 146, 152, 158, 163, 173, 205, 209, 248, 306, 318, 353, 394, 428, 481.
Mestre, Philippe : 296, 466-7, 492.
Michaux-Chevry, Lucette : 482.
Michelet, Edmond : 26, 31,41, 364.
Mistral, Frédéric : 396.
Mitterrand, Danielle : 381.
Mitterrand, François : 12, 17-8, 65, 85, 95, 106, 119, 126, 129, 134, 145-6, 148, 152-3, 163, 179, 184, 191-2, 209, 222, 232, 237, 244, 249, 271, 291, 299, 307, 313-17, 319-20, 322, 326-31, 333-4, 336, 339, 342, 344-6, 348-60, 362-67, 370, 372--5, 378-84, 387-8, 391, 393-404, 406-7, 409-416, 418-27, 429, 431-4, 436-9, 441-4, 450, 452-470, 473-4, 477, 479-81, 483-6, 488-9, 491, 493-4, 496, 502, 505-6, 508, 510-16, 518-21, 525.
Mobutu Sésé Séko : 224-5, 443.
Modinos, Polys : 167-8.
Mohammed V : 235, 259, 395.
Mollet, Guy : 29, 374, 387, 427.
Monnet, Jean : 30.
Monod, Jérôme : 212, 215-6, 234, 243, 245, 264.
Montalais, Jacques de : 471.
Montalembert, Henriette de : 286.
Moreau, Jeanne : 202.
Morin, Jean : 10.
Moulin, Jean : 198, 246.

Nahavandi, Monsieur : 164.
Nicoud, Gérard : 237.
Nixon, Richard : 32, 56, 83-5, 116, 135, 154, 379.
Noël, Léon : 119.
Noir, Michel : 516.
Nungesser, Roland : 270-1.

Ockrent, Christine : 223.
Offroy, Raymond : 79, 471.
Orléans, Henri d', comte de Clermont : 417.
Orléans, Henri Robert d', comte de Paris : 391, 414-18.
Orléans, Thibault d' : 416-7.
Ormesson, Jean d' : 384.
Ormesson, Vladimir Olivier Lefèvre d' : 51.
Ornano, Michel d' : 16, 147, 207, 210, 216-7, 219-20, 222-3, 242.
Ortoli, François-Xavier : 385.
Oufkir, général Mohamed : 397.

Palewski, Gaston : 102, 311.
Papadopoulos, colonel Georges : 168.
Papon, Maurice : 232.
Pasqua, Charles : 165, 189, 243, 260, 262, 264, 267, 299, 305, 311, 317, 323-324, 329, 355, 434, 445, 508, 512, 522, 524.
Passeron, André : 221, 330, 448.
Paul VI, pape : 99.
Péan, Pierre : 378.
Pei, Ieoh Ming : 452.
Penne, Guy : 387, 405, 409.
Pérol, Gilbert : 406.
Peroncel-Hugoz, Jean-Pierre : 369.
Péronnet, Gabriel : 384.
Pesquet, Robert : 364.
Pétain, maréchal Philippe : 68, 75-6, 87, 254, 288, 328, 378-9.
Peyrefitte, Alain : 9, 17, 35, 48, 65, 73, 147, 152, 155-7, 164, 232, 240-1, 247, 253, 274, 291, 293-5, 316-7, 337, 339, 355, 359, 360, 377, 414, 449.
Pflimlin, Pierre : 29.
Picasso, Pablo : 68, 199.
Pinay, Antoine : 214, 355, 416, 497.
Pingeot, Anne : 502, 525.

Pingeot, Mazarine : 502, 525.
Pisani, Edgar : 450-51, 456.
Pleven, René : 26, 30, 105, 379.
Poher, Alain : 23, 52, 54-5, 62, 337, 413, 433.
Poincaré, Raymond : 355.
Poliakoff, Serge : 68, 199.
Pompidou, Georges : 12-6, 19-26, 28, 30-32, 34-49, 51-2, 54-5, 57, 61-3, 65, 67-8, 70-75, 77, 80-2, 85-91, 93-4, 102-105, 107-112, 116-119, 121, 123-141, 143, 147, 149, 151-3, 155-9, 173, 183, 192, 209, 227, 234, 251, 258, 261, 278-280, 282, 294, 314, 318, 324, 331, 339, 342, 348-9, 352, 357, 362, 364-7, 373, 380-2, 384-6, 388, 412-3, 419-420, 423,428-430, 446, 452, 462-3, 468, 480, 492, 497-8, 502, 506-7, 520, 523, 529.
Pompidou, Claude : 28, 52, 73, 282, 306, 365, 381, 384-5, 428, 507.
Poniatowski, Ladislas : 316, 403-4.
Poniatowski, Michel : 123, 147, 149-52, 155,158, 163, 174, 207-8, 213, 219, 222, 224, 254, 306, 316, 403-4.
Pons, Bernard : 299, 311, 317, 323, 350, 414, 425, 445, 449, 451, 514-5.
Popper, Karl : 356-7.
Poudevigne, Jean : 30.
Poujade, Robert : 46, 73, 298.
Poulpiquet, Gabriel de : 232.
Prévert, Jacques : 38.

Queuille, Henri : 179.
Quilès, Paul : 377.

Raimond, Jean-Bernard : 480.
Ralite, Jack : 408.
Ramadier, Paul : 422.
Rapin, professeur Maurice : 195-7.
Rausch, Jean-Marie : 524.
Reagan, Ronald : 321, 381, 404-5.

INDEX

Régine : 429.
Resnais, Alain : 199, 200, 202.
Resnais, Florence : 196-7, 199-200, 202.
Reyrol, Mme : 282.
Ribes, vicomtesse Jacqueline de : 321.
Richard, Jacques : 509.
Riolacci, Jean : 335.
Robinet, Louis-Gabriel : 52.
Rocard, Michel : 43, 252, 307, 311, 314, 316, 348, 371, 386-7, 419, 465-6, 495-6, 514, 516, 518, 523-4, 526-7.
Romani, Roger : 245, 355, 508.
Roosevelt, Franklin Delano : 56.
Rothschild, Guy de : 385, 429.
Rouault, Georges : 68, 199.
Rouleau, Éric : 488-9.
Roussel, Éric : 430.
Roux, Dominique de : 90.

Sablier, Édouard : 235.
Sadate, Anouar El : 123, 346.
Sagan, Françoise : 288.
Sakharov, Andreï : 430.
Salan, général Raoul : 62.
Sanguinetti, Alexandre : 147, 151-2, 156, 162, 165, 187, 229, 250, 260, 267, 315.
Sanguinetti, amiral Antoine : 471-2.
Santelli, Claude : 78.
Saulnier, général Jean : 465.
Sauvagnargues, Jean : 153-4, 158, 254.
Savary, Alain : 398, 427, 434.
Schmidt, Helmut : 336, 511.
Schumann, Maurice : 30, 52, 72, 102, 105, 326.
Schultz, George : 405.
Schwartzenberg, Roger-Gérard : 402.
Seberg, Jean : 202.
Séguin, Philippe : 477, 485, 488, 500.
Seillière, Ernest-Antoine : 116.
Sékou Touré, Ahmed : 406.

Senghor, Léopold : 182-3.
Servais, Simone : 37, 127, 429, 471.
Servan-Schreiber, Jean-Jacques : 59, 146, 151, 205, 214, 221-2, 231, 388.
Servan-Schreiber, Jean-Claude : 221.
Seurat, Michel : 493.
Siégel, Maurice : 369.
Sihanouk, prince Norodom : 171.
Simon, général Jean : 445.
Soames, sir Christopher : 83.
Soisson, Jean-Pierre : 106, 524.
Soufflet, Jacques : 240.
Souza, Robert de : 164.
Souza, Yvonne de : 164.
Staline, Joseph : 84, 113, 380.
Stasi, Bernard : 106, 423.
Stirn, Olivier : 106, 371-5, 382, 388, 435, 451, 464-5, 514-5.
Sudreau, Pierre : 187.

Taittinger, Pierre-Christian : 139, 219.
Tchang Kaï-chek : 84.
Tcherina, Ludmilla : 200, 202.
Thatcher, Margaret : 363.
Thérond, Roger : 369, 498.
Tibéri, Jean : 216, 355, 508.
Tomasini, René : 165, 189.
Toubon, Jacques : 264, 267, 355, 449.
Toulet, Paul-Jean : 29.
Tournet, Henri : 317.
Tournoux, Raymond : 214.
Tricot, Bernard : 41, 459-62, 471, 473.
Tsatsos, Constantin : 168.
Turenge : 486.

Ulrich, Maurice : 500.

Valera, Eamon de : 26-7.
Valéry, Paul : 29.
Védrine, Hubert : 17, 345-7, 391, 404.
Veil, Simone : 155, 271, 274, 372, 419, 425, 430.

Vendroux, Jacques : 11, 19, 21-2, 43, 65, 86, 88, 119, 280, 282, 286, 288.
Vendroux, Jean : 287.
Verny, Françoise : 78.
Viansson-Ponté, Pierre : 36.
Vignalou, professeur : 428.
Vilmorin, André de : 200.

Vilmorin, Louise de : 68-9, 196, 198.
Vilmorin, Sophie de : 68, 196-8, 200-2.
Vilmorin, Sosthène de : 200.
Vivien, Robert-André : 342.

Wahl, Jacques : 335.
Walters, Vernon : 487.

Table des matières

Le devoir de témoigner, par Jean-Luc Barré 9

L'ombre du Général (1969-1970) 19
Les aléas de la succession (1971-1972) 65
Chaban en réserve de la république (1973) 97
« La santé de M. Pompidou » (janvier-avril 1974) 121
Les barons sous Giscard (mai 1974-août 1975) 143
Giscard-Chirac : prémices d'une rupture
  (décembre 1975-septembre 1976) 177
Mort d'André Malraux (23 novembre 1976) 195
La bataille de Paris (novembre 1976-avril 1977) 205
Giscard, Chirac et les gaullistes : la guerre d'usure
  (avril 1977-novembre 1979) 229
Mort d'Yvonne de Gaulle (8 novembre 1979) 277
Dans les coulisses de l'élection présidentielle
  (novembre 1979-mai 1981) 291
Les gaullistes face à Mitterrand
  (septembre 1981-décembre 1982) 339

Quand droite et gauche se disputent l'héritage du Général (1983-1984) 391
Raymond Barre seul contre tous (octobre 1984-février 1986) ... 439
Le piège de la cohabitation (mars 1986-1987) 477
L'échec du RPR (1988-1989) 503

Index 529

*Impression réalisée sur CAMERON par
BRODARD ET TAUPIN
La Flèche*

*pour le compte des Éditions Fayard
en janvier 2007*

Imprimé en France
Dépôt légal : janvier 2007
N° d'édition : 83341 – N° d'impression : 39397
35-57-2965-8/04